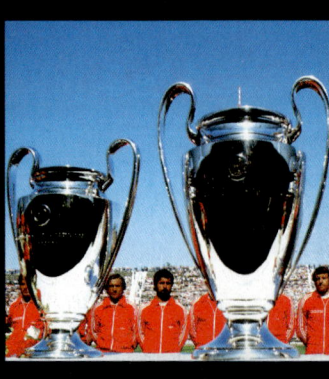

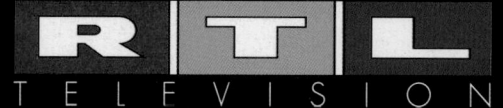

Burkhard Weber

CHAMPIONS LEAGUE

TOP-SPECIAL
»40 Jahre Europapokal der Landesmeister«

**Redaktion: Andreas Baingo,
Wolfgang Hartwig, Raymund Stolze**

INHALT

RTL-Sportchef Burkhard Weber

Liebe Leser,

Fußball kann so simpel sein. »Dat Runde muß in dat Eckige«, sagten schon unsere Väter.

Wie recht sie hatten und noch hätten. Doch die Entwicklung hat auch vor dem Fußball nicht haltgemacht. Heute diskutieren wir über die Viererabwehr-Kette, über den Fernsehbeweis, über den Profischiedsrichter, über den »Kick in«, der den Einwurf ablösen soll, über den »Sudden Death«, den »plötzlichen Tod«, eine Verlängerung, die das Ende vom Unentschieden bedeutet, und natürlich über die UEFA-Champions-League.

Vorwort von Burkhard Weber

RTL-Sportchef

In der Saison 1991/92 führte die UEFA das hochklassige Schauspiel ein. Im Pokal der Meistervereine gab es erstmals eine Endrunde mit zwei Vierergruppen. Die Zeit der Ausscheidungsspiele im K.o.-System war vorbei. Es war eine revolutionäre, aber auch durch die politischen Rahmenbedingungen notwendige Reform. Allein durch die Auflösung der UdSSR entstanden zehn neue Verbände. Heute gehören der UEFA 49 Länder an, und weitere Bewerber stehen vor der Tür.

RTL hat sich von Beginn an dem neuen »Königswettbewerb« angeschlossen. Die UEFA garantiert, daß Spitzenmannschaften teilnehmen – Feinschmecker-Fußball statt Fußball-Eintopf.

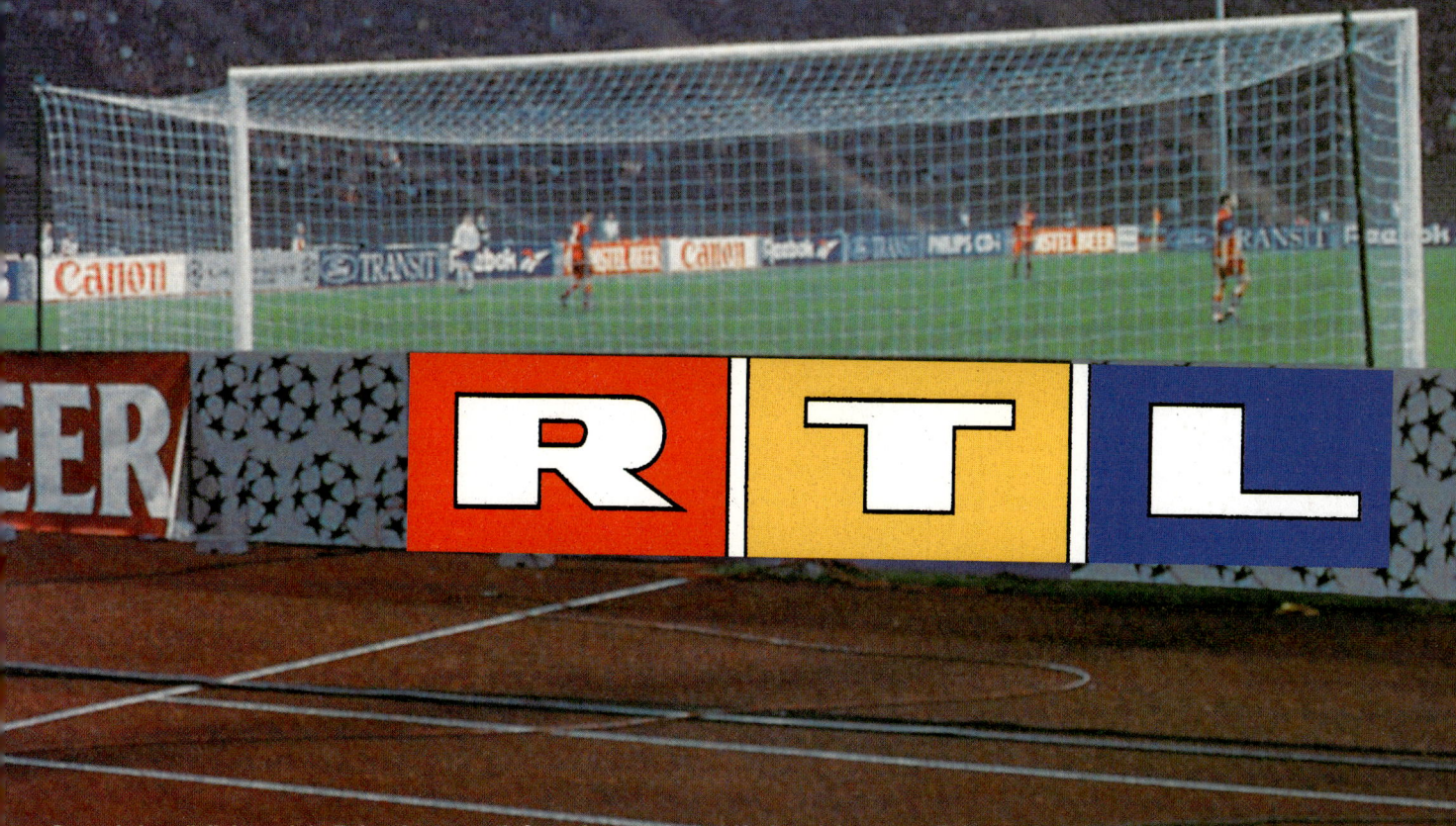

Das wird natürlich auch in Zukunft so sein. Oberbajuware Franz Beckenbauer fordert schon seit längerem die Einführung einer Europaliga. Die UEFA-Champions-League ist für diese Eliteklasse nur eine Vorstufe. Die Konzeption für diese neue Reform ist aber noch nicht ausgegoren. Sicher ist nur, daß es einen weiteren Umbruch im Europacup geben wird, der die Qualität heben wird, eine Art »Europameisterschaft für Vereinsteams«.

Ich glaube, daß die Vision im Jahr 2000 Realität wird. Jahrzehntelang wurde nicht an den Regeln und an den Wettbewerbsmodi gerüttelt. Dafür zur Zeit um so mehr. Das ist keine Panik, einen Trend verschlafen zu haben. Nein! Die UEFA setzt zur Zeit neue Maßstäbe. Die UEFA-Champions-League hat ihren Erfolg und ihre Popularität gesichert.
Viel Spaß beim Lesen!

Champions League

DIE CHRONIK ⟶

CUP AKTUELL ⟶

Der AC Mailand, der als Titelverteidiger an den Start geht, nach seinem sensationellen 4:0-Sieg über den FC Barcelona am 18. Mai 1994 in Athen, der den Milanesen nach 1963, 1969, 1989 und 1990 den fünften Europa-Pokal der Meister bringt.

Mit starrem Blick auf die Millionen

Es ist wie mit jeder neuen Idee. Zunächst von einigen Experten ausgebrütet, für gut befunden und in die Tat umgesetzt – doch die Allgemeinheit beäugt das Ganze eher skeptisch. Erst allmählich verliert das Neue seine sterile Verpackung, zeigt in aller Deutlichkeit seine wohlproportionierten Konturen, preist seine Vorzüge und setzt sich in den Köpfen fest.

Was Jahre und Jahrzehnte gewachsen ist, ist nicht unbedingt vom schlechten Wuchs gewesen. Schon gar nicht, wenn es Spannung in den Stadien lieferte und sie per Antenne oder Kabel in die Wohnzimmer transportierte. Zumal das Prozedere immer das Gleiche und von jedem zu verstehen gewesen ist: Nach jedem zweiten Spiel schied der Verlierer aus, der Sieger erreichte die nächste Runde – bis zum Finale. Das Einfache am Fußball ist zugleich das Schöne. Das Einmaleins auf dem Rechenschieber fällt aus, die doppelten Auswärtstore summiert jeder noch so kleine Fan im Kopf. Der menschliche Urinstinkt wird genährt – der Bessere siegt, der Schlechtere fliegt.

Deshalb ist nicht jeder auf Anhieb begeistert von der Idee der Europäischen Fußball-Union (UEFA), 1991 den Meistercup umzugestalten. Die acht besten Mannschaften spielen nicht mehr im K.o.-System gegeneinander. Wer es bis ins Viertelfinale bringt, wird nunmehr von den Fußball-Göttern fürstlich belohnt. Nicht ein einziges Tor mehr soll darüber entscheiden dürfen, ob eine im Wettbewerb bleibt oder nicht. Wer unter die besten acht Meistervereine vorstößt, hat es verdient, belobigt zu werden. Mit einer Punkterunde in zwei Viergruppen. Sechs Spiele bleiben so für jeden Teilnehmer. Mindestens.

Die Champions League ist geboren. Nostalgiker haben keine Chance. Zumal die süße Verlockung finanzieller Art mit Gießkannen über die acht Vereine darniederprasselt. Die UEFA bleibt nicht bei halben Sachen stehen. Schließlich soll es sich lohnen, den Modus, der sich in die Hirne der Spieler und Zuschauer eingemeißelt hat, zu revolutionieren. Lange vorher werden in der Schweizer Zentrale die Marketing-Bosse aktiv. Sie bringen das neue Produkt lukrativ auf den Markt. Stadionwerbung und TV-Rechte garantieren höchste Gewinne. Auch zum Wohle des

eigenen Hauses gewiß. Doch in erster Linie zum Wohle der Beteiligten. Sie kassieren bisher nicht gekannte 500.000 Mark für jeden Punkt. Tore werden gesondert honoriert. Wer gut trifft, hat sich letztendlich auf Jahre saniert.

Die Deutschen tun sich indes schwer mit dem Einstieg. Dabei starten sie bei der Premiere doppelt. Der letzte Meister Ost (FC Hansa Rostock) begleitet den Meister West (1. FC Kaiserslautern). Beider Gastspiel ist nur von kurzer Dauer. Beide stolpern über den gleichen Rivalen: FC Barcelona. Die Rostocker in Runde 1, die Lauterer gleich als nächste. Wenn auch erst in allerletzter Minute.

Damit die Spiele der Champions League wirklich zum Live-Erlebnis werden, setzt RTL allein bei jedem Bayern-Spiel 130 Mann ein, 16 Kameras liefern die Bilder. Alle Auslandsverbindungen gehen über den Satellitenwagen – Wert: eine Million DM, der hier vor dem Münchner-Olympiastadion steht. Um bei Spielgeschehen auf Ball-Höhe zu sein, wird ein ferngesteuerter Schienenwagen auf einer Strecke von 30 Metern eingesetzt. Aufbauzeit: sechs Stunden (Seite 10).

Die Spieler des FC Barcelona jubeln, denn in der 90. Spielminute ist durch Bakero das 1:3 gefallen, das ihnen nach einem 2:0-Heimsieg das Weiterkommen gegen den 1. FC Kaiserslautern sichert (oben).
Pechvogel ist der Lauterer Guido Hoffmann (mit gesenktem Haupt verläßt er den Rasen des »Betzes«), der eine hundertprozentige Chance zum 4:0 vergibt, was für sein Team das Ausscheiden im Wettbewerb 1991/92 bedeutet.

Werder Bremen erreicht als erster deutscher Meister die Finalrunde im Wettbewerb 1993/94. Nach dem 2:3 in Porto – hier erzielte Bernd Hobsch das 1:3 (links) – gibt's zu Hause ein unglaubliches 0:5.
Daß Andreas Herzog und Emil Kostadinow (am Ball) vielleicht bald bei den Bayern in einem Team stehen – daran konnte freilich keiner von beiden denken.

Eine typische Szene gegen den AC Mailand: Frank Neubarth muß dem Ball hinterherschauen. Nach einem 1:2 in Italien trennt man sich in Bremen 1:1 – ein Achtungserfolg für Werder (Seite 13 oben).
Am Isländer Sverrisson (rechts) – hier im Kopfball-Duell mit Leeds-Stürmer Eric Catona – liegt's nicht, daß das 3:0 in Stuttgart für die Schwaben nicht reicht. Es ist ein dummer Wechselfehler (4. Ausländer!) der letztlich nach einem verlorenen Entscheidungsspiel am 9. Oktober 1992 gegen die Engländer zum Aus führt.

Aus der Traum auch vom großen Geld. Er erfüllt sich ebenso ein Jahr später für den VfB Stuttgart nicht. Rein rechnerisch schalten sie zwar Leeds United dank des Auswärtstores aus, trotzdem können sie nicht bis drei zählen. Ein Reglementverstoß, der Wechselfehler mit dem vierten Ausländer, degradiert Trainer Christoph Daum zum Däumling.

Erst im dritten Jahr schöpft mit Werder Bremen ein deutscher Verein den Rahm ab in der Königsdisziplin in Europas Kickerbranche. Nur zwei Siege in sechs Spielen, trotzdem fließen die Millionen wie noch nie zuvor für die Norddeutschen. Allein das Startgeld läßt sich sehen: 3,2 Millionen. Da steckt man selbst eine 0:5-Demütigung zu Hause gegen den FC Porto ohne großes Gejammere weg. Ein ekleckliches Schmerzensgeld.

Ganz anders wiederum die Saison 1994/95. Durch die politische Neuordnung Europas mit inzwischen 49 UEFA-Mitgliedsverbänden findet ein kompliziertes Prinzip von Setzten und Losen Anwendung, um auf die erforderlichen 24 Mannschaften zu kommen. Acht Teams – unter ihnen der deutsche Rekordmeister Bayern München – mit den besten Koeffizienten sind gesetzt. Dieser wird aus dem Abschneiden auf europäischer Bühne in den vergangenen fünf Jahren ermittelt: Anzahl der Punkte durch Anzahl der

Spiele, wobei es ab Viertelfinale jeweils Bonuspunkte gibt. Die nach dem Koeffizienten nächstplazierten Mannschaften müssen sich qualifizieren. Jene Mannschaften mit den Koeffizienten 9 bis 16 treffen auf die von 17 bis 24. Die restlichen 25 Meister, also die Mehrzahl, erhält für den eigentlichen Wettbewerb nicht einmal die Eintrittskarte, sondern reiht sich in den UEFA-Cup ein. Das Trostpflaster der Draußengebliebenen: 178 000 Mark aus dem prallgefüllten Finanztopf.

Vor allem für den Fan aus der Süd- oder Nordkurve ein hoffnungsloses Wirrwarr. Für die Creme der Titelträger aber ein Geldverdienen

ohne Ende. Das Startgeld ist – weil sich die teilnehmenden Mannschaften auf 16 verdoppeln – um gut 800.000 Mark auf 2,38 Millionen geschrumpft. Dafür steigt die garantierte Punktprämie auf 535.000 Mark. Alles »Peanuts« im Vergleich dafür, was für das Erreichen der nächsten Runden ausgeschüttet wird. Allein mit einem Sieg, bei dem er zwei Tore schießt, dem 4:1 in Kiew, spielt Münchens Jean-Pierre Papin seine Ablösesumme von 5,5 Millionen ein. Wahnsinn! Als die Bayern über den IFK Göteborg gar ins Halbfinale stürmen, scheppert es so richtig in den Kassen: knapp acht Millionen Mark wechseln den Besitzer. Bayern-Vize

Karl-Heinz Rummenigge nennt das Spiel der Meister um die Millionen schlicht und einfach eine »Goldgrube«.

Schon schmiedet die UEFA neue Pläne. Eine gerechtere Verteilung des Kuchens wird versprochen. »24 oder gar 32 Teilnehmer sind in Zukunft in der Champions League denkbar«, lenkt UEFA-Präsident Lannart Johansson die Gedanken in eine Pseudo-Europaliga. Eine verwässerte. Dies käme einem Aus für das elitäre K.o.-System gleich. Der Pokal der nationalen Titelträger würde in Stücke zerhackt. Nicht immer in seine lukrativsten. Neuerungen ja, aber mit Sinn und Verstand. Ein permanentes Wursteln an Systemen und Ordnung des Wettbewerbs ist nämlich keinem dienlich. Das sind halt die Schatten des starren Blicks auf die Millionen. ❏

1. Spieltag

1. August 1994: Der FC Bayern München hat zum Fototermin geladen ...
Obere Reihe von links: Oliver Kreuzer, Thomas Helmer, Dietmar Hamann, Alexander Zickler, Markus Babbel, Marco Grimm, Dieter Frey.
Mittlere Reihe von links: Cheftrainer Giovanni Trapattoni, Masseur Wolfgang Gebhardt, Masseur Fredi Binder, Reha-Trainer Norbert Hauenstein, Samuel Oasei Kuffour, Adolfo Valencia, Christian Nerlinger, Alain Sutter, Mathias Zimmermann, Lothar Matthäus, Co-Trainer Klaus Augenthaler.
Untere Reihe von links: Marcel Witeczek, Christian Ziege; Mehmet Scholl, Sven Scheuer, Oliver Kahn, Uwe Gospodarek, Jean-Pierre Papin, Michael Sternkopf, Markus Schupp. Es fehlt Weltmeister Jorginho, der noch auf Heimaturlaub in Brasilien ist.

Die Spieler taten die 0:2-Niederlage eher als Betriebsunfall ab.
FRANKFURTER RUNDSCHAU

Beim Fehlstart in die Champions League verbindet die Bayern nur das Vereinswappen mit dem Vorzeigeklub von einst.
SÜDDEUTSCHE ZEITUNG

Von Paris gleich zum Start vermöbelt.
BILD

Die Bayern wollen ein europäisches Spitzenteam sein. Ein Irrtum. In Paris bekam der deutsche Meister gleich was auf den Seppl-Hut.
BZ, Berlin

Die meisten Spieler verdrücken sich nach der Seezunge und dem Käse kurz nach Mitternacht in ihre Zimmer. Ohne selbstkritischen Kommentar freilich.
DIE WELT

Kurios: Bayern-Stars fanden sich gar nicht schlecht.
BERLINER MORGENPOST

O Weah Bayern, Bravo Paris!
KICKER-SPORTMAGAZIN

Im Prinzenparkstadion von Paris geht die Champions-League-Premiere des FC Bayern München gründlich daneben. Vor 35 000 Zuschauern erzielt der Liberianer George Weah (in der Spielszene am Ball) den ersten der beiden Treffer für die Franzosen. Bayern- und Nationalmannschafts-Hoffnung Christian Ziege (oben) spielt eine Rolle perfekt: Statist!

Einer der Brasilianer in Pariser Diensten: Valdo (Seite 17 oben).
Wimpeltausch zwischen Lothar Matthäus (rechts) und David Ginola (Seite 17 unten).

+++ Rückkehr des deutschen Rekordmeisters Bayern München in den europäischen Meistercup nach genau 1239 Tagen mit 0:2-Fehlstart in Paris +++ Vom Aus gegen Roter Stern Belgrad am 24. April 1991 steht nicht ein Spieler mehr im Bayern-Team +++ Papin fällt mit Muskelproblemen aus +++ Enttäuscht ist Bundestrainer Hans-Hubert Vogts, der die talentierten Ziege, Scholl und Nerlinger beobachtet +++ Sein Kommentar: »Ich kann doch zum Länderspiel keine Versager einladen +++

Mit Leichtigkeit hätten die Nationaltrainer Eduard Malofejew 1986 und Waleri Lobanowski 1990 eine UdSSR-Mannschaft nur aus Spielern von Dynamo Kiew und Spartak Moskau bilden können. In Mexiko kamen 13, in Italien zwölf Spieler von diesen Vereinen für die »Sbornaja«, die Nationalelf. Doch aus den Brüdern und Freunden von einst sind Feinde geworden. Stehen bei Dynamo nur noch Nationalspieler aus der Ukraine im Team (neun), gibt sich Spartak »international«: Sechs Russen sowie zwei Ukrainer spielen für ihr Land.

Spielen die Brasilianer ein Heimspiel im Maracana-Stadion, fliegt mindestens die halbe Mannschaft aus Europa ein. Von den 13 Spielern, die am 17. Juli 1994 in Los Angeles mit der »Selecao«, der Nationalmannschaft, den vierten WM-Triumph feiern, sind acht (!) »Ausländer«. Vom gesamten 22köpfigen Aufgebot verdienen exakt elf außerhalb des Landes ihr Geld: beim AC Reggiana und Girondins Bordeaux, bei Deportivo La Coruna und AS Rom, beim VfB Stuttgart, Bayer Leverkusen und FC Barcelona. Und bei Bayern München und Paris St. Germain.

So bilden beim Treffen des französischen mit dem deutschen Meister die Ballzauberer vom Zuckerhut die dritte geballte Kraft. Hier wirbeln Ricardo Gomes und Valdo, da Jorginho und der zurückgekehrte Mazinho. Ein Fünfter – Rai, jüngerer Bruder des einst so großen Socrates und erst während der WM-Tage als Kapitän der Nationalelf vom Stuttgarter Dunga abgelöst – sieht von draußen zu.

Brasilien, so reich an glänzenden Fußballern, doch als Land so bettelarm wie kaum ein zweites, geht »fremd«. Noch nie war der Cruzado ein begehrtes Zahlungsmittel. Romarios Rückkehr in die Heimat Ende 1994 als »Weltfußballer des Jahres« wird da die rühmliche Ausnahme bleiben.

IM PORTRÄT: LUIS FERNANDEZ

Im Schatten stehend habe er sich nie gefühlt. Vielmehr ist es ein Glücksumstand, der ihn zum »Musketier« werden läßt. Seine größte Stunde schlägt 1984 im eigenen Land. Als die »Equipe tricolore« Europameister wird, steht im Gala-Mittelfeld neben den Künstlern Michel Platini, Alain Giresse und Jean Tigana mit Luis Fernandez ein knochenharter »Arbeiter«. Damals spielte der am 2. 10. 1959 in Spanien geborene und in einem Vorort Lyons aufgewachsene Dauerläufer bereits sechs Jahre bei Paris St. Germain. Zusammen mit Joel Bats, heute sein Assistenztrainer beim zweimaligen französischen Meister. »Ohne Fußball wäre ich wohl ein Ganove geworden«, erinnert er sich an die rauhe Kindheit. Doch spätestens als Fernandez 1986 zu Racing Paris wechselt, hat er die kleinen Gaunereien nicht mehr nötig: Mit 200 000 Mark Monatsgehalt (!) ist er der damals bestbezahlte Spieler Frankreichs. Fortuna blieb dem Mittelfeld-As aus der glorreichsten Zeit der Franzosen treu. Drei Jahre als Spieler und zwei als Trainer bei AS Cannes tun ein übriges. Als Greenhorn führt Fernandez die Südfranzosen während seiner ersten Trainer-Station auf Anhieb in den UEFA-Cup. Zudem hatte er Glück, daß er den Portugiesen Artur Jorge als Coach in Paris beerbt. Zwar ist dieser mit St. Germain deutlich auf Meisterkurs, doch der Zuschauerschnitt bei den Heimspielen im Prinzenpark ist zu niedrig. Nur 24 839. Also wird Fernandez verpflichtet – und mit ihm der attraktive Fußball.

Stade Geoffroy-Guichard in St. Etienne am 1. Oktober 1969. Die Bayern kommen mit einem komfortablen 2:0-Vorsprung zu ihrem ersten Auswärtsspiel im Meistercup. Sepp Maier steht im Tor, »Katsche« Schwarzenbeck hält dem »Kaiser« Franz Beckenbauer den Rücken frei, vorn stürmt mit Gerd Müller der »Bomber« der Nation. Aber: Die Münchner scheitern kläglich.

Beide Mannschaften sind fortan im Meistercup ein schier unzertrennliches Pärchen. Die 70er sind in Deutschland die Jahre der Bayern, in Frankreich die des AS St. Etienne,

der 1974, 75 und 76 – just in den Jahren, da die Münchner den Europacup holen – Landesmeister wird. Also kreuzt sich der Weg beider noch zweimal. Diesmal aber kehren die Bayern den Spieß um und gönnen dem Gegner in drei Spielen nicht einmal ein Tor: 2:0 und 0:0 heißt es 1975 im Halbfinale, 1:0 ein Jahr später im Endspiel von Glasgow. Herve Revelli, der das bajuwarische Aus beim Meistercup-Debüt mit zwei Toren maßgebend beeinflußte, geht diesmal leer aus.

Paris St. Germain ist somit erst Bayerns zweiter Meister-Gegner aus der »Grande Nation« – doch diesmal gibt's – wie vor 25 Jahren – gegen die Franzosen nichts zu gewinnen.

Mit Haken und Ösen:
Matthäus & Weah (oben). Akrobat Ginola (rechts) & Oliver Kreuzer.

18

DIE BECKENBAUER-ANALYSE

Europapokalspiele, das sind so die Feiertage. Außerdem gibt's die paar Mark nebenbei – da lohnt es sich schon, sich bis an die Leistungsgrenze zu bewegen. Unsere Gruppe mit Paris, Kiew und Moskau schätze ich sicher als die stärkste aller vier ein. Obwohl die Pariser eine sehr starke Mannschaft haben, bin ich ein bißchen enttäuscht vom FC Bayern. Ich habe mehr Engagement erwartet. Neben Mängeln in der Abstimmung fehlte es an Kampfgeist.

Ich kann hinnehmen – obwohl ich das eigentlich nur schwer hinnehmen kann –, daß die Franzosen besseren Fußball spielen können. Aber was mich irritiert hat, ist, daß sie auch läuferisch besser waren. Sie waren auch zweikampfstärker und spritziger. Eben den berühmten Schritt schneller und eher am Ball.

Bei den Bayern war nichts Zwingendes zu sehen. Nach einem zunächst ausgeglichenen und lebhaften Spiel hat man den Parisern schon in der ersten Halbzeit den Raum angeboten und sie ins Spiel kommen lassen. Und so kurz vor der Halbzeit ein Tor zu kassieren, das ist immer unglücklich. Wenn man aber einmal im Rückstand liegt, muß man stärker Gas geben, den Gegner unter Druck setzen. Sie waren einfach zu brav, die Bayern. Natürlich ist es schwer, einen verfahrenen Karren mit so vielen jungen Spielern wieder aus dem Dreck zu ziehen. Matthäus hat sich wohl bemüht, aber Jorginho war wenig zu sehen, Schupp hat zu wenig gezeigt.

Dann: Bei Standardsituationen haben die Spieler nicht aufgepaßt. Es waren Konzentrationsfehler. Vielleicht waren die Franzosen auch einfach konditionsstärker.

Es ist aufgefallen, daß uns im Angriff ein Rechtsfuß fehlt. Sutter und Witeczek sind Linksfüßer. Das ist zu einseitig, aber zu korrigieren.

Das Champions-League-Trio von RTL war zu Beginn noch ein Duo: Günther Jauch (links) & Franz Beckenbauer.

19

QUALIFIKATIONSRUNDE:

Termine: 10. und 24. August 1994

GRUPPE A:

Sparta Prag – *IFK Göteborg*	1:0/0:2
Avenir Beggen – Galatasaray Istanbul	1:5/0:4

GRUPPE B:

Paris St. Germain – FC Vac	3:0/2:1
Silkeborg IF – *Dynamo Kiew*	0:0/1:3

GRUPPE C:

Legia Warschau – *Hajduk Split*	0:1/0:4
Steaua Bukarest –Servette Genf	4:1/1:1

GRUPPE D:

Maccabi Haifa – *Austria Salzburg*	1:2/1:3
AEK Athen – Glasgow Rangers	2:0/1:0

14. September 1994

GRUPPE A:

Manchester United – IFK Göteborg					**4:2**	**(1:1)**	
FC Barcelona – Galatasaray Istanbul					**2:1**	**(1:1)**	
Manchester United	1	1	–	–	4:2	2:0	
FC Barcelona	1	1	–	–	2:1	2:0	
Galatasaray Istanbul	1	–	–	1	1:2	0:2	
IFK Göteborg	1	–	–	1	2:4	0:2	

GRUPPE B:

Paris St. Germain – Bayern München 2:0 (1:0)
Paris: Lama, Roche, Deing, Ricardo, Guerin (85. Llacer), Valdo (87. Komwouare), Bravo, Le Guen, Cobos, Weah, Ginola. *München*: Kahn, Matthäus, Kreuzer, Helmer, Jorginho, Schupp, Scholl (48. Hamann), Nerlinger, Ziege, Witeczek (59. Mazinho), Sutter. *Schiedsrichter*: Elleray (England); *Zuschauer*: 35.000; *Tore*: 1:0 Weah (41.), 2:0 Bravo (82.).

Dynamo Kiew – Spartak Moskau					**3:2**	**(0:2)**
Paris St. Germain	1	1	–	–	2:0	2:0
Dynamo Kiew	1	1	–	–	3:2	2:0
Spartak Moskau	1	–	–	1	2:3	0:2
FC Bayern München	1	–	–	1	0:2	0:2

GRUPPE C:

Hajduk Split – Benfica Lissabon					**0:0**	
RSC Anderlecht – Steaua Bukarest					**0:0**	
Steaua Bukarest	1	–	1	–	0:0	1:1
Benfica Lissabon	1	–	1	–	0:0	1:1
Hajduk Split	1	–	1	–	0:0	1:1
RSC Anderlecht	1	–	1	–	0:0	1:1

GRUPPE D:

Austria Salzburg – AEK Athen					**0:0**	
Ajax Amsterdam – AC Mailand					**2:0**	**(0:0)**
Ajax Amsterdam	1	1	–	–	2:0	2:0
AEK Athen	1	–	1	–	0:0	1:1
Austria Salzburg	1	–	1	–	0:0	1:1
AC Mailand	1	–	–	1	0:2	0:2

Ein stiller Beobachter, der freilich jede Gelegenheit beim Schopfe packt: Ruud Gullit. ▶

Zweimal Fußball-Ballett:
oben Demetrio (Ajax/links) & Albertini (Mailand), unten Ravelli (Göteborg/unten links am Boden) & Hughes (Manchester) .

IM BLICKPUNKT: MANCHESTER UNITED

Old Trafford, das altehrwürdige Stadion von Manchester United, bleibt eine feine Adresse. Die »Red Devils«, die »roten Teufel«, schreiben englische EC-Geschichte. Zweimal knacken sie auch das letzte Tor auf der europäischen Bühne. Zuerst 1968 mit dem ersten Pokaltriumph für eine Mannschaft aus dem Mutterland des Fußballs überhaupt. Danach 1991, nachdem die Verbannung der Engländer nach dem Heysel-Drama gerade aufgehoben wurde und sie mit dem Gewinn des Pokalsieger-Cups wieder hoffähig werden.
Es wimmelt nur so von Nationalspielern. Peter Schmeichel, der dänische Europameister von 1992, steht im Tor. Der Engländer Gary Palliter und der Ire Denis Irwin in der Abwehr, davor Andrej Kantschelski aus der Ukraine.

Neben ihm im Mittelfeld Paul Ince, wie Lee Sharpe Engländer. In vorderster Front die beiden Waliser Stürmer Mark Hughes, der einst selbst bei den Münchner Bayern »Staub wischte«, und Ryan Giggs. Er, der zweifache Torschütze beim 4:2 über IFK Göteborg, ist gerade mal 21 Jahre jung und eines der größten Talente. Bereits anderthalb Monate vor seinem 19. Geburtstag bestritt er sein Länderspiel-Debüt: Am 16. Oktober 1991 in Nürnberg beim 1:4 gegen Deutschland kam er in den letzten fünf Minuten ins Spiel.
Dazu Eric Cantona, der unberechenbare Franzose, den man mit einem Ewig-Vertrag an sich binden will; der im Januar '95 in einem Punktspiel nach einer Roten Karte einen Zuschauer verletzt und bis Saisonende gesperrt wird.

STATEMENTS

Die Spieler, die Milan auf dem Platz hatte, waren zehnmal teurer als meine.
Ajax-Trainer
LOUIS VAN GAAL
zu Amsterdam – Mailand

Verrückt, du spielst gegen den AC Milan und denkst ständig an das 3:0 oder 4:0.
Ajax-Stürmer
MARC OVERMANS

MOMENTAUFNAHME

Die Fans nehmen übel. Mit Sack und Pack verabschiedet sich Ruud Gullit aus dem Trainingslager der »Oranjes« und schmeißt die WM 1994 hin. »Ohne mich«, sagt er und verspricht: »Nach dem Finale sage ich euch, warum ich gegangen bin.« Rassistische Gründe sollen eine Rolle spielen. Die haben seine Frau vor Jahren bewegt, nicht den Schritt nach München zu wagen, obwohl der Vertrag unterschriftsreif auf dem Tisch lag.

Gullit, Europas Fußballer des Jahres von 1987, ist also seinen Fans noch eine Erklärung schuldig. Vergessen seine tollen Spiele im A-Team. Längst überholt seine starke Leistung, mit der er die Niederländer auf den Europameisterschafts-Thron 1988 hievt. Keine Rolle spielt, daß sich der 1,85 m-Riese nach schwersten Knieverletzungen herankämpft und durchbeißt. Es ist zwar wieder zu Hause – aber es bleibt kalt um ihn herum. 34 ist er inzwischen. Es könnte das letzte Mal sein, daß die Anhänger ihn spielen sehen.

Trotzdem sind die »Supporter« sauer. Sie reagieren mit Häme, wenn »il tulipano nero« – »die schwarze Tulpe«, wie sie ihn liebevoll in Mailand nennen, den Ball verliert. 15 Millionen Mark blättert Medienzar Silvio Berlusconi hin, als er Gullit 1987 vom PSV Eindhoven nach Milan lockt. Sein Geld ist der Sprinter – die 100 Meter bolzt er in pfeilschnellen 11,2 Sekunden – wert.

Gullit, eine Saison zuvor beim Titelverteidiger bereits ausgemustert und zu Sampdoria Genua verkauft, ist einer der letzten Fußball-»Dinosaurier«. Deshalb holen ihn die Mailänder zurück. »Ohne ihn fällt unsere Mannschaft aus dem Rahmen«, sagt Trainer Fabio Capello. Trotzdem scheinen die Tage des Reggae-Fans gezählt. Wissen das die Amsterdamer mit ihrem Trainer Louis van Gaal? Erhält Gullit deshalb keine Sonderbewachung durch seinen ehemaligen Mannschaftskameraden Frank Rijkaard? Der kennt den Rasta-Mann zwar aus dem Effeff, doch lieber kümmern sich abwechselnd die Ajax-Zwerge Michael Reiziger, Frank und Ronald de Boer um seine »Exzellenz«. Mit überwältigendem Erfolg, wie sich zeigt. Es wird nicht Gullits Tag – auch nicht der Milans. Nach zwölf Spielen ohne Niederlage verliert der AC erstmals wieder eine Partie im Meistercup.

2. Spieltag

Wer 1:0 führt, oftmals verliert. In Athen jedenfalls bewahrheitet sich das für Gastgeber AEK, der Ajax Amsterdam mit 1:2 unterliegt. Einer der Matchwinner im Team der Niederländer ist Finidi George (links).

Trainer Trapattoni betete, die Zuschauer pfiffen, Torhüter Kahn fluchte. Der Anspruch des deutschen Meisters übertrifft seine Klasse. Was bleibt den Bayern bei diesen Voraussetzungen anderes übrig, als sich über ein mühevolles 1:0 gegen zehn Spieler aus Kiew zu freuen?
FRANKFURTER ALLGEMEINE ZEITUNG

Stell dir vor, es ist Champions League – und alle sitzen zuhause und schauen fern. Der Geräuschpegel entsprach mit fortschreitender Spieldauer dem einer Weihnachtsfeier im Seniorenheim, zumal sich nur 26 000 Neugierige im nächtlichen Olympiastadion verteilten.
SÜDDEUTSCHE ZEITUNG

Vor lauter Angst gesiegt. Bayern München mit Ach und Krach gegen Kiew erfolgreich.
FRANKFURTER RUNDSCHAU

Trap brachte Bayern auf Trab – mit Scholl.
BILD

Die Bäume wachsen noch nicht in den Himmel. Aber Scholl läßt die Hoffnung grünen.
KICKER-SPORTMAGAZIN

VON RUNDE ZU RUNDE

+++ Bayerns erster Sieg in der Champions-League: 1:0 gegen Kiew +++ Scholl schon nach neun Minuten Schütze des goldenen Tores +++ Der Glanz fehlt jedoch +++ Verärgerter Jean-Pierre Papin darf erst nach dem Wechsel stürmen – ohne durchschlagenden Erfolg +++ Der Franzose hat mit Trainer Trapattoni einen Disput +++ Noch ein Alarmsignal: Jorginho will den FC Bayern verlassen +++ Der Weltmeister fühlt sich nicht wohl in München +++

EINE SICHERE VIERER-KETTE

Gebrannte Kinder scheuen das Feuer. Unter »Sir« Erich Ribbeck versuchen die Bayern, in der Abwehr die Vierer-Kette zu schmieden. Sie verheddern sich. Nicht so die Franzosen. Gegen die Münchner setzen sie, obwohl sonst hinten auf einer Linie spielend, auf einen Libero – Roche. Trotzdem klappt es. In Moskau nun wieder zurück zur »alten Schule«, zur Vierer-Kette. Schon wird Valdo, der Brasilianer, fürs Mittelfeld frei. Diese Freiheit als offensiver Mann hinter den Spitzen ohne direkte Defensivaufgaben nutzt er zum siegbringenden 2:1-Tor – mit sicherer Vierer-Kette!

Trauern vergebenen Chancen nach:
Jean-Pierre Papin (oben), Münchens teure
Neuverpflichtung vom AC Mailand,
und Kiews Spielmacher Leonenko, der an
dem Karlsruher-Einkauf im Bayern-Dreß
Oliver Kahn scheitert.

Vielleicht doch der Dirigent bei den Bayern:
Mehmet Scholl (Seite 25 oben).
Verbissenheit statt Klasse: Prisetko (Kiew)
mit Babbel (Seite 25 unten links).

Der Stern des »Kaisers« geht auf. Sein 13. Länderspiel ist es erst. Doch schon das Halbfinale bei der Weltmeisterschaft 1966 in England. Gegner ist die UdSSR. Der Sieger steht im Finale von Wembley.

An diesem 25. Juli 1966 sind im Goodison Park zu Liverpool der gerade 20jährige Franz Beckenbauer und Josef Sabo im Mittelfeld der sowjetischen Mannschaft die Zuverlässigkeit in Person. Freilich muß Sabo den ersten Schock schon nach acht Minuten verdauen: Der Knöchel ist blessiert.

Derweil trumpft Beckenbauer wie schon in den Gruppenspielen zuvor großartig auf. Kurz vor dem Ende bezwingt er mit einem kapitalen Fernschuß den legendären Lew Jaschin im UdSSR-Tor. Beckenbauers viertes Tor bei seiner ersten WM – und was für eins! Beim Finale allerdings steht der Heißsporn gegen den großen Bobby Charlton auf verlorenem Posten.

Für Josef Sabo, heute Trainer der Dynamos, wenn auch nicht unumstritten – man wirft ihm veraltete Trainingsmethoden vor –, dagegen ist die Weltmeisterschaft mit dieser Niederlage beendet. Seine Verletzung erweist sich als so schwer, daß er das kleine Finale gegen Portugal (1:2) nur als Zuschauer verfolgt.

IM PORTRÄT: MEHMET SCHOLL

»Eigentlich war ich mir mit der Eintracht schon einig«, sagt Mehmet Scholl im Sommer 1992. Von Karlsruhe nach Frankfurt, so ist es beschlossene Sache. Bis, ja bis sich der FC Bayern einschaltet. »Ich habe nicht auf den Anruf gewartet, aber als das Angebot kam, mußte ich nicht lange überlegen.« Sein Vertrag im Badischen ist bis 1993 datiert. »Ich hatte mir fest vorgenommen, ihn zu erfüllen«, so der damals 21jährige. Doch die Bundesligisten mit Reputation machen Jagd auf den schmächtigen, ballgewandten Jüngling. In Fachkreisen gilt er als *das* Talent des deutschen Fußballs. Vier Wochen vor Saisonschluß dann ganz andere Töne: »Ich werde den KSC verlassen.« So wird der U 21-Auswahlspieler mit Freundin Susanne in der blau-weißen Hauptstadt empfangen.

Schon im Herbst 1992 scheint das Länderspieldebüt besiegelt. Alle Welt weiß, Bundestrainer Vogts lädt Scholl zum Länderspiel am 9. September in Kopenhagen gegen Europameister Dänemark ein. Wenn nicht, dann spätestens am 14. Oktober nach Dresden gegen Mexiko. Jahre später wartet das einstige Super-Talent noch immer auf eine Einladung. Stehengeblieben sei er, der Mehmet. Zu frech seine Sprüche, zu instabil seine Leistungen. Dennoch sagt Vogts: »Der hat etwas, das kann man nicht lernen.« Und doch zögert er mit seiner Einladung. »Ihm fehlt die letzte Power, um sich durchzusetzen«, weiß der Bundestrainer. Ist Scholl nur ein »ewiges Talent«?

25

**Der Heber zum 1:0 durch Mehmet Scholl
(oben links). Marcel Witeczek dagegen
scheitert zum wiederholten Male an Kiews
Keeper Schowskowski.**

CHRONIK

Drei Spieljahre hintereinander nehmen die Bayern jede Meistercup-
Hürde. Von 1974 bis 1976 versuchen
sich 16 (!) Gegner, den Münchnern
die Lederhosen auszuziehen. Es gelingt weder Dynamo Dresden noch
Atletico Madrid, weder dem 1. FC
Magdeburg noch Leeds United, weder Benfica Lissabon, Real Madrid
noch AS St. Etienne. Das phänomenale Torkonto lautet – 68:26!

Erst Dynamo Kiew muß kommen,
um Beckenbauer & Co aus dem
Wettbewerb zu werfen. Die Ukrainer
schaffen es auch erst im Endspurt.
Nach dem 1:0-Heimsieg überstehen
die Bayern im Rückspiel 83 Minuten ohne Gegentor. Elfmeter. Burjak,
der Spielmacher, schafft den Gleich-
stand. Vier Minuten später reißt Slobodjan die Gäste aus allen Träumen.
Der vierte Cup-Sieg in Folge ist nicht
mehr möglich.

Wieder setzt sich Dynamo Kiew
also gegen den deutschen Meister
durch. Nicht zum ersten Mal. Schon
1975 beschnuppern sich beide. Im
europäischen Super-Cup – der UdSSR
– und Europapokalsieger bei den Pokalsiegern gewinnt die Trophäe mit
zwei Siegen. Die Bayern haben keine
Chance. Vor allem Oleg Blochin wir-
belt die Abwehr durcheinander. An
Kiew reiben sich die großen Bayern
also schon 20 Jahre vorher auf.

DIE BECKENBAUER-ANALYSE

Bayern mußte gewinnen, um aussichtsreich im Wettbewerb zu bleiben. Das ist gelungen, weil die Kiewer zunächst unter Druck gesetzt wurden. Läuferisch war der FC Bayern stärker. Das Tor wirkte aber in den Köpfen der Spieler eher blockierend als befreiend. Denn dieses 1:0, dem ein perfektes Zusammenspiel zwischen Scholl und Sutter vorausging, wollte man unbedingt halten. Die Mannschaft hatte keinen Mut mehr. Also kam es auch vor dem Münchner Tor zu ein paar brenzligen Situationen.

Man hat es schon so oft gesehen, daß man glaubt, der Gegner ist in Unterzahl, und die eigene Mannschaft brennt ein Feuerwerk ab. Aber genau das Gegenteil tritt ein: Man verzettelt sich, macht selbst Fehler, weil man Angst vor Ballverlusten hat. Man ist nicht mehr so stark in Bewegung, verläßt sich auf Einzelaktionen und ist viel zu passiv.

Dagegen hat Dynamo das genau Richtige getan, mit zehn Leuten die Räume hinten verengt, ganz dicht gemacht und auf die eigene Chance gelauert. Damit waren sie immer gefährlich. Und die Chance hatten sie durch Leonenko, der allein auf Kahn zuläuft. Aber da sieht man Kahns Klasse, der gewartet hat und so den Schützen verunsichert.

Leider hat man dem Gegner immer wieder die Möglichkeit zum Kontern gegeben. Der hat doch nur darauf spekuliert. Auf Bayern-Seite waren die Chancen zum zweiten Tor da. Das hätte alles geklärt. Aber es hat gefehlt. Papin hatte die Chance. Er muß das 2:0 machen, ist aber noch nicht richtig fit. Ihm hätte ich das Tor am meisten gegönnt. Vielleicht kam seine Einsatz zu früh. Es bringt nichts, wenn ein Trainer dem Drängen eines ehrgeizigen Spielers nachgibt. Bitter, daß Papin erneut verletzt ist. Aber Ungeduld bringt ihn jetzt auf keinen Fall weiter.

We are the champions auf bayerisch ... ▶

GRUPPE A

Galatasaray Istanbul –
Manchester United — 0:0
IFK Göteborg –
FC Barcelona — 2:1 (0:1)

Manchester United	2	1	1	–	4:2	3:1
FC Barcelona	2	1	–	1	3:3	2:2
IFK Göteborg	2	1	–	1	4:5	2:2
Galatasaray Istanbul	2	–	1	1	1:2	1:3

GRUPPE B

Bayern München –
Dynamo Kiew — 1:0 (1:0)
München: Kahn, Matthäus, Babbel, Helmer, Jorginho, Schupp, Scholl (64. Hamann), Nerlinger, Ziege, Witeczek (46. Papin), Sutter. *Kiew*: Schowskowski, Waschtschuk, Lujni, Misin (33. Gelb/Rot), Lejenzew, Schmatowalenko, Kowalez, Michailenko, Kossowski, Leonenko, Prisetko (68. Rebrow).
Schiedsrichter: Craciunesco (Rumänien);
Zuschauer: 26 000; *Tor*: 1:0 Scholl (9.).

Spartak Moskau –
Paris St. Germain — 1:2 (1:0)

Paris St. Germain	2	2	–	–	4:1	4:0
Dynamo Kiew	2	1	–	1	3:3	2:2
FC Bayern München	2	1	–	1	1:2	2:2
Spartak Moskau	2	–	–	2	3:5	0:4

GRUPPE C

Steaua Bukarest –
Hajduk Split — 0:1 (0:0)
Benfica Lissabon –
RSC Anderlecht — 3:1 (2:0)

Benfica Lissabon	2	1	1	–	3:1	3:1
Hajduk Split	2	1	1	–	1:0	3:1
Steaua Bukarest	2	–	1	1	0:1	1:3
RSC Anderlecht	2	–	1	1	1:3	1:3

GRUPPE D

AC Mailand –
Austria Salzburg — 3:0 (1:0)
Dem AC Mailand wurden diese beiden Punkte wegen Zuschauerausschreitungen abgezogen.
AEK Athen –
Ajax Amsterdam — 1:2 (1:1)

Ajax Amsterdam	2	2	–	–	4:1	4:0
AEK Athen	2	–	1	1	1:2	1:3
Austria Salzburg	2	–	1	1	0:3	1:3
AC Mailand	2	1	–	1	3:2	0:2

Enttäuschter Johan Cruyff in Göteborg (links); jubelnder Isaias (Benfica) in Lissabon (unten). Im Spiel ohne Chance: Austria Salzburg gegen AC Mailand. ▶

IM BLICKPUNKT: EIN ERFOLGREICHES DUO

Bei Paris St. Germain flog er, obwohl er die Mannschaft fast schon auf dem Meisterthron hatte. Bei Benfica Lissabon heuerte an und kam so durch die Hintertür in die Champions League: Artur Jorge, der Trainer. Mit ihm schwingen sich die »Roten Adler« wider hoch in die Lüfte. Allen voran machen zwei Ausländer Dampf beim portugiesischen Rekordmeister mit 30 Titeln: Michel Preud'homme und Claudio Paul Caniggia. Jahrgang 1959 der Torhüter aus Belgien, Jahrgang 1967 der Stürmer aus Argentinien. Eine Gemeinsamkeit aber haben die beiden außer ihrem Geburtsmonat Januar: sie kamen vor dieser Saison zu Benfica. Der eine von KV Mechelen, wo er »Mister 50 Prozent« genannt wird, weil er – als bester Torwart der 94er WM-Endrunde geehrt – kaum mehr als ein Gegentor pro Spiel zuläßt und so die Hälfte aller gewonnenen Punkte auf sein Konto kommen. Der andere aus Italien vom AS Rom, wo er wegen Drogenbesitzes und -konsums auf den Index kam.

Preud'homme macht seinem Namen alle Ehre. Nur einmal läßt er sich beim 3:1 gegen den RSC Anderlecht bezwingen. Doch nicht die, die ihn aus Belgien so ausgezeichnet kennen und schätzen, legen ihm den Ball ins Netz. Ein eigener Spieler ist es, Madeira. Doch da das erst vier Minuten vor dem Ende passiert, hat Caniggia vorher alle Zeit der Welt, seiner Lust zu frönen: Der Argentinier mit dem wehenden Haarschopf a la Sutter schießt zwei Tore und zählt damit zu den besten Schützen der Vorrunde.

CHRONIK

Tore sind an den ersten beiden Vorrunden-Spieltagen Mangelware. Nur 33 Treffer haben die 16 Teams in den 16 Begegnungen erzielt (Durchschnitt pro Spiel: 2,06). Steaua Bukarest ist dabei ganz leer ausgegangen. Mit jeweils zwei Toren liegen fünf Spieler gemeinsam an der Spitze der besten Schützen. Es sind dies Caniggia (Benfica Lissabon), Leonenko (Dynamo Kiew), Litmanen (Ajax Amsterdam), Giggs (Manchester United) und Simone (AC Mailand).

MOMENTAUFNAHME

Nur 24 475 Zuschauer verlieren sich im riesigen Stadion Giuseppe Meazza. Dabei können in dem ehemaligen San Siro genau 83 407 Besucher sitzen. Trotz dieses »Häufleins der Aufrechten« passiert es: Salzburgs Torhüter Otto Konrad wird von einem Gegenstand am Kopf getroffen. »Ich wollte gerade den Ball nach dem 0:1 aus dem Netz holen, als einige Gegenstände aufs Feld flogen«, schildert der Schlußmann die brenzlige Situation. »In dem Moment habe ich einen Schlag auf den Kopf gespürt und bin liegengeblieben.«
Trotzdem spielte er bis zur

60. Minute weiter, ließ sich erst dann auswechseln. Salzburgs Vereinsarzt mit der ersten Diagnose: »Gehirnerschütterung. Konrad mußte unbedingt ins Spital. Bei der Gesundheit der Spieler riskieren wir nichts.«

Der Trainer des AC Milan, Fabio Capello, bezweifelt diese Version. Ein »Theater der österreichischen Mannschaft« sei es für sein Verständnis. Was er noch viel weniger glaubte und Konrads Kopfverletzung ignorierte: »Unverständlich, daß ein Tormann weiterspielt und sich viel später erst austauschen

läßt. Erst als unser Sieg feststand, hatte Konrad wohl keine Lust mehr.«

Tatsache ist, daß Spieler gesehen haben, wie eine Flasche von Konrads Kopf abprallte. Der schwedische Schiedsrichter Sundell nimmt sie als korpus delikti an sich. Seine Version ist klar: Daß Milan bestraft wird, steht außer Zweifel. Auch für Austria-Trainer Otto Baric ist es eine glasklare Angelegenheit. Empört reagiert er auf die Äußerungen der Mailänder Verantwortlichen: »Die Zuschauer haben sich danebenbenommen und unseren Tor-

mann verletzt. Nur weil Otto ein ehrgeiziger Mann ist, wollte er unbedingt weitermachen.« Nach dem 0:2 aber geht's nicht mehr. Ersatz Ilsanker muß übrigens gleich den ersten Ball passieren lassen – 0:3.

Die Strafe für den Titelverteidiger, der zwar in Berufung geht: Ihm werden die Punkte abgezogen. Außerdem gibt es eine Platzsperre. Der AC Milan trägt deshalb seine beiden übrigen Heimspiele in Triest aus, das per Luftlinie näher an München und Wien liegt als an der Hauptstadt der Lombardei.

3. Spieltag

Außer Spesen nichts gewesen?
Gesenkten Hauptes verlassen die
Ajax-Männer Frank Rijkaard (links) und
Ronald de Boer nach dem 0:0 gegen
Austria Salzburg den Rasen.

REIF(ER) REPORT

Also, dann sagen wir mal, wie das hier so üblich ist: Dobry Wjetscher – das heißt soviel wie schönen Guten Abend!

Für meinen Geschmack erwarten die Bayern den Gegner ein bißchen sehr weit am eigenen Strafraum.

Schauen Sie, wieviel Grün am Nikiforow zu sehen ist. Hier erst, an der Mittellinie, Zickler, der erste Störenfried.

Nerlinger – wie beim Skat. Die erste Idee war richtig.

So haben sie sich's im warmen Stübchen an der Tafel ausgeklügelt – Konterspiel.

Sutter – seien wir freundlich zu ihm und sagen: Unauffällig, aber er macht die Räume eng.

Es soll nichts an der Bayern-Leistung schmälern, aber die Russen spielen dem Deutschen Meister in die Karten.

… und sie suchen immer wieder die Vaterfigur mit der Nummer 10.

Der Zweikampf selbst war sauber. Aber Scholl humpelt. Und Nikiforow auch.

Nur eine Richtung kann's geben. Trapattoni deutet's an. Alles nach vorne, die letzten Sekunden laufen. Freistoß Ziege, Vollversammlung im russischen Strafraum. Tooor! Marcus Babbel, 91. Minute, Marcus Babbel köpft das 1:1 – ein perfekter Kopfball! Der junge Mann macht derzeit nichts verkehrt.

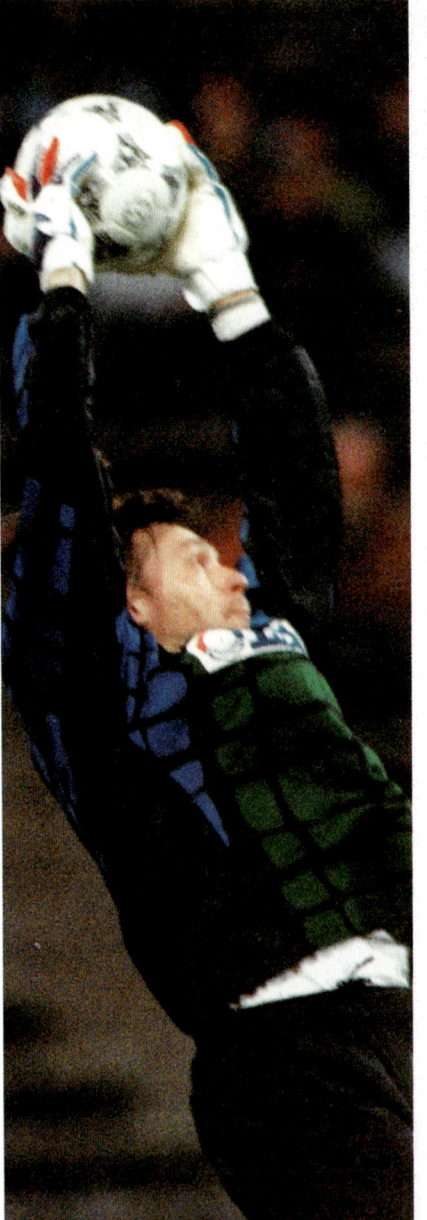

Einstand in Moskau für Marcel Reif, der vom ZDF zu RTL wechselte (unten). Bei seinem Debüt kommt freilich wenig Freude im Spiel der Bayern gegen Spartak auf – nicht nur Lothar Matthäus (Seite 33 unten) trauert mancher vergebener Chance von Alexander Zickler (Seite 33 oben) nach. Und dann ist da ja auch noch Moskaus guter Keeper Dmitri Tiapuschkin …

VON RUNDE ZU RUNDE

+++ Bayern-Glück in letzter Sekunde +++ Freistoß durch Ziege von der linken Seite +++ Babbel köpft zum späten 1:1 ein und gleicht Pissarews Tor aus +++ Verdienter Punkt nach dem bisher besten Spiel der Münchner in der Champions League +++ Wieder ohne den am Meniskus operierten Papin +++ Die Münchner spielen mit einer Baby-Mannschaft: Zickler (20), Nerlinger (21), Frey (21), Babbel (22), Ziege (22) +++ Das Durchschnittsalter beträgt 24,7 Jahre +++ Bayern schieben sich erstmals auf Platz 2 +++

WEAH, IMMER WIEDER WEAH!

Drittes Spiel, dritter Sieg. Paris St. Germain ist beim Sturm ins Viertelfinale nicht aufzuhalten. Auch Dynamo Kiew muß sich vor 65 000 Zuschauern geschlagen bekennen. Valdo, diesmal als einziger Brasilianer über 90 Minuten auf dem Feld – Stopper Ricardo fehlt wegen Verletzung, Rai wird erst eingewechselt –, verursacht sogar einen Elfmeter. Diese Chance läßt sich Leonenko nicht nehmen (32.) und gleicht die Pariser Führung durch Guerin (26.) aus. Eine Viertelstunde vor dem Ende trifft Weah zum 2:1-Sieg. Immer wieder Weah, der Teufelskerl!

Der neue Jürgen Kohler ist geboren! Ein Münchner fühlt sich im siebten Himmel – Marcus Babbel. Sein Tor in der Nachspielzeit ist nicht nur die üblichen 550 000 DM wert, die die Europäische Fußball-Union für jeden Punkt zahlt – dieses Tor stößt den Bayern erstmals das Tor zum Viertelfinale so richtig auf. Der Schütze nimmt's gelassen: »Ob ich oder ein anderer, das ist nicht wichtig. Hauptsache, das Tor ist überhaupt noch gefallen.«

Den Weg in die Mannschaft fand der junge Bursche, der vom TSV Gilching-Argelsried einst zum FC Bayern kam, über den Umweg als »Nordlicht«. 1992 hatte ihn Uli Hoeneß zum Hamburger SV ausgeliehen, wo der 1,89 m-Riese sofort ins Stammaufgebot rückte und in zwei Jahren 60 Punktspiele bestritt. Nach seiner Rückkehr von der Elbe an die Isar ist Hoeneß sicher: »Marcus wird der Fixpunkt der künftigen Bayern-Mannschaft.«

Groß, technisch beschlagen, dazu kopfballstark – Babbel ist jene Spezies von Verteidiger, an denen kaum ein Vorbeikommen ist. Defensiv stark und auch nach vorn gut. Für Trapattoni ist er »der nächste Nationalspieler, den Bayern haben wird«.

P.S. Am 22. Februar 1995 debütierte Babbel beim 0:0 in Jerez gegen Spanien im DFB-A-Team.

IM PORTRÄT: ALEXANDER ZICKLER

»Er wird seinen Weg machen. Er ist doch noch so jung. Gerade mal 20 ist er und wird uns noch viel Freude machen. Wartet's mal ab.« Für Franz Beckenbauer trumpft Alexander Zickler in seinem ersten EC-Spiel stark auf. Auch wenn der einzigen Bayern-Spitze kein Tor gelingt, Zickler scheut keinen Weg und keinen Zweikampf.

Der junge Dachs, 1993 von Dynamo Dresden in die Bayern-Metropole gekommen, hat die Zukunft vor sich. Als die Bayern bei diesem Wechsel satte zwei Millionen Mark auf den Tisch der Sachsen blättern, spricht man von »Ost-Hilfe«, die der Rekordmeister da praktiziere. Doch die Münchner haben erkannt: Der junge Bursche, der 13 Jahre in Elbflorenz kickte, ist ein Juwel. Amateur-Trainer Hermann Gerland nimmt ihn vorerst unter seine Fittiche, ehe »Trap« sein Herz für ihn entdeckt. »Alexander ist schnell und erarbeitet sich viele Chancen«, lobt der Meister-Trainer. Schließlich hätte Zickler auch Sprinter werden können. Selbstbewußt sagt er: »Die 100 Meter schaffe ich gut in elf Sekunden.« Da muß ein Verteidiger schon flinke Füße haben, um der hohen Übersetzung zu folgen. Das rechte Vorbild nennt der Neu-Bayer auch: Marco van Basten. Tritt der gebürtige Sachse auch nur annähernd in die Fußstapfen des Weltfußballers von 1992, sind die zwei Millionen, die Hoeneß seinerzeit für den 1,88 Meter großen Rohdiamanten berappte, glänzend angelegtes Geld.

Von der Ostsee bis zum Schwarzen Meer. In ganz Rußland hat Spartak, der Lieblingsklub nicht nur in der Acht-Millionen-Metropole Moskau, seine Anhänger, die Bolelstschiki. Seit der Wende 1991 kennen die Russen nur noch einen Meister, eben Spartak. Und Moskaus Stolz ist Stammgast auf der europäischen Fußballbühne. 21mal schon startete die Mannschaft in einem Klubwettbewerb der UEFA, sechsmal davon im Meister-Cup. 116 Spiele bestritt der 15malige Meister. Meist war im Viertelfinale Endstation. Bis 1991, als der Sprung ins Halbfinale über Real Madrid glückte und dort erst Olympique Marseille ein Stop setzte.

Noch immer ist Spartak ein Sammelbecken der Nationalspieler. Gegen die Münchner standen acht aus Rußland und drei aus der Ukraine im Aufgebot. Längst jedoch wechseln diese Jahr für Jahr ins Ausland. Der jüngste Bundesliga-Import heißt Wladimir Bestschastnich und stürmt seit 1994 für Werder Bremen. Auch Stanislaw Tschertschessow, der Dresdner Torhüter, wechselte von Spartak in die Bundesliga. Ebenso wie Igor Schalimow, dessen Weg zunächst zu Inter Mailand und danach zum MSV Duisburg führte. Weitere Spartak-Legionäre sind Schmarow und Kantschelski.

Auch »mauern« gehört zum Geschäft der Bayern. In Moskau mehr denn je!

Und auch Trikot-Zerren, Stoßen und Einstecken muß gelernt sein – eine Hauptrolle im »Dreikampf« spielt Marcel Witeczek (Seite 35 rechts).

DIE BECKENBAUER-ANALYSE

Alle sind wir froh und erleichtert, daß noch der Ausgleich gefallen ist. War es in der 1. Halbzeit ein starkes Spiel, so danach nur noch ein durchschnittliches. Später wurde immer klarer, wer jetzt den entscheidenden Fehler macht, muß das Tor kassieren und das Spiel möglicherweise verlieren. Ziege hat den Moskauern den Gefallen getan, hat sich leicht ausspielen lassen, Nerlinger gleich noch mit. Das Gegentor fiel fast im Vollschlaf. So passierte es dann. Da kann selbst Matthäus, der den Ball noch abfälscht, auch mit letztem Einsatz nichts mehr retten. Und Kahn steht auf verlorenem Posten.

Wundern sollte man sich nicht, daß dieser Fehler passierte. Denn die Mannschaft ist noch sehr jung. Vor einem Jahr sind wir den Weg der Jugend gegangen. Alle haben das bewundert, haben gesagt, die Bayern haben aber Mut. Aber wir werden auch wieder Niederlagen hinnehmen, Rückschläge einstecken, denn viele Spieler sind im jugendlichen Alter, fast noch im Juniorenalter. Zwei erfahrene Spieler waren dabei, Matthäus und Jorginho. Die anderen entwickeln sich noch.

Dadurch ist auch erklärlich, daß beide Mannschaften im zweiten Durchgang nur noch durchschnittliche Leistungen boten. Das ist geschuldet der hohen Qualität der 1. Halbzeit. Weil sich da schon viele verausgabten, trat dann ein Konzentrations- und Konditionsschwund ein. Deshalb konnte der Ausgleich – der völlig verdiente – eigentlich nur noch durch eine Standardsituation fallen. Gott sei Dank ist er gefallen.

Die hervorragende 1. Halbzeit hat aber gezeigt, daß die Mannschaft auf dem richtigen Weg ist. Sie hat taktisch gut gespielt, die Russen mit Kontern unter Druck gesetzt. Und wenn dem Lothar mit dem Absatzkick das Führungstor gelungen wäre, dann hätten wir zumindest ein Tor des Monats gesehen.

INTERVIEW MIT JOHAN CRUYFF

Mit einem 2:2 bei Manchester United entführte Vorjahresfinalist FC Barcelona einem enorm wichtigen Punkt aus dem Old Trafford. Nach dem Spiel plauderten Franz Beckenbauer und Günther Jauch mit dem Barca-Trainer:

Beckenbauer: Johan, herzlichen Glückwunsch zu dem einen Punkt. Es war ein ausgezeichnetes Fußballspiel. Aber du bist Perfektionist. Ich weiß, du bist nie ganz zufrieden, obwohl – mit einem 2:2 in Manchester kann man zufrieden sein.
Cruyff: Ja, das Resultat ist gut. Aber soll ich jetzt sagen, Herr Präsident, oder was?

Beckenbauer: Nein, nein.
Cruyff: Noch nicht?

Beckenbauer: Wer zu mir Herr Präsident sagt, dann wird er entweder entlassen oder er ist mein Freund gewesen. Kannst es dir aussuchen.
Cruyff: Jetzt hast du wohl weniger Zeit zum Golfspielen, nicht?

Beckenbauer: Ja, es wird ein bißchen weniger werden. Ich komm dann hin und wieder nach Barcelona. Dort können wir zusammen spielen.
Cruyff: Ja natürlich, ich ruf dich an.

Beckenbauer: Johan, ihr habt in Manchester hervorragend gespielt, seid aber in die Meisterschaft nicht so gut gestartet, hattet ein bißchen Probleme, weil einige Spieler zu spät von der WM zurückkamen wie Romario. Habt ihr jetzt den Rhythmus gefunden?

Cruyff: Ich glaube, daß die Spieler jetzt ihre Form wiederfinden. Sie haben voriges Jahr 70 bis 80 Spiele gemacht. Dann kam die Weltmeisterschaft. Ich glaube, 14 Spieler haben nur 10 bis 14 Tage Ferien gemacht. Das ist zu wenig. Es kommen Verletzungen hinzu, da kann man nie mit derselben Mannschaft antreten ...

Jauch: Johan Cruyff, Sie haben Ihren eigenen Sohn eingewechselt. Was ist das für ein Gefühl als Vater? Ist man da nicht entsetzlich befangen, wenn man über die Leistung des eigenen Sohnes befinden muß?
Cruyff: Nein, weil ein Spieler – und wenn ich ihn bringe, ist er ein Spieler wie jeder andere – gut oder schlecht spielt, viel oder nicht so viel arbeitet. Für ihn ist ein Spiel in der Champions League sehr schwer, logisch. Aber er soll die Erfahrung machen. Und die kann er nur bekommen, wenn er spielt.

Jauch: Väter sagen oft, Söhne sollen raus aus dem eigenen Stall und sollen die Erfahrungen woanders machen. Werden Sie Ihrem Sohn irgendwann einmal raten, geh weg von Barcelona?
Cruyff: Nein, nein. Das ist noch nicht nötig. Ich glaube, daß er auf dem Weg nach oben ist. Und da beobachte ich ihn, wie er trainiert und spielt. Und wenn er es nicht schafft, soll man ihn zu einer anderen Mannschaft schicken. Aber er hat sehr gute Qualitäten, er hat seine Möglichkeiten. Also warten wir ab, wie weit er kommen kann.

STATEMENTS

Manchester ist eine Kampfmaschine, aber auch technisch stark, die technisch beste Mannschaft in England. Barcelona ist abgeklärt, ruhig, kann minutenlang den Ball halten und kitzelt so den Mut des Gegners.
FRANZ BECKENBAUER

Die United spielt kaum noch kick and rush. Alle spielen schnell, lassen den Ball unten.
JÜRGEN KLINSMANN

CHRONIK

Exakt 824 468 Besucher sahen die bisher 24 Begegnungen der Champions League. Den größten Zuspruch mit insgesamt 256 000 fand dabei die Gruppe B. Das bestbesuchteste Spiel war Dynamo Kiew gegen Spartak Moskau mit 90 000 Zuschauern. Nur 8 000 – Minusrekord – zählte das Treffen RSC Anderlecht – Steaua Bukarest. Die Spiele des FC Bayern sahen insgesamt 71 000.

36

IM BLICKPUNKT: RSC ANDERLECHT

Zwei Niederlagen, dazu ein mageres 0:0 zu Hause gegen Steaua Bukarest – der Royal Sporting Club ist nach der Hälfte der Gruppenspiele draußen. Die Doppelspitze Weber/Bosman trifft einfach nicht. Josip Weber, der inzwischen eingebürgerte Kroate und für Belgien bei der WM 1994 in den USA dabei, bringt lediglich ein Törchen beim 1:2 in Split zustande, wo er einst auch für Hajduk stürmte. Von Johnny Bosman, dem Niederländer, 1988 im erfolgreichen EM-Aufgebot der »Oranjes« stehend, ist noch viel weniger zu sehen.

Lange vorbei die glorreichen Zeiten ab Mitte der 70er Jahre. Da erreicht der RSC – 25 Jahre nach der Gründung als Sporting Club erhält dieser 1933 den Titel »Royal« – dreimal in Folge das Finale im Europapokal der Pokalsieger und gewinnt zweimal. Nur 1977 muß sich der mit der Gründungsnummer 35 geführte Verein dem Hamburger SV mit 0:2 beugen. Zum 35. Mal auch startet Belgiens Rekordmeister in einen der drei europäischen Klubwettbewerbe, 18mal davon im Meistercup. 208 Spiele bestreitet er seit seinem Debüt 1955, als er gegen Ungarns Meister Vörös Lobogo Budapest, das spätere MTK, mit 1:4 und 3:6 einen Batzen Lehrgeld zahlt.

Als Anderlecht 1976 den Europapokal der Pokalsieger gewinnt, geht für die Fußballer zwischen Schelde und Maas eine 56jährige Durststrecke zu Ende. Der 4:2-Sieg gegen West Ham United im heimischen Brüssel ist der erste internationale Erfolg seit dem Olympiasieg der Belgier 1920 in Antwerpen.

STATISTIK

19. Oktober 1994

GRUPPE A

IFK Göteborg – Galatasaray Istanbul				1:0 (0:0)	
Manchester United – FC Barcelona				2:2 (1:1)	

Manchester United	3	1	2	–	6:4	4:2
IFK Göteborg	3	2	–	1	5:5	4:2
FC Barcelona	3	1	1	1	5:5	3:3
Galatasaray Istanbul	3	–	1	2	1:3	1:5

GRUPPE B

Spartak Moskau – Bayern München   1:1 (0:0)

Moskau: Tjapuschkin, Nikiforow (85. Ternjawski), Ananko, Onopko, Rachimow, Pissarew, Ketschinow, Pjatnitzki, Zimbalar, Tichonow, Muchamadijew (74. Konowalow).
München: Kahn, Matthäus, Kreuzer, Babbel, Jorginho, Frey, Scholl, Nerlinger, Sutter (63. Sternkopf), Ziege, Zickler.
Schiedsrichter: Goethals (Belgien); *Zuschauer:* 10 000; *Tore:* 1:0 Pissarew (77.), 1:1 Babbel (90.).

Dynamo Kiew – Paris St. Germain   1:2 (1:1)

Paris St. Germain	3	3	–	–	6:2	6:0
FC Bayern	3	1	1	1	2:3	3:3
Dynamo Kiew	3	1	–	2	4:5	2:4
Spartak Moskau	3	–	1	2	4:6	1:5

GRUPPE C

Benfica Lissabon – Steaua Bukarest				2:1 (1:0)	
Hajduk Split – RSC Anderlecht				2:1 (2:1)	

Benfica Lissabon	3	2	1	–	5:2	5:1
Hajduk Split	3	2	1	–	3:1	5:1
Steaua Bukarest	3	–	1	2	1:3	1:5
RSC Anderlecht	3	–	1	2	2:5	1:5

GRUPPE D

AEK Athen – AC Mailand				0:0	
Austria Salzburg – Ajax Amsterdam				0:0	

Ajax Amsterdam	3	2	1	–	4:1	5:1
AEK Athen	3	–	2	1	1:2	2:4
Austria Salzburg	3	–	2	1	0:3	2:4
AC Mailand	3	1	1	1	3:2	1:3

Wenn der Vater mit dem Sohne – Jordi Cruyff (Seite 36 oben) kommt gegen Manchester United zu seinem ersten Europacup-Einsatz: Spielzeit: 22 Minuten.

Auf dem Weg zum 2:0 für Benfica: Joao Pinto (oben/Mitte). Nach 45 Minuten sind für Ajax-Mittelfeldspieler Marc Overmars (unten Mitte) gegen Salzburg die Kräfte versiegt: Auswechslung!

4. Spieltag

Ein Waterloo für Englands Meister Manchester United im Estadio Nou Camp. 114 000 Barca-Fans feiern euphorisch das 4:0 ihrer Mannschaft. Dreh- und Angelpunkt beim FC Barcelona ist einmal mehr Christo Stoitschkow, (Nummer 8/Mitte) der zwei Tore erzielt – hier der Treffer zum 3:0.

REIF(ER) REPORT

Langsam glaub' ich ans Gesetz der Serie. Drei Minuten gespielt, die Bayern bei ihrer Standardübung – wieder fangen die Bayern, ich sag's mal so böse, ein amateurhaftes Tor.

Lothar Matthäus natürlich wieder auf Reparatur-Tour. Wie in den letzten Wochen immer wieder.

Und da ist er drin! Nerlinger, Christian Nerlinger! Da paßte nicht mal ein Stadionheft dazwischen. Direkt unter die Latte!

Gott, sind das Tore ... Da spielt er Doppelpaß mit drei Bayern und mit sich selbst – Alejnitschew.

Die Bank von England oder die russische Staatsbank ist das auch nicht da hinten.

Kuffour, 18 Jahre alt, erstes Europapokalspiel – also mehr kann der Pauschaltourist nicht erwarten.

Schaun Sie mal, wie weit sich die Bayern zurückziehen. Pressing im engeren Sinne ist das nicht. Altmeister Happel dreht sich im Grabe um.

Erinnert mich so'n bißchen an einen Boxkampf. So achte, neunte Runde. Beide torkeln schon ganz schön, haben sich durch das Tempo weitestgehend ausgepuncht. Wer zeigt jetzt sein Glaskinn?

Witeczek – wenn er mal so einen Ball trifft und der geht ins Tor, ich glaub', die Isar dreht sich um und fließt den Berg wieder hoch.

Wo ist die Lücke im Moskauer Abwehrblock? (oben) Weltmeister Jorginho hat sie gefunden (unten), Samuel Kuffour (Seite 41 oben/links) darf nach seinem 2:2 jubeln, und Bremens Coach Otto Rehhagel prostet den Süddeutschen noch ohne Hintergedanken zu.

VON RUNDE ZU RUNDE

+++ Die Stürmer der Bayern schießen keine Tore +++ Wie zuvor in vier aufeinanderfolgenden Heimspielen wieder nur Unentschieden +++ Papin (verletzt) und Sutter (formschwach) fehlen ohnehin +++ Ein alter Bekannter taucht zum Probetraining auf: Roland Wohlfarth, 1989 und 1991 Bundesliga-Torschützenkönig +++ In 254 Spielen für den FC Bayern schießt er 119 Tore +++ Vize Rummenigge: »Das Thema Wohlfarth ist überhaupt nicht auf dem Tisch« +++ Auch »Mister« Trapattoni sagt: »No« +++ Oder kommt gar der Niederländer Bergkamp? +++

EIN KONTINENT IM AUFBRUCH

Samy Kuffour rettet die Bayern, George Weah schießt Paris St. Germain vorzeitig ins Viertelfinale. Was wären die Franzosen außerdem ohne Mit-Stürmer Nouma und den blutjungen Manndecker Dieng? Eins haben sie alle gemeinsam: Sie stammen aus Afrika. Seit Jahren ist der Kontinent im Aufbruch: Kamerun, Nigeria, Algerien, Marokko, Tunesien. Es ist deshalb mehr als eine Geste, daß der Weltfußballverband FIFA beim kommenden Championat 1998 den Afrikanern einen zusätzlichen Platz einräumt.

»Sofort verpflichten!« Nach nur einem Tag Probetraining gibt Lothar Matthäus diesen Tip. Der Kapitän ist hellauf begeistert von diesem 18jährigen Jüngling, der so gar keine Scheu kennt: »Wieso sollte ich denn nervös sein? Ich bin doch hierhergekommen, um Fußball zu spielen.« Dennoch gibt es für Samuel Ossei Kuffour ein Geheimnis: »Ohne Gott geht nichts.«

Auch Trapattoni hat auf Anhieb erkannt: »Samy ist eine Persönlichkeit.« Er habe das Talent, den Willen und sei noch »stolz, das Trikot des FC Bayern trage zu dürfen.« Für Uli Hoeneß kommt Kuffour der Idealvorstellung eines Profis ganz nahe.

Aufgewachsen ist Samy in Ghana, in Kumasi. Dort, von wo auch Anthony Yeboah seinen Trip in die Fußballwelt wagt. Als 13jähriger beschließt Samy, Profi zu werden. Gegen den Willen von Mutter Gloria. Nur widerwillig nimmt er eine Lehre zum Schuster in Angriff. Ob er jemals einen Schuh repariert hat?

Bald wird er mit Ghana Jugendweltmeister, wird vom AC Turin nach Italien geholt, wo ihn die Bayern aufspüren. Bei Hermann Gerland spielt er, bei den Amateuren. Und zieht sich in Fürth eine schwere Kopfverletzung zu. Nur sechs Wochen später rettet er die Bayern mit seinem Kopfballtor.

INTERVIEW MIT OTTO REHHAGEL

Weil Werder Bremen im Wettbewerb der Pokalsieger erst tags darauf sein Rückspiel gegen Feyenoord Rotterdam austrägt, beobachtet Otto Rehhagel die Bayern gegen Moskau. Mit der Spartak-Elf verbindet die Bremer eine langjährige Zusammenarbeit.

Herr Rehhagel, haben Sie eine so starke Spartak-Elf erwartet?
Man weiß, daß die Moskowiter sehr ballfertig sind. Sie spielen schönen Kombinationsfußball. Letztlich durften die Bayern froh sein, daß sie das 2:2 über die Runden gerettet haben.
Was gefällt Ihnen am Spiel der Moskauer?
Es ist schön zu erleben, daß Spartak herrliches Kombinationsspiel ohne Foulspiel und linke Tricks beherrscht. Die Mannschaft ist bestrebt, 90 Minuten lang nach vorn zu spielen.
Pflegen Sie noch Beziehungen zu den Moskauern?
Aber ja, man kennt sich privat. Wladimir Bestschastnich haben wir von Spartak geholt. Sein Schwiegervater saß mit auf der Bank. Wladimirs Frau hat ihren Vater in München besucht.
Welche Fehler haben die Bayern gemacht?
In der zweiten Halbzeit haben sie etwas zu verkrampft gespielt. Sie hätten auf den Gegner mehr Druck ausüben müssen.
Bei den Meistern gibt's in der Champions League die Punkte-, bei den Pokalsiegern die K.o.-Runde. Was ist Ihnen lieber?
Für den Zuschauer ist es attraktiver, wenn es um alles geht – Sieg oder Niederlage. Als Fußball-Lehrer habe ich eine Punkterunde lieber.

CHRONIK

Ein glückliches Händchen nennt man es nicht, was die Bayern mit Stürmern haben. Seit den Zeiten eines Gerd Müller sind sie ohnehin nur an das Feinste vom Feinen gewöhnt. Da haben es ein Papin und ein Sutter gleichfalls schwer, den Fuß in die Tür zu bringen.

Wie so viel Prominenz vor diesen beiden. Ein Mark Hughes, der noch immer für Manchester United trifft, hält es knapp sechs Monate in München aus – kein Interesse beiderseits. Ein Brian Laudrup wird verkannt und wechselt über Italien (Florenz, AC Mailand) zu den Glasgow Rangers. Für »el tren« Adolfo Valencia, die kolumbianische Torfabrik, findet sich keine Lobby. Die Reihe derer, die ich vergeblich mühten, die »Lederhose ehrenhalber« anzuziehen, ist lang: Lars Lunde, das Talent aus Dänemark, der es nach einem schweren Autounfall noch einmal packen will. Johnny Ekström, der sonnige Schwede; Mihajlovic, der Techniker aus Jugoslawien …

Einer schafft es doch so halbwegs. Einer, der kämpft wie ein Berserker, auch wenn er nicht öfter trifft als andere: Alan McInally, Schotte, inzwischen Sportinvalide. E reibt sich indes so auf, daß Manager Hoeneß ihm beim Abschied mehr als nur die Hand schüttelt.

DIE BECKENBAUER-ANALYSE

So richtig ist das Spiel gar nicht einzuordnen. Obwohl wir schon vor der Pause vier Tore gesehen haben, fehlen die Höhepunkte. Einen Grund sehe ich darin: Wenn man so früh in Rückstand gerät, fehlt die Ordnung. Wenn das immer wieder passiert, kann das auf Dauer nicht gutgehen.

Beide Mannschaften tun sich schwer. Beide zeigen im Mittelfeld ein interessantes Spiel. Aber beide leben von den Fehlern des anderen. Die Russen sind in der Luft verwundbar, die Bayern am Boden. So hat jeder seine Schwachstelle.

Der FC Bayern ist nicht frisch genug. Und das von Anfang an. Sonst macht man nicht solche Fehler. Teilweise sind sogar wieder anfängerhafte Fehler dabei. Weil die Russen erfahrener sind, waren sie die spielstärkere Mannschaft. Die haben es verstanden, die jungen Spieler des FC Bayern müde zu spielen. Sie waren häufig im Ballbesitz, haben mit Kombinationen versucht, die Bayern auszuspielen. Und dann geraten wir auch noch in Rückstand … Die Mannschaft war, weil sie immer hinterherrennen mußte, am Schluß mit ihren Kräften am Ende.

Ein grundlegender Fehler war, daß man den Russen zu viel Spielraum gelassen hat. Man hat sich zu weit zurückgezogen und damit den Russen das Mittelfeld überlassen. Ganz normal, daß dann die Abwehr unter Druck gerät und Fehler macht. Zumal die Russen spritziger waren, wendiger, schneller.

Das Spiel hat letzten Endes eigentlich nur das bestätigt, was wir seit Wochen schon wissen: Unsere junge, unerfahrene Mannschaft braucht Zeit, Wenn aber Helmer, Babbel und Papin wieder fit sind, haben wir durchaus eine Mannschaft, die das Viertelfinale erreichen kann.

Als Matthäus sich ein Herz nimmt, ziehen die Youngster mit und haben wie Kuffour auch ihr Erfolgserlebnis (Seite 42). »Kaiser« Franz dankt dem 18jährigen Retter …

GRUPPE A

2. November 1994

| Galatasaray Istanbul – IFK Göteborg | | | | | 0:1 (0:0) | |
| FC Barcelona – Manchester United | | | | | 4:0 (2:0) | |

IFK Göteborg	4	3	–	1	6:5	6:2
FC Barcelona	4	2	1	1	9:5	5:3
Manchester United	4	1	2	1	6:8	4:4
Galatasaray Istanbul	4	–	1	3	1:4	1:7

GRUPPE B

Bayern München – Spartak Moskau	2:2 (2:2)

München: Kahn, Matthäus, Kuffour, Kreuzer, Jorginho, Schupp (64. Hamann), Scholl (53. Frey), Nerlinger, Ziege, Zickler, Witeczek. *Moskau:* Tjapuschkin, Nikiforow, Chlestow, Onopko, Pissarew (86. Naduda), Pjatnitzki, Rachimow, Alejnitschew, Ananko, Ketchinow, Tichonow. *Schiedsrichter:* van der Ende (Niederlande); *Zuschauer:* 31 000; *Tore:* 0:1 Tichonow (4.), 1:1 Nerlinger (28.), 1:2 Alejnitschew (32.), 2:2 Kuffour (36.).

Paris St. Germain – Dynamo Kiew	1:0 (0:0)

Paris St. Germain	4	4	–	–	7:2	8:0
FC Bayern München	4	1	2	1	4:5	4:4
Spartak Moskau	4	–	2	2	6:8	2:6
Dynamo Kiew	4	1	–	3	4:6	2:6

GRUPPE C

Steaua Bukarest – Benfica Lissabon	1:1 (1:0)
RSC Anderlecht – Hajduk Split	0:0

Benfica Lissabon	4	2	2	–	6:3	6:2
Hajduk Split	4	2	2	–	3:1	6:2
Steaua Bukarest	4	–	2	2	2:4	2:6
RSC Anderlecht	4	–	2	2	2:5	2:6

GRUPPE D

AC Mailand – AEK Athen (in Triest)	2:1 (0:1)
Ajax Amsterdam – Austria Salzburg	1:1 (0:0)

Ajax Amsterdam	4	2	2	–	5:2	6:2
AC Mailand	4	2	1	1	5:3	3:3
Austria Salzburg	4	–	3	1	1:4	3:5
AEK Athen	4	–	2	2	2:4	2:6

Fußball-Stilleben:
Edgar Davids (Ajax/links) &
Peter Artner (Salzburg). ▶

Auch ausgekochte Profis wie Koeman (links) und Stoitschkow können sich wie Kinder freuen – die Huckepack-Variante!

CHRONIK

Die zweite Halbzeit ist in der Champions League die »Dreiviertelstunde der Wahrheit«. So werden von den bisher 32 Spielen 14 erst nach dem »Pausentee« entschieden, fünf davon sogar erst durch Tore in den letzten fünf Minuten. Von insgesamt 69 Toren erzielen die Teams übrigens genau 40 in den zweiten 45 Minuten.

IM BLICKPUNKT: AEK ATHEN

Keine Angst vor großen Namen! Auch wenn Griechenlands Titelträger in die Entscheidung nicht eingreift, den Favoriten AC Mailand hat der Außenseiter heftig gekitzelt. Toni Savevski, Mazedonier und 1989 von Vardar Skopje gekommen, schießt die Italiener mit seinem Tor fast schon aus dem Wettbewerb. Die Athener, mit Nationalspielern nur so gespickt, knöpfen den Milanesen bereits im Hinspiel einen Punkt ab. Auch in Triest, wohin der AC nach seiner Platzsperre umziehen muß, kennen die Griechen keinerlei Respekt. Trainer Dusan Bajevic möbelt seine Elf mit diesen Worten auf: »Wenn wir es schaffen, machen wir uns unsterblich. Man wird uns ein Denkmal setzen.« Noch besteht die minimale Chance.

Doch nach der Pause finden die Italiener durch Panucci zweimal die Lücke. Obwohl fünf AEK-Spieler zum griechischen WM-Aufgebot für die Endrunde 1994 in den USA gehörten, scheitert der elffache Titelträger ein Jahr zuvor bereits in Runde 1 an AS Monaco, dem damaligen Klinsmann-Klub. Bei ihrer nunmehr 21. Teilnahme – neun davon im Meistercup – setzen sich die Gelb-Schwarzen in der Qualifikation überraschend deutlich über die Glasgow-Rangers durch. Diesen zwei Siegen (2:0, 1:0) lassen die Athener im weiteren Verlauf keine mehr folgen. Auch wenn sie achtbare Resultate erreichen (in Salzburg gar ein 0:0), über die Rolle des Außenseiters kommen sie wieder einmal nicht hinaus.

STEAUA BUKAREST

Gegründet: 1946 als AS Armata, seit 1963 Steaua
Anschrift: bd. Ghencea 35, Bukarest
Vereinsfarben: weiße Hemden, weiße Hosen
Stadion: Stadion »23. August«, Stadion der Republik
Fassungsvermögen: 63 000 bzw. 37 000
Meister: 16mal – erstmals 1951, zuletzt 1994
Pokalsieger: 18mal
Weitestes Vordringen im Meistercup: Gewinner 1986
Weitere Erfolge: Supercup-Sieger 1986

RSC ANDERLECHT

Gegründet: 1908
Anschrift: Avenue Theo Verbeeck 2, 1070 Brüssel
Vereinsfarben: lila Hemden, lila Hosen
Stadion: Constant-Vandenstock-Stadion
Fassungsvermögen: 42 800
Meister: 23mal – erstmals 1947, zuletzt 1994
Pokalsieger: 7mal
Weitestes Vordringen im Meistercup: Halbfinale 1977/78 und 1986/87
Weitere Erfolge: Europacup-Sieger der Pokalsieger 1976 und 1978;
UEFA-Cup-Sieger 1983, Supercup-Sieger 1976 und 1978

MOMENTAUFNAHME

Eine Schnappsidee war es nicht, mit der sich vier Studenten aus Split 1911 hervortun. Sie gründen den Verein Hajduk. Er wird nicht nur im Fußball berühmt. Inzwischen auch im Tennis. Goran Ivanisevic, der Mann mit dem überaus harten Aufschlag, gehört ebenso Hajduk Split an. Hajduk ist der mit Abstand älteste Fußballverein Kroatiens. HASK Gradanski Zagreb jedoch macht ihm Konkurrenz. 1923 nämlich erobert Gradanski den allerersten Meistertitel in Jugoslawien. Auch HASK trägt sich in die Siegerliste ein, 1938. Beide fusionieren 1945 zu HASK Gradanski, heißen später Dinamo und nun wieder wie zur Fusion. Hajduk, erstmals 1927 Titelträger, verweist hingegen auf seine gerade »Lebenslinie«. Einer, der es ganz genau weiß, ist ein alter Bekannter: Ivan Buljan, von 1977 bis 1981 beim Hamburger SV (103 Spiele/22 Tore), managt den neunmaligen jugoslawischen und zweifachen kroatischen Meister. Wenn es jedoch um internationale Reputation geht, halten sie alle zusammen. Erst recht nach der Selbständigkeit. Kroatien ist längst kein weißer Fleck mehr auf der Fußball-Landkarte. Vizeweltmeister Italien mit Trainer Arrigo Sacchi gehört zu den Leidtragenden. 1:2 verliert die »Squadra Azzurra« ihr EM-Qualifikationsspiel gegen die Kroaten. Schon fordern die Tifosi den Kopf Sacchis und Giovanni Trapattoni als dessen Nachfolger. »Traps« relative Erfolglosigkeit bei den Bayern schmeckt den Gerüchteköchen. Auslöser jedoch sind die Kroaten. Sie erwerben sich überall in der Welt einen guten Namen. Der bekannteste von allen ist Robert Prosinecki von Real Madrid. Dessen Mutter ist zwar Serbin, der Vater aber Kroate. Das gibt den Ausschlag. In Italien spielen Alen Boksic bei Lazio Rom (zuvor Marseille) und Zvonimir Boban bei Inter Mailand (zuvor beim AC Mailand). In diese Reihe gehört zudem Robert Barni, der über Bari 1993 zum AC Turin kommt. Stjepan Andrijasevic, 1967 geboren, gehört fast schon zum Hajduk-Urgestein. Er unternahm in der Saison 1992/93 einen kurzen Abstecher zum AS Monaco, kehrte aber nach nur sieben Punktspielen in seine Heimat zurück.

5. Spieltag

Laurenzia, liebe Laurenzia ... Salzburger
Männer-Reigen nach virtuosem 3:1-Erfolg
in Athen gegen Gastgeber AEK.

REIF(ER) REPORT

Die notorische Welle, ein untrügliches Zeichen dafür, daß auf dem Platz zu wenig los ist. Die Zuschauer bereiten sich ihr eigenes Vergnügen.

Höchst erfreut, geradezu echauffiert, verzeichnen wir den zweiten Eckball für Bayern.

Das ist Frau Matthäus. Erst dachte ich, sie sagt: »Oh, wie schön …« Aber sie gähnt nur.

Eine Mauer in Weiß, dahinter das Netz. Das Runde muß durchs Weiße ins Eckige.

Weah … Nouma … Weah gucken Sie sich das an … gucken Sie sich das an … Weltklasse! Weltklasse! Schade für die Bayern, aber Weltklasse!

Ein belgischer Journalist hat mal über ihn gesagt: Weah – sein Name klingt wie ein Freudenschrei.

Weah … ich verhehle nicht, es macht einen Heidenspaß, ihm zuzugucken. Wie er sich bewegt, groß, stämmig, zweikampfstark. Und ein Riesengefühl im Fuß …, versuchen Sie mal, an so einem Ebenholzstamm herumzustochern …

Eine Super-Leistung. Zu betrauern, wenn Sie wollen. Aber wenn Sie Spaß haben an schönem Fußball – zum Genießen. Weah in Aktion … Schauen Sie, wie sie da liegenbleiben – fünf Bayern und am Ende auch noch Kahn.

Trotz K(r)ampf – die Spielszenen belegen es – kein Tor für die Bayern gegen Paris, sondern für die Gäste durch den Mann des Tages George Weah (Seite 49 oben), das Münchens Torwart Oliver Kahn (Seite 49 unten) nicht verhindern kann.

VON RUNDE ZU RUNDE

+++ Bayern-Manager Uli Hoeneß spricht vom »Spiel der Spiele« +++ Torjäger Jean-Pierre Papin ist mit einer Glasfiber-Manschette um den gebrochenen Arm dabei +++ Er ist dennoch nicht zu sehen +++ Die Münchner werden vorgeführt, entzaubert, gedemütigt +++ Ein Weltklassetor von George Weah stürzt die Bayern tief in den Keller +++ Um doch noch das Achtelfinale zu erreichen, müssen sie zum Abschluß in Kiew einen Punkt mehr holen als Moskau in Paris +++ bei Punktgleichheit sprechen die Spiele gegeneinander für Spartak +++ Ein »Wunder von Kiew« muß her +++

SPARTAK-EXPORTE IN DIE BUNDESLIGA

Rinat Dassajew kommt gleich hinter dem großen Lew Jaschin. Noch vor der Wende durfte Dassajew beim FC Sevilla Profi werden. Viele, viele folgten. Auch von Spartak Moskau. Jenem Verein, dem einst auch Dassajew angehörte. In die Bundesliga wanderten Tschertschessow (Dresden) und Bestschastnich (Bremen) aus. Der nächste könnte mit Nikolai Pissarew folgen. Einen unschätzbaren Vorteil hat der Stürmer, der in der Schweiz spielte: Er spricht sehr gut deutsch!

»Er ist schon jetzt für mich die Nummer 1 in Deutschland.« Einer, der sich zwischen den Pfosten auskennt wie sonst nur wenige, ist von Oliver Kahn angetan: Harald »Toni« Schumacher, 76facher Nationaltorhüter. Gegen den Sonntagsschuß des George Weah aber ist auch ein Könner mit Namen Kahn machtlos. Trotzdem grübelt der Keeper länger als sonst und sagt: »Ich habe dem FC Bayern noch kein Spiel gewonnen.«

Gekommen ist Oliver Kahn zu den Münchnern als einer, den sie beim Karlsruher SC während einer meisterlichen UEFA-Cup-Saison bis ins Halbfinale hinein euphorisch feiern. 1000 Hände scheint er zu haben in vielen Spielen. Dem KSC gewinnt er die Spiele gleich reihenweise. Also steht sein Weg fest, als sich Aumann bei den Bayern verabschiedet: Nach Kreuzer, Sternkopf und Scholl ist Kahn der vierte Spieler, der aus dem Wildparkstadion an die Isar wechselt.

Angetreten ist Kahn bei den Bayern als WM-Ersatz hinter Illgner und Köpke. Beim Rekordmeister aber spielen keine Reservisten. Das weiß Kahn selbst nur zu gut. Bundestrainer Vogts macht dem Neu-Münchner Mut: »Kahn ist die Zukunft im Tor.«

P.S. Nur drei Tage nach dem 0:1 gegen Paris reißt bei Kahn gegen Leverkusen das Kreuzband.

IM PORTRÄT: GEORGE WEAH

Von einem Geniestreich schwärmen die Ästheten. Sie berauschen sich am Spiel des George Weah. Liberianer ist er, dort natürlich Nationalspieler, groß, stämmig, doch dabei so leichtfüßig. Nachdem er mit spielerischer Leichtigkeit mehrere Verteidiger der Bayern mattsetzt und seinen Slalom mit einem genauen Torschuß krönt, kann sich selbst der »Kaiser« kaum halten. Beeindruckt ist er, der »Ober-Bayer«. Haben wollten sie den Torjäger zwei Jahre zuvor. Schon damals hatten Beckenbauer Weahs »wunderschöne Bewegungen« gefallen.

Und dessen Torinstinkt. In vier Jahren schießt Weah für den AS Monaco 47 Tore. Nahezu in jedem zweiten der 103 Spiele eins. Darob wird der geradlinige Stürmer umschwärmt. Für 7,5 Millionen Dollar ist er zu haben. Zu teuer für die Bayern – damals. Dabei ist seine Spielweise mit unkonventionell nur unzureichend beschrieben, weil er die unmöglichsten Dinge mache. Solche, mit denen keiner auch nur entfernt rechne. Dazu sei er ein idealer Konterspieler. »Mister George« wird er genannt, und ein Torjäger sei er ganz und gar nicht. Als Schwäche lastet man es ihm an, daß er ach so viele Möglichkeiten vor dem gegnerischen Tor nicht nutze. Hat Trainer Luis Fernandez ihn deshalb erst reichlich spät ins Spiel gebracht? »Nein«, so der Franzose, »George Weah ist ein Top-Mann. Unberechenbar, immer für den entscheidenden Treffer gut. Er ist einer, der die Spiele auch mal allein entscheidet.«

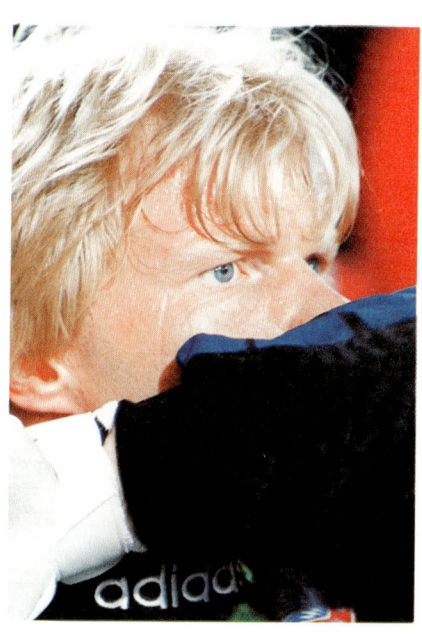

PRESSE-ECHO

Räumt man die Trophäen beiseite, die Trapattoni mit gereiften Weltstars bei den Millionenklubs Juventus Turin und Inter Mailand errungen hat, fällt der Blick auf sein Münchner Ensemble, das seit Monaten in Schüchternheit und störrischer Stagnation verharrt.
SÜDDEUTSCHE ZEITUNG

Angst, Mängel und Weah-Klagen bei einem Meister ohne Mumm.
FRANKFURTER ALLGEMEINE ZEITUNG

Europas Meisterklasse ist für den FC Bayern München eine Nummer zu groß.
FRANKFURTER RUNDSCHAU

Au Weah! Mutlos, harmlos, trostlos. Jetzt muß Bayern zittern. 145 Tage ist der Maestro aus Mailand in München – Pleiten pflastern seinen Weg.
BILD

PGS ist von den Götter gesegnet. Im Münchner Olympiastadion, das erst sprachlos gelähmt war, dann vor Zorn grollte, haben die Pariser eine Seltenheit gemacht.
LE PARISIEN

CHRONIK

Ein Methusalem bleibt es für immer: In 43 (!) Heimspielen des Meistercups nehmen die Bayern nicht eine Niederlage hin. Vom Debüt 1969 bis zum 10. April 1991 hält die so stolze Serie. Erst als Roter Stern Belgrad auf seinem Triumphzug bis zum EC-Sieg in München aufkreuzt und nach Toren von Wohlfarth, Pancev und Savicevic 2:1 gewinnt, gelingt keiner anderen noch so namhaften Mannschaft, die Bayern in München in die Knie zu zwingen.

Erst im vierten Spiel gar glückt es im Frühjahr 1973 Piet Keizer von Ajax Amsterdam, den Bayern das erste Gegentor auf heimischem Gelände in die Maschen zu setzen. St. Etienne muß gleich zweimal als Verlierer nach Hause. Ebenso wie Ajax und Benfica Lissabon. Das große Real Madrid erwischt es bei 7:3 Toren wie ZSKA Sofia gleich dreimal. Die Bulgaren kassieren gar 12:1 Tore.

Allein von der Statistik her gehört somit das 0:1 gegen Paris also zu den höchst außergewöhnlichen Resultaten bei derzeit 14 Starts der Münchner im Meistercup. Die Bayern profitieren von dem neuen Reglement und der Punkterunde. Nach altem Muster wäre bereits nach dem Spiel im Prinzenpark das Ende eingeläutet worden. Trotz der Niederlage gehören sie so zu den Siegern.

DIE BECKENBAUER-ANALYSE

Es hätte alles passieren dürfen, nur keine Niederlage. Das ist natürlich deprimierend. Diese Niederlage durfte nicht sein. Aber man darf nicht vergessen, wir haben es noch immer in der Hand.

Von der ersten Halbzeit schon war ich nicht begeistert, aber auch nicht enttäuscht. Die Franzosen spielten ganz geschickt. So, daß es den Bayern gar nicht behagte. Sie zogen sich zurück, machten die Räume eng. Da kamen die Fehler bei den Bayern. Deshalb haben wir vor der Pause keine herausgespielte Möglichkeit gesehen. Das lag zum einen an der Ängstlichkeit der Bayern, sie spielten zu ängstlich, zeigten zu viel Respekt. Zum anderen an der guten Deckungsarbeit der Franzosen. Sie standen kompakt und ganz sicher.

Später spielten die Bayern recht gut. Sie haben endlich auch den nötigen Druck entwickelt. Eine Menge an Torchancen hatten sie auch. Darunter einige ganz hochkarätige. Aber es fehlte das eine Quentchen Glück. Das hatten die Franzosen. Sie schießen einmal aufs Tor – und gewinnen das Spiel! So ist das eben manchmal. Da kann man niemandem einen Vorwurf machen.

Das Tor von Weah war eine absolute Weltklasseleistung. Wunderschön seine Bewegungen. Wir waren mit dem FC Bayern einmal mit ihm in Verhandlung, als er 1992 vom AS Monaco wegging. Er sollte 15 Millionen Mark kosten. Das konnten wir nicht bezahlen. Das war einfach viel zu teuer.

Trotz dieser Niederlage stellt sich die Trainerfrage nicht. Wir sind froh, daß wir Giovanni Trapattoni verpflichten konnten. Das Präsidium hat noch immer großes Vertrauen in Trapattoni. Außerdem ist Tatsache, daß er einen Ein-Jahres-Vertrag bis zum Saisonende hat. Trapattoni ist keiner, der einfach in der Serie das Handtuch wirft.

Symbolträchtig – Omar Dieng steigt am höchsten, Thomas Helmer möchte sich eingraben (Seite 50) – das Resultat ist angezeigt …

23. November 1994

GRUPPE A

| IFK Göteborg – Manchester United | 3:1 (1:0) |
| Galatasaray Istanbul – FC Barcelona | 2:1 (0:1) |

IFK Göteborg	5	4	–	1	9:6	8:2
FC Barcelona	5	2	1	2	10:7	5:5
Manchester United	5	1	2	2	7:11	4:6
Galatasaray Istanbul	5	1	1	3	3:5	3:7

GRUPPE B

23. November 1994

| Spartak Moskau – Dynamo Kiew | 1:0 (0:0) |
| Bayern München – Paris St. Germain | 0:1 (0:0) |

München: Kahn, Matthäus, Babbel, Helmer, Jorginho, Schupp (62. Hamann), Scholl, Nerlinger, Frey, Papin (69. Zickler), Sutter.
Paris: Lama, Roche, Cobos, Dieng, Sechet, Bravo (57. Le Guen), Llacer, Guerin, Colleter, Nouma, Ginola (63. Weah). *Schiedsrichter*: Diaz Vega (Spanien); *Zuschauer*: 46 000; *Tore*: 0:1 Weah (79.).

Paris St. Germain	5	5	–	–	8:2	10:0
Spartak Moskau	5	1	2	2	7:8	4:6
FC Bayern München	5	1	2	2	4:6	4:6
Dynamo Kiew	5	1	–	4	4:7	2:8

GRUPPE C

| Benfica Lissabon – Hajduk Split | 2:1 (1:0) |
| Steaua Bukarest – RSC Anderlecht | 1:1 (0:1) |

Benfica Lissabon	5	3	2	–	8:4	8:2
Hajduk Split	5	2	2	1	4:3	6:4
Steaua Bukarest	5	–	3	2	3:5	3:7
RSC Anderlecht	5	–	3	2	3:6	3:7

GRUPPE D

| AEK Athen – Austria Salzburg | 1:3 (1:2) |
| AC Mailand – Ajax Amsterdam (in Triest) | 0:2 (0:1) |

Ajax Amsterdam	5	3	2	–	7:2	8:2
Austria Salzburg	5	1	3	1	4:5	5:5
AC Mailand	5	2	1	2	5:5	3:5
AEK Athen	5	–	2	3	3:5	2:8

Wie sich die Bilder gleichen könnten: Milans Baresi verschießt im Finale einen WM-Elfer (Foto) und muß sich zu Hause der entfesselten Ajax mit 0:2 beugen. ▶

Heimweh in Kopf und Bein: WM-Star Romario in seinem vorletzten EC-Spiel für Barca.

CHRONIK

Vor dem letzten Spieltag haben sich bereits fünf Klubs für das Viertelfinale qualifiziert: IFK Göteborg, Paris St. Germain, Benfica Lissabon, Hajduk Split und Ajax Amsterdam. Bangen müssen die vier gesetzten Favoriten AC Mailand, FC Barcelona sowie die Bayern und Manchester United, letztere sind sogar auf Schützenhilfe angewiesen.

BLICKPUNKT: GALATASARAY ISTANBUL

Schön, aber zu spät. Der 2:1-Sieg über den FC Barcelona, der erste von Galatasaray Instanbul in der Champions League, füllt lediglich einen Teil der Statistik. Trotzdem: 1,1 Millionen Mark sind ein warmer Regen. Und die »Ehre« ist von bleibendem Wert.

Nein, mit dem Ausgang in ihrer Gruppe haben die Türken nichts mehr zu tun. Dabei kennen sie sich bereits aus auf diesem Terrain. Mit dem FC Barcelona und Manchester United treffen sie alte Bekannte aus dem Vorjahr wieder. Gegen »Barca«, den spanischen Meister, schnitten die Türken auch ein Jahr zuvor schon mit 0:0 achtbar ab. Qualifiziert hatten sie sich damals mit dem 3:3-Paukenschlag im Old Trafford von Manchester. Die United bleibt draußen vor der Tür – die türkischen Bobodies ziehen in die Ruhmeshalle der europäischen Titelträger ein. Dort kommt es wohl vorerst zum bösen Erwachen – erst im letzten der sechs Gruppenspiele gelingt das überhaupt einzige Tor, doch der damalige Trainer Rainer Hollmann sagt selbstbewußt: »Als Erfahrung kann es nichts besseres geben als diese Meisterklasse.«

Galatasaray, in dieser Saison zum 24. Mal in einem Europapokal-Wettbewerb dabei (zum elften Mal bei den Meistern) mausert sich zum Dauergast in der Champions League. Auch ohne die »Entwicklungshelfer« Falko Götz, Reinhard Stumpf und Torsten Gütschow – sie spielen längst wieder in Deutschland – ist der inzwischen 90jährige Verein (gegründet 1905) eine ganz feine Adresse.

AUSTRIA CASINO SALZBURG

Gegründet: 1933
Anschrift: Schumacherstraße 14, 5020 Salzburg
Vereinsfarben: violettes Hemd, weiße Hose
Stadion: Lehen-Stadion
Fassungsvermögen: 20.000
Meister: 1mal – 1994
Weitestes Vordringen im Meistercup: Gruppenspiele Champions League 1994/95
Weitere Erfolge: UEFA-Cup-Finalist 1994

AEK ATHEN

Gegründet: 1924
Anschrift: Tritis Septemvriou 14, 11251 Athen
Vereinsfarben: gelbes Hemd, schwarze Hosen
Stadion: Philadelphia-Stadion
Fassungsvermögen: 35.000
Meister: 11mal – erstmals 1939
Pokalsieger: 9mal
Weitestes Vordringen im Meistercup: Viertelfinale 1968/69

IM PORTRÄT: ROMARIO

Lange scheint es, als solle sein Tor zum Sieg des FC Barcelona bei Galatasaray Istanbul reichen. Mit seiner unnachahmlichen Art bringt Romario de Souza Faria, genannt Romario, Spaniens Titelträger in allerbeste Viertelfinal-Position. Daß die Katalanen letztlich doch noch nicht feiern dürfen, ist nicht Romarios Schuld.

Die hat er sowieso nie. Ein Trotzkopf ist er, aber ein begnadeter Stürmer. Aus dem Fußgelenk heraus pflegt er seine Tore zu schießen. Ansatzlos. Einfach mit einem Tick, einem ganz kurzen Dreh des Fußes. Eigentlich nur des

Zehs. Das genügt. Romario (29.1.1966) hat in seinen Füßen so viel Gefühl wie mancher nicht im Herzen. Allein deshalb duldet Trainer Johan Cruyff die Eskapaden des brasilianischen Weltmeisters. Mit seien 30 Toren erst schießt Romario die Blau-Roten zum Titel und in die Champions League. Kaum Weltmeister geworden, vergißt er wie zufällig den anberaumten Trainingsbeginn im Nou Camp. »Ich muß mich vom WM-Streß erholen«, verkündet er einsilbig und faulenzt an der Copacabana. Drei Wochen überzieht er. Training ist für den »besten

Stürmer der Welt« (Romario über Romario) ohnehin nur »Kalorienverschwendung«. Maulfaul ist er schon gar nicht. Als »Auslaufmodell« bezeichnet er seinen Barca-Kollegen Ronald Koeman. Der hatte sich erdreistet, Romarios eigenmächtige Urlaubsverlängerung als »Frechheit« abzutun. Trainer Cruyff handelt. Wenn auch vorerst nur verbal: »Wenn Romario keine Lust hat, bei uns zu spielen, soll er es lassen. bringt er einen Verein, der 18 Millionen für ihn zahlt, ist er weg.« Cruyff reagiert deshalb so stinkig, weil nicht einmal eine Strafandrohung von knapp

40 000 Mark pro selbstgenehmigten Urlaubstag Romario ins Flugzeug treibt. Fünf Tore bei der WM-Endrunde, Weltmeister, bester WM-Spieler und schon so abgehoben? Auch ohne diese Meriten ist Romario an vielen Tagen »ungenießbar«. Vielleicht trifft eher diese Charakteristik zu, die eine spanische Zeitung über ihn schrieb: »An guten Tagen bringt er seine Gegner zur Verzweiflung. An schlechten seinen Trainer.« Konterte ein anderes Blatt: »Romario schafft auch an seinen guten Tagen mühelos beides.«

6. Spieltag

SPORT Zürich wählte diesen Bildtext:
»Erfahrung, Instinkt und sehr viel Glück
braucht es, um so einen Schnappschuß zu
realisieren. David Spurdens zeichnet als
Urheber dieses Bildes. Der Fotograf vom
englischen Sunday Express hat damit den
ersten Preis in der Kategorie Sport des
»Welt-Presse-Fotowettbewerbs 1994«
gewonnen. Übrigens: Der »schwebende Jun-
ker heißt Peter Schmeichel.« Den dänischen
Nationalkeeper wird's kaum trösten, denn
trotz seiner Glanzparaden scheidet seine
Manchester United in der EC-Vorrunde aus.

REIF(ER) REPORT

Das Stadion faßt etwa 103 000, wenn es denn voll ist, gebaut 1923, und sollte am 22. Juni 1941 nach der Renovierung feierlich wiedereröffnet werden. Damals mit dem Klassiker Dynamo Kiew gegen ZSKA Moskau. Aber an diesem Tag marschieren die Deutschen in die UdSSR ein.

Michailenko kam von Dnepr Dnepropetrowsk. Den Namen habe ich lange genug geübt. Ich werde ihn so oft es geht sagen. Dnepr Dnepropetrowsk.

Sechs Kilo Übergewicht soll Leonenko mit sich rumschleppen. Da wirkt Giovanni Trapattoni austrainierter.

Jorginho mit einem hohen Ball. Wenn der runterkommt, ist Schnee drauf.

Jetzt nehmen wir Wetten an … Jean-Pierre Papin mit seinem zweiten Tor, 81. Minute.

Das sieht endlich mal nach Fußball aus, was die Bayern hier zeigen.

Als ich Franz Beckenbauers massive Kritik an seiner eigenen Mannschaft gelesen habe, auch seine massiven Drohungen, dachte ich, ob das wirklich der glücklichste Zeitpunkt ist? Aber jetzt hat er alles, alles richtig gemacht. Er hat sie offenbar mit genau den richtigen Worten just auf die Minute genau gekitzelt … Beckenbauer strickt weiter an seiner eigenen Legende.

Alles oder nichts, so die Devise von »Trap« und »Auge« (Seite 57/links). Jean-Pierre Papin begreifts – zwei Tore! Und auch Ziege (links) und Babbel (Seite 56 unten) wissen worum es in Kiew geht: um satte fünf Millionen für die Bayern Kasse!

VON RUNDE ZU RUNDE

+++ Das Wunder von Kiew ist eingetreten +++ Erstmals eine überzeugende Bayern-Vorstellung in der Champions League +++ Dabei fehlt der verletzte Torhüter Kahn +++ Matchwinner in Kiew ist Jean-Pierre Papin, der endlich trifft +++ Der Franzose schießt beim 4:1 zwei Tore +++ Als Dynamo in Führung geht, sind die Münchner schon draußen +++ Mit Nerlingers 1:1 beginnt jedoch die wundersame Rückkehr in den Wettbewerb +++ Trotzdem sagt »Kaiser« Franz, inzwischen Bayern-Präsident: »Die Mannschaft braucht ein anderes Gesicht!« +++

AUF DEN SPUREN DES AC MAILAND

Knapp sieben Millionen Mark scheffelt Paris St. Germain in den Gruppenspielen. Pro Sieg schüttet die UEFA 1,1 Millionen aus. In der München-Gruppe marschieren die Franzosen ohne Verlustpunkt durch. Einmalig in der noch jungen Champions League? Nein! Der zweifache französische Meister folgt den Spuren des AC Mailand, der in der Saison 1992/93 nicht nur ohne Niederlage bleibt, sondern lediglich ein Gegentor hinnimmt. Den Cup aber holt im Finale eine andere Mannschaft: Olympique Marseille.

Quicklebendig wie noch nie zuvor bei den Bayern, ist er nach seinen zwei Toren von Kiew. Die 5,5 Millionen Mark, für die ihn die Münchner vom AC Mailand abkauften, sind mit einem Schlag drin in der Schatulle. Jean-Pierre Papin, Europas Fußballer des Jahrs 1991, meldet sich zurück ins Stürmerleben.

»Heute war ich hundertprozentig fit«, sagt der Torjäger. Dabei haben sie den flinken Franzosen schon als »eingebildet Kranken« abgetan. Keine Verletzung, die er angeblich nicht hatte in den wenigen Monaten. Zunächst wirft ihn eine Operation am linken Knie zurück, dann eine rätselhafte Entzündung am rechten. Bis er sich die Hand bricht. »Ich hatte Verletzungen überall am Körper«, sagt Papin. Selbst zum Spezialisten nach Marseille fliegt er – und kommt mit Röntgenaufnahmen zurück, die man in München längst schon kennt.

Tore, nein, die schießt er bis zur Kiewer Nacht nicht. Der angebliche Fehleinkauf, der sich in München so gar nicht wohlzufühlen scheint, holt zu einem Rundumschlag aus (»Hier verpfeift jeder jeden«) und droht, die Bayern zu verlassen. Traurig genug, daß er wegen einer zweiten Gelben Karte fürs Viertelfinal-Hinspiel gesperrt ist. Einen besseren Papin als in Kiew hatten sie noch nicht.

INTERVIEW MIT GIOVANNI TRAPATTONI

Als Vereinstrainer holte Giovanni Trapattoni mit Juventus Turin und Inter Mailand 17 Titel. Er spielte beim AC Mailand und bestritt 17 A-Länderspiele (1 Tor). In Italien wird er »il tedesco« genannt, der Deutsche. Mit den Bayern muß er bis zum letzten Spiel zittern, um das Viertelfinale zu erreichen.

Herr Trapattoni, Glück über alles?
Ganz klar, wir sind glücklich. Nicht nur wegen des Ergebnisses. Denn ich glaube, wir haben ein wirklich schönes Spiel gezeigt und überzeugt. Die Mannschaft hat nach vielen berechtigten Kritiken gezeigt, daß sie auch gut spielen kann. So wie heute möchte ich den FC Bayern immer spielen sehen.

Mußte man es so spannend bis zur letzten Minute machen?
Wir hätten das sicher auch etwas früher schaffen können. Aber in diesem Jahr müssen wir wohl alle ein wenig mehr leiden als sonst. Auch heute war es so, da hat uns zunächst die Göttin Fortuna die kalte Schulter gezeigt.

Noch die notorische Frage nach Ihrem Vertrag. Bleiben Sie?
Ich wäre sehr froh, wenn es mir nachzuweisen gelingt, daß der FC Bayern mit seiner Wahl für Trapattoni nicht falsch liegt. Und auch das ist wichtig, daß sich Trapattoni den Verein sucht, der auch für ihn wichtig ist. Wenn wir hier etwas schaffen – und ich glaube, wir haben alle Möglichkeiten –, dann machen wir das alle gemeinsam. Erstmal aber muß ich deutsch lernen, damit ich nicht immer einen Dolmetscher brauche.

CHRONIK

Der Drei-Sterne-Koch Alfons Schuhbeck rührt persönlich die Spaghetti im Kessel um. Sein zwischenzeitlicher Arbeitsplatz liegt in Kiew. Ganz in der Nähe des Nationalstadions. Er achtet streng darauf, daß keinem der Bayern-Spieler das Essen auf den Magen schlägt. An seiner Seite vier weitere Köche sowie vier Kellner. Nichts soll die Matadoren an die Ferne der Heimat erinnern. Franz Beckenbauer wiegelt ab: »Es ist bei solchen Spielen doch normal, einen eigenen Koch mitzunehmen.«

Mag er ja recht haben, der »Kaiser«. Doch was führen die München-

ner noch alles mit in ihrem Gepäck? Schaun mer mal: 100 kg Brot, 28 kg Kalbsrücken, 40 kg Rinderfilet, 30 kg Wurstwaren, 300 kg Gemüse und Obst sowie 2 500 Liter kohlesäurefreies Mineralwasser sind in zwei Bussen unterwegs. Beim »wichtigsten Spiel des Jahres« wird nichts dem Zufall überlassen. Sicherheitshalber werden die Marketenderwagen sogar von einem Werkstattfahrzeug begleitet. Man kann ja nie wissen …

Alles schon mal dagewesen. Anfang der 70er. Als die Bayern nach Dresden und ein Jahr später nach Magdeburg mußten, starteten sie eine ähnliche Expedition. Wenn das nicht mit der bayern-typischen Brotzeit zusammenhängt …

Ein schöneres Weihnachtsgeschenk konnte man sich nicht machen. Es war unheimlich wichtig, daß wir eine Viertelstunde nach der Pause das 2:1 geschossen haben. Dem 3:1 ging eine starke Einzelleistung von Didi Hamann voraus, der seine 72 Kilo Lebendgewicht ein- und sich durchsetzt. Endlich haben wir auch einen Jean-Pierre Papin gesehen, der Tore schoß und dem es große Freude gemacht hat, für den FC Bayern zu spielen.

Trotzdem müssen wir uns ernsthafte Gedanken um die Zukunft machen. Wir müssen wieder zu Kontinuität finden. So ein Spiel wie heute will ich die ganze Saison über sehen. Es ist doch nicht zu viel verlangt. Das sind Vollprofis. Die müssen 90 Minuten so arbeiten wie heute. Das ist doch das mindeste, was ich verlangen kann. Oder etwa nicht?!

Lothar Matthäus hat gesagt, der FC Bayern hätte zuletzt wieder viele gute Spiele gemacht. Ich weiß nicht wo. Scheinbar war ich da nie anwesend, obwohl ich die meisten Spiele gesehen habe. Ich habe vor diesem heutigen Spiel über Jahre keine überzeugende Leistung gesehen. Jetzt reicht's mir. Viele meinen, wenn sie zum FC Bayern kommen, seien sie an ihrem Höhepunkt. Sie wissen nicht, daß es dann erst losgeht. Es ist noch immer etwas besonderes, bei den Bayern zu spielen. Das haben die meisten wohl anscheinend übersehen.

Wir haben Spieler geholt, die Talente waren. Große Talente. Sie sollten sich weiterentwickeln. Was ist herausgekommen? Stillstand. Rückschritt. Wenn's einer in zwei oder drei Jahren beim FC Bayern nicht schafft, muß er woanders hin. Vielleicht schafft er's dann. Es ist völlig wurscht, ob wir nun weiterkamen oder nicht: Wir werden im nächsten Jahr eine andere Mannschaft präsentieren. Sie braucht ein anderes Gesicht!

Der Mann mit dem »goldenen Fuß«: Jean-Pierre Papin trägt zu Recht die Nummer 9!

GALATASARAY ISTANBUL

Gegründet: 1905
Anschrift: Hasnun Galip Skak 7–11 Beyoglu,
Istanbul
Vereinsfarben: rot-gelb gestreiftes Hemd,
weiße Hosen
Stadion: Ali-Sami-Yen-Stadion
Fassungsvermögen: 40 000
Meister: 10mal – erstmals 1962
Pokalsieger: 10mal
Weitestes Vordringen im Meistercup:
Viertelfinale 1962/63 und 1969/70

MANCHESTER UNITED

Gegründet: 1878 als Newton Heath Lanca-
shire and York Railway Co.,
seit 1902 Manchester United
Anschrift: Old Trafford, Manchester M 16 ORA
Vereinsfarben: rote Hemden, weiße Hosen
Stadion: Old Trafford
Fassungsvermögen: 61 300
Meister: 9mal – erstmals 1908, zuletzt 1994
Pokalsieger: 8mal
Weitestes Vordringen im Meistercup:
Gewinner 1968
Weitere Erfolge: Europacup-Sieger der Pokal-
sieger 1991

SPARTAK MOSKAU

Gegründet: 1922
Anschrift: ul. Verhnjaja Krasnoselskaja 38/19,
Moskau
Vereinsfarben: rote Hemden, weiße Hosen
oder ganz in Rot
Stadion: Lenin-Stadion
Fassungsvermögen: 102 000
Meister: 15mal – erstmals 1936, zuletzt 1994
Pokalsieger: 10mal
Weitestes Vordringen im Meistercup:
Halbfinale 1991

DYNAMO KIEW

Gegründet: 1927
Anschrift: ul. Kirowa 3, Kiew
Vereinsfarben: weiße Hemden, blaue Hosen
Stadion: Nationalstadion
Fassungsvermögen: 100 000
Meister: 15mal – 13mal UdSSR-Meister,
zweimal ukrainischer Meister
Pokalsieger: 9mal
Weitestes Vordringen im Meistercup:
Halbfinale 1977/78
Weitere Erfolge: Europacup-Sieger der Pokal-
sieger 1975 und 1986, Gewinner des Super-
cups 1975 gegen Bayern München

CHRONIK

*Die Bilanz der Vorrunde kann sich
wahrlich sehen lassen:*

• *Zuschauer gesamt: 1 707 084 (Durch-
schnitt pro Spiel 35 564)*
• *Bestbesuchtes Spiel: FC Barcelona –
Manchester United mit 114 000*
• *Tore gesamt: 115 (Durchschnitt pro
Spiel 2,39)*
• *Torreichste Begegnung: Manchester
United – IFK Göteborg 4:2*
• *Torjäger: Weah (Paris St. Germain) 6,
Erlingmark (IFK Göteborg), Litmanen
(Ajax Amsterdam) je 4*
• *Häufigste Endergebnisse: 2:1 und 0:0
je siebenmal, 1:1 sechsmal*

MOMENTAUFNAHME

Der AC Mailand ist nur noch eine »Leiche«. Landsleute tragen den Titelverteidiger schon vor dem abschließenden Spiel zu Grabe. »Der ASC ist wie ein altes Auto, das 200 000 Kilometer gefahren ist«, soll Giovanni Trapattoni gespöttelt haben. Präsident Silvio Berlusconi, nach seiner Wahl zum Ministerpräsidenten Italiens in die politische Krise geraten, impft seinen Spielern ein: »Wir müssen und werden das Tal durchschreiten.«

Ein Wechsel der Kräfte war ohnehin geplant. Doch er kommt zu plötzlich. Franco Baresi, der große alte Mann im AC-Deckungszentrum, steht nur noch diese Saison zur Verfügung. Eines fehlt Berlusconi jetzt, der angesichts seiner staatsmännischen Sparpolitik nicht an-

dererseits als Vereinsboß die Scheine nur so zum Fenster hinauswerfen kann: Zeit. »Wir müssen das Viertelfinale erreichen, dann gewännen wir drei Monate.«

Der Mann, unter dessen Händen über Jahre alles zu Gold wurde, fleht zu St. Ambrosius, dem Heiligen. Exakt am Spieltag gegen Salzburg, am 7. Dezember, feiern die Mailänder das Fest ihres einstigen Kirchenlehrers und Bischofs. Ein gutes Omen. Den Salzburgern, die zu großen Spielen stets ins Wiener Ernst-Happel-Stadion ziehen, genügt bereits ein Unentschieden. Der Erfolg, das ganze große Geld, liegt schon bereit …
Da schießt Daniele Massaro mit seinem »goldenen« Tor in der 26. Minute die »Leiche« zurück in den Wettbewerb.

STATISTIK

7. Dezember 1994

GRUPPE A

Manchester United – Galatasaray Istanbul	4:0 (2:0)					
FC Barcelona – IFK Göteborg	1:1 (0:0)					

Endstand

IFK Göteborg	6	4	1	1	10:7	9:3
FC Barcelona	6	2	2	2	11:8	6:6
Manchester United	6	2	2	2	11:11	6:6
Galatasaray Istanbul	6	1	1	4	3:9	3:9

GRUPPE B

Dynamo Kiew – Bayern München 1:4 (1:1)

Kiew: Schowskowski, Lujni, Chomin, Lejenzew, Schewtschenko, Kowalez, Michailenko, Schkapenko, Kossowski (68. Presetko), Leonenko (63. Misin), Skatschenko.
München: Scheuer, Helmer, Kreuzer, Babbel, Jorginho, Hamann, Matthäus (73. Frey), Nerlinger, Ziege, Papin, Sutter (79. Scholl).
Schiedsrichter: Krondl (Tschechien); *Zuschauer*: 25.000; *Tore*: 1:0 Schewtschenko (38.), 1:1 Nerlinger (45.), 1:2, 1:3 Papin (57., 82.), 1:4 Scholl (87.).

Paris St. Germain – Spartak Moskau 4:1 (2:0)

Endstand

Paris St. Germain	6	6	–	–	12:3	12:0
Bayern München	6	2	2	2	8:7	6:6
Spartak Moskau	6	1	2	3	8:12	4:8
Dynamo Kiew	6	1	–	5	5:11	2:10

GRUPPE C

Hajduk Split – Steaua Bukarest	1:4 (0:3)					
RSC Anderlecht – Benfica Lissabon	1:1 (0:0)					

Endstand

Benfica Lissabon	6	3	3	–	9:5	9:3
Hajduk Split	6	2	2	2	5:7	6:6
Steaua Bukarest	6	1	2	3	7:6	5:7
RSC Anderlecht	6	–	4	2	4:7	4:8

GRUPPE D

Austria Salzburg – AC Mailand	0:1 (0:1)					
Ajax Amsterdam – AEK Athen	2:0 (1:0)					

Endstand

Ajax Amsterdam	6	4	2	–	9:2	10:2
AC Mailand	6	3	1	2	6:5	5:5
Austria Salzburg	6	1	2	3	4:6	5:7
AEK Athen	6	–	2	4	3:9	2:10

Anmerkung: Dem AC Mailand wurden zwei Punkte abgezogen.

Sprung ins Viertelfinale für Ajax (Tarik Oulida/Seite 60/61 oben), den Benfica (Caniggia und Preud'homme/rechts) verpaßt.

Interview mit
Uli Hoeneß

**Nicht die Einsamkeit des Langstreckenläufers,
sondern des Managers und Machers U.H. . . .**

»Heute sage ich Ja zur Champions League«

ZUR PERSON

Ulrich (»Uli«) Hoeneß, geboren am 5. Januar 1952 in Ulm, ist verheiratet und hat eine Tochter (Sabine/ 19) und einen Sohn (Florian/15).

Stationen seiner aktiven Laufbahn: VfB Ulm (1959–1965), TSG Ulm (1965–1970), FC Bayern München (1970–1978 und 1. FC Nürnberg (1978/79).

Hoeneß bestritt 250 Bundesligaspiele (86 Tore), 35 A-Länderspiele (5 Tore) und 22 Amateurländerspiele. Internationales Debüt am 29.3.1972 gegen Ungarn (2:0) in Budapest; Länderspielabschied am 20.6.1976 gegen die ČSSR (2:2) in Belgrad.

Größte sportliche Erfolge: Weltmeister 1974, Europameister 1972; UEFA-Pokal-Torschützenkönig 1980 (7 Treffer).

Mit dem FC Bayern München gewann er drei Meistertitel (1972, 1973, 1974), einmal den Vereinspokal (1971) und dreimal den Europapokal der Landesmeister (1974, 1975, 1976).

Seit März 1979 ist Uli Hoeneß Manager beim FC Bayern München. Unter seiner Führung errang der Klub acht Meistertitel (1980, 1981, 1985, 1986, 1987, 1989, 1990, 1994) und drei deutsche Cupsiege (1982, 1984, 1986).

Uli Hoeneß, im April 1993 haben Sie gesagt: »Diese Champions League ist doch Käse, früher war alles wunderbar«! Stehen Sie noch immer zu dieser Meinung?
Nein, seither hat sich eine recht gute Mischung zwischen sportlicher und kommerzieller Seite herauskristallisiert. Ich habe damals vor allem bedauert, daß viele Meister nicht mehr im Meisterwettbewerb teilnehmen können. Das tut mir heute noch leid. Aber ich sehe auch die Zwänge durch die vielen neuen Länder, die in Jugoslawien oder in der ehemaligen Sowjetunion entstanden sind. Ich sehe deshalb auch keine bessere Lösung. Zum zweiten war die Formel langweilig, da es ab Viertelfinale nur Gruppenspiele gab. Heute finde ich die Mischung aus wirtschaftlicher Sicherheit und sportlichen Erlebnissen eine recht gelungene Sache.

Wir müssen aber alle daran arbeiten, daß das Zuschauerinteresse auch in der Vorrunde noch größer wird. Dann ist dieses System o.k.

Nehmen Sie auch folgende Äußerung zurück:»Die Entwicklung der UEFA ist katastrophal. Unter dem Deckmantel, Kleinen zu helfen, stopft sie sich nur selber die Taschen voll«?
Wir haben in der Zwischenzeit einige Gespräche geführt mit den verantwortlichen Herren der UEFA, mit dem Präsidenten Helmut Johansson und dem Generalsekretär Gerhard Aigner. Dabei habe ich festgestellt, daß das sehr vernünftige Leute sind.

Ich bin aber nach wie vor der Meinung, daß der Einfluß der Vereine viel größer werden muß. Es kann nicht sein, daß immer nur in den Verbänden diskutiert wird, denn dort, und da spreche ich wohl nicht für Deutschland, sind keine absoluten Profis am Werk. Ich halte aber fest, daß die UEFA sehr wohl erkannt hat, daß das Gespräch mit den Vereinen zu suchen ist. Solche Kontakte wären früher undenkbar gewesen.

Wie müßten die Klubs konkreter mit einbezogen werden?

Zum Beispiel bei der Verteilung der Fernsehgelder oder im Bereich Sponsoring: Wir können ja nichts dafür, daß wir Opel haben. Dadurch stehen wir mit unserem Sponsor in Konkurrenz zum Champions-League-Sponsor Ford.

Im Gespräch mit der UEFA zeigte sich, daß solche Einwände noch nie gekommen sind, weil bisher nur mit Leuten gesprochen worden ist, die direkt nichts damit zu tun haben und diese Probleme nicht kennen können.

Sie bezeichneten vorher die Champions League als recht gelungene Sache. Haben Sie konkrete Verbesserungsvorschläge?
Vielleicht könnte man das Reglement für die Rangfolge etwas ändern, damit in der Frage um Platz zwei oder drei nicht ein geschossenen Tor mehr oder weniger entscheidet. Man könnte bei Gleichheit in der Punktzahl und Tordifferenz ein Entscheidungsspiel austragen. Zwischen Dezember und März hätte man ja Zeit dazu, und in der fußballosen Zeit könnte man das sicher auch gut verkaufen.

Das gäbe noch mehr Spiele.
Gute Qualität kann es nicht genug geben. Es ginge da ja nur um einzelne Spiele, und die würden mich nicht stören, wenn dafür die Nationalmannschaft in der EM-Ausscheidung künftig nicht mehr in der Gruppe mit Georgien und Moldawien und so weiter spielen müßte.

Sie meinen, auch für die EM-Ausscheidung müßte es analog dem Europacup Vorausscheidungen geben?
Genau. Denn wenn das so weitergeht, wird das Interesse an solchen Spielen völlig verschwinden. Da muß sich die UEFA im klaren sein darüber. Es ist ja sowieso ein klarer Trend weg von den National- und hin zu den Vereinsmannschaften zu erkennen.

Stichwort Europaliga, die schon vor 25 Jahren und seither immer wieder herumgeisterte: Hat die

Champions League die Europaliga nun verhindert, oder ist sie der Beginn davon?
Ich glaube, die Champions League ist der Ersatz dafür. Die Europaliga wird nicht kommen. Was wäre denn die Bundesliga ohne Bayern und Dortmund? Man kann nicht die Landesligen kaputtmachen für eine Europaliga. Ich gebe aber zu, ich habe das früher anders gesehen.

Das kommerzielle Konzept der Champions League, diese globale Vermarktung, müßte Sie als ausgewieften Verkäufer faszinieren?
Die ist gut gemacht, ja. Aber wissen Sie, wenn ich ein Monopol habe und bestimmen kann, dann ist es für mich auch relativ leicht, so etwas umzusetzen. Die UEFA hat eine ungeheure Macht. Nicht umsonst setzt sich bei uns das Bundeskartellamt mit der Problematik der einheitlichen Vermarktung auseinander. Mit einem Monopol in der Hand ist es einfach zu sagen, so und so geht das, wer nicht mitmachen will, ist draußen.

Eine legitime Haltung?
Ja.

Ist aus der Champions League noch mehr Geld herauszuholen? Ich denke da etwa an Pay per View.
Das wird kommen. Aber dazu muß man erst die technischen Voraussetzungen in den einzelnen Ländern schaffen, zudem muß erst überall das Pay-TV, die Vorstufe zum Pay per View, vorhanden sein. Allerdings hebe ich den Warnfinger. Die Gefahr besteht, solche Übertragungen nur für einen exklusiven Kreis zu machen. Bei uns in Deutschland gibt es erst 800 000 Pay-TV-Abonnenten. Das halte ich für zuwenig. Spektakel müssen nach wie vor einem großen Kreis zugänglich gemacht werden. In der Entwicklung wird es vielleicht zunächst Mischformen geben, also eine herkömmliche Übertragung und dann vielleicht eine zeitverschoben über Pay-TV oder Pay per View.

Und die nächste Stufe wäre dann, daß die Leute im Stadion keinen Eintritt mehr bezahlen müßten?
Wenn etwas nichts mehr kostet, kann es nicht gut sein. So denken die Leute. Man muß eine flexible Preispolitik machen. Wir haben beim FC Bayern seit 1970 den Stehplatzpreis praktisch nicht erhöht. Am Samstag gegen Freiburg kostete er 12 Mark, vor 25 Jahren bezahlte man 10 Mark. Teuerungsbereinigt müßte man heute mindestens 17,50 Mark verlangen. Wir haben den Leuten den Fußball wirklich günstiger gemacht. Mit einer Stehplatzdauerkarte kostet bei uns eine Bundesligapartie 4,70 Mark.

Zurück zum Europacup. Als Spieler haben Sie den Meistercup dreimal gewonnen. Als Manager noch nie. Bleibt diese Trophäe Ihr ganz großes Ziel?
Ja. Und das erreichen wir auch. Irgendwann. Denn die Voraussetzungen haben sich für deutsche Klubs total verändert. In Italien normalisiert sich alles wieder, seit die Seifenblase geplatzt ist. Da waren Gelder drin, die nicht dahingehörten, da wurden mit Sicherheit Gelder gewaschen. Wir haben inzwischen die wirtschaftlichen Möglichkeiten, die besten Spieler im Land zu halten.

Zu meiner Zeit in den siebziger Jahren waren die Grenzen nach Italien zu. Aber ein Beckenbauer, ein Müller, ein Hoeneß oder ein Breitner, die hätten doch nie beim FC Bayern gespielt, wenn die nach Italien hätten gehen können. Denn dort konnte man fünfmal soviel verdienen.

Uli Hoeneß nach dem 2:2 im Heimspiel gegen Braunschweig mit dem »Bayern« Paul Breitner (links), der von 1977 bis 1978 bei der Eintracht »fremd ging« (30 Spiele/10 Tore) ...

Seine Regiequalitäten bewies Uli Hoeneß in der bundesdeutschen Olympia-Auswahl 1972 in München, die trotzdem nach einem 1:1 gegen Mexiko und zwei Niederlagen gegen Ungarn (1:4) und die DDR (2:3) in der Zwischenrunde ausschied (unten).

Nun boomt die Bundesliga wie noch nie. Keine Angst vor dem Crash?

Nein, im Gegenteil. Wir stehen erst am Anfang eines langanhaltenden Aufwärtstrends. Wir beginnen ja erst die Möglichkeiten auszuschöpfen, die im amerikanischen Sport schon lange vorhanden sind: Pay-TV, Pay per View, Merchandising usw. Die NFL zum Beispiel macht mit Merchandising vier Milliarden Umsatz. Wenn ich sage, wir machen 20 Millionen, dann bekommen die Leute schon glänzende Augen. Dabei sind das doch Peanuts im Vergleich. Da liegt noch so viel drin, und deshalb bin ich geradezu euphorisch für die Zukunft.

Nun gibt es ja viele Leute, die sagen etwas bösartig: Der Uli Hoeneß ist nur Fanartikelverkäufer, aber nicht mehr Manager.

Ja, ja. Das sind Leute, die überhaupt keine Ahnung haben. Fußball wird sich mehr und mehr zu einem kommerziellen Geschäft entwickeln. Um Europacupsieger zu werden, müssen erst die wirtschaftlichen Voraussetzungen geschaffen werden. Und deshalb pushe ich zur Zeit mit Franz Beckenbauer und Karl-Heinz Rummenigge stark in diese Richtung. Schauen Sie doch mal, was wir schon vor Ende der Saison an Transfers perfekt gemacht haben: Strunz, Herzog und einen Trainerwechsel von gigantischem Ausmaß. Da sieht man doch, daß wir uns das alles leisten können, ohne Hilfe von Banken.

Es wäre sehr leicht, diesen oder jenen Spieler zu kaufen schnell 100 Millionen Schulden zu machen, Europacupsieger zu werden und dann Adieu zu sagen. Tapie läßt grüßen. Nein! Das war noch nie die Arbeit eines Uli Hoeneß. Ich habe gesagt, ich treibe den Vermarktungsbereich voran und zeige dem FC Bayern, wie man das macht. Irgendwann wird dann das Merchandising-Geschäft von zwei, drei Leuten geführt, und Uli Hoeneß zieht sich zurück.

Also ist es richtig, daß Sie nicht mehr die gleichen Aufgaben haben?

Das ist doch ganz normal. Meine Arbeit ist im sportlichen Bereich überhaupt nicht beeinflußt worden. Tatsache ist, daß früher 70 Prozent meiner Arbeit auf den sportlichen Bereich entfielen, und heute sind es 20 Prozent. Nur machte damals der FC Bayern 15 Millionen Mark Umsatz, und heute machen wir 100 Millionen …

Immer noch ohne Fremdgeld?

… ohne fremdes Geld, nicht eine Mark. Ich bin schon ein bißchen stolz darauf, daß wir den Schritt zum modernen Unternehmen gemacht haben. Wir haben zum Beispiel ein Trainingsgelände, das Sie in Europa suchen müssen. Aber das will auch bezahlt sein. Deshalb nochmals: Ich möchte den Europacup-Sieg, den wir irgendwann erreichen, erarbeitet haben, mit eigenem Geld und eigenem Engagement. Nicht auf Kosten anderer.

Dennoch: Sie gelten als Baumeister dieses Klubs. Aber seit Herbst 1991, als Franz Beckenbauer und Karl-Heinz Rummenigge Vizepräsidenten wurden, ist Bayern meist negativ in den Schlagzeilen.

Das wird sich nicht ändern. Denn die hundert Millionen Umsatz haben natürlich auch mit dem Getöse zu tun. Denn seit die zwei da sind, ist der FC Bayern auch gesellschaftlich aufgestiegen. Das hat dem Klub nur gut getan.

Ich mußte schon oft lächeln, wenn es hieß, der Hoeneß hat keinen Einfluß mehr. Letzte Woche zum Beispiel waren wir drei zusammen. Wir waren beim Feinkost Käfer, haben von vier Uhr bis neun Uhr gegessen, gefachsimpelt, Witze erzählt und Schafskopf gespielt. Da habe ich zum Franz gesagt: Wenn die Leute das sehen könnten, würde niemand vom Chaos beim FC Bayern reden. Doch das ist unser Problem: Die Ruhe, die im Verein herrscht, können wir im Moment nicht nach außen bringen, weil einige Medien daran kein Interesse haben. Ich sage Ihnen: Der FC Bayern war noch nie

so ruhig geführt, wie das im Moment der Fall ist. Ich habe mich noch nie so wohl gefühlt, und ich fühlte mich noch nie so sicher in bezug auf die Zukunft des FC Bayern.

Es kann ja keine Ruhe einkehren, solange Ihr Präsident bei verschiedenen Medien exklusiv unter Vertrag steht.

Das ist ein gewisses Problem, das sehen wir alle so. Nur hatte Franz Beckenbauer all diese Verträge schon, als er Präsident wurde. Und alle haben das gewußt. Künftig versuchen wir zu verhindern, daß wir drei permanent präsent sind in der Öffentlichkeit. Dazu haben wir unseren Pressesprecher viel stärker miteingebunden, so daß wir drei nicht alle einzeln befragt werden und die in der Nuance unterschiedlichen Antworten dann in der Öffentlichkeit als Chaos dargestellt werden.

Wie geht es weiter mit Ihnen, mit dem FC Bayern München?

Es gab Zeiten, da hatte ich die Nase voll, weil ich bei Mißerfolgen immer allein verantwortlich war. Doch zur

ballverein, wie ich ihn mir vorstelle, nahe. Wir haben zum Beispiel ab dem 1. Juli einen vollamtlichen Mann angestellt, der ein weltweites Scouting-System aufbaut. Wir haben ein Fanartikelgeschäft, das das Bild des FC Bayern nach außen trägt. Wenn ich das Stadion im Fahnenmeer sehe, dann könnte ich weinen.

Die Identifizierung mit unserem Klub war noch nie so groß wie jetzt. Wir haben inzwischen rund 900 Fanklubs. Als ich meinen Job antrat, hatten wir 8000 Mitglieder, heute sind es 36 000 Fans, und täglich kommen neue hinzu. Es herrscht richtiggehende Aufbruchstimmung beim FC Bayern.

Ist Uli Hoeneß bei einem anderen Klub überhaupt denkbar?

Man kann nur bei einem Verein arbeiten, den man liebt, mit dem man sich total identifiziert und wo das Herzblut fließt.

Sie wären doch auch ein idealer Nachfolger für FIFA-Präsident Joao Havelange.

Zweimal Uli Hoeneß im Europacup: Am 15. Mai 1974 im ersten Endspiel gegen Athletico Madrid (Seite 66 links) und am 12. Mai 1976 mit dem Cup (rechts Jonny Hansen) nach dem 1:0 gegen den AS St. Etienne.

H & H – zwei ungleiche Brüder mit gleichen Kappen, denn Bruder Dieter (rechts) war auch Manager – beim VfB Stuttgart bis 25. 4. 1995!

Zeit macht mir der Job Spaß wie nie zuvor. Ich verstehe mich mit Franz und Kalle bestens, und dann gibt es ein paar Zahlen, die ich jetzt nicht erläutern kann, die mich aber für die Zukunft unheimlich optimistisch stimmen. Die wirtschaftliche Basis des Klubs war noch nie so gut.

Wir kommen langsam dem Fuß-

Nein. Aber ich könnte mir Franz Beckenbauer durchaus als FIFA-Präsidenten vorstellen. Und ich bin ziemlich sicher, daß er mich mitnehmen würde.

In welcher Funktion?

Der Franz braucht doch einen Macher … Ⓢ

Viertelfinale

Nicht der Ball, sondern Youngster Alexander Zickler, der mehr gegen sich selbst spielt als gegen den Gegner, zappelt mal wieder im Tornetz. Und doch wird der Sachse im Rückspiel gegen IFK Göteborg vom Loser zum Winner – so ist eben Fußball auch ...

REIF(ER) REPORT

21 Minuten gleich vorbei. Sven Scheuer zum zweiten Mal am Ball erst. Wird ihm gefallen.

IFK heißt Sportverein der Kameraden – Kamerad Ziege am Ball.

Nächste dicke Möglichkeit für den FC Bayern. Bei aller Liebe, es wird Zeit, eine solche auch mal so zu verwerten, daß langsam was auf die Anzeigetafel kommt.

Thomas Ravelli. Die Augen, achten Sie mal auf die Augen. Praktizierender Christ. Motto: Geben ist seeliger denn nehmen. Bei einem Torhüter sicher nicht das falscheste.

Nur nicht sich einrichten im Gefühl der Überlegenheit, die Fehler produziert. Darauf warten die blau-weißen Engel mit Hochgenuß.

Helmer, Thomas Helmer – der neue Leitwolf lahmt heute mehrfach. In der ersten Halbzeit die Rippe, jetzt Knie oder Unterschenkel.

In ihrer ganzen Sachlichkeit bleiben die Schweden gefährlich.

Die bayerischen Artisten hier unter der Kuppel des Olympiastadions ratlos.

Die Göteborger leben vom Understatement. Sie richten sich mit Genuß ein in dieser Underdog-Rolle.

Die Schweden haben Luft gespart mit ihrer Spielweise. Den Bayern ist sie im Verlauf dieses Spiels aufs Ende zu immer mehr ausgegangen.

Bilder, die sich einprägen, auch Ziege und Kostadinow (unten von links): Viermal »Akrobat« Ravelli, wie er die »Torwart-Rolle« geradezu zelebriert ...

HINRUNDE

+++ Aschermittwoch unterm Münchner Olympiazelt +++ Nur 0:0 gegen IFK Göteborg – wieder kann der FC Bayern zu Hause nicht gewinnen +++ Schweden-Riegel ist von den »jungen Wilden« nicht zu knacken +++ Kein Spieler in der Torschützen-, dafür um so mehr auf der Verletztenliste: Matthäus. Kahn, Papin und Sutter +++ 46 000 Zuschauer zwischen Hoffen und Bangen +++ Die Begründung von Bundestrainer Hans-Hubert Vogts, warum er noch vor dem Schlußpfiff das Stadion verläßt: »Die Entscheidung fällt ohnehin erst in Göteborg« +++

ENDLICH WIEDER POKALSTIMMUNG

Von diesem Spiel hat der »spanische Franzose« Luis Fernandez geträumt: Mit 1:1 entführt Paris einen Punkt aus dem »Nou Camp«. Das Taktieren ist ab dem Viertelfinale vorbei. Hopp oder topp! Endlich herrscht in der Champions League die wahre Europapokalstimmung. Das K.o.-System schürt die Spannung. Trotzdem gibt es nur einen Sieger – allein Pokalverteidiger AC Mailand hat im Klassiker-Duell gegen Benfica Lissabon die Nase vorn. Dabei hatten die Italiener erst im allerletzten Spiel den Sprung in diese Runde geschafft.

So böse kann er mit den Augen rollen. Stechend ist dann sein strenger Blick. Der Stoppelbart verleiht ihm etwas Gewagtes. Dabei ist Thomas Ravelli ein ganz netter Kerl, für seine Frau und die drei Kinder der treusorgende und überaus liebenswerte Familienvater. Und immer zu einem Scherz aufgelegt. »Fußball ist doch nicht nur Kampf. Das Publikum will unterhalten werden«, lautet sein Credo, das er in über 120 Länderspielen für Schweden vorexerziert. Den schwedischen Länderspiel-Rekord von Björn Nordqvist hat er damit längst gebrochen. Seit 1981 ist er im hohen Norden die Nummer 1 zwischen den Pfosten.

Nestor der National-Elf möchte das Unikum noch mindestens bis nach der EM-Endrunde 1996 in England sein. »Das wäre ein schöner Abschluß meiner Karriere«, stellt er sich vor. Den größten Erfolg feiert er bereits vorher: WM-Dritter 1994 in den USA. Diesen Triumph genießt er noch während des kleinen Endspiels gegen die Bulgaren, als er Millionen an den TV-Schirmen mit einem lupenreinen Handstand im eigenen Strafraum ergötzt. »Bei 4:0 geht so etwas. Ich will damit die jungen Spieler vom ungeheuren Druck befreien.« Wie schön für diese, macht Ravelli seinen Wunsch wahr: »Ich möchte Trainer werden.«

INTERVIEW MIT LOTHAR MATTHÄUS

Seit dem 25. Januar, als seine linke Achillessehne riß, weiß Lothar Matthäus: »Die Saison ist für mich vorbei.« Fünf Wochen später saß der Bayern-Kapitän bereits wieder auf der Tribüne des Olympiastadions.
Sie laufen schon wieder ganz locker. Oder täuscht das?
Das täuscht. Bei einer so schweren Verletzung sollte man vorsichtig sein. Ich habe diese Saison abgehakt. Leider.
Weiß man bei so einer Verletzung sofort was los ist?

Ich wußte es. Es war ein Riß, als wenn einer mit der Axt hinten reinhaut – und es war durch. Aus, Schluß, Feierabend.
Machen Sie sportlich derzeit etwas?
Vier Tage nach der Operation habe ich im Kraftraum angefangen zu trainieren. Für das gesunde rechte Bein, für den Oberkörper ein bißchen was, damit ich später nicht zu viel aufholen muß.
Wie haben Sie das Spiel Ihrer Mannschaft gesehen?
In der ersten Halbzeit haben wir versäumt, unsere Torchancen auszunutzen.

Es waren drei, vier gute Möglichkeiten vorhanden. Gerade im Europapokal bekommt, man davon nicht so viele. Also sollte man kaltschnäuziger vor dem Tor sein. Da ist uns nicht gelungen. Trotzdem ist ein 0:0 gar kein so schlechtes Ergebnis.
Derart viele Chancen kann man doch aber gar nicht versieben ...
Gerade das ist unser Manko schon immer gewesen. Auch jetzt im Europapokal. Wir hatten selbst gegen Paris unsere Möglichkeiten. Nur wünsche ich mir, daß wir mal in Führung gehen.

PRESSE-ECHO

*Alles hat seinen Preis
und manches seinen
unscheinbaren Wert.
Etwa dieses 0:0.*
FRANKFURTER ALLGEMEINE
ZEITUNG

*Ein Duell unter Null.
Es wird schwierig sein,
im Rückspiel noch
schlechter zu spielen.*
GAZZETTA DELLO SPORT

Nur ne Null-Nummer
BZ BERLIN

*Wer diese Art von Fußball
mag, muß schon ein
Lokalpatriot sein.*
AFTONBLADED

*Nach der Nullnummer
schlägt die Stunde der
Rechenkünstler. Die
Münchner und die Göte-
borger reden sich einen
torlosen Abend schön.*
SÜDDEUTSCHE ZEITUNG

CHRONIK

Gun Nilsson ist die gute Seele im Klubheim. Jeden Tag kocht sie ihren Jungs solide schwedische Hausmannskost. Wenn sie zu ihr kommen, haben sie ihren Beruf für diesen Tag bereits hinter sich, die Halbprofis des Idrott Förening Kamraterna (IFK) Göteborg. Also treffen sie sich im »Kameradschaftshof« und spielen Karten oder Tennis, schlürfen eine Tasse Tee und genießen ein gesundes Vereinsleben.

Bei den Schweden gehen die Uhren in der Tat ein wenig anders. Denn so gut wie jetzt ging es den »blau-weißen Engeln« noch nie. Um ein Haar hätte es diesen IFK gar nicht mehr gegeben. Als er 1981 in den UEFA-Cup-Wettbewerb startet, bekommt er von der skandinavischen Fluggesellschaft SAS die Tickets für das Auswärtsspiel in Valkeakoski nur, wenn die Vereinsführung diese sofort und bar bezahlt. Das passiert aber lediglich einmal, dann sind die Schweden wieder wer: Sie schalten im Halbfinale die »Roten Teufel« vom Betzenberg aus und gewinnen den Cup im Finale gegen den Hamburger SV. Fünf Jahre später wiederholen sie den Triumph.

Mit Millionen aus der Champions League fühlt sich die Mannschaft bei einem Jahresetat von 3,8 Millionen Mark auf lange Zeit bestens versorgt.

Alexander Zickler (rechts) scheint nach dem Ball, dem obskuren Objekt der Begierde, beschwörend zu rufen – vergeblich … (oben)

Den neuen »Leitwolf« der Bayern Thomas Helmer (Nummer 5) hält's bei Standardsituationen nicht auf seiner Liberoposition aus. Oft gehen seine Kopfbälle jedoch weit übers IFK-Tor.

DIE BECKENBAUER-ANALYSE

Mit dem Unentschieden bin ich ganz zufrieden. Die Mannschaft hat alles gegeben. Was gefehlt hat, ist ein Tor. Es hätte dem Spiel eine ganz andere Richtung gegeben. Ich kann mich nicht erinnern, daß die Mannschaft wie in der ersten Halbzeit in einem Spiel der Champions League so viele Chancen hatte. Mit ein wenig Cleverneß hätte sie das Spiel nicht gewinnen können, sondern auch müssen. Aber vier Stammspieler kann man eigentlich nicht verkraften. Doch man hat das Engagement gesehen. Mancher sagt, ein 0:0 zu Hause ist enttäuschend – aber die Mannschaft hat viele Torchancen herausgearbeitet und sich gegen den kompakt spielenden Gegner nicht in die Falle locken lassen.

Die Schweden sind sicherlich keine Landkundschaft, sie sind internationale Spitzenklasse. Daß der FC Bayern da zunächst so überlegen war, ist ein Verdienst der ganzen Mannschaft. Eine halbe Stunde hat sie die Schweden an die Wand gespielt. Diese waren bis auf eine Ausnahme relativ harmlos, weil die Bayern-Abwehr gut und sicher gestanden hat.

Auch die schwedische Mannschaft stand kompakt, war immer mit zwei, drei Leuten da, wo es gebrannt hat. Sie provoziert dadurch Fehler beim Gegner. Sie sind immer da, man hat nie Ruhe, sie spielen relativ einfach, aber wirkungsvoll. Trotzdem ein Riesenkompliment an den FC Bayern, daß er sich dennoch so viele Chancen erspielt hat. Aber wenn's das Glück net hast, dann mußt vielleicht zum Schluß noch froh sein, daß du hinten nicht noch ein' reinkriegst und das Spiel noch verlierst.

Wenn mit der gleichen Einstellung in 14 Tagen in Göteborg gespielt wird – warum sollte uns nicht eine Überraschung gelingen? Mit diesem Mut, mit diesem Tempo und natürlich mit diesem Engagement ist sie drin.

Kommt ein Scheuer geflogen – jedenfalls hält der Cup-Newcomer im Bayern-Tor den Kasten sauber ...

STATISTIK

Hinspiele: 2. März 1995

Bayern München –
IFK Göteborg   0:0
München: Scheuer, Helmer, Babbel, Frey (71. Kreuzer), Schupp (63. Sternkopf), Scholl, Nerlinger, Ziege, Zickler, Kostadinov, Witeczek. *Göteborg:* Ravelli, Kamark, Olsson, Johansson, Nilsson, Martinsson, Erlingmark, Rehn (63. Lilienberg), Lindqvist, Eriksson, Pettersson (87. Andersson). *Schiedsrichter:* Chusainow (Rußland); *Zuschauer:* 46 000.

Hajduk Split –
Ajax Amsterdam   0:0
Split: Gabric, Vulic (46. Vuica), Butorovic, Stimac, Person, Prazenica, Andrijasevic, Pralija, Asanovic, Mornar (70. Seferovic), Rapaic. *Amsterdam:* Van der Sar, Reiziger, Blind, Rijkaard, F. de Boer, Seedorf, Litmanen, Davids, George, Kluivert (77. Bogarde), Overmars (58. Van Vossen). *Schiedsrichter:* Wojcik (Polen); *Zuschauer:* 34 500.

FC Barcelona –
Paris St. Germain   ··1:1 (0:0)
Barcelona: Busquets, Ferrer, Koeman, Sergi,. Guardiola (19. Amor), Jose Mari, Bakero, Ivan, Beguiristain (75. Eskurza), Kornejew, Stoitschkow. *Paris:* Lama, Roche, Cobos, Kombouare, Colleter, Bravo, Guerin, Le Guen, Valdo, Weah, Ginola (61. Rai). *Schiedsrichter:* Vaclav (Tschechien); *Zuschauer:* 100 000; *Tore:* 1:0 Kornejew (47.), 1:1 Weah (53.).

AC Mailand –
Benfica Lissabon   2:0 (0:0)
Mailand: Rossi, Panucci, Galli, Baresi, Maldini, Desailly, Savicevic, Boban, Albertini, Massaro (46. Stroppa), Simone. *Lissabon:* Preud'homme, William, Veloso, Mozer, Dimas, Paulo Bento, Vitor Paneira. Abel Xavier, Tavares (23. Kennedy, 80. Isaias), Joao Pinto, Caniggia. *Schiedsrichter:* Cakar (Türkei); *Zuschauer:* 48 850; *Tore:* 1:0, 2:0 Simone (63., 75.).

Der »Goldene Ball« ist für Christo Stoitschkow nach seiner Ehrung als Europas Torschützenkönig im Jahre 1990 ein weiterer ganz großer Erfolg. Am 19. 12. 1994 wird der bulgarische Nationalspieler zu Europas »Fußballer des Jahres 1994« gekürt. In dieser seit 1956 vom französischen Magazin »France Football« durchgeführten traditionellen Umfrage siegt Stoitschkow mit 210 Stimmen vor seinem Vorgänger Roberto Baggio (136/Juventus Turin) und Paolo Maldini (109/AC Mailand).

Ob George Weah seine Nachfolge antreten wird? ►

CHRONIK

Europas Fußballer des Jahres

IM PORTRÄT: CHRISTO STOITSCHKOW

»Milan – das ist der italienische Klub, der mir am allerwenigsten gefällt!« Das sagte einer, der mit seinem Verein im Finale der Champions League 1994 gegen den AC 0:4 einging: Christo Stoitschkow. Bei dieser Einschätzung spielen ganz persönliche Gründe eine entscheidende Rolle.

»Milan-Präsident Berlusconi hat verhindert, daß ich schon 1992 Europas Fußballer des Jahres wurde«, behauptet der Bulgare in Diensten des FC Barcelona, wo er mit seinem brasilianischen Freund Romario ein Traum-Duo war.

Zwei Jahre später hat er es dennoch geschafft. Dazu trägt das sensationelle Abschneiden der Bulgaren bei der WM bei. Dort gehört Stoitschkow zu den besten Spielern und wird Torschützenkönig. Mit seinem über die Mauer und genau ins Eck gezirkelten Freistoß zaubert er im Viertelfinale auch den Deutschen ein Tor in die Maschen. Was aber kaum jemand weiß: Wer so enorm auftrumpft, plagt sich eigentlich mit einer Muskelzerrung herum. »Davon wußten nur der Arzt und ich, denn ich wollte auf keinen Fall die WM verpassen.« So der 28jährige, der aus Plowdiw stammt.

Der Hitzkopf Stoitschkow hat jedoch nie vergessen, woher er stammt: Aus einer Arbeiterfamilie. Deshalb investierte er gemeinsam mit anderen Nationalspielern seines Landes die WM-Prämien in eine Stiftung für junge Fußballer. Stoitschkow: »Unsere Stiftung ist besonders für Kinder aus armen Verhältnissen gedacht.«

MOMENTAUFNAHME

Nun hat er sie nicht mehr alle! Ist er denn jetzt völlig übergeschnappt? Ist das jener Uli Hoeneß, der so scharf analysiert und das ausspricht, was andere nicht einmal zu denken wagen? Hat er sich nunmehr aber nicht doch ein wenig zu sehr aus dem Fenster gelehnt? Dabei hat der Bayern-Manager lediglich einen Satz offenbart, der es in sich hat: »Ein 0:0 ist besser als ein 1:0.«

Der Hoeneß, der hat's drauf, höhnten sie. Als Rechenkünstler ließen sie ihn laufen. Es war schließlich Mitternacht und die Gedanken vielleicht nicht mehr so klar wie sonst. Aber: Der Uli hat sich auch dabei etwas gedacht. Nämlich: Beim 1:0 ist ein Fehler nicht gleich entscheidend. Einen kann man sich ja leisten. Da ist noch nichts passiert. Aber beim 0:0 darf man sich diesen Fehler eben nicht erlauben und geht voll konzentriert ans Werk.«

Diese Erkenntnis hat wenig damit zu tun, daß das Bayern-Urgestein mit allen Wassern gewaschen ist. Vielmehr hat es Hoeneß selbst etliche Male erlebt, daß die Europapokal-Arithmetik eine höchst gefährliche und eine mit eigenen Gesetzen ist. Trotzdem tönt Mats Lilienberg, einst bei München 1860 unter Vertrag: »Dieses 0:0 ist für uns ein Sieg!« Als ob ein Unentschieden jemals zu einem Sieg mutieren könnte. Das ist eben Fußball-Rechnerei. IFK-Trainer Roger Gustafsson kennt sich damit aus: »Es ist ein gefährliches Resultat für uns. Macht München bei uns ein Tor, müssen wir zwei schießen.« Darin, den Spieß auswärts noch umzudrehen, sind die Bayern geradezu Künstler. Im UEFA-Cup verloren sie einst gegen Inter Mailand zu Hause 0:2. Keiner setzte auch nur mehr einen Pfifferling vor der Reise in den Süden auf die Bayern.

Siehe da – sie gewannen 3:1 und zogen weiter. Auch gegen den FC Porto spielten sie zu Hause nur 0:0 – doch 14 Tage später brachten sie aus Portugal ein 2:0 mit. Im Halbfinale kann sich somit noch nicht einmal 2:0-Sieger AC Mailand wähnen, geschweige denn der FC Barcelona nach seinem 1:1 gegen Paris. »Wir sind schlechter dran als die Bayern«, findet Johan Cruyff. Und das ist nicht etwa Zweckoptimismus angesichts der wenig befriedigenden Resultate von Barca in der spanischen Meisterschaft, sondern die Franzosen sind zu Hause einfach eine Macht.

REIF(ER) REPORT

*Der Platz – ein fürchterli-
cher Acker. Da scheint
mir jeder Grashalm na-
mentlich bekannt zu
sein.*

*Keine Chance bisher für
die Bayern, diesen blau-
weißen Vorhang auch
nur ein wenig zu lupfen.*

*Für meinen Geschmack
haben die Schweden in
der Nähe des Bayern-
Strafraums zuviel Luft
zum Atmen.*

*Die Bayern wollen im
wahrsten Sinne des Wor-
tes offenbar den Rest der
1. Halbzeit hinten über-
wintern, daß 0:0 halten.*

*Zickler, Zickleeeer!
Tooor!!! Total verunsi-
chert, hab ich gesagt. Ach
das ist schön, wenn man
sich so irren kann.*

*Nerlinger – Tor! Ich
glaub's nicht ... da darf
Nerlinger gegen vier, fünf
Mann in Ruhe den Ball
annehmen, darf zielen
und darf Ravelli alles
Gute wünschen ...*

**Da kommt Freude auf: Christian Nerlinger
(oben und Seite 77 in der Mitte) jubelt,
Uli Hoeneß & »Trap« stehen kurz vor einer
»liebevollen« Umarmung ...**

RÜCKRUNDE

+++ Nach dem Wunder von Kiew
folgt das Wunder von Göteborg +++
Ein 2:2 bringt den FC Bayern als erste deutsche Mannschaft ins Halbfinale der Champions League +++
Die Münchner profitieren von der
Auswärts-Torregel +++ Weil Torhüter Scheuer nach einer Notbremse
Rot sieht, bieten die Bayern Schwe-
dens Meister über 70 Minuten mit
zehn Spielern Paroli +++ Mit Gospodarek muß in dieser Saison bereits der dritte Schlußmann ran +++
Kostadinow, geht dafür als »Stürmer-
Opfer« vom Feld ++

AJAX UND MILAN
OHNE GEGENTOR

Totgesagte leben auch in der Champions League länger. Der Titelverteidiger ist zurück im Wettbewerb!
Für den AC Mailand gibt es, in der
italienischen Serie A hoffnungslos
abgeschlagen, nur eine Möglichkeit
der kommenden Teilnahme: Erneu-
ter Cupgewinn! Die Männer um den
Strategen Franco Baresi nehmen die
Hürde Benfica Lissabon ohne Gegentor. Dies gelingt außerdem Ajax
Amsterdam gegen Hajduk Split.
Spannung bis zur letzten Sekunde
hingegen beim französisch-spani-
schen Gipfel: Paris löst Barcelona in
der Beletage ab.

DIE BECKENBAUER-ANALYSE

Vom Kampf her habe ich selten so eine großartige Mannschaft des FC Bayern gesehen. Da waren Engagement und Hingabe da. Die Mannschaft hat sich über einen IFK Göteborg hinweggesetzt, der eine ganz andere Mannschaft war als in München: viel aggressiver und kompakter. Die Schweden haben so gespielt wie wir sie kennen, disziplinierter, machen taktisch geschickte Sachen, aber das Spiel zu machen, das ist es nicht, was sie können. Sie spielen ohne Phantasie.

Bedauerlich, daß Scheuer vom Platz mußte, aber nach den neuesten FIFA-Regeln kann man Rot vertreten. Der Fehler liegt nicht beim Sven. Er bügelt nur aus, was andere verursacht haben. Bei einer Standardsituation für uns, auch noch auswärts, in solch einen Konter hineinzulaufen – das kann man eigentlich nur bei einer Schülermannschaft sehen. Der Feldverweis fiel gerade in eine Zeit, als der FC Bayern das Spiel in den Griff zu bekommen schien.

Die Wahl, wer als Feldspieler geopfert werden würde, mußte auf einen ganz offensiven Mann fallen. Daß es Kostadinow traf, ist sicher nicht gut für den Bulgaren. Aber Trapattoni blieb nichts anderes übrig. Kostadinow ist eben der offensivste Spieler, deshalb mußte er dran glauben. Denn ein Zickler und auch Witeczek können Defensivaufgaben übernehmen. Das ist eine besondere Situation, da muß ein Trainer auch besonders reagieren. Trapattoni hat es gewagt. Das hat im ersten Moment vielleicht nicht jeder verstanden, aber er hat richtig entschieden.

In diesem Spiel kann man die Spieler des FC Bayern nur loben. 70 Minuten mit einem Spieler weniger so zu kämpfen, so an sich zu glauben und so eine Chance zu nutzen, das ist stark. Einem Grundsatz aber sind die Bayern treu geblieben: Sie machen's sehr gern spannend!

Zwei Schlüsselszenen: Alexander Zickler zieht zum 1:0 für die Bayern ab (oben) und Sven Scheuers Notbremse gegen IFK-Mittelfeldspieler Martinsson.

IFK GÖTEBORG

Gegründet: 1903
Anschrift: Drottningsgatan 36 V,
41114 Göteborg
Vereinsfarben: blau/weiße Hemden,
blaue Hosen
Stadion: Ullevi-Stadion
Fassungsvermögen: 52.000
Meister: 16mal – erstmals 1908
Pokalsieger: 4mal
Weitestes Vordringen im Meistercup: Halb-
finale 1985/86, Champions League 1992/93
Weitere Erfolge: Sieger im UEFA-Cup 1983
und 1987

HAJDUK SPLIT

Gegründet: 1911
Anschrift: Post Box 218, 58000 Split
Vereinsfarben: weiße Hemden, blaue Hosen
Stadion: Stadion Poljud
Fassungsvermögen: 55 000
Meister: 9mal jugoslawischer Meister – erst-
mals 1927, zweimal kroatischer Meister –
1992 und 1994
Pokalsieger: 10mal
Weitestes Vordringen im Meistercup:
Viertelfinale 1975/76, 1979/80 und 1994/95

BENFICA LISSABON

Gegründet: 1904
Anschrift: Av. General Norton de Matos,
1500 Lissabon
Vereinsfarben: rote Hemden, weiße Hosen
Stadion: Estadio da Luz
Fassungsvermögen: 102 000
Meister: 30mal – erstmals 1936
Pokalsieger: 24mal
Weitestes Vordringen im Meistercup:
Gewinner 1961 und 1962

FC BARCELONA

Gegründet: 1899
Anschrift: Aristides Maillol s/n, 08028 Barcelona
Vereinsfarben: blau/rote Hemden, blaue Hosen
Stadion: Estadio Nou Camp
Fassungsvermögen: 115 000
Meister: 14mal – erstmals 1929
Pokalsieger: 21mal
Weitestes Vordringen im Meistercup:
Gewinner 1992
Weitere Erfolge: Europacup-Sieger der Pokal-
sieger 1979, 1982 und 1989, Sieger Messe-
Pokal 1960 und 1966, Sieger im europäischen
Supercup 1992

Freudentaumel auch im Prinzenparkstadion.
Paris St. Germain hat nach sechs Erfolgen in
der Vorrunde nun auch die Hürde FC Barcelona ungeschlagen genommen.
Bemerkenswert vor allem, wie die Elf von
Trainer Luis Fernandez das 0:1 in einen
2:1-Erfolg verwandelt und dabei nicht nur
kämpferisch überzeugt, sondern mit spiele-
rischem Glanz brilliert.

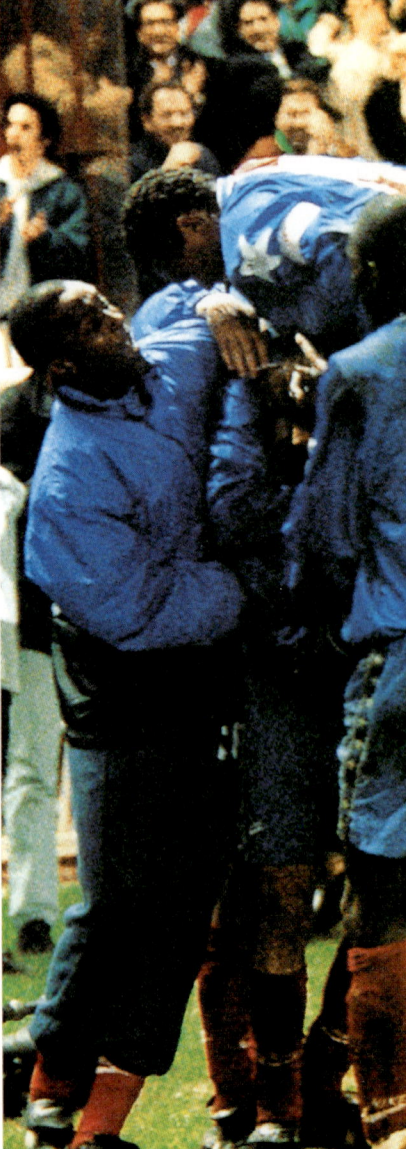

MOMENTAUFNAHME

»Für mich ist Ajax der große Favorit auf
den Titel.« Herbert Neumann, von 1972
bis 1983 für den 1. FC Köln in 194 Bun-
desligaspielen am Ball, kennt den Rekordmeister der Niederlande aus seiner
nunmehr dreijährigen Trainerzeit beim
Ehrendivisionär Vitesse Arnheim aus
dem Effeff. »Ajax ist in der Formation
sehr, sehr stabil. Die Mannschaft spielt
außerdem stark positionsbezogen. Es
gibt nur sehr wenige Funktionswechsel.«
Das kann ein Nachteil sein, ist aber beim
Rekordmeister ein Vorteil, weil jeder
seine Position wirklich hundertprozentig
ausfüllt.
In dieser Mannschaft gibt es noch oder
wieder den typischen Flügelstürmer.
Rechtsaußen ist Finidi George ein Nigge-

rianer. Er wurde wie Marc Overmars als
Linksaußen in der Ajax-Schule ausgebil-
det. Hier wird jeder Spieler so perfektio-
niert, daß er über eine hohe Handlungs-
schnelligkeit verfügt.

Absolute Autorität ist Libero Danny
Blind als Kapitän. Er ist der erfahrenste
Spieler. Vom Charisma her ist in der
jetzigen Elf Frank Rijkaard unübertrof-
fen. Ein Großer ist auch Jari Litmanen,
der Finne, den sie in seiner Heimat so
sehr verehren. Er ist der gelernte Torjäger. Ajax ist die Mannschaft der Zukunft.
Alles Gute den Bayern, aber Ajax ist zur
Zeit in der Entwicklung weiter und auf
bestem Wege, wieder eine ganz große
Mannschaft zu werden.

IM BLICKPUNKT: PARIS ST. GERMAIN

Dieser Verein ist eines der modernen Märchen. Obwohl im Juni 1991 mit 50 Millionen Franc Schulden praktisch pleite, scheffelt Paris St. Germain – in Frankreich nur PSG genannt – in der Champions League die Millionen nur so. Nicht Franc, nein, Franken. Die Schweizer. Möglich macht das erst der TV-Sender Canal Plus, Frankreichs erster Pay-Sender mit gut vier Millionen Abonnenten. Nachdem die einsame Titeljagd von Olympique Marseille langweilig zu werden drohte, investiert der Sender in PSG und man erklärte die Operation »Meisterschaft« sogar zur Chefsache. Canal Plus-Vorstand Pierre Lescure besteigt höchst persönlich die Kommandobrücke. Seine rechte Hand heißt Michel Denisot und ist Star-Entertainer von Canale Plus. Dem Verein fehlte die große

Show, das Spektakel. Hier sind sie nun. Ein weiterer Glücksfall ist Trainer Luis Fernandez. Sein Credo, man muß mit den Stars aus aller Herren Länder menschlich umgehen: »Entscheidend ist, wie man mit ihnen umgeht. Sie müssen sich wohlfühlen. Aber nicht zu sehr – sonst schlafen sie ein.« Deshalb seine vielen Positionswechsel. Deshalb läßt er auch mal einen George Weah draußen, einen David Ginola oder einen Rai. Und Fernandez kann es sich leisten, denn bei einem Jahresetat von 80 Millionen (!) Mark stehen in seinem Team zehn Nationalspieler. Vor diesem Koloß muß sogar der FC Barcelona kapitulieren. Für Paris St. Germain hingegen scheint selbst der Cupgewinn nicht mehr unmöglich, auch wenn nun der AC Milan im Halbfinale wartet ...

Benficas Linksaußen Joao Pinto (links) und sein unerbittlicher Schatten Paolo Maldini (oben).
Jari Litmanen ist für Ajax Amsterdam nicht nur als Torjäger eine Bank. Ebenso gefürchtet sind seine Flankenläufe – hier versetzt er die Spliter Mirsad Hibic (links) und Damir Vuica (rechts).

Halbfinale

Die Bayern-Bank, wie sie im Champions-League-Jahrgang 1994/95 lebte und litt …

REIF(ER) REPORT

Im Moment habe ich den Eindruck, Ajax hat die Bayern in die Ecke gepinnt.

Wirkt auf die Fans wie eine Injektion – die Chance von Zickler.

Der Einsatz stimmt bei den Bayern, und er muß ja auch herhalten bei mangelnder Klasse.

Christian Ziege fehlen noch die letzten PS ...

Also, die Bank von Holland ist das nicht da hinten.

Zickler ackert, soweit die Füße tragen.

Nun laufen die Münchner nicht mal mehr auf dem Zahnfleisch, sondern auf dem Kiefer (nach Thomas Helmers Verletzung).

Bleiben wir auf dem Teppich: Dieses 0:0 ist ein Wunschergebnis der Bayern. Viel mehr konnte und durfte man nicht erwarten.

Ein »Feuerwerk« für Bayern-Kapitän Thomas Helmer (oben). Sammy Kuffour (links) hatte mit dem dribbelstarken Marc Overmars seine liebe Mühe und Not ...

HINSPIEL

+++ 0:0 gegen Ajax Amsterdam – torloses Heimspiel wie schon gegen Göteborg +++ Bayerns Not-Elf bringt es in der Summe zu ganzen 118 Spielen im Europapokal +++ Die verletzten Matthäus, Papin, Kostadinow, Kahn, Kreuzer und Witeczek bringen es zu sechst auf 222 +++ Nur vier der üblichen fünf Ersatzspieler sind einsatzbereit +++ Profi-Sternkopf wird auf der Bank von drei Amateuren flankiert +++ Trotzdem ziehen sich die Münchner achtbar aus der Affäre +++ Nach verhaltener erster Halbzeit bringen sie den Favoriten noch in Bedrängnis +++

PSG ERLEIDET DIE ERSTE NIEDERLAGE

Ausverkauftes Prinzenpark-Stadion. Schon vorher wird Unruhe gestiftet. Torjäger Weah habe ausgerechnet beim Gegner einen Vertrag unterschrieben. 13 Millionen Mark soll der Liberianer kosten und ein Jahres-Salär von 4 Millionen beziehen. Der so Umworbene ist im Spiel kaum zu sehen. Erstmals bleiben die Franzosen ohne Tor. 46 000 Zuschauer müssen die erste Niederlage des PSG nach sieben Siegen und nur einem Unentschieden erleiden. Zvonimir Boban, der Kroate, trifft für den AC Milan in letzter Sekunde.

DIE BECKENBAUER-ANALYSE

Schaut man sich die beiden Mannschaftsaufstellungen an, dann kann man von einem Spiel zweier reiferer Jugendmannschaften sprechen. Ajax ist natürlich erfahrener. Aber die Bayern haben mit dem Halbfinale mehr erreicht, als man erträumt und erdacht hat. Trotzdem warne ich davor, den Europapokal allein wichtig zu nehmen. In der Meisterschaft stehen wir nicht einmal auf einem UEFA-Cup-Platz, auch dahin müssen wir unser Augenmerk richten.

Auch wenn Ajax Favorit ist – nicht nur gegen München, sondern für den Europapokal –, die Bayern sind Hausherren, sie mußten die Holländer unter Druck setzen. Das haben sie erst in der zweiten Halbzeit gemacht, schon hat Ajax hinten nicht mehr so sicher gestanden. Man hat gesehen, die Abwehr war nicht so sattelfest wie erwartet. Erfreulich ist, daß die Bayern mithalten konnten, auch in dieser Formation und ohne die fehlenden routinierten Spieler.

Sie haben aber zunächst den Fehler gemacht, sich hinten einschnüren, sich zu weit zurückdrängen zu lassen. In dieser Phase hat Ajax immer versucht, durch Rijkaard ein Übergewicht im Mittelfeld zu erlangen. Weil sich dadurch die Mannschaft immer mehr zurückdrängen ließ, wurde das Mittelfeld automatisch frei für den Gegner. Deshalb brachten sich die Bayern-Spieler selbst in Schwierigkeiten.

Später hat der FC Bayern wirklich gut gespielt. Wenn man die Holländer schon in ihrer eigenen Hälfte oder an der Mittellinie abfängt, schnell nach vorn spielt, dann sind auch sie zu schlagen. Chancen waren da, ich kann der Mannschaft keinen Vorwurf machen. Noch ist wirklich gar nichts verloren. Das hat doch auch das 0:0 gegen Göteborg bewiesen. Die gleiche Ausgangsposition haben wir jetzt.

Münchens neuer »Leitwolf« Thomas Helmer organisierte seine Abwehr umsichtig, wie die Spielszenen belegen – oben im Zweikampf mit Kanu (rechts) und unten als »Turm in der Schlacht« (Mitte).

STATISTIK

5. April 1995
FC Bayern München – Ajax Amsterdam   0:0
München: Gospodarek, Helmer (89. Grimm), Kuffour, Babbel, Ziege, Hamann, Schupp Scholl, Nerlinger, Zickler, Sutter.
Amsterdam: Van der Sar, Reiziger, Blind, F. de Boer, R. de Boer (75. Bogarde), Rijkaard, Litmanen, Seedorf, George, Kanu (63. Kluivert), Overmars.
Schiedsrichter: Cakar (Türkei);
Zuschauer: 60 000.

Paris St. Germain – AC Mailand   0:1 (0:0)
Paris: Lama, Llacer, Roche, Ricardo, Cobos, Le Guen, Bravo, Rai, Guerin, Weah, Ginola.
Mailand: Rossi, Panucci, Baresi, Costacurta, Maldini, Eranio, Albertini, Desailly, Boban, Savicevic, Simone (82. Massaro).
Schiedsrichter: Mumenthaler (Schweiz);
Zuschauer: 46 000;
Tor: 0:1 Boban (90.).

PRESSE-ECHO

Wir wollen uns eine abermalige Quadratur der Null ersparen, die als kreisförmiges Lückenzeichen schon von vorchristlichen griechischen Rechenkünstlern eingefügt wurde, wo was fehlte.
SÜDDEUTSCHE ZEITUNG

Sowohl der FC Bayern München als auch Ajax Amsterdam begriffen das torlose Remis als Aufforderung zum Kaffeesatzlesen.
FRANKFURT ALLGEMEINE ZEITUNG

Trapattoni rettete sich mit einer Notelf. Bayern versteckte durch viele Notpflaster seine tiefen Wunden. Auf der einen Seite stand ein Ajax mit vielen großen Namen, auf der anderen eine Mannschaft, die dank Trapattoni italienischen Realismus und deutsche Kraft vereinte.
CORRIERE DELLO SPORT

Trapattoni schaffte es nicht, den holländischen Damm zu fluten, aber Trapattoni entschärfte Ajax. Die Überreste von Bayern stemmten sich gegen die großen Namen der Amsterdamer. Es war eine Heldentat von Trapattoni, der eine perfekte Abwehr aufbot.
TUTTOSPORT

CHRONIK

Am 7. März 1973 erleben die Bayern eine ihrer schwärzesten Stunden im Meistercup: 0:4 werden sie von der größten Ajax-Elf aller Zeiten abgebügelt. Der Maier Sepp will danach seine Sachen aus dem 14. Stock eines Amsterdamer Hotels werfen und sich nie wieder ins Tor stellen. Doch schon ein Jahr später lösen die Münchner den dreimaligen Cup-Gewinner auf dem Thron ab und revanchieren sich im Herbst 1980 mit 5:1 für die Schlappe. Es bleibt das einzige Mal in sechs Vergleichen, daß sich eine deutsche Mannschaft im Meistercup gegen Ajax durchsetzt.

Frank Rijkaard, der seine Auswahlkarriere bei der WM '94 in den USA beendete, ist für Ajax k(ein) Radfahrer, auch wenn er zum Ausgleich mal gern in die Pedalen seines Bikes tritt (Seite 85 oben).

Zweikämpfe prägten das zweite Halbfinale zwischen PSG und Milan in Paris – zwei Momentaufnahmen beweisen es: Roche hat hier Costacurta im Griff (Seite 85 unten), und Ginola (Mitte) wird von Boban verfolgt (links), dem das alles entscheidende 1:0 für seinen AC gelingt (Seite 84 oben). Der Jubel danach ist für die Stars des Titelverteidigers verständlich …

»Bayern München, ist das nicht ein renommierter Verein aus Deutschland?« Diese Bemerkung ist eher scherzhaft gemeint, denn gerade an die Bayern kann sich Franklin Rijkaard sehr genau erinnern: Am 5. November 1980 macht er gleich in seinem ersten Europapokalspiel Bekanntschaft mit den Münchnern. Auch wenn er beim 2:1-Sieg ein Tor schießt, Ajax scheidet aus. »Natürlich vergißt man so etwas nicht, sagt der exzellente Manndecker, »aber in den letzten Jahren habe ich die Bayern nicht so intensiv beobachtet.«

Dabei ist es wiederum München und das Olympiastadion, wo des 73fachen Oranje-Nationalspielers größte Stunde schlägt. 1988 wird er mit der »Selectie« unter dem Zeltdach Europameister. Gullit, der Kapitän, und van Basten, der Torjäger, sind in aller Munde. Kenner aber bescheinigen dem am 30. September 1962 geborenen Rijkaard: Durch ihn wird die Rolle des Manndeckers völlig neu interpretiert. Er schaltet nicht nur seinen unmittelbaren Gegenspieler aus, sondern tut auch unendlich viel für die Offensive. Der Beweis: Am 23. Mai 1990 schießt Rijkaard – längst bildet er gemeinsam mit Gullit und van Basten die niederländische Troika beim AC Mailand – das entscheidende 1:0 im Meistercup-Finale gegen Benfica.

INTERVIEW MIT CHRISTIAN NERLINGER

Selten wurden die Bayern für ein 0:0 so gefeiert. Zu Recht?
Wir haben gewußt, wie stark die Holländer sind. Das haben sie zeitweise demonstriert. Wie sie den Ball laufenließen, das hat uns viel Kraft gekostet. Es ist uns schwergefallen, dagegen zu halten. Aber wir haben uns trotzdem die eine oder andere Chance herausgearbeitet. Und mit einem 0:0 sind wir auch gegen Göteborg weitergekommen – also wieso nicht gegen Ajax? *Sie selbst haben in der ersten Halbzeit eine Ver-*

letzung am Auge erlitten. Was war's genau?
Es war eine ganz dumme Sache. Ich bin da mit dem de Boer zusammengekracht. Bis in die zweite Halbzeit hinein habe ich alles verschwommen gesehen. Aber wichtig ist, daß wir zu Null gespielt haben. Noch ist alles offen. *Nun hat man der Mannschaft nach dem 1:3 gegen Köln vorgeworfen, sie habe keinen Charakter. Schweißt so etwas zusammen, sagt man sich vor solch einem Spiel, jetzt zeigen wir es den Kritikern?*

Ja natürlich. Nur muß man sagen, daß wir einen sehr dünnen Spielerkader haben. Außerdem sind wir eine sehr, sehr junge Mannschaft, der es schwerfällt, konstant zu spielen. *In der ersten Halbzeit hat die Mannschaft sehr defensiv gespielt, in der zweiten dann etwas offensiver. Gab's in der Pause noch eine Änderung der Marschroute?*
Nein. Aber wir hatten schon, das muß ich ganz ehrlich zugeben, Respekt gehabt vor dieser Ajax-Mannschaft. Das legt sich halt erst mit der Zeit.

REIF(ER) REPORT

Kanu, 1,97 Meter groß, Schuhgröße 49 – wenn er den Ball annimmt, ihn abdeckt, da hat der Abwehrspieler einen Haufen Mensch vor sich.

Finidi George völlig frei – 41. Minute, das war ja nun eine Einladung auf Büttenpapier.

4:1 durch Litmanen – es hat schlecht aufgehört, und es hat miserabel wieder begonnen.

Ja, wenn es Fußballwunder geben soll, muß man auch ein wenig mithelfen.

Man möchte den Bayern noch so zwei, drei vernünftige Angriffe wünschen – fürs Seelenheil.

Alexander Zickler hat sich die Milchzähne ausgebissen an dieser Ajax Abwehr.

Es ist das Schaulaufen des holländischen Meisters – tralala, hopsassa wollen sie spielen.

Vor prächtiger Kulisse im ausverkauften Amsterdamer Olympiastadion (oben) stellt der Finne Litmanen (rechts) für Ajax mit seinem 1:0 in der zwölften Minute – Samuel Kuffour am Boden kann nicht mehr eingreifen – frühzeitig die Weichen auf Endspiel.

+++ Erwartetes Bayern-Aus bei Ajax Amsterdam mit 2:5 +++ Zum vierten Mal ist für die Münchner (bei fünf Endspielteilnahmen) im Halbfinale Endstation +++ Fünf Gegentore brauchten die Münchner in zuvor 103 Meistercup-Spielen noch nie einzustecken +++ Ajax dominierte nach Belieben +++ Nur wenige Minuten besteht Hoffnung auf das Erreichen des Finales +++ Witeczeks Kopfball-1:1 in der 36. Minute beantworten die Amsterdamer jedoch bis zur Pause mit zwei weiteren Toren +++ Danach geht es lediglich um Schadensbegrenzung +++

AC MILAN VON DEN TOTEN AUFERSTANDEN

Im Jubel über den 2:0-Erfolg gegen Paris St. Germain zerbricht Fabio Capellos goldene Uhr. Der Trainer des AC Mailand nimmt's indes nicht sonderlich tragisch: »Im Herbst wurden für uns schon die Totenglocken geläutet. Doch ich wußte immer, daß wir noch nicht am Ende sind.« Mann des Tages ist Dejan Savicevic, der beide Tore schießt. Zum dritten Mal hintereinander und zum achten Mal insgesamt steht Milan im Endspiel der »Königsklasse«. Vor 26 Jahren bereits einmal gegen Ajax – holen sich die Italiener mit 4:1 den Cup.

DIE BECKENBAUER-ANALYSE

Zwei Dinge haben dieses Spiel so deutlich entschieden. Zuerst war es der Ausfall von Thomas Helmer. Dadurch fielen auch die Tore kurz vor und kurz nach der Pause gegen uns. Die Abwehr war da unorganisiert. Oliver Kreuzer mußte Libero spielen. Das hat er überhaupt noch nie gemacht. Der zweite Grund: drei Gegentore innerhalb von fünf Minuten verkraftete keine Mannschaft der Welt. Schon zwei Gegentore so kurz vor der Pause sind tödlich.

Ajax hat verdient gewonnen und war von Anfang an die bessere Mannschaft. Man wußte zwar, daß die Amsterdamer sofort Druck machen würden, aber nach dem 1:1 durch Marcel Witeczek kam doch noch einmal Hoffnung auf. Die Hoffnung währte leider nur ein paar Minuten, bis zum Sonntagsschuß von George. Da war die Abwehr des FC Bayern total durcheinander und verunsichert. Es war insgesamt sehr schwer für die Bayern-Abwehr, denn die kurzen Pfosten, wurden verlängert auf den am hinteren Pfosten lauernden Mann. So fiel auch das 3:1. Das war ganz typisch für diese Ajax-Mannschaft. So schießt sie sehr viele Tore.

Allerdings kam, da noch eine Situation zehn Minuten vor Schluß, als Mehmet Scholl die große Chance zum 4:3 hatte. Schließt er diesen Alleingang erfolgreich ab, hätte es noch einmal spannend werden können. Aber das ist mehr Wunschdenken, denn Amsterdam ist ein würdiger Finalist.

Auch wenn Ajax eine Stunde lang ein verdammt hohes Tempo gegangen ist, ich glaube nicht, daß die Mannschaft dann absichtlich einen Gang zurückgeschaltet hat. Sie bekam wohl eher ein paar konditionelle Probleme. Schon kamen die Bayern besser ins Spiel. Sie haben mit dem Halbfinale sehr viel erreicht.

»By, by FC Bayern!« – Mit sportlich fairer Geste verabschieden sich Marcus Babbel, Marcel Witeczek und Christian Ziege (von links) von den mitgereisten Fans.

IM BLICKPUNKT: AJAX-TALENTE-SCHULE

Einmal im Jahr strömen sie in Scharen zum Middenweg 401. Eine ganze Woche bleiben sie und zeigen ihr Talent. Immer dann, wenn das große Ajax die Kleinen ruft, wimmelt es von ihnen. Alle begabten sieben- bis 13jährigen Kindern werden eingeladen. »Alle, die älter sind, kennen wir schon«, sagt Co Adriaanse, Direktor der Nachwuchsförderung, ziemlich lässig. Denn er weiß: Was hier gemacht wird, ist einzigartig auf der Welt.

So haben alle Eingeladenen nur den einen Gedanken: Ich möchte aufgenommen werden in die Ajax-Schule. 1987 kamen 1432 Jungen aus allen Provinzen des Landes. Nur 16 fanden Gnade vor den geübten Augen der Trainer. Unter den Auserwählten ein damals elfjähriger Bursche. Patrick Kluivert. Jenes Bild, auf dem die 16 Glücklichen mit dem damals noch jungen Frank Rijkaard zu sehen sind, hängt noch heute in Kluiverts Zimmer. Doch sein eigenes Konterfei prangt auf einem in Amsterdam geklebten Plakat. Darauf die Worte: »Hast Du Talent?« Wer es wie Kluivert schafft, gehört in den Orden der »Ajacieden«. Das ist ein Privileg, wenngleich nicht jeder den Sprung in den bezahlten Fußball schafft. »Aber unser System ist unser Blut«, nennt es David Endt, Pressesprecher des Eliteklubs. So trainieren die 160 Kinder und Jugendlichen in den zehn Nachwuchsmannschaften streng nach dem Vorbild der Ersten: offensiv, mit drei Stürmern, einem zentralen Spielgestalter und dem Libero vor der Abwehr. »Wir haben mit der Nummer 4 zehn Rijkaards«, sagt Co Aadriaanse. Und Louis van Gaal, einst selbst Nachwuchstrainer: »Ich brauche keine Individualisten, sondern Spieler, die dem Team dienen, in unserem System spielen und darin ihre Persönlichkeit entfalten.« Über zwei Millionen Mark jährlich steckt Ajax in seine phänomenale Jugendarbeit mit einem Koordinator, zehn Trainern, 15 Scouts, den Talentespähern. Dazu hat jedes Team einen Physiotherapeuten, Masseure und Ärzte. Ferner ein Psychologenteam, eine Ernährungswissenschaftlerin und sieben Lehrer, die mit den Kindern die Schularbeiten machen. Denn in Amsterdam wird nach der Methode TIPS gearbeitet. Technik, Intelligenz, Persönlichkeit, Schnelligkeit. So bekommt Louis van Gaal fertige Spieler. Wie eben Patrick Kluivert, Michael Reiziger, Nwankwo Kanu und Clarence Seedorf, der bereits mit 16 in der Ersten debütierte.

Neben diesen vier gehören mit Frank und Ronald de Boer, Edgar Davids, Tarik Oulida, Martijn Reuser, Sonny Silooy und Frank Rijkaard weitere sieben ehemalige Jugendspieler zum aktuellen Kader. Eine einmalige Bilanz! Und mit Verkäufen unter anderem für Dennis Bergkamp, Wim Jonk, Richard Witschge, Aaron Winter, und Marco van Basten nahm der Verein rund 100 Millionen Mark ein. Die Talentschmiede Nr. 1 in Europa steht vor einer goldenen Zukunft.

CHRONIK

Die Bayern bleiben die deutsche Nummer 1 bei den Meistern. Dreimal gewinnen sie zu Zeiten des Franz Beckenbauer den Cup. Zwei weitere Male (1982, 1987) erreichen sie das Finale und ziehen viermal ins Halbfinale ein.

Nur fünf weiteren deutschen Klubs glückt das. Den Anfang macht 1960 Eintracht Frankfurt. Unvergessen die Halbfinalsiege mit insgesamt 12:4 (!) Toren gegen die Rangers aus Glasgow. Dem folgt 1964 Borussia Dortmund ins Halbfinale, bevor 13 Jahre später die Borussen aus Mönchengladbach in die Fußstapfen der Bayern treten: 1977 Finale, 1978 Halbfinale. Wieder ein Jahr später stößt der 1. FC Köln ins Halbfinale vor, scheitert aber an Cup-Sieger Nottingham Forest.

Die erfolgreichste deutsche Meistermannschaft nach den Münchnern ist der Hamburger SV. 1961 bereits einmal im Halbfinale, stehen die Norddeutschen 1980 im Endspiel und holen sich drei Jahre später gegen Juve den Cup.

Zehn Wettbewerbe in Folge gibt es dann kein Halbfinale ohne deutsche Beteiligung.

88

IM PORTRÄT: DEJAN SAVICEVIC

Sie nennen ihn »zwischen Genie und Ausfall«. Manchmal läuft es eben nicht. Nach den beiden Toren gegen Paris ist er jedoch eindeutig das Genie. Er selbst bezeichnet sich als »Mann des letzten Passes«, für den nur das Team zählt: Dejan Savicevic.

Der aus Montenegro stammende Savicevic gilt zwar manchmal als etwas lauffaul, dafür aber als brillanter Techniker und gewitzter Dribbler. Geschmeidig und schnell, beeindruckt der Linksbeiner mit präzisen und knallharten Schüssen.

Über Buducnost Titograd 1989 zu Roter Stern Belgrad gekommen, wird er 1990 Meister und gewinnt ein Jahr später den europäischen Meistercup mit den Roten Sternen. Daß er im Finale am 29. Mai in Bari gegen Olympique Marseille ausgewechselt wird und nicht zu den fünf treffsicheren Elfmeterschützen seines Team gehört, wird ihm zwar nicht gepaßt haben. Aber es ist auch Ansporn, denn 1991 schafft Savicevic den endgültigen Durchbruch zum »Kopf« der Mannschaft.

Als sich bald darauf Mailand meldet – 1990 scheitert ein Wechsel zu Real Madrid, weil er erst 28 ist und die Altersgrenze für einen Wechsel ins Ausland noch nicht erreicht hat –, will Savicevic zunächst gar nicht unterschreiben. Der Grund: Dort gibt es zu viele Ausländer, er will nicht auf der Tribüne sitzen. Inzwischen ist ein anderer Ausländer im Milan-Team sein bester Freund: Zvonimir Boban, der Kroate, der im ersten Halbfinalspiel gegen Paris das goldene Tor schießt. Mit ihm gewinnt er das denkwürdige 94er Cupfinale gegen den FC Barcelona mit 4:0. Und er schießt auch sein Tor!

Die beiden Endspiel-Regisseure Louis van Gaal (kleines Bild) & Fabio Capello (Seite 88) und zwei ihrer Stars Dejan Savicevic (oben) und Clarence Seedorf (Ajax).

Finale

AJAX AMSTERDAM

Gegründet: 1900
Anschrift: Postbus 41885,
1098 AV Amsterdam
Vereinsfarben: weiße Hemden mit zwei
weißen Streifen, weiße Hosen
Stadion: Stadion de Meer
Fassungsvermögen: 29 000
Meister: 25mal – erstmals 1918
Pokalsieger: 12mal
Weitestes Vordringen im Meistercup:
Gewinner 1971, 1972,1973 und 1995
Weitere Erfolge: Europacup-Sieger der Pokal-
sieger 1987, Sieger im UEFA-Cup 1992, Sieger
im europäischen Supercup 1972 und 1973,
Weltpokalsieger 1972

AC MAILAND

Gegründet: 1899
Anschrift: Via Turati 3, 20121 Mailand
Vereinsfarben: rot/schwarze Hemden,
weiße Hosen
Stadion: Stadio Guiseppe Meazza
Fassungsvermögen: 83 400
Meister: 14mal – erstmals 1901
Pokalsieger: viermal
Weitestes Vordringen im Meistercup:
Gewinner 1963, 1969, 1989, 1990, 1994
Weitere Erfolge: Europacup-Sieger der Pokal-
sieger 1968 und 1973, Sieger im europäischen
Supercup 1989, 1990 und 1994, Weltpokal-
sieger 1969, 1989 und 1990

»Die Kinder entthronten die alte Milan-
Garde«, so *die* Schlagzeile in Holland zum
Sieg der Ajax-Elf, die allen Grund hatte, im
Wiener Ernst-Happel-Stadion ausgelassen zu
feiern. Der 18jährige Patrick Kluivert – oben
rechts mit dem Pott – sorgte mit seinem 1:0
ganz nebenbei für die stolze Siegprämie von
50 000 DM pro Spieler, die bei ihrer Ankunft
tags darauf in Amsterdam von 150 000 Fans
euphorisch empfangen wurden.
Bildnachweis Seiten 90–93: Bongarts (7), dpa (1).

REIF(ER) REPORT

16 Minuten gespielt, noch nicht das große Feuerwerk. Die Herrschaften belauern sich noch.

Milan fehlt der Kopf, fehlt das Genie – Dejan Savicevic.

Bei beiden der Aufbau sehr bedächtig, sehr vorsichtig. Henry Maske wird's bestätigen können, wie zwei Boxer, die alles tun, nur nicht die Deckung fallenlassen.

0:0 zur Halbzeit. Taktisch sehr diszipliniert beide. Aber ich denke mal, wir Zuschauer haben nichts davon, wenn wir erst den Trainerschein machen müssen, um die Qualität eines Europapokal-Finales ermessen zu können.

Rijkaard – er ist viel am Ball, er hat viel Platz, da im zentralen defensiven Mittelfeld. Aber wenn man's böse bewertet, er spielt Alibi-Fußball: hält das Bällchen an, schaut – und spielt dann quer.

Ein Fehler hat das Spiel entschieden – denn ein Geniestreich war dieses Tor von Patrick Kluivert weiß Gott nicht.

ENDSPIEL

+++ 22 Jahre nach der Ära Cruyff heißt der Sieger wieder Ajax Amsterdam +++ Zum vierten Mal gewinnen die Niederländer den Pokal +++ Der Pott ist neu, denn den alten durfte der AC Mailand im vorigen Jahr nach dem fünften Sieg behalten +++ Das Plus des Siegers: Für einen 19jährigen kommt ein 18jähriger ins Spiel und schießt das Tor – 1:0 +++ Das Standardergebnis ist erreicht +++ Zum 14. Mal im 40. Endspiel entscheidet der knappste aller Siege +++ Der AC Milan hätte bei einem Erfolg mit dem Rekordsieger Real Madrid (6x) gleichgezogen +++

STATISTIK

XL. Endspiel am 24. Mai 1995 in Wien:

**Ajax Amsterdam –
AC Mailand   1:0 (0:0)**
Amsterdam: Van der Sar, Reiziger, Blind, F. de Boer, Seedorf (54. Kanu), Rijkaard, Litmanen (69. Kluivert), Davids, Finidi George, R. de Boer, Overmars.
Mailand: Rossi, Panucci, Costacurta, Baresi, Maldini, Donadoni, Albertini, Desailly, Boban (86. Lentini) , Massaro (90. Eranio), Simone.
Schiedsrichter: Craciunescu (Rumänien);
Zuschauer: 48 600 (ausverkauft);
Tor: 1:0 Kluivert (85.);
Gelbe Karten: Overmars, Blind.

Patrick Kluiverts Jubel nach seinem 1:0-Siegtreffer für Ajax (oben). Trost von Milan-Trainer Capello für Abwehrspieler Costacurta.

DIE BECKENBAUER-ANALYSE

Dieses Tor, das dieses 40. Finale entschieden hat, paßt so richtig zum Spiel. Es war ein bißchen ein reingestolpertes Tor. Dabei hatte ich mich schon auf eine Verlängerung eingerichtet. Ajax hat das eine Tor geschossen, das nötig war. Deshalb ist die Mannschaft Sieger – und ich glaube verdient.

Ich fand die Atmosphäre ganz toll im Stadion. Das Spiel konnte leider nicht ganz mithalten. Aber das war vorauszusehen, wenn zwei so gleichstarke Mannschaften aufeinandertreffen. Dann spielt man die Torchancen nicht so leicht heraus. Beide hatten großen Respekt voreinander, denn wenn man bei dieser Ausgeglichenheit in einen Konter läuft, wird es sehr schwierig, dieses Spiel noch herumzureißen. Im Mittelfeld taten sich beide nicht so sehr viel. Aber 30 Meter vor dem Tor wurde eine Mauer aufgebaut. Die Stürmer waren zu sehr auf sich allein gestellt, weil keiner nachrückte.

Der AC Mailand hat die zweite Halbzeit ein bißchen verschlafen. Was mich insgesamt gewundert hat, ist, daß man dann so viele leichte Abspielfehler gesehen hat. Mehr, als sich die Mailänder nach der Pause in die Abwehr stellten, Ajax kommen ließen, kann man nicht einmal bei einer eigenen Führung tun. Milan spielte viel zu passiv. Sie haben ganz klar auf die Verlängerung gehofft, um dann die frischen Leute zu bringen. Wer so spät auswechselt, spielt nicht auf Sieg. Diese Rechnung ist nicht aufgegangen.

Für einen jungen Spieler wie Kluivert, der das Tor schoß, sind es absolute Glücksmomente, wenn man mit so jungen Jahren in so einer guten Mannschaft steht. Bleibt Ajax beisammen, wird die Mannschaft auf Jahre hin dominieren. Vielleicht so wie der FC Bayern in den 70ern oder der AC Mailand in den letzten Jahren.

Ajax-Legende Frank Rijkaard klärt wieder mal per Kopf (oben), seine Fans freut's (Mitte). Zweikampfstudie: Simone (Milan/links) contra Reiziger (Ajax).

Die
Cup-Story

Der französische Journalist Gabriel Hanot
war der Initiator des Europapokals.

95

27. MAI 1964
EUROPACUP-FINALSPIEL

Preis S 3.–

F. C. INTERNAZIONALE MILANO –
REAL MADRID C. F.

HERAUSGEGEBEN VOM ÖSTERREICHISCHEN FUSSBALL-BUND
IM AUFTRAG DER U. E. F. A.

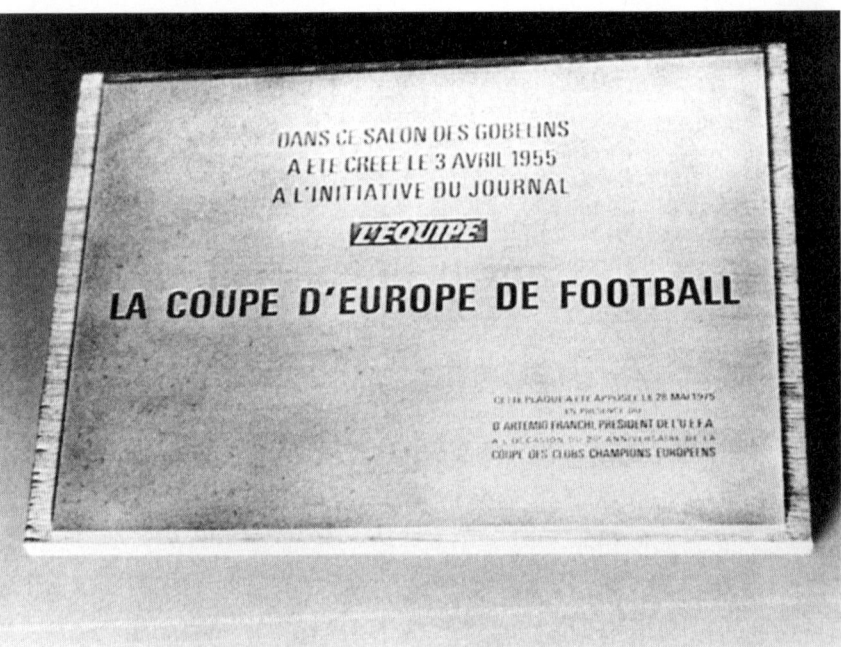

DANS CE SALON DES GOBELINS
A ETE CREEE LE 3 AVRIL 1955
A L'INITIATIVE DU JOURNAL
L'EQUIPE
LA COUPE D'EUROPE DE FOOTBALL

CETTE PLAQUE A ETE APPOSEE LE 28 MAI 1975
EN PRESENCE DE
D' ARTEMIO FRANCHI, PRESIDENT DE L'U.E.F.A.
A L'OCCASION DU 20° ANNIVERSAIRE DE LA
COUPE DES CLUBS CHAMPIONS EUROPEENS

Die französische Sport-
zeitung L'Equipe stellte
in ihrer Ausgabe vom
16. Dezember 1954
das Europacup-Projekt
vor. Zum 20jährigen
Jubiläum ließ die UEFA
1975 eine Erinnerungs-
tafel prägen (Mitte).
Ein Komitee der Eu-
ropäischen Fußball-
Union mit DFB-Präsi-
dent Dr. Peco Bauwens
(Vierter von links/oben)
übernahm die Organi-
sation des Wettbewerbs,
dessen erstes Finale
Real Madrid gegen
Stade Reims 4:3 ge-
wann (Szene Seite 97
unten).

L'ÉQUIPE présente son projet d'un Championnat d'Europe interclubs

Un représentant par Fédération. - Matches aller et retour en milieu
de semaine et en nocturne. - Patronage éventuel de la Télévision
internationale

par Jacques de RYSWICK

Journalisten erzwangen das Spektakel

Alter schützt nicht vor Entrüstung. Und die packte den damals schon 64jährigen Fußballjournalisten Gabriel Hanot, als er im Herbst 1953 in die englischen Zeitungen schaute. »Ich hatte im Londoner Wembley-Stadion ein großartiges Duell der Meister von England, Arsenal London, und von Spanien, FC Barcelona, erlebt. Die Briten gewannen es, und ihre Zeitungen, die ich beim Rückflug genießen konnte, feierten das gebührend. Für sie war nun Arsenal ›Europas bestes Klubteam‹, was ich natürlich überhaupt nicht unterschreiben konnte.«

Gabriel Hanot kannte die Fußballwelt besser. In seiner Studienzeit in Berlin hatte er auch für die »Preußen« gekickt. Davor lag sein Länderspieldebüt, anno 1908 gegen die Schweiz. Und als er 1919 nach 13 Berufungen, im Alter von 30 Jahren, in Brüssel Abschied von der Auswahl nahm, da wechselte er nur die Aufgaben, wurde Trainer, Journalist, Profimanager. Seine Fußballbühne weitete sich. »L'Auto«, »Miroir des Sports« und schließlich die berühmte »l'Equipe« schätzten seine Feder, und dort plazierte er auch seine Entgegnung: »Der britische Stolz in Ehren – aber wer Europas beste Klubelf sein will, der muß das nicht nur gegen ein oder zwei Teams beweisen, sondern gegen Europas Elite.«

Die Briten kümmerte das nicht. Bereits ein Jahr darauf feierten sie die Wolverhampton Wanderers gar als »Weltmeister«, weil sie Spartak Moskau mit 4:0 und Honved Budapest mit 3:2 geschlagen hatten. Hanot: »Sie feierten die Revanche für das 3:6-Debakel gegen Ungarn, hatten doch die Magyaren am 25. November 1953 den Heimnimbus der Engländer in Wembley zerstört.

wiederbekommen konnte. Also trieb auch er die Sache vorwärts. Denn die Teilnehmer an der ersten Generalversammlung der UEFA waren am 2./3. März 1955 im Schloß Schönbrunn zu Wien nach einer fruchtlosen Debatte über das Für und Wider einer Europameisterschaft so erschöpft, daß sie dem Vortrag der Pariser Journalisten Hanot und Ferran zwar applaudierten, im Sitzungsprotokoll aber feststellten: »Die Versammlung hält sich nicht für zuständig, dieses Projekt, das nur die Klubs angeht, zu beraten.« Gegen eine Beteiligung der Klubs hatte man nichts einzuwenden, wenn die Verbände zustimmten.

Auch die FIFA, noch für die europäischen Wettbewerbe mit zuständig, ergriff nicht die Initiative. Ausweichend antwortete Präsident Seeldrayers aus Brüssel, daß man sich gemäß den Statuten »nur mit nationalen Repräsentativmannschaften« befasse. Er sehe aber eine Erfolgschance, »wenn es möglich ist, das Terminproblem zu lösen«. Konnten das Journalisten allein bewältigen?

Die verschwörerischen Störenfriede sahen, daß Eile geboten war. Denn da arbeiteten auch noch die einflußreichen Verbandsfunktionäre Sir Stanley Rous (England), Ernst Thommen (Schweiz) und Dr. Barassi (Italien) am Projekt eines Pokals der Messestädte, der schon im Herbst 1955 starten sollte. Also lud Gabriel Hanot, die französische Profiliga und ihren Präsidenten Paul Nicolas im Rücken, für den 1. April 1955 ins Pariser Hotel »Ambassador« zur Gründungsversammlung ein. 15 Klubs aus 15 Ländern schickten ihre Repräsentanten. Und diese wählten ein Organisationskomitee, dem der Franzose Bedrigans vorstand, dessen Vizepräsidenten aber gewichtig waren: Santiago Bernabeu von Real Madrid und Gustav Sebes, der Verbandschef aus Ungarn.

Ähnlich dem Mitropacup, der zwi-

Denn bei Honved spielten sechs aus jenem Team, es waren Puskas, Kocsis, Bozsik und Co. Daß England nun erleichtert war, verstand ich, aber die Ansprüche regten uns auf.«

Gabriel Hanot, Ressortchef bei »l'Equipe«, einst sogar Nationaltrainer, war Autorität genug, sich beim Weltverband FIFA und dem gerade entstehenden Europaverband UEFA Gehör zu verschaffen. Am 16. Dezember 1954 druckte die »l'Equipe« ihren Vorschlag, ein »Championat d'Europe Interclubs« ins Leben zu rufen. Noch war von den Meistern nicht die Rede. Man dachte an klangvolle Namen, 16 Klubs aus 16 Ländern.

Im Kreis der Pariser Initiatoren saß auch Julius Ukrainczyk, ein eingewanderter Pole. Seine Agentur, die Spiele, Spieler und ganze Tourneen vermittelte, spann ihre Drähte weltweit. Auch ins nahe Madrid, wo sich der mächtige Santiago Bernabeu mit Ukrainczyks Hilfe gerade Real Madrids Eliteteam zusammenkaufte. »Mit großer Zufriedenheit studierte ich Hanots Pläne«, meinte Bernabeu. »Denn Real gehörte zu den großen Vereinen. Und diese Idee eines europäischen Wettbewerbs für die Besten des Kontinents schwebte auch mir schon lange vor.« Santiago Bernabeu wußte, daß er nur mit diesem Gala-Cup einige der ausgegebenen Millionen

schen 1927 und 1940 die Meister Zentraleuropas (Ungarn, Italien, Österreich, CSR) vereinte, dachte Hanot anfangs an eine Art Meisterschaft. Aber schließlich setzten sich die Belgier und Österreicher durch, die für Hin- und Rückspiele plädierten.

Das aber setzte den Verbandsgewaltigen die Daumenschrauben an. Es hatte sich ein Privatkomitee etabliert, das zur Konkurrenz für die junge UEFA werden konnte. So sah sich ein Dringlichkeitskomitee der FIFA genötigt, am 7. Mai 1955 in London nicht nur den Wettbewerb zu genehmigen, sondern auch die UEFA an ihre Verantwortlichkeiten zu erinnern. »In Anwendung der Anordnung der FIFA«, wie die UEFA-Exekutive am 21. Mai 1955 in Paris verlauten ließ, sah man sich gezwungen, »den Pokal der europäischen Klubs direkt zu organisieren«. Im Dringlichkeitskomitee erhielt Gustav Sebes seinen Sitz, wie auch DFB-Präsident Dr. Peco Bauwens.

»Für das erste Jahr wird der Ausschuß ausnahmsweise auch Klubs akzeptieren, die nicht als Meister oder Zweite klassifiziert sind.« Das traf auf einige der 16 Starter zu. Außerdem legte die UEFA fest, daß nun alle Verbände ihre Meister melden können. Was der DFB mit Rot-Weiß Essen (1955) und Borussia Dortmund (1956) auch so hielt. Der 1. FC Saarbrücken durfte bei der Premiere das Saargebiet vertreten, mußte sich aber fortan über die Oberliga Südwest qualifizieren, in der er seit 1945 spielte. Zähneknirschend hatten die Herren der FIFA dem Treiben zugesehen. Ausdruck ihrer Mißstimmung war das Verbot, in diesen Wettbewerb den Namen »Europa« zu verwenden. »Pokal der europäischen Meister« sollte man ihn gefälligst nennen. Kaum ein Journalist hielt sich dran.

Der spätere UEFA-Generalsekretär Hans Bangerter redete auch nicht drumherum, als es um die Väter des Cups ging: »Wenn der Meisterpokal in Rekordzeit verwirklicht werden konnte, so ist das ausschließlich der entschiedenen Haltung der ›l'Equipe‹ zuzuschreiben.«

Am 4. September 1955 erlebte Lissabon mit dem 3:3 zwischen Sporting und Partizan Belgrad den Auftakt. Und Partizan erzwang in Runde 2 sogar einen ersten politischen Erfolg für den Cup: Diktator Franco mußte den Jugoslawen die Einreise gewähren, obwohl das faschistische Spanien zum kommunistischen Tito-Regime keine diplomatischen Beziehungen unterhielt. Zu den 29 Spielen des ersten Jahrgangs strömten 800 000 Zuschauer. Das waren 27 500 im Schnitt. Der Fußball flog endlich im Dauerbetrieb über die Grenzen. Flugzeuge und Fernsehen wurden die Transporteure. Die Sender bekamen Programme mit riesigen Einschaltquoten fast geschenkt. Denn in den ersten Jahren verlangte die UEFA vom Fernsehen für ein Vorrundenspiel umgerechnet 25 000 Mark und 125 000 fürs Finale.

Erst später konnten die Vereine die Kontrakte frei aushandeln. Die Klubs mit den Stadionkolossen wurden reicher, ihre Teams immer dominierender. Was auch dem Professionalismus im Fußball europaweit kräftige Schübe gab. Weil die Profiligen in Italien und Spanien in voller Blüte standen und sich zudem noch mit den Besten aus Südamerika stärkten, sollten sie auch das erste Jahrzehnt des Europacups beherrschen. ❏

EUROPA - POKAL DER LANDES MEISTER 1983, ATHEN, 25 MAI

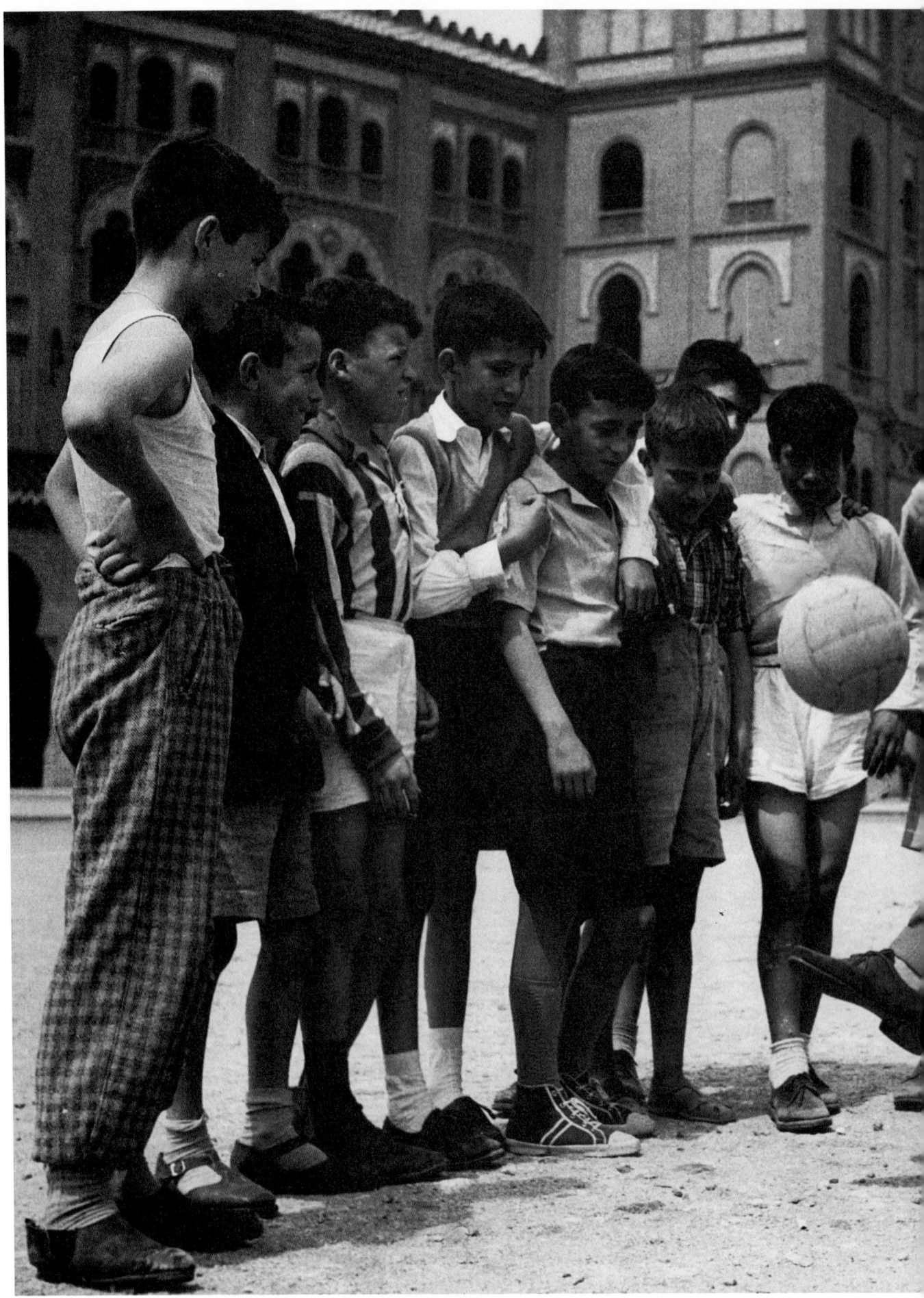

Real Madrid:
Die Vision
des Don Santi

Am 2. Juni 1978 trat Santiago Bernabeu von der Bühne des Lebens ab. »Damit starb Franco zum zweitenmal«, schrieb eine spanische Zeitung. »Beide regierten 35 Jahre lang, und beide waren unantastbar.« Der 83jährige Bernabeu hinterließ unter anderem ein Stadion, das seinen Namen trägt, und einen weltberühmten Klub. 14jährig war er noch in den FC Madrid eingetreten und spielte bereits mit 17 in dessen erster Mannschaft. König Alfonso XIII. machte 1920 per Dekret daraus den »königlichen« Klub, den FC Real. Bernabeu wurde Klubsekretär und 1943 Präsident. »Don Santi«, wie man ihn nannte, arbeitete als Jurist in Francos Justizministerium. Außerdem war er Grundbesitzer. Als ihm seine Drähte ins Machtzentrum signalisierten, daß Madrid nach Norden ausgedehnt werden sollte, kaufte er eilig große Ländereien. Für den FC Real. Im neuen Stadtteil Chamartin ließ er ein Stadion für 80 000 bauen, das 1947 fertig war. Nahebei entstand auf 14 ha die »Sportstadt Real« mit Hallen für Tennis, Basketball, Handball, Anlagen für die Athleten. Binnen weniger Jahre war Real allein durch die steigenden Bodenwerte ein reicher Klub.
In den Hungerjahren nach dem Krieg begriff keiner so recht, warum dieser Bernabeu so bombastisch baute. Bald ließ er das Stadion sogar für 120 000 Zuschauer aufstocken. In diese Arena wollte er Spaniens bestes Team schicken. Denn mit nur zwei Titeln zwischen 1929 und 1954 war Real nur ein Mitläufer unter den Besten gewesen. Die neue Zeit brach 1953 an, mit dem Kommen des Argentiniers

Der Ungar Ferenc Puskas hatte seinen jungen Madrider Fans viel zu zeigen ...

Alfredo di Stefano. Ihn hatte sich Bernabeu im Streit mit dem FC Barcelona geangelt. Die stolzen Katalanen verzichteten auch deswegen auf ihn, weil ein Kompromißvorschlag »ein Jahr im Wechsel bei jedem« ausgerechnet vom Diktator Franco gekommen war.

Um di Stefano bildete sich das »weiße Ballett«. Er war der Choreograph. In seinen elf Jahren bei Real ertanzte es sich acht Championate. Doch das genügte Bernabeu nicht. Diese Bühne war viel zu winzig für das geplante Wachstum. Deswegen wurde er der engagierteste Verfechter der Idee von Pariser Journalisten, Europas Beste in einem Cup zu vereinen. Er ahnte, wie er sagte,

trainer, und Kopa waren dem nicht mehr gewachsen.

Raymond Kopa, dessen polnische Vorfahren noch Kopaszewski hießen, sollte bei den nächsten drei Europacups für Real stürmen und siegen. In aller Welt kaufte Bernabeu nur noch das Beste: Puskas, Didi, Santamaria, Muller, Netzer, Stielike, Rocha, Breitner, Cunningham, Valdano. Weltmeister waren ihm am liebsten. Real forderte ihnen alles ab, und mancher resignierte.

Auch die Deutschen gerieten in Reals Tormaschine. Schon im Halbfinale hatten die »Königlichen« 1960 mit zwei 3:1-Erfolgen gegen FC Barcelona Schwung genommen.

ging und alle Welt meinte, daß nun Reals Niedergang bevorstehe.

Da führte der 33jährige Gento es 1966 zum sechstenmal auf den Gipfel!

Ein vierzig Meter langer Trophäensaal mit über 3000 Stücken ist die Feierstätte im »Bernabeu«. Viele davon aber machen deutlich, daß Real auch für Franco-Spaniens Glanz und Größe gespielt hat. Mit dem Diktator starben auch Nimbus und Unantastbarkeit. Nun war Aufstand gegen die Mächtigen in Madrid angesagt. Die Duelle mit dem FC Barcelona waren noch stärker überschattet vom Kampf um die Anerkennung.

Real eroberte noch zweimal den

»den lukrativen, publikumsträchtigen Aufschwung für den Fußball« und natürlich für Real.

Ließ der furiose 11:0-Tore-Auftakt der Madrilenen 1955 gegen Servette Genf und Partizan Belgrad noch Grandioses erwarten, so lieferte Belgrad nach dem heimischen 4:0 mit grimmiger Kälte, Eisflächen und einem 0:3 den Vorgeschmack aufs Kommende. Der AC Mailand forderte mit 4:2 und 1:2 das Letzte ab, wie auch danach Finalist Stade Reims. Die Franzosen führten in Paris nach zehn Minuten 2:0, später 3:2 und wurden erst im Schlußspurt mit 4:3 bezwungen, als di Stefano noch einmal das Tempo anzog. Hidalgo, späterer National-

Was deren Trainer, Helenio Herrera, das Amt kostete. Frankfurts Eintracht deklassierte in gleicher Runde die Rangers mit 6:1 und in Glasgow gar mit 6:3. Kein Wunder, daß ihnen die Schotten als Finalgastgeber nun alles zutrauten. Doch das 1:0 von Richard Kreß setzte die Madrilenen unter Starkstrom. Vier Tore des Ungarn Ferenc Puskas und drei von di Stefano zauberten ein 7:3 zusammen, das noch heute das Etikett eines Traumfinals trägt.

Nur zwei Spieler haben den Fünfer-Pack der Triumphe geschnürt: di Stefano und der legendäre Linksaußen Francisco Gento. Dieser wurde Kapitän, als der Argentinier

UEFA-Cup. 80 000 Mitglieder sind eine »königliche« Basis. Und weil nur geprüfte und gewogene Caballeros Eintritt in die Führung finden, sind Affären rarer als bei der Konkurrenz. ❑

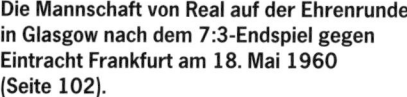

Die Mannschaft von Real auf der Ehrenrunde in Glasgow nach dem 7:3-Endspiel gegen Eintracht Frankfurt am 18. Mai 1960 (Seite 102).

Reals Linksaußen Gento bekommt vom Schatzmeister seine Prämie (oben links). Ein legendäres Angriffsquintett: Canario, Didi, di Stefano, Puskas, Gento (oben rechts von links).

Auch der Deutsche Günther Netzer – hier mit Freundin Hannelore in Reals Trophäensammlung – stürmte für die »Königlichen«, denen drei Jahre (1957–1959) auch der Franzose Raymond Kopa angehörte (rechts).

Ajax: Die Heißsporne aus dem Norden

Mit frechen Liedern und Sprüchen forderte eine blutjunge Amsterdamer Truppe die Etablierten in die Schranken. »Op'n slof en'n oude Voetballschoen wordt Ajax Kampioen!« Was heißen sollte: »Mit einem Holzpantin und einem alten Fußballschuh wird Ajax Champion!« Das war die Melodie von Draufgängern. Ihre Stunde schlug ausgerechnet 1965, als Ajax am Rande des Abstiegs aus der Ehrendivision tanzte. Ein 4:9 gegen Feyenoord ist noch heute die höchste Niederlage in Ajax' Chronik. Da entsann sich Präsident Jaap van Praag, ein angesehener Kaufmann, des alten Ajax-Kämpen Marinus Jacobus Michels, nur Rinus genannt, der junger Trainer eines kleinen Amateurvereins war. Michels, von 1948 bis 58 bei Ajax, hatte auch den Europacupeinstand miterlebt, der nach Siegen über Wismut Karl-Marx-Stadt (heute wieder Chemnitz) schon gegen Vasas Budapest endete.

Michels bekam nun genügend Geld und alle Vollmachten, um junge Heißsporne zu suchen. Einige kamen aus eigener Lehrwerkstatt, in die 15jährige aufgenommen wurden, wie in England. Cruyff, Keizer, Hulshoff liefen dort durch. Suurbier, Neeskens und Haan stießen hinzu, alle um die 20. Michels wußte sie zu packen und wurde nur für die Außenstehenden zur »Sphinx«, weil er nicht lachte, nicht redete, aber viel arbeitete.

Schon nach dem ersten Jahr mit ihm war Ajax wieder Meister. Doch als man gleich Liverpool aus dem Meistercup warf, machte sich Selbstüberschätzung breit. Die nutzte Dukla Prag. Das kam im zweiten Lehrjahr nicht wieder vor,

Geführt von Johan Cruyff, der den Cup schwenkt, triumphierte Ajax dreimal.

London, 2. Juni 1971: Nach dem 1:0 durch van Dijk (Nummer 10) ist Ajax Amsterdam gegen Panathinaikos Athen auf dem Weg zum ersten Pokalgewinn (oben).

Fünf Ajax-Stars erfrischen sich: Vasovic, Suurbier, Cruyff, Krol, Keizer (von rechts). Vater der Ajax-Triumphe war Trainer Rinus Michels (unten links), hier zusammen mit Nationaltrainer Fadrhonc.

Belgrad, 30. Mai 1970: Ajax bezwingt Juventus Turin durch ein Tor von Johnny Rep 1:0. Dino Zoff ist geschlagen (Seite 107).

und nach dem 1. FC Nürnberg, Fenerbahce Istanbul, Benfica und Spartak Trnava setzte erst der AC Mailand im Finale das Stoppschild. Clever lockte er die Heißsporne in den Angriff und zerlegte dann deren Abwehr mit den eigenen Kontern. Beim 1:4 gelang durch Vasovic nur ein Elfmetertor. »Das passiert uns nicht wieder«, ärgerte sich Rinus Michels. »Dennoch: Wir kaufen uns keine Stars, sondern machen uns diese selber.«
Aber Feyenoord, der vom Österreicher Ernst Happel geführte Rivale aus Rotterdam, drängte als Meister die Amsterdamer in den Messecup ab, wo diese bis ins Halbfinale kamen. Die Rotterdamer schwammen

auf Begeisterungswogen von Sieg zu Sieg, in Sachen Popularität sowieso noch die Nummer 1. »Selbst wenn sich nur das Präsidium dort am Mittelkreis zum Kartenspiel niederließe, kämen 20 000 ...«, gestand Ajax-Präsident van Praag.

Gerade das aber war Michels recht. »Nur harte Konkurrenz im Lande hilft meinen Jungs.« Mit van Hanegem, Israel, dem Schweden Kindvall und dem Österreicher Hasil eroberte Feyenoord 1970 mit 2:1 gegen Celtic Glasgow als erster holländischer Klub den Cup der Meister – und verlor im eigenen Lande den Titel und den Pokal an Ajax.

Ging's dort nun richtig los? Blamable 2:2- und 2:0-Auftritte gegen Nentori Tirana forderten erst mal den Peitschenschwinger Michels heraus. Doch danach wurden der FC Basel, Celtic Glasgow, Atletico Madrid erstürmt und im Londoner Finale mit 2:0 auch das vom Ungarn Ferenc Puskas trainierte Panathinaikos Athen. Den Griechen half auch nicht weiter, daß die zu Hause herrschende Obristenjunta, auf eigene Aufwertung hoffend, Autos, Häuser, Renten und 30 000 Mark pro Kopf versprach.

Der neue Stil aus dem Norden machte Furore. Er war kraftgeladen, geradlinig, erfolgsorientiert, schwungvoll, hatte viel Spielwitz und in Johan Cruyff den Kopf und die Speerspitze zugleich. Die neue Macht stieß konsequent hinein in einen Regenerierungsprozeß, dem man sich in Italien wie Spanien unterwarf, wo nach den WM-Pleiten von 1966 in England für einige Jahre die Einfuhr ausländischer Stars gestoppt wurde. Jene aber, die bereits im Lande waren, wurden älter und glanzloser.

Ajax indessen veränderte sein Gesicht auch nicht, als der Rumäne Stefan Kovacs 1971 das Ruder übernahm, weil die vielen Peseten Michels zum FC Barcelona lockten. Nur 14 Akteure bestritten die drei großen Finals von 1971 in London (2:0 gegen Athen), 1972 in Rotterdam (2:0 gegen Inter Mailand), 1973 in Belgrad (1:0 gegen Juventus Turin). Und acht waren in allen drei dabei, ohne ein Tor zu kassieren. Auch die Ajax-Abwehr arbeitete solide.

Cruyffs Abgang 1973 in Richtung Barcelona fand später viele Nachfolger. Das Geld lockte. Deswegen stand erst zehn Jahre später wieder eine neue Ajax-Generation im Lichte, die der Marco van Basten, Rijkaard, Witschge, Wouters. Mit dem Trainer Johan Cruyff gewann sie 1987 in Athen mit 1:0 gegen den 1. FC Lok Leipzig den Cup der Cupsieger. Aber bei den Meistern blieb man zwangsweise Zuschauer, neun Jahre lang, bis 1994. Das war schmerzvoll fürs stolze Ajax. ❏

Bayern:
Bomber
und Bulle

Hans-Georg »Katsche« Schwarzen-beck ist schuld an manch folgen-dem Elfmeter-Kummer. 119 Minu-ten lang hatte er 1974 als »Putzer des Kaisers« neben Beckenbauer geschuftet, aber das 0:1 von Atle-tico Madrid im Endspiel von Brüssel doch nicht verhindern können. Es fiel durch einen Freistoß. Und weil sich im Angriff um den nur durch Spritzen spielfähig gemachten Gerd Müller sowenig tat, packte »Katsche« der urbayrische Zorn. Er stürmte los und haute aus 30 m drauf. Ausgleich! Abpfiff! Zum er-stenmal mußte ein Endspiel im Meistercup wiederholt werden. Da so etwas nur mit vielen Problemen beladen ist, beschloß die UEFA nun, das Elfmeter-Spektakel auch ans Finale zu hängen. An diesem Teil der Qual für Schützen und Torleute trägt also »Katsche« Mit-schuld.

Übung hatten die Bayern sowieso schon darin. Denn nur mit einem solchen 4:3-Preisschießen hatten sie sich gegen die Schweden von Atvidaberg FF nach dem 3:1/1:3-Gleichstand aus Runde 1 retten können. Der Conny Torstensson hatte ihnen da mächtig imponiert, und so wurde für 560 000 Mark aus ihm sofort ein »Bayer«. Ja, das wa-ren noch erschwingliche Preise. Am Rande des Rauswurfs tanzte man anschließend auch gegen Dynamo Dresden, das lange mit 3:2 in München (!) führte und optisch auch besser aussah. Bis Franz Roth zum 3:3 traf und Gerd Müller das 4:3 gleich anhängte. Die Konter-qualitäten des Uli Hoeneß leuchte-ten dann beim 3:3 in Dresden, als er fürs schnelle 0:2 sorgte.

Im Viertelfinale 1973 konnte Ajax die Bayern (hier Paul Breitner) noch einmal stoppen …

Der Bayern-Stürmer sah die Situation vor der Endspiel-Wiederholung auch richtig: »Die Spanier wird dieser unerwartete Ausgleich mächtig deprimiert haben. Die Euphorie aber könnte unser Vorteil sein.« So war's auch. Je zwei Tore von Hoeneß und Müller sorgten 48 Stunden später für ein glattes 4:0. Jeder Bayern-Kicker war um 30 000 Mark Prämie und der deutsche Fußball um den ersten Cup der Meister reicher.

»Wenn wir immer so spielen, sind wir unschlagbar«, jubelte der »Bomber« Gerd Müller. Er ahnte nicht, wie motivierend dieser Erfolg für die vier Wochen später beginnende WM in Deutschland sein würde. Sieben Bayern holte sich Bundestrainer Helmut Schön ins Aufgebot, und sechs siegten mit beim 2:1 gegen Holland im Endspiel: Maier, Beckenbauer, Schwarzenbeck, Breitner, Hoeneß, Müller. Draußen blieb Kapellmann.

Von den bayrischen Urgesteinen, die einst unter Trainer Slatko »Tschik« Cajkovski in die Bundes-

liga stürmten, war der in Kaufbeuren im Allgäu entdeckte Franz Roth (der »Bulle«) der kantigste Draufgänger. Ein Kraftpaket, dessen wenige Tore stets mit Besonderem verknüpft waren. Siehe Dynamo Dresden. Roth war 21, als er 1967 in Nürnberg gegen die Glasgow Rangers mit sattem Schuß in der Verlängerung den Cup der Cupsieger nach München holte. Eine Bayern-Premiere. Roth war 29, als er das 1975 in Paris gegen Leeds United wiederholte.

Gegen die stürmisch attackierenden und hart einsteigenden Briten kamen die Münchner nur selten an den Leedser Strafraum. Der Schwede Björn Andersson mußte schon nach drei Minuten hinausgetragen werden, und später auch Uli Hoeneß. Aber Maier im Tor und die von Beckenbauer clever organisierte Abwehr standen unerschütterlich. Bis »Bulle« Roth einen 14-m-Flachschuß ins Briten-Tor fegte. Müller wusch scharf nach, und die ob des 0:2 ergrimmten Briten-Fans demolierten das Stadion.

Ein großer Jahrgang war vollendet, in dem zuvor DDR-Meister 1. FC Magdeburg (3:2/2:1), Ararat Jerewan und AS St. Etienne besiegt worden waren. Gerade an die Franzosen hatte man ungute Erinnerungen, weil sie Bayern bei seinem Meistercup-Einstand 1969 gleich in Runde 1 hinausgeworfen hatten. Diese unbequeme und vom Industrierevier geprägte Truppe blieb München auch 1976 nicht erspart, wenn auch erst im Finale von Glasgow.

Doch vorher hatte der FC Bayern noch einen Galaauftritt gegen Real Madrid zu liefern. Beim 1:1 in Madrid und 2:0 in München gelangen Gerd Müller alle Tore. Nur über Netzer und Breitner, nun im blütenweißen Real-Trikot, ergoß sich ein gnadenloses Pfeifkonzert. In Glasgow setzte Trainer Dettmar Cramer, der 1975 den erfolgreichen Udo Lattek abgelöst hatte, wie im

Jahr zuvor in Paris gegen Leeds aufs »safety first«. Die Franzosen halfen ihm, als sie zweimal nur das Torgebälk trafen. »Wer den Cup gewinnen will, muß auch mal Glück haben«, meinte Franz Beckenbauer lakonisch. Und die Zeitung »l'Aurore« fragte: »Liegt der Erfolg nicht auch in der Geschicklichkeit, wie man seine Chancen nutzt?« Franz Roth hatte mit einem 20-m-Scharfschuß das 1:0 besorgt und damit Bayerns Cup-Hattrick vollendet, so wie das Real Madrid und Ajax Amsterdam vorgemacht hatten.

Die Bayern und ihr »Bulle«: Nur drei Tore gelangen Franz Roth in diesen drei Cup-Jahrgängen, aber alle mit Gewicht. Wenn vor allem Gerd Müller einmal nicht traf, sprangen andere ein. Auch das sprach für Ausgewogenheit. Von den 54 Bayern-Toren in jenen drei Jahren kamen 19 aufs Müller-Konto. Ein wahrer »Bomber«. Und neben ihm waren 1976 nur noch drei von jenen Frischlingen übrig, die 1967 den ersten Europacup erobert

hatten: Maier, Beckenbauer, Roth. Weil der Weltpokal mit den Südamerikanern meist in Prügeleien und Skandalen endete, verzichtete der FC Bayern zweimal darauf. Erst 1976 wagte man es und holte sich mit 2:0/0:0 gegen Cruzeiro Belo Horizonte auch diese Trophäe. Seitdem aber ist Warten angesagt. 16 unvollendete Auftritte in den drei Europacups! Siebenmal passierte das durch britische Teams, so auch 1982 im Rotterdamer Endspiel gegen Aston Villa. »Die Bayern wurden von Torwart Spink frustriert«, meinte der »Daily Telegraf« nach dem 0:1. »München hatte lange die Partie beherrscht«, so der »Daily Mirror«. Was half's?
Acht Jahre später meinte der FC Bayern, mit dem Endspiel gegen den FC Porto das Übelste bereits hinter sich zu haben. Denn in Madrid waren Messer, Stangen, Flaschen geflogen. Die Real-Fans übten »Rache für München«, wo Juanito und Mino vom Platz mußten. In Madrid sah auch Augenthaler die Rote Karte. Aber der 4:1-Vorsprung

konnte mit enormem Einsatz nach einem 0:1 verteidigt werden. Real jedoch wurde das Stadion für zwei Cupspiele gesperrt.
In Wien sah man sich gegen Porto nach Kögls 1:0 schon auf der Erfolgsstraße. »Doch danach wurde das Spiel der Deutschen destruktiv, die Feigheit besiegte die Ambition«, las man bei »Expressen« in Stockholm treffend. Binnen drei Minuten platzte die Seifenblase. Dem Algerier Madjer gelang ein Tor mit Hackentrick, dem Brasilianer Juary der Sieg. Trainer Udo Lattek meinte am Ende seiner Ära II bei den Bayern: »Ich muß mir gratulieren, hier aufzuhören, wo man so unter seinen Leistungsgrenzen bleibt.« Das schon angerichtete Siegesbankett im noblen Hotel geriet zur tristen Trauerfeier. ❏

Bulle & Bomber: Franz Roth bejubelt ein Tor von Gerd Müller gegen Steaua Bukarest und posiert mit seiner Frau und Pokal nach dem 76er Finale gegen St. Etienne, das sein Tor entschied.

FC Liverpool: Glanz und Elend in Rot

An jenem Maiabend in Rom anno 1977 waren sich die Kritiker einig. »Liverpool besiegte Mönchengladbach mit jenem intelligenten Fußball, den wir schon als Monopol des Kontinents ansahen«, applaudierte der »Daily Telegraf« dem 3:1 Sieg. Und »l'Equipe« meinte: »Ein herrliches Liverpool hat Gladbach gefressen – und Kevin Keegan auch Berti Vogts.« Der »France Soir« sah »die Engländer am Anfang einer langen europäischen Herrschaft«.

Die Propheten von der Seine lagen richtig. Englands zweiter Triumphator im Meistercup nach Manchester United sollte die Schlagzeilen der 80er Jahre liefern, die positiven wie die negativen.

In der Geburtsstadt der Beatles haben zwei Schotten die »Reds«, die Roten, zu etwas Einmaligem gemacht. Denn nur sie – Bill Shankly von 1959 bis 1974 und sein damals bereits 55jähriger Assistent Bob Paisley noch bis 1983 – diktierten in 24 Jahren als Manager/Trainer die Richtung. »Wir nehmen den Fußball so einfach, wie er ist«, verkündete Bob Paisley. »Wir komplizieren nichts. Die elf auf dem Rasen müssen sich verstehen. Meisterteams kann man nicht kaufen, sie müssen reifen. In 15 Europacupjahren haben wir drei neue Mannschaften geformt, und das ohne Krisen«

Bewundernd meinte ein Konkurrent: »In Liverpools ›Krisen‹ wurde mindestens der Ligacup oder der Europacup gewonnen. Diese ›Krisen‹ möchte ich haben ...« Liverpool wurde zum Gegenpol der Starensembles von jenseits der Alpen und Pyrenäen. Shankly be-

Elfmeter-Triumph 1984 für die »Reds« in Rom, den Bill Shankly (oben stehend) nicht mehr erlebte.

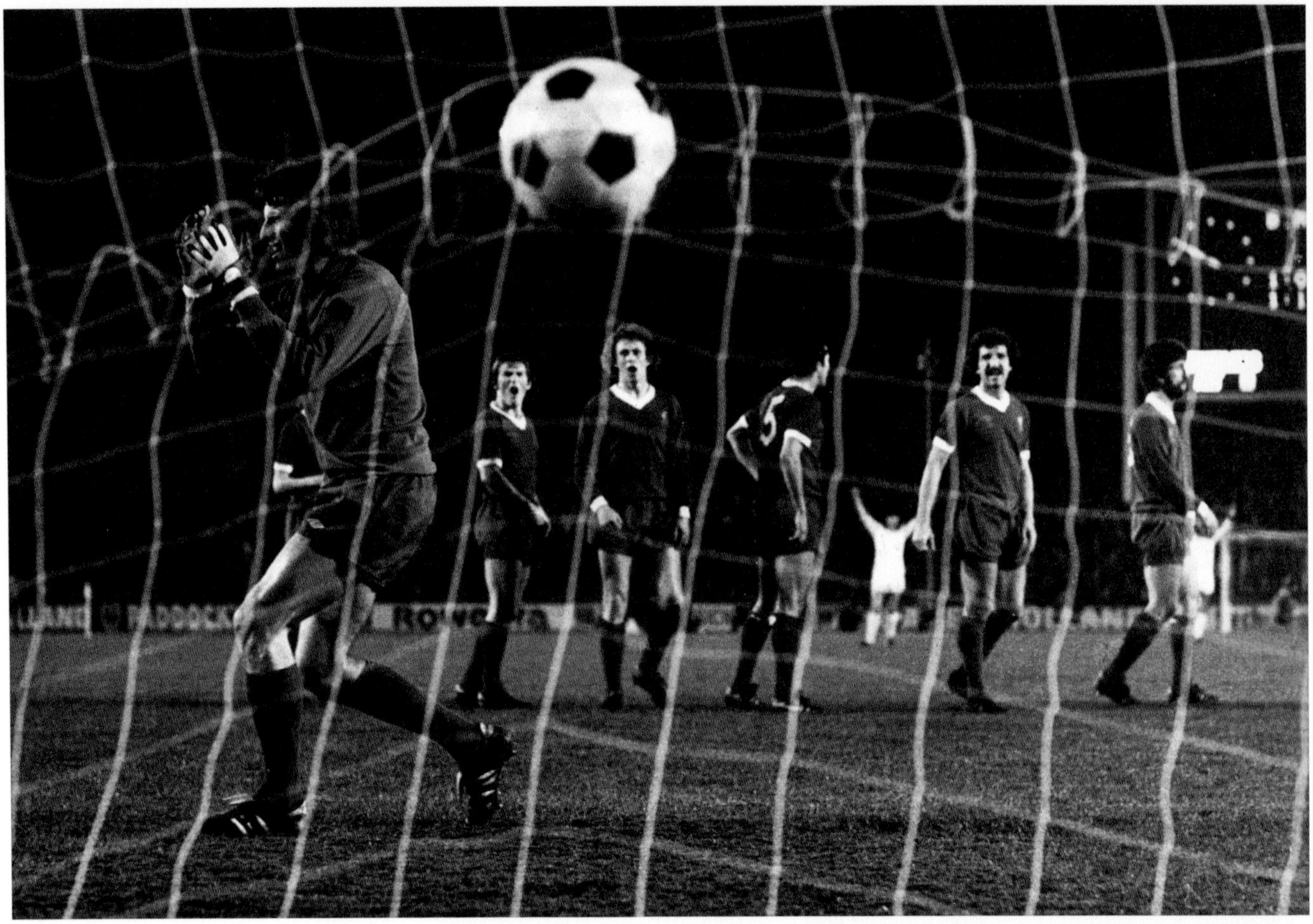

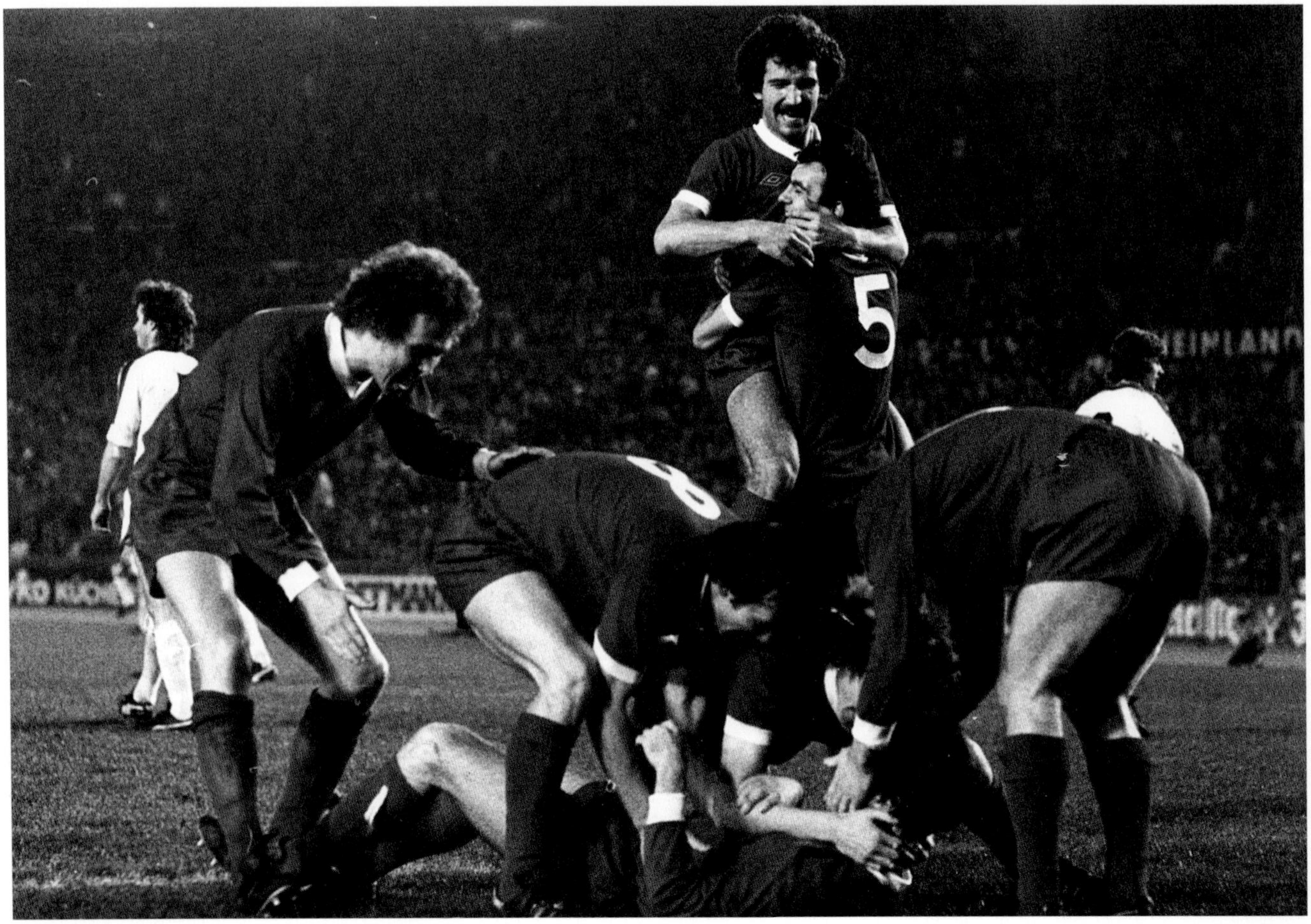

Ein Großer des FC Liverpool auf den Schultern der Fans: Kevin Keegan. Auch Gladbach konnte die Briten im Halbfinale 1978 nicht bremsen, die nach einem 3:0 Heimsieg das Rückspiel in Düsseldorf 1:2 verloren (Seite 114).

schäftigte 38 Spione, die die Insel nach Talenten absuchten. »Wir holen sie jung und machen was draus.« Sechs aus dem Erfolgsteam von Rom wanderten durch Liverpools Lehrlingsabteilung. Kevin Keegan und Torwart Clemence wurden 19jährig vom drittklassigen Scunthorpe gekauft.

»Der FC Liverpool ist das Gesündeste in ganz England«, so Shankly. Und mit Blick auf den nur einen Kilometer entfernten FC Everton, von dem sich die »Reds« 1892 trennten, äußerte der Mann der markigen Sprüche: »In Liverpool gibt es nur zwei gute Teams, unsere Erste und unsere Reserve.« An Selbstbewußtsein mangelte es keinem, vom Lehrling bis zum Chef. Auch der Gärtner, der 50 Jahre den Rasen schnitt, zählte dazu.

Aber das harte Cupgeschäft verdrängte auch dort das Warten auf Eigengewächse. Man mußte ja »oben« bleiben. Und als der Hamburger SV sich nach dem Sieg in Rom Kevin Keegan holte, wurden die 2,5 Millionen gleich in den

Schottenstar Kenny Dalglish investiert, und eine Million in dessen Landsmann Graeme Souness dazu. Doppelte Qualität. Auch Gladbach bekam das in der folgenden Saison mit 2:1 und 0:3 im Halbfinale zu spüren. Erst der von Ernst Happel trainierte FC Brügge hielt im 0:1-Endspiel stärker gegen.

Ein nahezu unverändertes Team fügte nach einem 0:0 in Liverpool dem FC Bayern mit 1:1 in dessen 22. Europacup-Auftritt den ersten Punktverlust in einem Heimspiel zu. Mit 16 EC-Teilnahmen in Serie wurde nicht nur Real Madrids Rekord anschließend eingestellt, sondern die Spanier im Endspiel auch noch 1:0 bezwungen.

Daß Englands Nummer 1 in der Folge dann in die Fallen von ZSKA Sofia und Widzew Lodz rannte, ließ auf übersteigertes Selbstbewußtsein schließen. Doch davon konnten die Briten 1984 nicht genug haben. In Rom war AS Rom der Endspiel-Hausherr, und nach enttäuschendem 1:1 ging es erstmals ins Elfmeterschießen. Das kannte die EC-

Historie noch nicht. Ausgerechnet Conti und Graziani (»die Welt brach über mir zusammen«) versagten, zwei Weltmeister von 1982.

Doch Furchtbares geschah in der Nacht danach. Römer und Briten jagten sich durch die Straßen. Ein 23jähriger Römer starb unter einem Bus. 40 wurden verletzt. Als im Jahr darauf Brüssel zum Finale Juventus Turin – FC Liverpool rief, wurden die Erinnerungen gezielt hochgekocht. »Revanche« war angesagt. Um so unverständlicher, daß die Organisatoren sich so unzureichend gewappnet haben. Schlägereien und Plünderungen schon im Stadtzentrum und betrunkene Briten in Mengen ließen Schlimmstes befürchten. Im Stadion kam es dann zur Katastrophe, die 39 Todesopfer forderte. Nun war die UEFA gefordert. Sie schloß den englischen Fußball von den europäischen Cupwettbewerben aus. »Der Stolz unserer Stadt ist mit Blut besudelt«, schrieb eine Zeitung. Liverpool trauerte, auch um das schmähliche Ende einer großen Ära. ❑

AC Mailand:
Der Mogul
macht's möglich

Den Mai 1980 wird kein Milan-Fan vergessen. Damals waren der Torwart Albertosi und der Präsident Colombo im Stadion verhaftet worden. Auch sie hatten im »Toto nero«, dem von der Camorra beherrschten »schwarzen Toto«, Ergebnisse manipuliert. Ein Skandal wie nie zuvor erschütterte Italiens Fußball. 62 Akteure und 21 Klubs wurden angeklagt. AC Mailand markierte die Spitze des Dreckberges, und so wurde der Titelverteidiger in die 2. Liga verbannt. Albertosi wie Colombo bekamen lebenslange Sperren – die zwei Jahre später aufgehoben wurden.

Spätestens im Mai 1963, als die Rivera, Maldini, Trapattoni, Altafini im Londoner Wembley-Stadion Benfica Lissabon vom Europacupthron stießen, mußte AC Mailand zu den ersten Adressen gezählt werden. Die »Milan Associazione Calcio« mit dem Gründungsjahr 1899 ist neun Jahre älter als Lokalrivale Inter. Und dieser galt gegenüber der volksnahen AC stets als snobistisch und elitär. 1969 stand »Milan« in noch strahlenderem Glanze, wurden doch die Emporkömmlinge von Ajax Amsterdam mit 4:1 förmlich deklassiert. Vom 63er Siegerteam waren nur noch Rivera und Trapattoni übrig, und Karl-Heinz Schnellinger holte als erster Deutscher den Meistercup. Doch die Finanzkraft der anderen, vor allem die des Fiat-Chefs Agnelli hinter Juventus Turin, sollte die AC für ein Jahrzehnt von allen Titeln abdrängen. Und mit dem Skandal wurde die Krise sogar zum Dauergast, mit Abstieg, Aufstieg, Abstieg. 1985 mußte der Großagrarier Fa-

Europacup-Sieger 1969:
AC Mailand mit Karl-Heinz Schnellinger
(stehend Zweiter von rechts).

117

rina, Nachfolger des verhaftet gewesenen Colombo, vor den Konkursrichtern nach Namibia flüchten. Präsidentensessel und 99,89 Prozent der AC-Aktien waren wieder frei. Es schlug die Stunde des Silvio Berlusconi. Mit Immobilien hatte der junge Mailänder enorm verdient. Mit diesem Geld baute er ein Medienimperium auf, wie es Italien noch nicht kannte, mit drei TV-Sendern, Zeitungen, Werbeverlagen, Kinos, Immobilienhandel. 7500 Beschäftigte sorgten bald für zehn Milliarden Mark Jahresumsatz. Dort gliederte Berlusconi den Fußballklub ein. Was den Kaufpreis für teure Fußballerbeine in reinvestierte Betriebskosten verwandelte. Und die waren steuerbegünstigt. Aus »Verlust« wurde Gewinn.

Berlusconi, der seinen Bruder Paolo zum »Vize« machte, kaufte nur das Teuerste. 35 Millionen Mark investierte er allein 1987, engagierte unter anderem die Holländer Gullit und van Basten. Und die hielten, was sie versprachen. Schon 1988 war der »Scudetto«, der Meisterschaftsschild, in Milans Besitz. Dafür bekam jeder 280 000 Mark extra. Am Stadtrand strich man die Ortsschilder schwarz-rot und das »o« aus »Milano«. Und nach dem entscheidenden Punktgewinn strömten 70 000 ins Stadion, um »Milan« zu huldigen. Und Berlusconi!

Das Brüderpaar aber träumte von einem Klub im Glanze des Real Madrid von einst. Nur das war der Maßstab. Und als diesem Real im Europacup-Halbfinale mit 5:0 die schmerzhafteste Niederlage seiner Geschichte zugefügt wurde, holte Berlusconi für jeden eine Viertelmillion aus der Schatulle. Da schien das Finale gegen Steaua Bukarest nur noch Formsache, wenn auch eine mit je 420 000 Mark prämierte. Und die Oranje-Torfabrik arbeitete wie nie. Gullit und van Basten trafen beim 4:0 je zweimal. Als Lokalrivale Inter, der Meister von 1989, gleich in Runde 1 über Malmö FF

Medien-Zar Silvio Berlusconi (oben) kaufte Trainer Arrigo Sacchi ein Star-Ensemble zusammen.

stolperte, wuchsen die Chancen und Glücksgefühle des AC Mailand auf dem Pfade der erfolgreichen Cup-Verteidigung.

Alle Welt applaudierte. Die »Neue Züricher Zeitung« sah »neue Maßstäbe für Italien« durch den »europäischsten Fußball im Land, den modernsten und wirkungsvollsten«. Jedermann rühmte die perfekte Ensembleleistung.

Zum Finale nach Barcelona waren 80 000 Mailänder gereist. Und auch Wien wurde ein Jahr später schwarzrot eingefärbt, Trainer Arrigo Sacchi schickte eine nur auf einer Position geänderte Elf ins Finale gegen Benfica. Das 1:0 war mühevoll. Gullit hatte fast ein Jahr pausiert. Nur

Landsmann Rijkaard, 1988 gekommen, traf.

Doch Milans Oranje-Achse begann zu brechen. Van Basten wurde Dauergast in den Operationssälen. Die eigenwilligen Gullit und Rijkaard zogen frustriert davon. Im Endspiel von 1993 gegen Marseille (0:1) hatte Milan sein Gesicht noch nicht wiedergefunden. Um so strahlender lachte es ein Jahr später in Athen: Der haushohe Favorit FC Barcelona wurde mit 4:0 förmlich zerrieben. Savicevic und Torjäger Massaro waren nie zu bremsen.

Nun feierte die Familie Maldini sogar ihren vierten Europacupgewinn. Was Vater Cesare 1963 vorgemacht hatte, das schaffte Sohn Paolo nun

zum dritten Male. In Italiens Nachwuchself hatte der Papa den Filius auch eine zeitlang trainiert. Vier Weltcups, errungen gegen Südamerikas beste Klubs, zieren des weiteren Milans Trophäensammlung. Auch auf den Popularitätswogen dieses Triumphes zog Berlusconi in den Wahlkampf ums Palais des Regierungschefs in Rom. Er kam hinein, wenn auch nur für Monate. Bruder Paolo wurde der Bestechung überführt, und die Berlusconis gerieten an den Pranger. Schadet das dem AC Mailand? Er ist Krisen gewohnt wie kein anderer. ❏

Große Persönlichkeiten prägten stets Milan: Gianni Rivera (unten), Cesare Maldini und Giovanni Trapattoni (links von oben).

Blonder Pfeil: Alfredo di Stefano

Ohne das Schicksalhafte zu ahnen, hatte Real Madrid die »Millionarios« aus Bogota für den März 1952 zum 50. Geburtstag eingeladen. Es sollte die Gala des »La sueta Rubio« werden, wie die Schlagzeilen Alfredo di Stefano und seine vier Tore feierten. Damit war die Jagd auf den 26jährigen »blonden Pfeil« eröffnet. Und auch auf diesem Terrain gerieten sich Madrid und Barcelona wie gewohnt in die Haare.

Nie wieder haben sich so viele als Besitzer eines Sportlers gefühlt. Denn Argentinien hatte 1949 als Folge eines Generalstreiks den Auszug seiner Nationalelf und von insgesamt 262 Ligakickern in Richtung Kolumbien erlebt. Nach Streikende hatten die Klubs den Profis die Löhne um die Hälfte gekürzt. Kolumbiens Profiliga aber lockte mit doppelten Dollarsummen – und stand zudem außerhalb des Weltverbandes FIFA, war also nicht gezwungen, Ablösesummen zu zahlen. Drei Jahre später waren Versöhnungsbemühungen der FIFA schon im Gange, und deswegen agierten die Spanier zweigleisig. FC Barcelona verhandelte in einem Café von Buenos Aires mit di Stefanos Frau Sara und überwies dem Stammklub River Plate 100 000 Dollar. Real feilschte in Bogota mit Alfredo und steckte den Millionarios als Option 30 000 Dollar zu.

Im Sommer 1953 flog di Stefano auch gen Barcelona. Untätig mußte er aber dort dem Tauziehen zuschauen. Einen »Kompromiß« – ein Jahr hier, eines dort – lehnte er kategorisch ab. Wo auch beginnen? Jeder bestand auf dem Startrecht. Dann zog di Stefano nach Madrid um und versuchte sich in Freund-

Der Argentinier Alfredo di Stefano führte Real Madrid in die europäische Spitze.

schaftsspielen. Und so erlebten 80 000 beim 2:4 gegen Nancy einen rundlich gewordenen, total enttäuschenden »Wunderstürmer«. Im Spott der Zeitungen bekam Barcelona kalte Füße, während der frustrierte di Stefano Sonderschichten einlegte. »Barca« ließ sich die 100 000 Dollar auszahlen, und im November war Real am Ziel. Zwei Tage später kam Barcelona zum Meisterschaftstreffen nach Madrid und schlitterte in ein 0:5. Di Stefano traf allein viermal. Die Katalanen waren einer Posse aufgesessen. Als Real bilanzierte, waren 5,5 Millionen Peseten, eine halbe Million Mark, ausgegeben. Soviel hatte noch kein Fußballer gekostet. Aber die »Königlichen« hatten jenen Mann gewonnen, der Real zur Weltspitze führen sollte, den Strategen wie den Torjäger, das Genie wie den Schwerarbeiter. Taktisch meist mit zwei Gegenspielern bekämpft, wurde di Stefano in Spanien dennoch sechsmal Schützenkönig. Als Kopf und Herz des »weißen Balletts« aber verlangte er auch bedingungslose Unterordnung. Was Berühmtheiten wie Didi (Brasilien), Simonsson (Schweden) oder Kopa (Frankreich) nicht lange neben ihm hielt.

»El Aleman« nannte man ihn auch, »den Deutschen«, wegen seines

Fleißes, seiner Zuverlässigkeit. Was auch sein Verhältnis zu den Journalisten beeinflußte. »Wenn ich verschlossen bin, dann deshalb, weil ich auf dem Spielfeld eine Funktion ausübe. Ich bin ein Professioneller, der sich des Vertrauens der Zuschauer mit ganzer Kraft würdig erweisen muß. Wer viel spricht, irrt oft.« Sein Credo stand im Garten: eine zwei Meter hohe Marmorsäule mit einem Fußball auf der Spitze und der Inschrift »gracias vieja« (»Danke, Alter« oder: »Danke, Fußball«).

Durch ihn hat di Stefano alles erreicht. In den Nationalteams von Argentinien, Kolumbien, Spanien hat er brilliert, wurde in jenen Ländern zehnmal Schützenkönig, traf in 624 Spielen für Real 405mal, wurde in Europa zweimal und in Spanien fünfmal zum »Fußballer des Jahres« gekürt, errang mit drei Klubs zwölf Meistertitel. »Er war einer der komplettesten Fußballer, die ich je gesehen habe«, applaudierte Bundestrainer Sepp Herberger. Aber vor allem Reals Europa-

cupserie mit fünf Pokalgewinnen und di Stefanos 49 Toren in 60 Cupspielen unterstrichen die Einmaligkeit. »Real muß ihm seine absolute Hingabe danken«, applaudierte Reals Klubpräsident Bernabeu. Und in Madrid erhielt die zum Stadion führende Straße seinen Namen: »Calle Alfredo di Stefano«.

Doch auch der Undank machte um ihn keinen Bogen. Als Inter Mailand 1964 in Wien mit 3:1 im Europacupfinale triumphierte, war Bernabeu für di Stefano nicht mehr zu sprechen. Diese Kränkung beantwortete der Star mit sofortigem Rücktritt. Aus den vielen Angeboten wählte der 30jährige das eines Spielertrainers bei Espanol Barcelona. Aus dem Abstiegskandidaten machte er ein Mittelfeldteam – das zudem Real 2:1 bezwang. Die Trainerstationen bis 1988 hießen danach u. a. Boca Juniors Buenos Aires, Argentiniens Nationalteam, FC Valencia – und auch Real Madrid. Diese Aussöhnung waren sich beide schuldig gewesen. ❑

Die Familie di Stefano hat ihr Familienoberhaupt »Don Alfredo« wieder, den im Sommer 1963 venezolanische Rebellen entführt hatten – ohne Ablösesumme …

Der Panther aus Afrika: Eusebio

Die Kinder Lissabons liebten ihn über alles. Auch ihre Väter taten das schon. Der Ruhm des Eusebio Ferreira da Silva erreichte immer dann seinen Gipfel, wenn der des portugiesischen Fußballs gerade mal wieder verblaßte. Und Benfica Lissabon, darum wissend, machte seinen ausgedienten Star Anfang der 80er Jahre auch zum Chef seiner Kinderabteilung. Die Knirpse warteten stets auf dem Parkplatz des »Estadio da Luz«, des »Stadion des Lichtes«, auf ihn. Sie küßten und umhalsten ihn, bevor er sie zum Training rief.

Dabei stand die Wiege des berühmtesten portugiesischen Fußballers gar nicht in Lissabon. Entdeckt und gefördert wurde er von Sporting Lourenco Marques im afrikanischen Mocambique. Als er 18 Jahre alt war, mußte die Kolonie ihn ans »Mutterland« abliefern, für eine geringfügige Summe. So geschah es etlichen »Exoten« vor Eusebio und vielen nach ihm.

Am 2. Mai 1962, in Amsterdam, wurde dieser unvergleichliche Stürmer auch von Europa entdeckt. Drei Tore des Ungarn Ferenc Puskas hatten im Endspiel Real Madrid immer wieder in Führung gebracht. Bis der Tanz des Eusebio begann. Unaufhaltsam stürmte der 20jährige die Festung der »Königlichen« aus Spaniens Metropole. Benfica war zwar Cupverteidiger, aber Reals fünf Cupgewinne wogen für die meisten Propheten viel schwerer. Mit zwei Toren besiegelte Eusebio den Umzug des europäischen Fußball-Machtzentrums an die Atlantikküste. Von Weinkrämpfen geschüttelt, begriff er in all dem Jubel und Trubel selbst am wenigsten, was er da angerichtet hatte.

Am 19. Juli 1966 in Liverpool war der Afrikaner der Inszenator einer

zweiten Götterdämmerung. Portugal stürzte mit 3:1 den Weltmeister Brasilien samt seinem großen Pele und zwang gemeinsam mit Ungarn die Südamerikaner schon nach der Vorrunde zur Heimreise. Eusebio steuerte zwei Tore bei. Dank seiner Explosivität, seiner Spurtkraft und seinem Schußvermögen hatte er erneut einen umwerfenden Auftritt. »Schwarzer Panther« nannte man ihn nun wegen seiner geschmeidigen und eleganten Bewegungen. Dabei nutzte seine überragende Technik weniger dem Team, befähigte ihn mehr zum Vollstrecken. Eusebio war kein Stratege. Er wollte den Erfolg, direkt und selbst. Und damit rettete er Portugal auch vor der Blamage im Viertelfinale, als sich Nordkorea mit einer 3:0-Führung schon in allen Himmeln wähnte. Da explodierte der Vulkan namens Eusebio. Viermal traf er. Portugal siegte 5:3 und wurde schließlich Dritter der WM. Eusebio aber war mit seinen neun Treffern der Torschützenkönig.
Auch Europas Ligen feierten ihn

1968 und 1972 als ihre Nummer 1 nach 42 und 40 Toren. Das waren Traumquoten für alle Nachfolger. Längst riß sich nun alle Welt um Eusebio. Vasco da Gama in Rio bot umgerechnet zwei Millionen Mark, was 1966 auch im Fußball sehr viel Geld war. Aber Benfica baute um sein Juwel vergoldete Gitter in

die anderen boten. Manier von Kolonialherren!
Als diese Fußketten fielen, war Eusebio bereits in Amerika. Denn den 33jährigen wollte Benfica nun auch nicht mehr beschäftigen. So durchkämmte der Afrikaner in New York, Boston, Toronto, Las Vegas die Profiliga nach Dollars. Er kickte in Mexiko und liebäugelte mit Hongkong. Sein Name hatte überall noch einen guten Klang. Kurzzeitig auch Klubmanager in Boston geworden, revanchierte er sich am »Mutterland«, indem er vier Stars von Sporting Lissabon über den Teich lockte. Die bekam er nun preiswert.
Benfica ließ er aus. Dort war seine zweite Heimat, obwohl es ihm nie die Chance bot, das Ligateam zu führen. Fünf Jahre assistierte er den Cheftrainern, von den Fans aber mehr geachtet als in der Suite der Präsidenten. Für die blieb er ein Afrikaner. So wurde Eusebio zwar ein wohlhabender Mann, aber ein sozialer Aufstieg, wie ihn seine Widerparts Pele, Beckenbauer oder

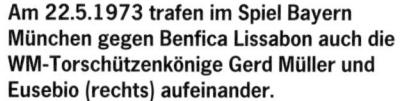

Am 22.5.1973 trafen im Spiel Bayern München gegen Benfica Lissabon auch die WM-Torschützenkönige Gerd Müller und Eusebio (rechts) aufeinander.

Form von überzogenen Ablöseforderungen, zahlte ihm selbst nur eine halbe Million. So blieb Eusebio unter allen Weltstars der am schlechtesten entlohnte. In Portugal war das alles sogar »rechtsgültig«. Selbst bei Vertragsende blieb ein Spieler gebunden, wenn der Verein nur 60 Prozent von dem zahlte, was

Charlton erlebten, blieb ihm verwehrt. Jene kann man sich auch kaum als Leiter von Kinderabteilungen vorstellen. Dem zurückhaltenden Eusebio verschafft es Befriedigung, weil er seine Wurzeln nicht vergessen hat. Das verdient Respekt ❑

Der Gentleman von der Insel: Bobby Charlton

»In Lappland habe ich einen Mann getroffen, der gerade vier Worte Englisch konnte: ›Bobby Charlton number one.‹« So erlebte der Londoner Journalist Michael Parkinson die weltweite Popularität des »Gentleman aus Manchester«. Daß diese Stadt vor ihre Bewerbung um Olympia 2000 den Fußballstar spannte, war verständlich, aber nutzlos. Denn jeder Interviewer beschäftigte sich mehr mit der Karriere des Ballvirtuosen als mit Olympia. Als sich Robert (»Bobby«) Charlton 35jährig von der Bühne verabschiedete, hatte er zwanzig Jahre lang nur für Manchester United gespielt, über 600mal. Der zwei Jahre ältere Bruder John (»Jacky«) Charlton beendete zum gleichen Zeitpunkt seine 22 Jahre dauernde erfolgreiche Laufbahn bei Leeds United. Nur in der National-elf spielten beide zusammen, dirigierten sie aber 1966 zum Weltmeistertitel – Jacky als baumlanger Stopper, Bobby als toremachendes perpetuum mobile.

Einer, der früh mit dem Talent in Berührung kam, war Sir Matt Busby, Uniteds legendärer Boss. »Eines Tages meinte unser Chefbeobachter: ›Schaut das Schülerspiel zwischen England und Schottland an. Ihr werdet was ganz Besonderes erleben!‹ Gemeint war Bobby Charlton. Er spielte Halblinks. Seine temperierten Pässe, sein leichter Lauf, die Harmonie seiner Bewegungen, seine Schüsse – wir brauchten nicht mehr zu sehen.« Der 15jährige stand auf vielen Wunschlisten. Er selbst hatte sich längst entschieden. Matt Busby: »Schüchtern sagte er mir: ›Ich wollte immer nur für United spielen, Mr. Busby.‹« Womit zwei Große des Fußballs ihre Schicksale untrennbar in diesem Klub verbanden.

Benfica Lissabon verlor 1:4 in der Verlängerung, und Charlton traf zweimal. Seine 49 Tore für England sind noch heute Rekord, seine 106 Länderspiele waren es über Jahre hin. Doch über seinem Abgang aus dem Nationalteam lagen wieder Schatten. Mexiko sah im WM-Viertelfinale 1970 zugleich die »Revanche« fürs Endspiel 1966. Als England 2:0 in Front ging, meinte Ramsey, den ausgelaugt wirkenden Charlton fürs Halbfinale schonen zu müssen. Diesmal blies Beckenbauer zur Attacke, und Englands Spielfaden riß. Mit 2:3 nach 120 Minuten flog man raus, in Charltons 106. Auftritt.

Ein Jahr darauf verabschiedete er

Charlton war noch 19, als er zum Cupfinale ins Wembley-Stadion zog. Welch stolze Premiere! Und welche Tragik. United-Torwart Wood verletzte sich schwer. Er mußte hinausgetragen werden, und Mittelfeldas Blanchflower schlüpfte in seinen Sweater. Ersatzspieler gab es nicht. Aston Villa siegte gegen die zehn von United mit 2:1. Wer Manchester war, zeigte der Europacup. Eine mit Nationalspielern und Talenten gespickte Elf spielte sich 1958 ins Halbfinale. Doch der Rückflug von Belgrad wurde zur Tragödie. In der Katastrophe von München starben acht Spieler. Und auch der schwerverletzte Matt Busby lag noch monatelang im Münchner Krankenhaus. Wieder in Manchester, traf er auf einen anderen Charlton: »Das war nicht mehr der scheue Bobby, das war ein reifer Mann.«

Auf dem 20jährigen lag nun auch viel Verantwortung beim Neuaufbau. Englands Klubs, solidarisch gestimmt, hatten gute Reservisten geschickt. Aber AC Mailand war im Halbfinale nicht zu stoppen. Dennoch spielte sich das Team wieder ins englische Cupfinale – und unterlag den Bolton Wanderers. Und um den Kelch zu füllen, wurde auch die WM 58 für Charlton zur Enttäuschung. England blieb sieglos. »Es traf uns beide sehr, daß Bobby trotz aller Nöte in Schweden nicht eingesetzt wurde«, bekannte

Busby. Er wußte, wozu sein Lieblingsschüler fähig war. Auch Sir Alf Ramsey, der spätere Nationaltrainer, erkannte das, als er um Charlton jene Elf aufbaute, die 1966 Weltmeister wurde. »Denn Bobby hat das Talent, den freien Raum zu sehen und ihn mit langen und präzisen Pässen auch zu nutzen. Doch das Publikum liebte ihn vor allem wegen seiner gewaltigen Torschüsse. Und so war er schon Weltklasse, bevor er sich rasiert hat.« So Busbys Analyse. Auch ein hervorragender Franz Beckenbauer als Gegenspieler im WM-Finale mußte schließlich kapitulieren.

Zwei Jahre später stand Manchester auch im Europacup ganz oben.

sich in Manchester – um 1973 wieder in die Stiefel zu schlüpfen, als die United in Abstiegsnöte geriet. Er wurde zum Retter. »Wären wir in die 2. Liga gefallen, hätte ich dort noch eine Saison drangehängt«, bekannte der 36jährige. So war er eben, der Gentleman, der nie vom Platz gestellt wurde. Daß er später einige Jahre die United als Manager betreute, war nahezu selbstverständlich. ❑

WM-Finale 1966: Der direkte Gegenspieler von Bobby Charlton war Franz Beckenbauer (links/Seite 124).

Die Brüder Jacky (links) und Bobby Charlton, dessen Autogramme auch in Deutschland begehrt waren, wurden danach gemeinsam Weltmeister.

Der Kaiser: Franz Beckenbauer

Selten haben sich Journalisten so geirrt, wie es jene Titelzeile der »Süddeutschen Zeitung« verrät: »Der Fall Beckenbauer: Das unrühmliche Ende einer Karriere.« So zu lesen im April 1977, als sein Abgang in Richtung USA Aufsehen erregte. Und weiter: »Franz Beckenbauer nimmt Abschied in einer Art Panikstimmung, nachdem in den letzten Wochen immer mehr in seinem Privatleben herumgeschnüffelt worden war.« Die Boulevardpresse hatte die Beziehungen zu einer Fotografin zum Skandal aufgebläht. Zudem fahndete das Finanzamt nach Steuerschulden.

Unrühmlich wurde es auch, aber nur für alle anderen: Der FC Bayern verabschiedete sich für einige Jahre von allen Titeln, und der amtierende Weltmeister überstand 1978 in Argentinien durch Krankls Austrianer nicht die Zwischenrunde. Letzteres hatte auch DFB-Präsident Neuberger zu verantworten, der vor dem Amerika-Trip die Verabschiedung des Kapitäns verordnete. Also trauerte man bald einem 32jährigen hinterdrein, der als »Kaiser Franz« die New Yorker im Sturm erobert hatte. »Wenn Soccer wie von dem Münchner gespielt wird, ist dieses Spiel sogar sehenswert«, gab die »New York Times« kund und druckte Fußball zum erstenmal auf Seite 1. Und Cosmos New York zählte 77 691 Besucher zur Beckenbauer-Begrüßung, wo zuvor, trotz Pele, nur 12 000 das normale gewesen waren. Das Lächeln der Deutschen über die »Operettenliga« verschwand bald hinter dem Sieben-Millionen-Dollar-Salär.

Dreieinhalb Jahre später überkam

Weltmeister Deutschland erhielt 1974 auch den Fairness-Pokal, und Franz Beckenbauer wurde 1976 »Fußballer des Jahres« (Seite 127 unten).

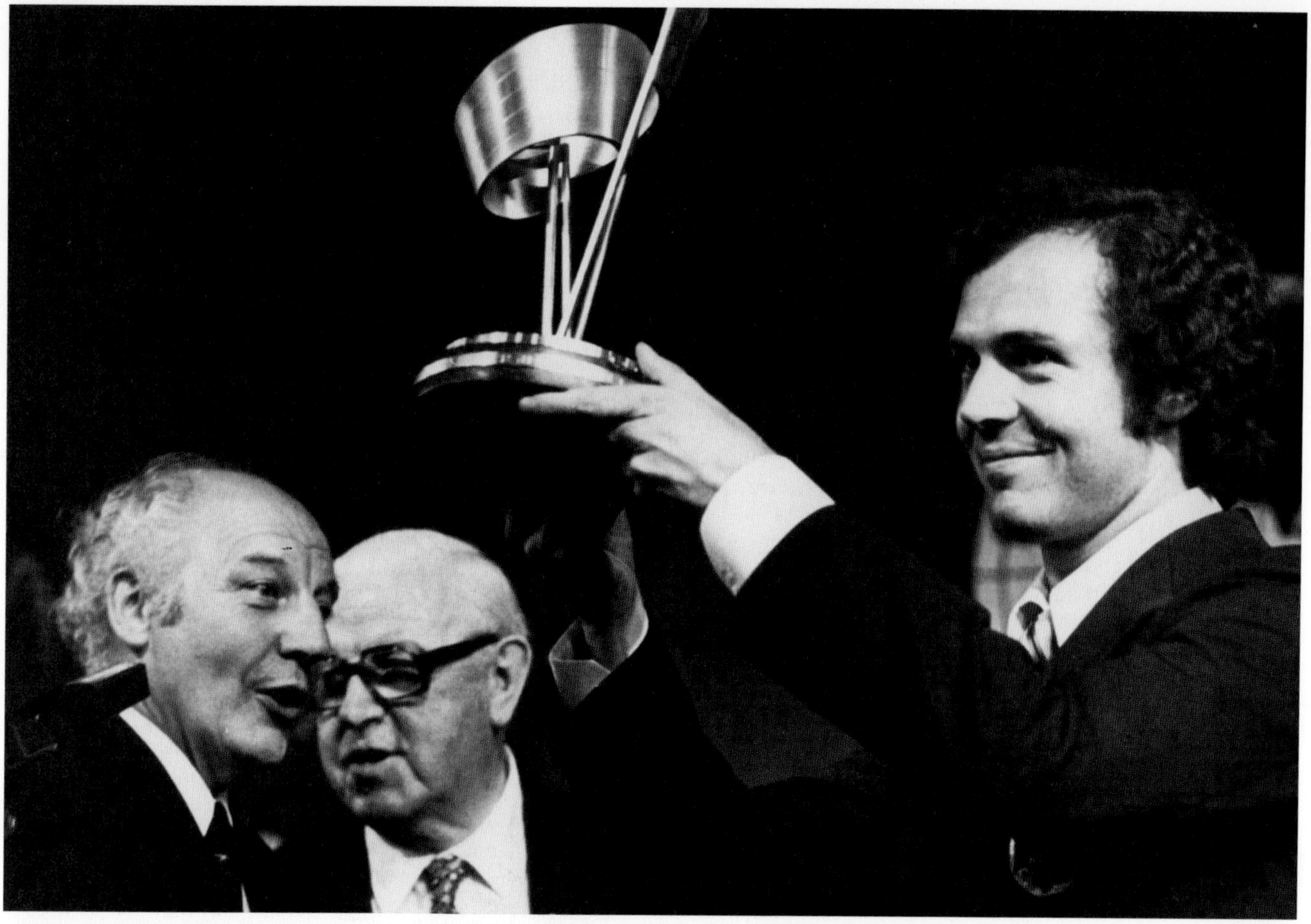

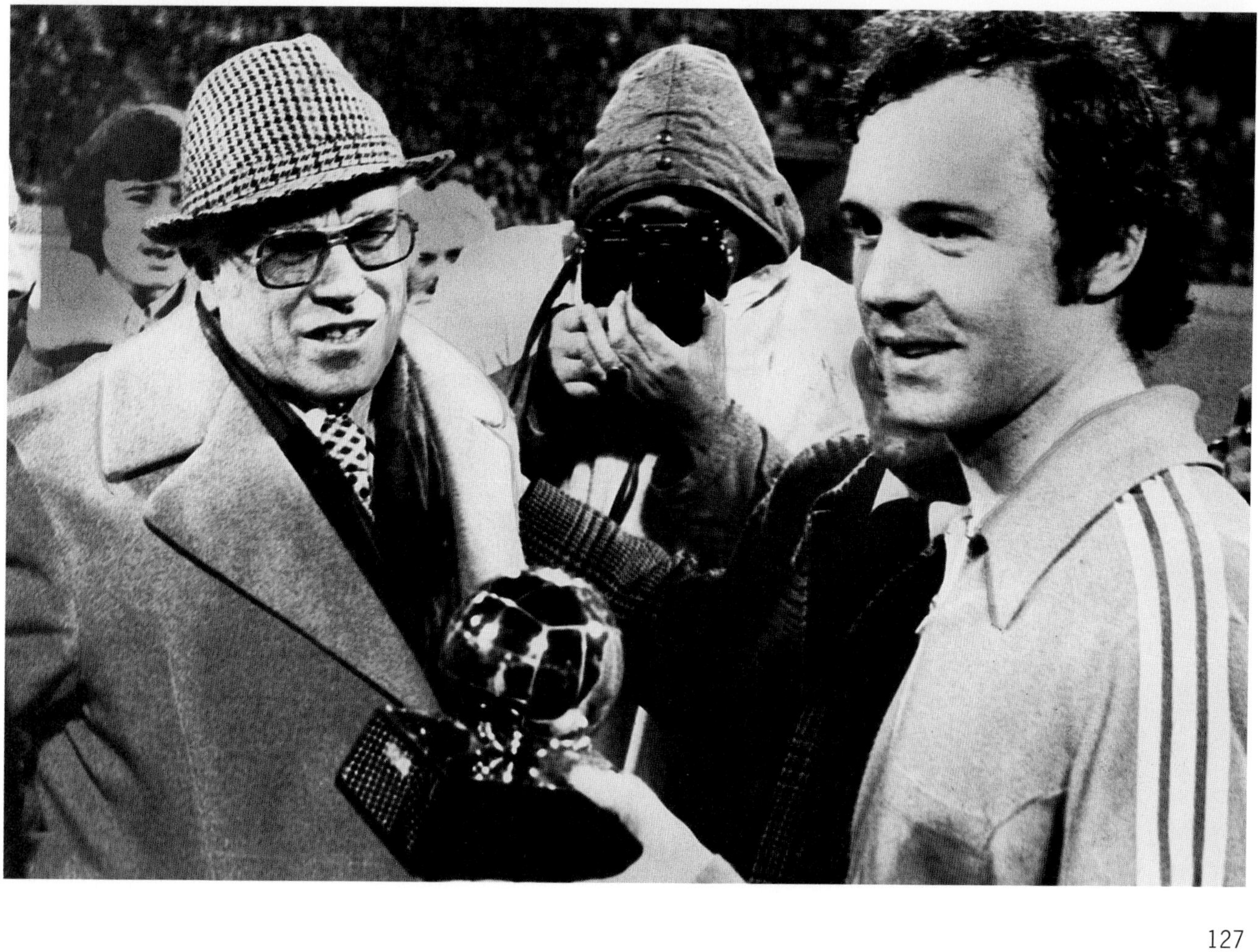

sie wieder das Staunen, als der mittlerweile 35jährige im Blau-Schwarz des Hamburger SV auf dem Stuttgarter Rasen erschien. »Wir waren alle etwas verwirrt, als er nach der Pause kam«, gestand Widerpart Karl-Heinz Förster – und griff nach dem Ball. Elfmeter! Auch wenn Beckenbauer in seinen zwei Waterkant-Jahren durch vielerlei Verletzungen nur auf die halbe Einsatzquote kam, gab er dem Meistertitel von 1982 doch besonderen Glanz. Mit Franz ist immer das Glück.

Hermann Neuberger, längst mit der Einsicht gesegnet, 1977 dem Nationalteam geschadet zu haben, gab ihm nach der Europameisterschaftspleite von 1984 deswegen auch Franz Beckenbauer als »Teamchef« wieder. Die dafür eigentlich nötige Trainerlizenz bekam jener später »honoris causa«. Konnte man dem Trainer eines Weltmeisters diese Ehre verweigern?

»Es gibt keinen, der seine Pflicht vorbildlicher erfüllt als der Franz«, hatte Bayern-Präsident Wilhelm Neudecker 1977 in die Abschiedsdebatten geworfen. An diesen Satz erinnerte man sich, als die anhaltende Erfolglosigkeit des FC Bayern im Winter 1993 nach dem Wundertäter verlangte. Beckenbauer entzog sich weder der Aufforderung noch dem Risiko und beendete die vierjährige Titellosigkeit der Bayern. Was ihm die beglückten Mitglieder fast einstimmig mit der Präsidentenwürde honorierten. All das ereignete sich im Jahre 17 nach dem prophezeiten »unrühmlichen Ende einer Karriere«. Konnte der Sohn eines Postobersekretärs noch höher klettern?

Im Münchner Stadtteil Giesing, dort, wo die Vereinsgelände des FC Bayern und von München 1860

1972 zum zweiten Mal Deutscher Meister: Franz Beckenbauer und Sepp Maier (links/oben).

Stationen im Europacup: Finale 1974 in Brüssel gegen Atletico Madrid. Geführt von Franz Beckenbauer (links) feiert Bayern den ersten Cupgewinn (Mitte).

1976 in Glasgow wird der Hattrick gegen St. Entienne perfekt gemacht. Bayern-Präsident war damals Wilhelm Neudecker (links).

Am 1. Juni 1982 beendet Franz Beckenbauer im Dreß des HSV seine einzigartige
Laufbahn – 103 Länder- und 424 Bundes-
ligaspiele/44 Tore. Nach Fritz Walter (links)
und Uwe Seeler wird er der dritte Ehren-
spielführer der Nationalmannschaft.

nenhaftigkeit, mit einem Mindest-
maß an Unterordnung und einem
Höchstmaß an Spontaneität«.
Womit jener dem »Libero«, also
dem fürs Spontane freien Akteur,
fortan Maßstäbe setzte.

In dieser Rolle scheute er auch das
Grobe nicht. Und als im Juni 1974
der Kurs auf den Weltmeistertitel
durch den 1:0-Sieg der DDR in
Hamburger Nebel geriet, griff er
statt des ziemlich genervten Trai-
ners Helmut Schön in die Speichen.
Beckenbauer diktierte das Weitere
und sonderte die Versager aus. Solche Autorität hatte sich noch keiner seiner berühmten Vorgänger,
ob Fritz Walter oder Uwe Seeler,
angemaßt. Aber die 400 000 WM-
Bücher einer Kaffeefirma mit dem
Beckenbauer-Konterfei auf dem
Einband waren da den Makulatur-
containern auch sehr nahe.

In der Ära des besten deutschen
Nachkriegs-Fußballers bekam der
deutsche Fußball Weltgeltung,
wurde die Auswahl Europameister
und Weltmeister. Der FC Bayern
eroberte mit ihm je vier Europacups, Meisterschalen, DFB-Pokale
und auch den Weltpokal. Vier deutsche Titel (als einziger) und zwei
europäische als »Fußballer des Jahres« sind weitere Edelsteine an der
Krone eines »Kaisers«, in dem man-
che schon den nächsten Präsidenten des Deutschen Fußball-Bundes
sehen. ❏

nur einen halben Kilometer getrennt
sind, ist der Franz am 11. September 1945 geboren worden. Dort hat
er beim SC 1906 auch gekickt und
von den 60ern geträumt. Bis ihm
einer von denen eine »Watsch'n«
haute, woraufhin der 13jährige be-
leidigt zu den Bayern rannte.
Schon vier Jahre später zog er in
deren Erste ein und mit ihr als
Bayern-Meister 1965 in die Bundesliga. Für die deutschen Journalisten
genügte eine Saison, um ihm die
Krone als »Fußballer des Jahres«
darzubieten. Da war er 20 und
paßte so gar nicht ins landläufige
Bild des derben deutschen Fußball-
Arbeiters. Denn nun war auch
ästhetischer Genuß zu erleben:

eine filigrane Leichtigkeit bei der
Behandlung von Ball und Raum, in
dem sich der schlanke Bayer nahezu
tänzelnd bewegte, daß es schon
arrogant wirkte. »Der läuft ja sogar
anders als unsereins«, mäkelte Aus-
wahlkamerad Willi Schulz. Die
Gänge zu Richard Wagner nach
Bayreuth, die Partys der Schicki-
micki, die Opernbälle, der Maß-
schneider in Wien zogen noch andere Trennlinien zum Kickervolke.
Wieviel Schweiß diese Leichtigkeit
kostete, blieb verborgen. Doch das
Talent forderte sich selbst am här-
testen. Was herauskam, nannte der
Tübinger Professor Walter Jens den
»Stil von Versailles«. Denn Beckenbauer spielte »mit Pomp und Lau-

Der perfekte Profi: Johan Cruyff

Der Sohn einer Putzfrau, von der Königin zum Ritter der Ehrenlegion geschlagen; Millionen erspielt, verspekuliert, erneut erstritten; als Erster dreimal zu Europas »Fußballer des Jahres« gewählt; mit vier Bypässen am Herzen dem Leben erhalten – um Johan Cruyff finden sich wahrlich nur geringe Spuren von Normalität.

Als er auf der Bildfläche erschien, war Hollands Fußball eine sehr bescheidene Größe. Zu Hause fuhren die Volkshelden Rad und hatten Kufen statt Stollen unter den Stiefeln, hießen Dijkstra oder Verkerk, Kuiper oder Zoetemelk.

Abseits von den Vierteln der Wohlhabenden hatte die Familie Cruyff einen Gemüseladen. Den mußte die Mutter aufgeben, als der Mann starb. Ihr Johan, gerade zwölf, war da in den Stadionkatakomben von Ajax Amsterdam schon fast zu Hause. Und das noch mehr, als die Mutter dorthin wechselte, um in der Kantine zu putzen. Sooft er konnte, hockte Johan bei den Fußballern, bereit zu kleinen Diensten, Augen und Ohren offen. So erlebte er hautnah Fühlen und Denken von Profis. Geld verdiente er sich mit Zeitungaustragen. Ajax gab den Jungs auch schon zehn Gulden fürs Spiel und den »Lehrlingen« sogar achtzig, samt freier Verpflegung. Mit 13 verließ Johan die Schule und verschmolz mit Ajax. Mit 17 begrüßte die Ehrendivision das schmächtige, drahtige Bürschlein und sah schon zwei Jahre drauf 33 Tore von ihm, was noch keinem Oranje gelang. Ajax und Cruyff, der Schicksalsverbund, sollten sogar Europa regieren. Ab 1971 wurden drei Meistercups in Serie erobert.

Ganz am Anfang meinte der engli-

sche Trainer, das junge Talent müsse erst an die Kraftmaschine. Dabei war der sehnige, zähe Cruyff mit 67 Kilo bei 1,80 m Größe ein Leichtgewicht besonderen Typs, das in höchstem Sprinttempo seine Muskeln und Reaktionen instinktiv mit dem Ball zu verschmelzen wußte. »Cruyff steht gleichwertig neben Pele und Beckenbauer«, applaudierte Hennes Weisweiler. »Denn alle drei prägten als Heroen der letzten 20 Jahre ganze Epochen.« Beim FC Barcelona sollte der Trainer den Holländer aber auch als Despoten kennenlernen. Weisweiler wollte etwas anderes als Cruyff – und mußte gehen.

Als Cruyff 1973 Ajax verließ, dudelte ein Lied »O Johan, laß uns nicht im Stich«. Hollands Elf war der WM-Endrunde so nah wie nie, aber innerlich zerstritten. Cruyff beendete den Zwist und ließ Rinus Michels zum WM-Chef ernennen. Der Schöpfer der großen Ajax-Elf und väterliche Freund war vor ihm nach Barcelona gewechselt. Und beide dirigierten Oranje 1974 bis

ins WM-Finale, in dem dann Beckenbauer und Co. triumphierten.
»Johan ist der perfekteste Spieler,
mit dem ich je arbeitete. Ohne ihn
ist der Fußball ärmer«, gab Michels
kund. Was WM-Mitstreiter Arie
Haan noch erweiterte: »Unsere Generation hat ›Cruyffie‹, dem per-
fektesten Profi, alles zu verdanken.
Er hat nicht nur den holländischen
Fußball revolutioniert, sondern
auch die Funktionärsmentalität
verändert. Wir ernten heute täglich,
was er durchsetzte.« Für Cruyff
selbst agierte darin ein gerissener
Schwiegervater, der den Namen
durch Werbung für Schuhe, Wäsche,
Autos, Bücher, Cognac, Kosmetik,
Limonade vergoldete.

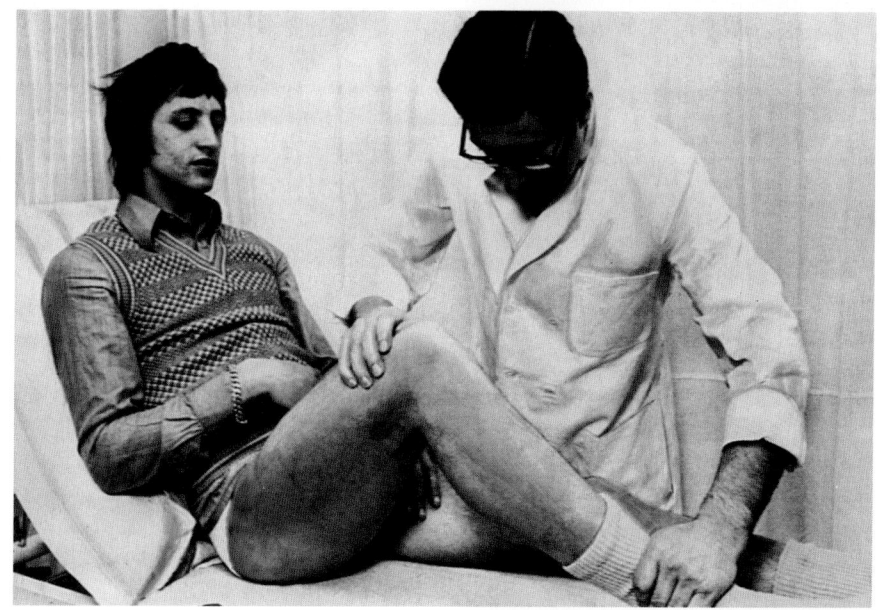

wieder weich. Doch der Raubbau
an sich selbst, besonders der unge-
hemmte Zigarrengenuß, brachte
ihn in Lebensgefahr. Nur ärztliche
Kunst rettete ihn vor dem Herzstill-
stand. Doch als heutiger Trainer
vom FC Barcelona, ständig auf der
Jagd nach dem Optimalen, lebt
Cruyff weiter mit hohem Risiko. ❏

Der »Virtuose« Johan Cruyff und einige
seiner Wegbegleiter: Ehefrau Will (oben),
Physiotherapeut Salo Muller (Mitte) sowie
Trainer Hennes Weisweiler und Johan
Neeskens (rechts) beim FC Barcelona.

Nur einmal hat sich Cruyff total
verrechnet. Als Barcelona und
Liverpool für sein Abschiedsspiel
im Ajax-Dreß absagten, holte er
1978 Bayern München nach Amsterdam. 200 000 wollten das sehen,
doch »nur« 63 000 erlebten entsetzt
ein 0:8-Debakel. »Müßt ihr nur so
schnell rennen?« beklagte sich ein
untrainierter Heros bei den Deutschen. Die Millioneneinnahme
schenkte er krebskranken Kindern.
»Viele, denen ich zu nahe trat, warten aufs Zurückschlagen, wenn ich
eine Schwäche zeige. Das will ich
mir ersparen«, kündigte er 31jährig
seinen Abgang an. Aber als Cosmos
New York ihm für ein Jahr zwei Millionen Dollar hinhielt, wurde Cruyff

Der geniale Künstler: Michel Platini

»Ich habe keine Freude mehr am Fußball. Deshalb höre ich auf.« Für einen 31jährigen Fußballstar, der auf dem Gipfel seines Könnens stand, war das eine ungewöhnliche Begründung. Doch Michel Platini meinte es im Juni 1987 ernst damit. Auch zwei Jahre nach der Brüsseler Katastrophe war sein Spaß am Spiel noch vom Entsetzen überschattet. »Für diesen Triumph im Cup der Meister hatte ich alles getan und von ihm alles erhofft. Aber hinterher fühlte ich nur noch Trauer.« Mit seinem Elfmetertor hatte Platini Italiens 20fachen Rekordmeister Juventus Turin gegen den FC Liverpool an jenem 29. Mai 1985 auch in Europa zur Nummer 1 gemacht. Doch vor dem Treffen hatte der Überfall der englischen Hooligans auf die Tifosi aus Turin zu einer fürchterlichen Panik mit 39 Toten und Hunderten von Verletzten geführt. Auch Platini war in den Krankenhäusern, um den Opfern seine Bestürzung zu bekunden und sie wieder aufzurichten.

Das »Adieu« oder »Ciao« auf den Sonderseiten der Zeitungen in Frankreich wie Italien galt einem Mann, den beide Nationen zu ihren Größten zählten. Nach dem Ersten Weltkrieg hatte Michels italienischer Großvater im lothringischen Kolenpott Arbeit gefunden. Dort wurde auch der Enkel geboren, nach italienischem Recht ein Anwärter auf sofortige Staatsbürgerschaft. In jenen Regionen sicherte nur harte Arbeit das Überleben. Michel lernte es früh. In Nancy blühte dann sein Talent auf, in St. Etienne bekam es internationale Reife. »In jener Stadt haben die Spieler keine Daseinsberechtigung, außer als Fußball-Arbeiter«, charakterisierte der frühere Auswahltrainer Stefan Kovacs den französischen Rekordmeister (10mal). »Typisch französisch ist das nicht. Die Spieler selbst sind aber bereit, sich der Vorstellung vom Leben anzupassen: harte Arbeit, Anstrengung und Kampf.«

Auch charakterlich so geformt, konnte Platini ab 1982 bei Juventus Turin sein Genie entfalten. »Ich habe auf dem Feld eine Vision von dem, was in wenigen Sekunden passieren muß, die weit über dem Vorstellungsvermögen der anderen liegt.« So lautet seine Selbstbeschreibung. Die Pariser Zeitung »Liberation« formulierte es drastisch: »Das fehlende Fleisch auf den Knochen glich er mit dem Kopf aus.« Platini führte Juventus nicht nur an

Ein Genie, das auch kämpfen konnte, so im Endspiel 1985, das er mit seinem Tor für Juventus Turin entschied: Michel Platini (oben im Zweikampf mit Kenny Dalglish).

die Spitze des Meistercups, sondern auch die »Equipe tricolore« auf eine noch nicht erlebte Leistungshöhe. WM-Vierter ’82, Europameister ’84, WM-Dritter ’86 – da konnte Staatspräsident Mitterrand nur zu den höchsten Weihen greifen und das Bergarbeiterkind zum »Ritter der Ehrenlegion« erheben. Und

Europas Journalisten meinten 1983, 84 und 85, daß nur Platini des Titels »Fußballer des Jahres« würdig sei, ein »Hattrick«, den niemand wiederholen konnte. »Es waren fünf wundervolle Jahre in Turin«, bekannte der so Geehrte. »Auch wenn ich auf Frankreichs und Italiens Feldern gleichermaßen

hart attackiert wurde, so gibt es doch große Unterschiede, in der Mentalität wie in den psychologischen Anforderungen. Der Druck von draußen wurde viel größer. Und wenn in Frankreich das 3:3 das normale ist, dann in Italien das 0:0. Dabei ist es mir ja am liebsten, nach vorn entweichen und Tore schießen zu können.« Es waren 106 in 224 Spielen für »Juve«.

Giovanni Agnelli, der Fiat-Boß und Juventus-Mäzen, wurde Platini ein väterlicher Freund. »Michel hat so viel für Juventus geleistet, daß er selbst bestimmen kann, wann er aufhört.« In den fünf knochenfressenden Ligajahren hatte Platini nur dreimal gefehlt. Doch als es soweit war, klagte Agnelli: »Ein großer Künstler verläßt uns. Er war halb Manolete, der große spanische Torero, halb Nurejew, der Tänzer. Grazie, Platini.«

Eine eigene Teleserie am Sender Monte Carlo wurde zur zweiten, das alljährliche Sommerlager mit 1500 Fußballschülern zur dritten Bühne des Michel Platini. Sein Ausflug ins Trainergeschäft brachte Frankreich jedoch nicht zur WM 94 in die USA. Nun ist er der Kopf aller Organisatoren, die seine Heimat für die WM 1998 präparieren. Eine neue große Herausforderung. ❏

Der bunte Paradiesvogel: Ruud Gullit

Für die Heilung eines Fußballers aus einem anderen Klub hatten die Tifosi von Inter Mailand in den Kirchen noch nie Kerzen angezündet. 1989 taten sie es für Ruud Gullit. Ihn wünschten sie sich selbst mit dem Makel des schwarz-roten Jerseys von AC Mailand auf den Rasen zurück. Und die Ärzte flickten dem Holländer das zerfetzte Knie wieder zusammen. Im Europacupfinale gegen Steaua Bukarest war es passiert, nachdem Gullit zwei Tore zum 4:0 beigesteuert hatte. Es folgten zwölf Monate voller Zweifel und Ungewißheiten. Das nächste EC-Finale kam, diesmal gegen Benfica Lissabon, und auch die »Wiedergeburt« des Ruud Gullit. »Obwohl er

noch nicht in Bestform sein konnte, gab er uns doch viel moralischen Rückhalt«, applaudierte Landsmann Marco van Basten nach dem 1:0-Sieg.
1987 hatte sich der Medien-Multi und Besitzer von »Milan«, Silvio Berlusconi, die beiden geangelt, van Basten von Ajax Amsterdam, Gullit von PSV Eindhoven. Erster hatte sich von Ajax mit dem 1:0-Siegtor im Cupfinale der Cupsieger gegen den 1. FC Lok Leipzig verabschiedet, der andere von PSV mit der Rekordablöse von umgerechnet 18,2 Millionen Mark. Soviel hatten Italiener noch nie für einen Star von jenseits der Alpen ausgegeben. Und bei Ajax ärgerte man sich gewaltig, weil man den jungen Gullit einst abgewiesen hatte.
Selbst im »tolerantesten Land der Welt« (so Gullit) hatte er anfangs Zurücksetzungen verwinden müssen. Auch die formten ihn. Mit seinen gedrehten Locken, den »dreadlocks«, bekannte sich der in Amsterdam geborene Sohn eines Fußballers aus Suriname und einer

Holländerin zu seiner Herkunft. Ruud Gil hieß er. Später nahm er den Namen seines Vaters an. Sein Äußeres war den rassisch und politisch Unterdrückten auf Jamaika nachempfunden. Über »Radio Freedom«, einem vor der Küste ankernden Piratensender, wandte er sich »gegen alle Formen von Unfreiheit und Apartheid, weil die mir zutiefst zuwider sind«. Er sang zudem in der Reggae-Band »Revelation Time« (Offenbarungszeit) und kletterte damit sogar in die holländische Top Ten.
Das alles begleitete den phänomenalen sportlichen Aufstieg. 16jährig debütierte Gullit bei DWS Amsterdam in der Ehrendivision, an seinem 19. Geburtstag im Nationalteam, als 21jähriger wurde er mit Feyenoord Rotterdam Meister und Pokalsieger, mit 23 war er der teuerste Kicker Europas, mit 25 der Kapitän des Europameisters Holland und auch Europas »Fußballer des Jahres«. Daß er diesen Titel damals dem in Südafrika noch eingekerkerten Nelson Mandela

widmete, fand weltweite Beachtung.

Da aber lag ihm auch Italien längst zu Füßen. Dabei paßte der Paradiesvogel so gar nicht ins Klischee der Profis. Seine Kleidung war provozierend leger, sein Auftreten frisch, freimütig und freundlich. Mit seiner Familie bezog er auch keine Villa am Comer See, sondern ein Mietshaus, »weil ich unter Leuten sein will«. Bald liefen die Milan-Fans mit gedrehten Rasta-Locken herum, die an den schwarz-roten Mützen geheftet waren. Denn mit Gullit und van Basten, der Torfabrik, erhob sich der AC Mailand so hoch wie noch nie über die Konkurrenz. »Gullit ist der kompletteste Fußballer, den ich je gesehen habe«, war auch Franz Beckenbauer überzeugt.

Gullit, der Riese von 1,86 m, geriet in rauhere Luft, als Verletzungsserien seine Form drosselten. Das mehrte im Reiche des politisch anders denkenden und agierenden Berlusconi auch die Kritiker. Ihnen entwich Gullit nach Genua, zu Sampdoria, weil es in der Hafenstadt unkomplizierter zuging. Um die großen 80er Jahre zu erzwingen, kaufte ihn Milan im Sommer 1994 wieder zurück. »Doch in Genua hatte ich mehr Freiheiten«, klagte Gullit bald. »Dort spielte die Mannschaft für mich, und deswegen schoß ich auch 15 Tore. Bei Milan bin ich als ›Brecher‹ falsch einge-

setzt.« Und Ende 94 schüttelte er Mailands Staub wieder von den Füßen, zog zurück nach Genua. Eine Ära war unwiederbringlich zu Ende. Daß er in Holland so populär blieb wie eh und je, nutzte die Weltfirma Philips mit einem Werbevertrag bis zum 60. Lebensjahr! Der bringt ihm 1,4 Millionen Mark pro Jahr. So eine Rente hatte noch keiner. ❏

Ruud Gullit – nicht nur ein großer Fußballstar, sondern auch ein engagierter Streiter gegen jede Form von Rassismus. So übergibt er den »Goldenen Ball« als »Europas Fußballer des Jahres 1987« an ANC-Führer Nelson Mandela, heute Präsident der Republik Südafrika.

Deutsch-deutsche Wellenbäder

»Nicht ausgetragen« steht bei 1974 in der Statistik des Supercups mit den Europacupsiegern der Meister und Pokalgewinner. FC Bayern München und 1. FC Magdeburg hießen sie, und diese deutsche Parallelität gab es nur einmal. Volle Stadien und hohe Fernseh- wie Werbeeinnahmen waren garantiert. Doch auf Befehl der Sportführung in Ost-Berlin mußte der 1. FC Magdeburg absagen. Was war für jene schon das viele Geld gegenüber dem unkalkulierbaren sportlichen wie politischen Risiko? Der Lostopf dachte da anders und paarte wenige Monate später Meister mit Meister, München mit Magdeburg. Doch auf dieser Cupebene hatte es im Spätherbst 1973 schon die Premiere gegeben: Bayern kontra Dynamo Dresden. Die Sachsen hatten zuvor verblüfft, als sie Juventus Turin mit 2:0/2:3 hinauskomplimentierten. Der DDR-Fußball schwebte sowieso auf Wolken, weil er sich in jenen Wochen endlich einmal für eine Weltmeisterschaft, ausgerechnet für die in der Bundesrepublik Deutschland 1974, qualifizieren konnte. Keiner ahnte, daß beide deutsche Staaten bald in eine WM-Gruppe gelost werden würden. Hatte mancher Münchner von Dresden jenen vielzitierten »Roboterfußball« erwartet, so verbreitete sich bald Staunen im Olympiastadion. Wer hätte vor der Begegnung eine Analyse für möglich gehalten, wie sie die »Abendzeitung« traf? »Alle Trümpfe lagen bei dem überraschend starken Dynamo-Team: die geschicktere Spielanlage, das bessere Spiel ohne Ball, die weitaus schnellere Überbrückung des Mittelfeldes.« Aus einem 1:2 machte Dynamo bis zur Pause ein 3:2, nutzte dann glasklare Chancen nicht und wurde noch 4:3 abgefan-

gen. Die Torschützen hießen Hoffmann, Dürnberger, Roth und Müller sowie Sachse (2), Heidler.
»Es machte Riesenspaß, die Bayern in unsere Fallen zu locken«, freute sich Dynamo-Kapitän Frank Ganzera, nicht ahnend, daß Bayern mit gleicher Münze zurückzahlen würde. In Dresden lauerte man darauf, daß sich Libero Dörner übermütig in den Angriff wagen würde. Zweimal rannte so der pfeilschnelle Uli Hoeneß dem ungesichert gebliebenen Eduard Geyer schon in der 11. und 13. Minute davon. Dieses 0:2 konnten die lauf- und spielfreudigen Dresdner durch Wätzlich, Schade, Häfner noch in ein 3:2 umkehren. Doch Müller verhalf eine weitere Deckungsblöße zum 3:3. Die Clevereren waren weiter.
Müllers enormer Torinstinkt rettete auch ein Jahr später den Favoriten, nachdem die Magdeburger in München zur Pause souverän 2:0 geführt hatten. Auch Sparwasser, zuvor Schütze des legendären 1:0 bei der WM in Hamburg, hatte getroffen. Je zwei Müller-Tore in München (samt Selbsttor des FCM) zum 3:2 sowie zum 2:1 in Magdeburg gestalteten das Weiterkommen klarer als gegen Dresden. Mancher sah es als gelungene »WM-Revanche«.
Nicht nur die Frankfurter FAZ aber entdeckte dabei wieder das Bild »von den häßlichen Bayern«. Was denen egal schien. Schon in Dresden waren sie erst unmittelbar vorm Spiel aufgetaucht, hatten in Hof auch für die Presse überraschend Nachtquartier gemacht und das Dresdner Hotel verschmäht. Hunderte Bayern-Fans davor waren tief enttäuscht. Den Antrag, vorm Magdeburg-Auftritt in Braunschweig übernachten zu dürfen, hatte die UEFA abgelehnt. Statt dessen dinierte nun das Bayern- Team vorm Hotel im eignen Bus hinter zugezogenen Gardinen. Vergiftungsängste? Erst der Hohn und Spott in allen deutschen Medien veranlaßte eine Sinnesänderung. Den DDR-Oberen, die Sympathiekundgebungen fürchteten, spielte das alles nur in die Karten.
In Berlin nahm der Hamburger SV im September 1982 Anlauf zum späteren Europacupgewinn. Geführt von Ernst Happel, nutzte er die eklatante Heimschwäche des BFC Dynamo mit 1:1. Dieser hatte zuvor schon Teilerfolge in Nottingham und bei Aston Villa zu Hause stets wieder verspielt. Riediger und Milewski waren in Berlin und dann Hartwig sowie Hrubesch die Schützen des in Hamburg erwarteten 2:0. Die Flügelläufe von Manfred Kaltz samt Flanken auf Hrubesch, das Kopfball-»Ungeheuer«, waren unwiderstehlich.
Von »eklatanten Blamagen« aber sprachen die Trainer Bogs und Rehhagel nach den Partien von 1988 zwischen BFC Dynamo und Werder Bremen. Otto Rehhagel war zuerst dran. Die Thom, Rohde, Reich und Doll hatten mit Bratseth, Votava, Riedle Katz und Maus gespielt und dem armen Reck im Tor ein 3:0 verpaßt. Ex-Bundeskanzler Willy Brandt sah konsterniert zu, während Stasi-Chef Erich Mielke sich einige Sitze weiter nicht zu lassen wußte.
Doch die Torflut kam erst noch. Das Lied vom »Wunder an der Weser« sangen Zuschauer und Spieler, als ein entnervter, verängstigter BFC mit sage und schreibe 5:0 hinauskatapultiert war. Bedauern nur für Rudwaleit im Tor. Thom und Doll waren die Schwächsten. Nach dem Pausen-1:0 durch Kutzop vollzogen Hermann, Burgsmüller, Riedle binnen 15 Minuten den Rauswurf. Schaafs 5:0 in der 90. Minute leitete gleich in die Triumphrunden über. Für Manager Willi Lemke war doch noch »die Schmach von Berlin getilgt«. ❏

Der FC Bayern München in Dresden: Uli Hoeneß entscheidet zweimal das Sprintduell gegen den Sachsen Eduard Geyer (Seite 136/137 rechts) für sich und erzielt zwei Tore. Vor dem Spiel – hier ein packender »Dreikampf« von Hansen und Hoffmann mit dem Dresdner Riedel (Mitte) – warteten die Fans vergeblich vor dem Hotel auf die Bayern. Vopos »schützten« ein leeres Hotel.

In Magdeburg trafen sich zwei Cupsieger: der 1. FC Magdeburg mit Kapitän Manfred Zapf (links) und der FC Bayern mit Franz Beckenbauer. Besonderer »Fürsorge« der Münchner erfreute sich Jürgen Sparwasser, Torschütze beim WM-Spiel in Hamburg, hier beim Freistoß.

Zweimal BFC Dynamo im deutsch-deutschen Duell: Jimmy Hartwig (rechts) vom Hamburger SV (Seite 141 oben) erzielt 1983 im Heimspiel das vorentscheidende 1:0.

1988 setzte sich Werder Bremen nach einem 0:3 zu Hause mit 5:0 gegen die Ost-Berliner durch – in der Szene (Seite 141 unten) foult Burkhard Reich (heute beim Karlsruher SC) den Bremer Günter Hermann (rechts).

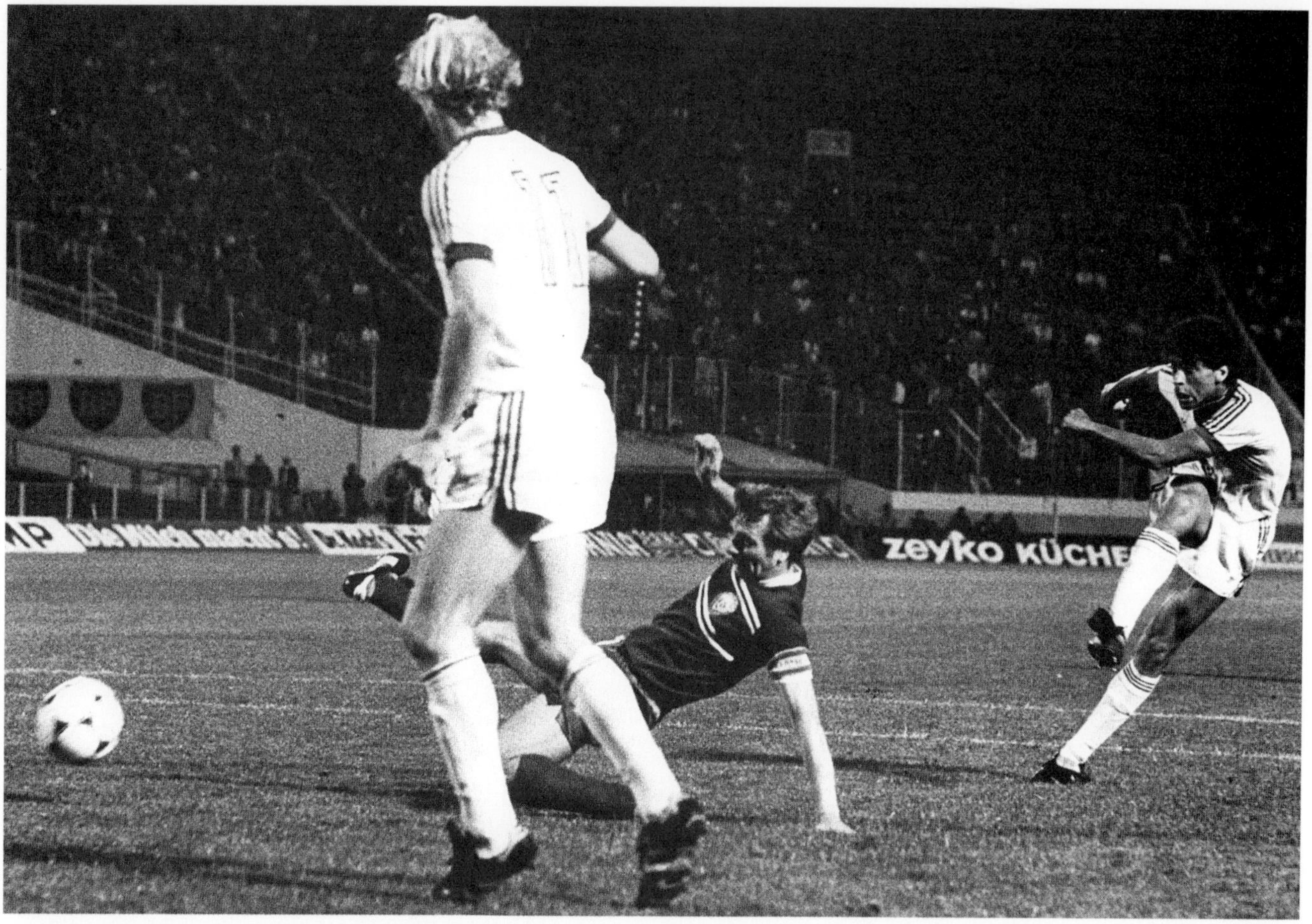
zeyko KÜCHE

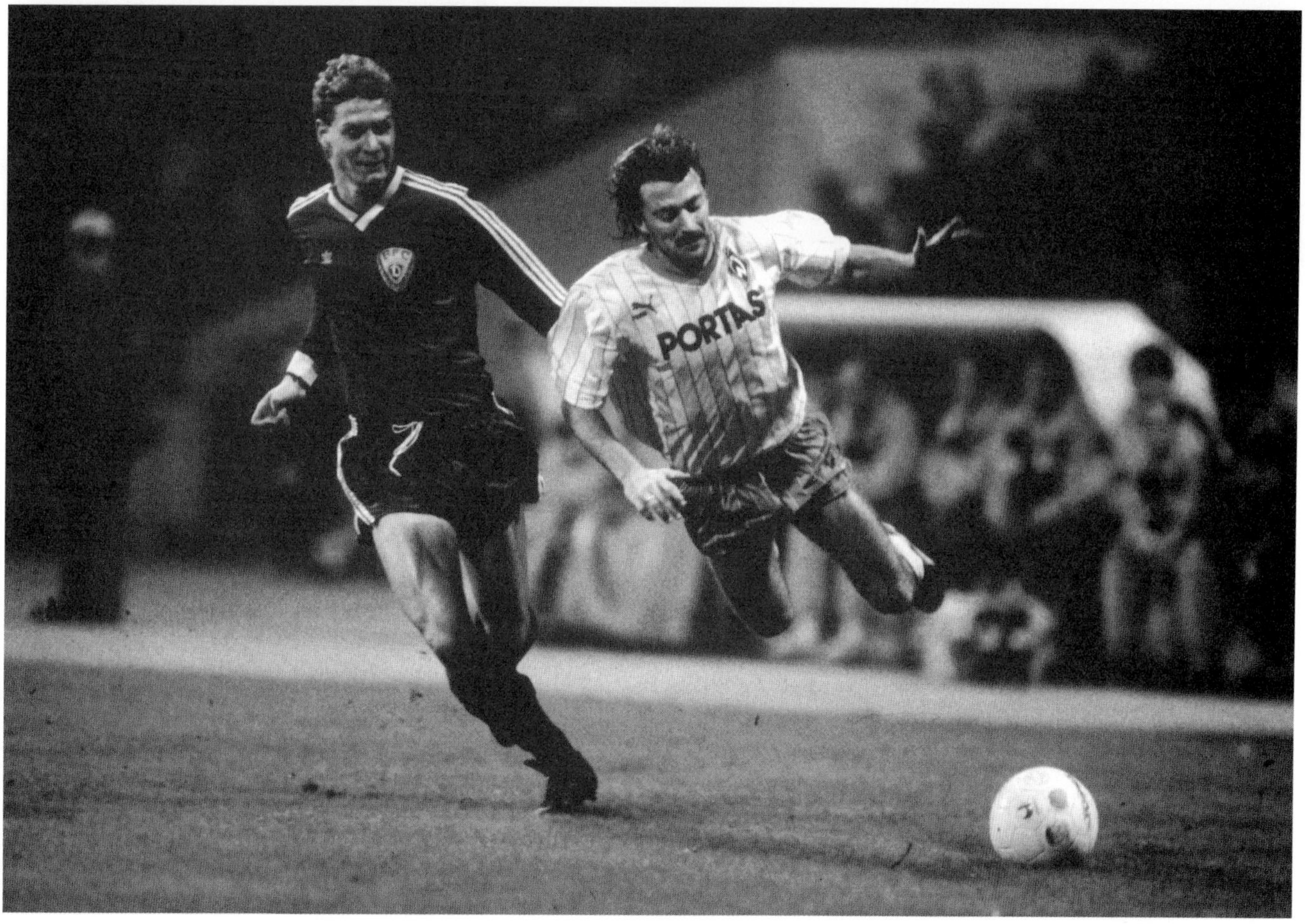
PORTAS

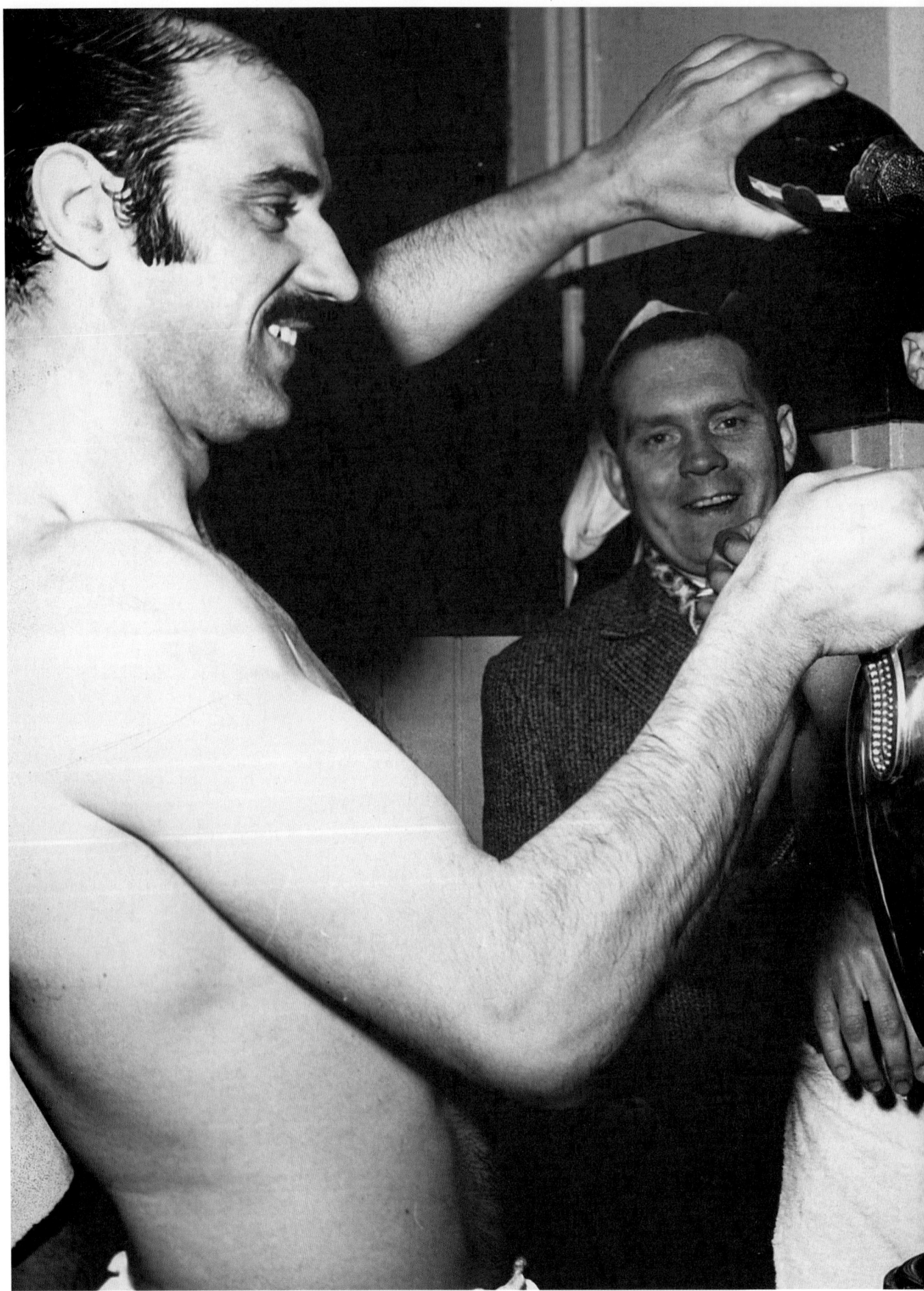

Benfica: Bestes gab's billig

Es erregte Aufsehen, als Mario Esteves Coluna Mitte der 80er Jahre nach Portugal zurückkehrte. Sein Heimatland Mocambique hatte ihn als Botschafter ins einstige Mutterland entsandt. Der Diplomat hatte für Portugal Fußballruhm in 16 Jahren Großes vollbracht. Vor allem auf Coluna – zu deutsch: die Säule – hatte sich der Aufstieg in die Weltspitze gestützt, der in Benficas zwei Europacup-Triumphen und WM-Rang 3 in England 1966 gipfelte. Als sich Mocambique die Unabhängigkeit erkämpft hatte, war Coluna 1975 zurückgekehrt. Der populäre Mann arbeitete in der Sportleitung, wurde Trainer, gründete eine Fußballschule. Denn Talente gab es in Fülle. Durch den »Acto Colonial«, mit dem der langjährige Diktator Salazar das »ewige Recht« auf Kolonien propagierte, hatte sich einst Portugal den Zugriff gesichert. Und die Klubs in Lissabon und Porto hatten das weidlich genutzt. Auch Mario Coluna wurde 18jährig bei Benfica eingegliedert, so wie später seine Landsleute Eusebio und Costa Pereira oder die Angolaner Santana, Aguas, Cavem. Bestes gab's billig. Und mit ihnen stieg Benfica 1961 wie Phönix aus der Asche. Denn in den ersten fünf Europacupserien hatte Portugals Fußball nur einmal die erste Runde überstanden.

Bis dahin konnten afrikanische Fußball-Diamanten aus Algerien, Marokko, Mali ihren Wert vor allem in Frankreich nachweisen. Ben Barek aus Casablanca wurde in der »Equipe tricolore« der Berühmteste. Doch so umwerfend wie mit Benfica hatten die Dunkelhäutigen aus dem Süden noch nie aufgespielt. Der Ungar Bela Guttmann, ein Trainer-Weltenbummler zwischen Wien und Sao Paulo, ver-

Nach dem 5:3-Europacup-Endspielsieg
gegen Real Madrid am 15. Mai 1962 pro-
bierte Benfica Stopper Germano, wieviele
Flaschen Champagner den Pott füllen
(Seite 142/143).

Der ungarische Trainer Bela Gutman
(oben links) führte Benfica zu den ersten
großen internationalen Erfolgen.

Die portugiesische Meistermannschaft
eroberte den Cup 1961 und 1962.
Zu den herausragenden Stützen zählten
Links-außen Simoes und der Abwehrhühne
Germano (rechts/Seite 145).

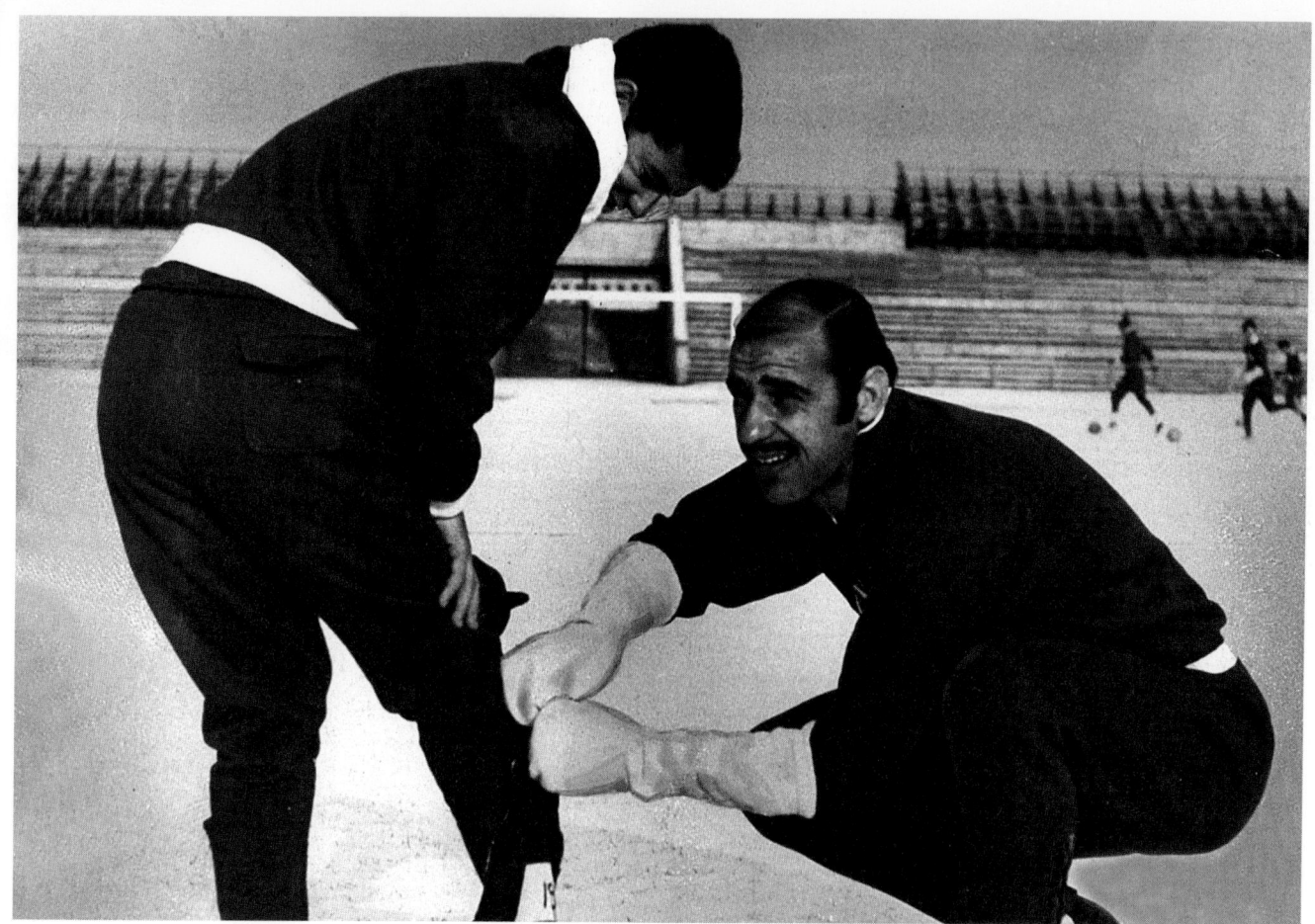

stand es, sie in drei Jahren, ab 1959, mit den besten Portugiesen, wie dem Stopper-Riesen Germano, den wieselflinken Flügelstürmer Augusto und Simoes, zu einem iberischen »Wunderteam« zu vereinen. Und an dem scheiterte im Finale von 1961 in Bern zuerst der 10:1-Buchmacher-Favorit FC Barcelona und ein Jahr darauf in Amsterdam auch das noch immer große Real Madrid mit 3:5. Eusebio (2), Aguas, Coluna und Cavem teilten sich die Tore – ein afrikanisches Festival. Portugal und Fußball? Das überraschte Europa reagierte anfangs mit Extremen. In Ostberlin wurde sofort die halbe Mannschaft samt Trainer ausgewechselt, als die DDR in einem Europameisterschaftsspiel 0:2 unterlag. In Wien hielt man Rapids 0:3 von Lissabon für einen korrigierbaren Ausrutscher. So blies die Lokalpresse zum »Sturm auf Benfica«. Doch als es zwei Minuten vor Schluß noch immer 1:1 stand, stürmten die einen Elfmeter fordernden Zuschauer den Platz. Die Lissaboner wurden verprügelt

und mit Lynchjustiz bedroht. Die Polizei mußte ein demoliertes Stadion räumen. Der Europacup hatte seinen ersten Skandal. Benfica aber war im Finale.
Im Jahr danach wurden die Afrikaner in Nürnberg vom ersten Schnee ihres Lebens erschreckt. Völlig verunsichert schlitterten sie in ein 1:3, das sie aber vierzehn Tage später mit 6:0 überzeugend tilgten. Die schlau gewordenen Wiener hatten zuvor beim 1:1/1:5 ihrer Austria endlich Fassung bewahrt.
Nach dem ersten Endspielsieg in Bern hatte das Benfica-Präsidium dem Drängen von Trainer Guttmann nachgegeben und erstmals mit den Spielern feste Verträge und Bezüge vereinbart. Das war auch nötig, weil jene nun überall begehrt wurden. Und Austria Wien kaufte sich 1962 auch Torjäger Aguas. Bela Guttmann, der zu Penarol Montevideo wechselte, machte dem Chilenen Fernando Riera Platz. Dieser propagierte zwar auch ungebremste Offensive, aber Aguas' Abgang, der langwierige Ausfall von

Germano und nötige Umgruppierungen veränderten Benfica. Dennoch erreichte es ohne Niederlage gegen IFK Norrköping, Dukla Prag und Feyenoord das dritte Endspiel. Dort war AC Mailand mit dem großartigen Brasilianer Altafini, der bei der WM '58 noch Mazzola hieß, der Gegner. Altafini traf zweimal, Eusebio einmal – Benfica war erstmals »nur« Zweiter. Das sollte es später noch viermal erleben. Doch Fernando Riera mußte Lissabon wieder verlassen.
Benfica konnte nach dem 25. Europacup-Auftritt 14 Siege, sechs Remis und nur fünf Niederlagen bilanzieren. Von den 60:30 Toren hatte allein Aguas 18 erzielt, vor Augusto und Eusebio (je 11) und Coluna (8). Doch nur ein Akteur war in allen 25 Spielen auf dem Rasen: Mario Esteves Coluna, der Diplomat in spe. ❏

Inter & Juve: Warten auf Götterspeise

Auch in Künstler- und Literaten-
cafés können Fußballvereine zur
Welt gebracht werden. So gesche-
hen im Mailänder »Orlogio« am
9. März 1908. »Ambrosiana« nann-
ten die Väter ihren Säugling. Denn
»Ambrosia« hatte Homer als Göt-
terspeise geschildert, die unsterblich mache. Der Wunsch, nicht mit
einem Gourmetlokal verwechselt
zu werden, fügte 1937 noch ein
»Internazionale« hinzu. Und dieses
blieb nach dem Krieg allein übrig.
Zu essen gab es sowieso nur wenig.
Ein Fußball aus solcher Küche verspricht Geschmack und Phantasie.
Die Mitte der sechziger Jahre aber
steht als karge »Spaghetti-Phase« in
den Annalen. In Europa ging der
»Catenaccio« um, jener angeket-
tete Fußball, der seine erste Auf-
gabe darin sah, den des Kontrahen-
ten zu zerstören. Bei Inter Mailand
entwickelte der argentinische
Trainer Helenio Herrera (»Sklaven-
treiber« genannt) sein Credo zur
mannschaftlichen Perfektion, daß
nämlich »ein 0:0 der halbe Sieg«
sei, und »ein Tor von uns muß der
ganze sein«.

Auf zum fröhlichen Mauern! Hinter
die Verteidiger-Viererkette stellte
er seinen »Libero«, den freien Mann
fürs Freifegen des Strafraums.
Armando Picchi wurde ein Sauber-
mann, den viele Länder kopierten.
Und weil Inter damit so erfolgreich
war, wurde Fußball vielerorts zur
Schlafpille. Denn wer schon hatte
für die Attacke dann auch solche
Sprinter wie den Verteidiger
Facchetti, der in Italiens 4x100-m-
Staffel gelaufen war, wie den
Brasilianer Jair, wie den wendigen
Mazzola. Der Spanier Suarez insze-
nierte meisterhaft die Konter.

**Das Aufgebot von Juventus Turin 1983
mit Trainer Trapattoni (Mitte links).**

In den beiden Jahren seiner Europacup-Triumphe kassierte Inter nie mehr als fünf Tore und setzte 15 und 16 dagegen. Wer wie Borussia Dortmund diesem Inter-Catenaccio ein 2:2 abrang oder wie Liverpool gar einen 3:1-Sieg, der wurde dann im Mailänder Glutofen geschmolzen. Er dient Inter und AC gleichermaßen und ist nach dem 1979 verstorbenen Giuseppe Meazza benannt. Dieser stürmte 1934 und 1938 in der Weltmeisterelf und sogar nacheinander für AC und Inter, ohne Schaden zu nehmen. Viel mehr ist es nicht, was die Rivalen verbindet. Im Mai 1967 verkündete Italiens Schiedsrichterchef, man habe Beweise, daß »Unparteiische« in Diensten von Inter stünden. Die angekündigte Untersuchung verlief im Sande. Auch jeder Europacup-Referee durfte sich auf die berühmte goldene Inter-Uhr freuen. Der vorsichtige Leipziger Rudi Glöckner handelte unüblich, als er bat, damit bis nach dem Spiel zu warten. Er tut es noch heute. Inter gewann nicht ...

Celtic Glasgows furioser Angriff zersägte 1967 auch Inters Catenaccio, und Europa atmete auf. Nach dem 1:2 im Endspiel erhielten dann Trainer Herrera und auch sein Spezialist Picchi den Laufpaß. 1984 übernahm Ernesto Pellegrini Inters Präsidententeam. Seine Fertiggerichte für Betriebe, Krankenhäuser, Schulen sorgen pro Tag für umgerechnet eine halbe Million Mark an Umsatz. Die Millionen, mit denen er seinen Auftrag »Inter muß zurück in die Aristokratie des Weltfußballs« unterfütterte, lockten auch die Deutschen an. Rummenigge, Matthäus, Brehme, Klinsmann, Sammer schlüpften ins Blau-Schwarz. Aber Titel erntete Inter nur im UEFA-Cup. Nach elf Jahren hatte Pellegrini genug. Was wird sein Nachfolger erzwingen? Nicht zu erklären ist hingegen, wodurch »la fidanzata Italia«, der Liebling Italiens, drei Jahrzehnte am großen Cupgewinn vorbeilief, obwohl er da 13mal Meister wurde. Juventus Turin hat in allen Regionen und auch in Übersee so viele Fans wie keiner: 600 000 einge-

schriebene in 1200 Fanklubs. Deswegen verdient »Juve« sogar auf
Reisen. Denn in Italien erhält jeder
Verein, der mehr anlockt, als sonst
im Durchschnitt kommen, vom
Finanzplus zwanzig Prozent. Wahre
Völkerwanderungen begleiteten
Juve zu den Finals gegen Ajax Amsterdam (1973) und Hamburger SV
(1983). Doch erst war die Generation der Bettega, Causio noch zu
»grün«, ragten die Altstars Altafini
(35) und Haller (34) noch zu sehr
heraus, dann wurden sechs amtierende Weltmeister samt Platini von
der Favoritenrolle erdrückt.
Die 0:1-Minimalquote konnte erst
1985 im dritten Anlauf, gegen Liverpool, umgedreht werden. Doch
nach dem Unheil von Brüssel fühlten sich alle Beteiligten als Verlierer.
Dieses Finale hätte gar nicht ange-
pfiffen werden dürfen.
So muß die Fiat-Dynastie der
Agnellis, die seit 1927 diesen Klub
regiert, weiter aufs Siegel warten,
das sie auch im Fußball zum Hoch-
adel Europas macht. Nur in diesem
Klub bekommen die Präsidenten
vom Besitzer Gehalt. Vielleicht
dämpft das die Risikobereitschaft.
Gianni Agnelli begrüßte Michel Platini mit dem Auftrag: »Ich habe Sie
engagiert, damit Sie mir den Europacup bringen.« Ein roter Ferrari als
Geschenk sollte den Franzosen stets
daran erinnern. Nach drei Jahren
erfüllte Platini seine »Pflicht«, aber
mehr konnte es nicht sein. ❏

Einer der Juve-Stars: Paolo Rossi,
WM-Torschützenkönig 1982 (Seite 148).

Mit dem Spanier Luis Suarez (oben) kam
Inters große Zeit mit zwei Europacupsiegen
in Folge. In Wien wurde am 27. Mai 1964
Real Madrid mit 3:1 besiegt. Corso, Picchi,
Mazzola und Suarez auf der Ehrenrunde
(von links).

Gladbach und der HSV: Italomania

Auch eine leere Coca-Cola-Dose hat schon Geschichte geschrieben. Sie traf 1971 den Mailänder Stürmer Boninsegna in Kopfnähe und streckte ihn nieder. Die »Scala« am Bökelberg? Der Tatort war das Mönchengladbacher Stadion, wo die Borussia bereits 2:1 führte. Torschütze Boninsegna wurde hinausgetragen und in der 30. Minute von Ghio ersetzt. Bei Halbzeit habe er »noch bewußtlos in der Kabine gelegen«, wie UEFA-Beobachter Sir Matt Busby aus Manchester im Protokoll vermerkte. Den »Schwerverletzten« in ein Krankenhaus zu bringen, lehnte Inter kategorisch ab. Auf dem Rasen aber steigerten sich Hennes Weisweilers »Fohlen« in ein Furioso, über das auch Busby schwärmte: »Gegen diese Mannschaft hätte heute niemand auf der Welt gewonnen. Das war Fußball in höchster Perfektion.« Heynckes, Netzer, Le Fevre (je 2 Tore) und Sieloff vollendeten ein 7:1, von dem aber das deutsche Fußballvolk nichts erlebte, weil sich das Fernsehen weigerte, auch noch läppische 6000 Mark an Mehrwertsteuer zu übernehmen.

Neun Tage qualvollen Wartens folgten. Wie würde die UEFA-Disziplinarkommission unter dem Schweizer Dr. Zorzi entscheiden? Freudenkundgebungen in Mailand, tiefe Depressionen in Gladbach verrieten es: Das 7:1 wurde annulliert und ein drittes Spiel angeordnet. In der Hysterie des Rückspiels in Mailand hielten sich die Borussen mit 2:4 noch achtbar. Aber in Berlin scheiterten sie, stürmisch von 84 000 vorwärts getrieben, mit 0:0 am erprobten Inter-Abwehrbollwerk.

Daß die Gladbacher mit ihrem umwerfenden Angriffsfußball später viel erfolgreicher waren, wird immer

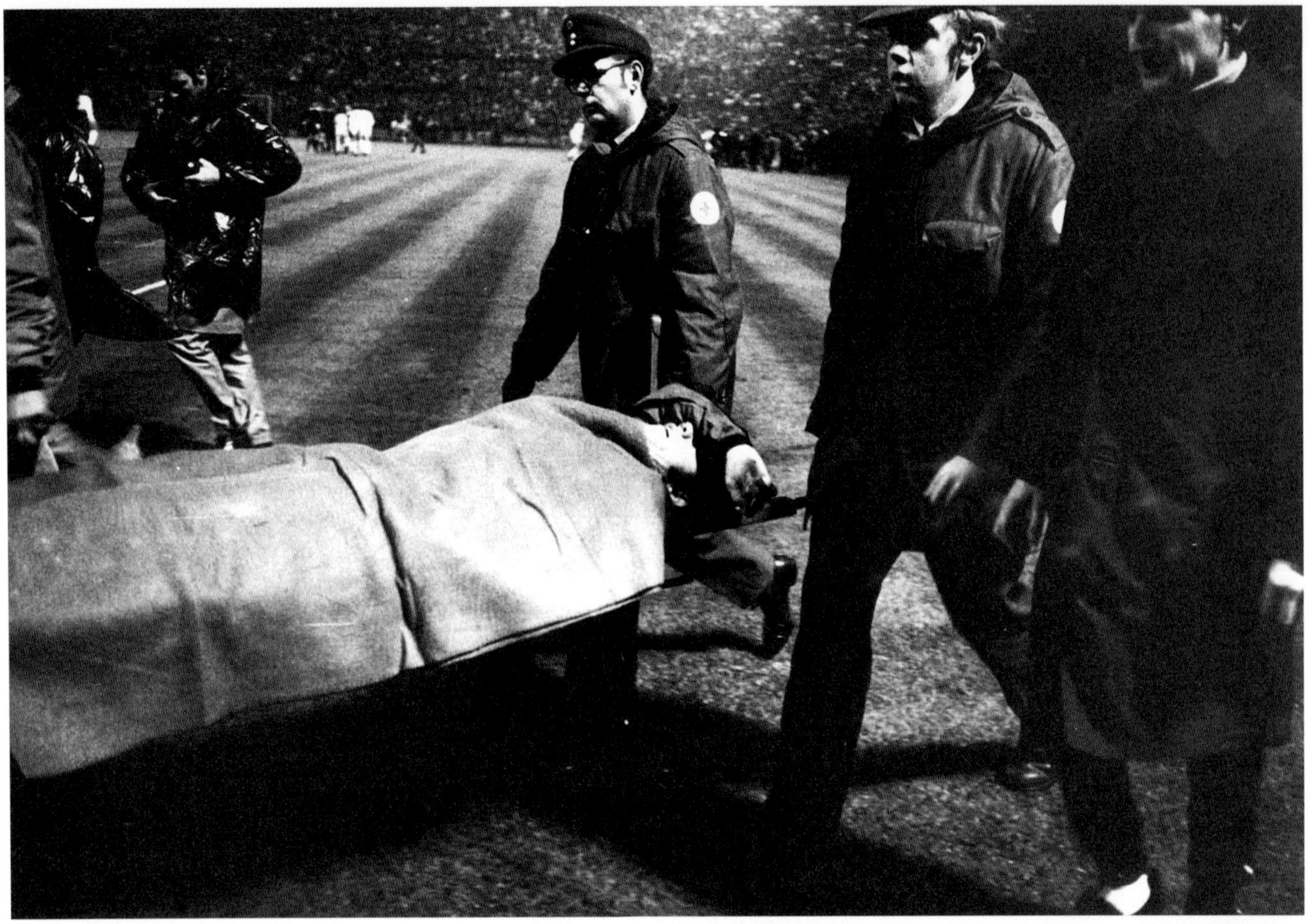

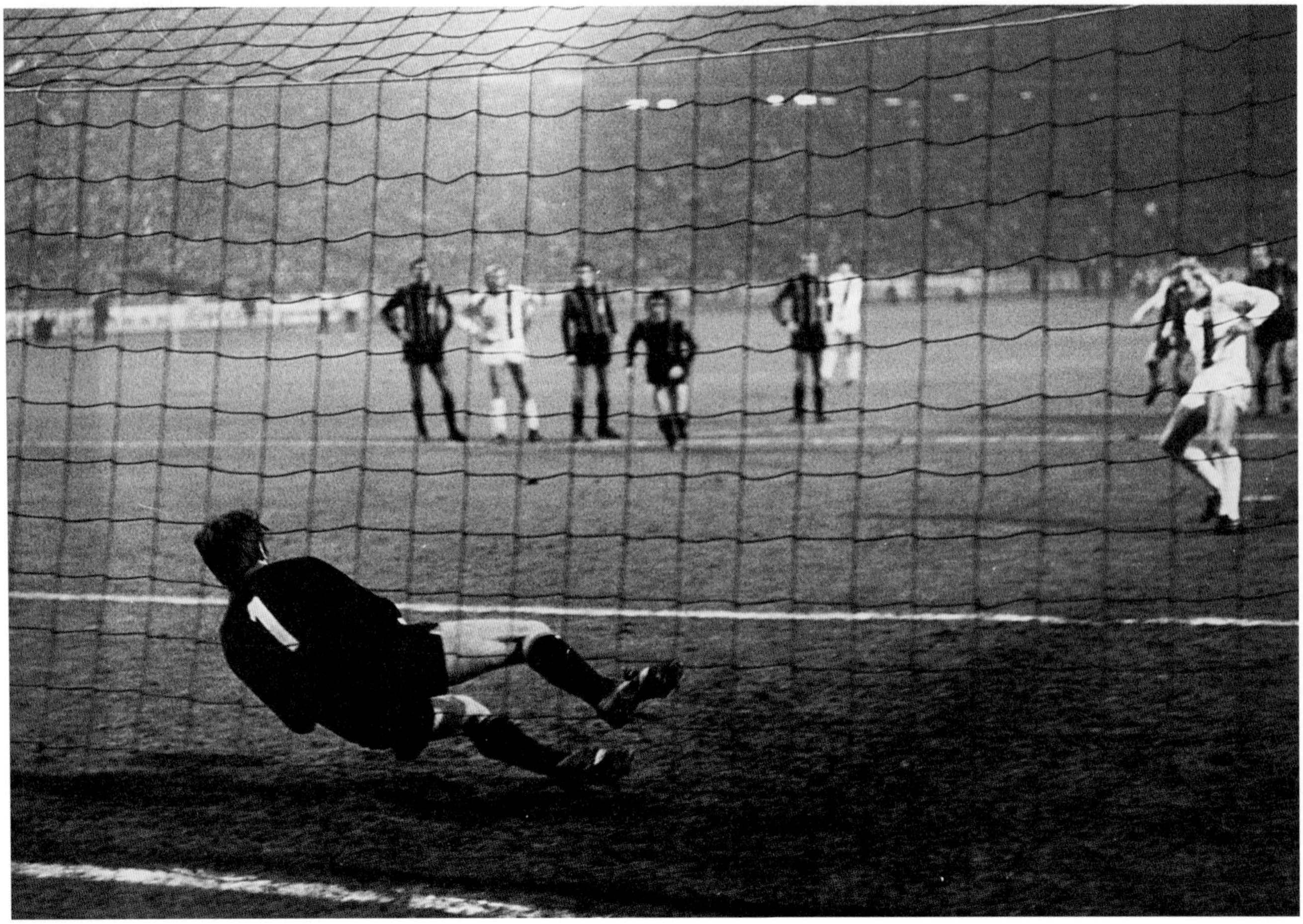

Athen erlebte am 25. Mai 1983 den größten Erfolg in der Vereinsgeschichte des Hamburger SV: Juventus Turin wurde mit 1:0 besiegt. Die Akteure – in der ersten Reihe Dietmar Jakobs, Horst Hrubesch und Manfred Kaltz (von links) – wußten es gebührend zu feiern (Seite 150/151).

Diese Momentaufnahme ging in die Fußballgeschichte ein: Inter-Stürmer Boninsegna wird von einer Cola-Dose am Kopf getroffen und muß vom Platz getragen werden (Seite 152 oben).

Später wird der 7:1-Sieg der Gladbacher annulliert. Beim Wiederholungsspiel im Berliner Olympiastadion, das 0:0 endet, hält Inter-Torwart Bordon einen Elfmeter von Klaus-Dieter Sieloff (Seite 152 unten).

wieder vom Büchsenwurf am Bökelberg verdrängt. Eine Geschichte ohne Ende. 1975 schieden sie als absolut Gleichwertige mit 2:2/1:1, gegen Real Madrid im Viertelfinale aus. 1977 wurden sie vom FC Liverpool erst im Finale von Rom mit 1:3 gestoppt. Und 1978 waren es die gleichen Briten, die das Aus im Halbfinale mit 1:2/3:0 verhängten. Wie die 70er Jahre vom Borussen-Glanz geprägt waren, konnten so »nur« die UEFA-Cup-Gewinne von 1975 und 1979 beweisen. In jenem Jahr 1979 war nach 19 Jahren der Hamburger SV mit Trainer Branco Zebec wieder Meister geworden. Daß er aber deswegen zweimal ins Madrider Bernabeu-Stadion reisen mußte, löste wenig Begeisterung aus. Zuerst hatten die Keegan, Kaltz, Hrubesch, Magath 0:2 gegen Real verloren, aber das in Hamburg noch mit einem fulminanten 5:1 überbieten können. Doch im Endspiel stand ihnen in Madrid nun ein höchst nüchtern agierendes Nottingham Forest gegenüber. »Angesichts des hohen Hamburger Tempos zweifelte ich manchmal. Aber so taktisch diszipliniert spielte mein Team auch noch nie«, atmete Forest-Trainer Brian Clough auf. Robertson gelang das 1:0, und Peter Shilton im Tor hielt danach alles. Wer aber war schon dieser HSV gegen das strahlende Juventus Turin, als Athen 1983 zum Endspiel

rief? 40 000 Tifosi auf den Rängen ließen 6000 Hamburgern akustisch keine Chance. 30 000 Mark konnte HSV-Manager Günter Netzer jedem als Prämie bieten. Fiat-Boß Agnelli vervierfachte das mit seinen umgerechnet 115 000 Mark samt lukrativen Sachprämien. Sechs Weltmeister von 1982 (Zoff, Scirea, Gentile, Cabrini, Tardelli und Rossi) verbreiteten ganz besonderen Glanz, der vom Franzosen Platini und vom Polen Boniek noch verstärkt wurde. Die Hamburger konnten nur mit den WM-Verlierern Kaltz und Hrubesch gegenhalten. Und außerdem lag Cupverteidiger Aston Villa besiegt am Wege der Juventus. Doch Ernst Happel, der Trainer-

fuchs aus Wien, schneiderte eine Taktik, die auf der rechten Seite alles dicht an dicht drängte und auf der linken die Räume öffnete. Juve-Trainer Trapattoni reagierte nicht, als der HSV dort ständig hineinstieß. Schon nach neun Minuten jagte Felix Magath dem Schlußmann Dino Zoff einen Ball unter den Balken und wurde zum großen Regisseur. »Damit habe ich mich für alles entschädigt, was mir in der Nationalelf mißlang«, gestand er später. Als der brutale Gentile dem Dänen Bàstrup mit einem nichtbestraften Faustschlag einen doppelten Kieferbruch zufügte, sprang der junge Thomas von Heesen mutig in die Bresche.

Die Beobachter vom »Sport« (Zürich) sahen »den Triumph eines klaren Konzepts über elf führungslose Einzelspieler, von denen jeder Fußball nach eigenen Vorstellungen spielte. Zielstrebigkeit siegte über Filigran, Disziplin über extremen Individualismus.«
In Italiens Presse aber brach das Wehklagen aus. »Juventus hat ganz Italien verraten. Magath löscht die Schwarz-Weißen wie billige Kerzen aus.« (Gazzetto dello Sport) »Es war eine griechische Tragödie, mit dem Sonnenuntergang Platinis.« (Tutto Sport) »40 000 reisten nach Athen, um Halbgötter stürzen zu sehen.« (Corriere dello Sport) ❏

Drei Stars der Gladbacher Fohlen-Elf: Hans-Hubert Vogts, Günther Netzer und Jupp Heynckes (von links). Für die Borussia absolvierte das Trio zusammen 932 Spiele und schoß dabei 310 Tore.

Manchester United: Immer am Anfang

Die konservativen Fußballväter in England haben stets erst einmal »no« zu allem Neuen gesagt, das ihnen der Kontinent anbot. Sie fehlten bei der Geburt der Weltmeisterschaft, der Europameisterschaft und auch des Europacups. Die Wolverhampton Wanderers waren dazu eingeladen. Matt Busby, Chef von Manchester United, ärgerte der greisenhafte Starrsinn seiner Liga-Bosse. Im aufgeschlosseneren Dachverband suchte er Verbündete, und so kickte seine United ab 1956 auch mit. England hatte schließlich zu beweisen, tatsächlich die beste Liga zu haben.

Ein 10:0 gegen RSC Anderlecht erregte auch gleich Aufsehen. Und Cup-Souverän Real Madrid mußte im Halbfinale kräftig rudern, um mit 3:1/2:2 im Strom zu bleiben. Die »Busby Babies«, jung und dynamisch, kamen als Meister gleich wieder und trugen viele Erwartungen. In Belgrad war das Halbfinale erreicht worden, als der Zwischenstopp in München zur Katastrophe führte. Am 2. Februar 1958 zerschellte ihr Flugzeug beim Start. Eis blockierte die Tragflächen. 19 Tote waren zu beklagen, acht Spieler (darunter die WM-Kandidaten Edwards, Byrne, Taylor, Pegg), acht Journalisten und drei Klubangestellte. Das United-Team gab es nicht mehr.

»Gebt mir zehn Jahre Zeit, ein neues aufzubauen«, forderte Matt Busby, selbst schwer verletzt. Er sollte aufs Jahr Wort halten. Als die nächste Generation 1968 im Londoner Wembley-Stadion Benfica Lissabon 4:1 besiegt hatte, sanken sich drei gestandene Männer weinend in die Arme: Busby, sein Kapitän Bobby Charlton und der 36jährige Bill Foulkes. Die Erinnerungen hatten sie, die Überlebenden von München,

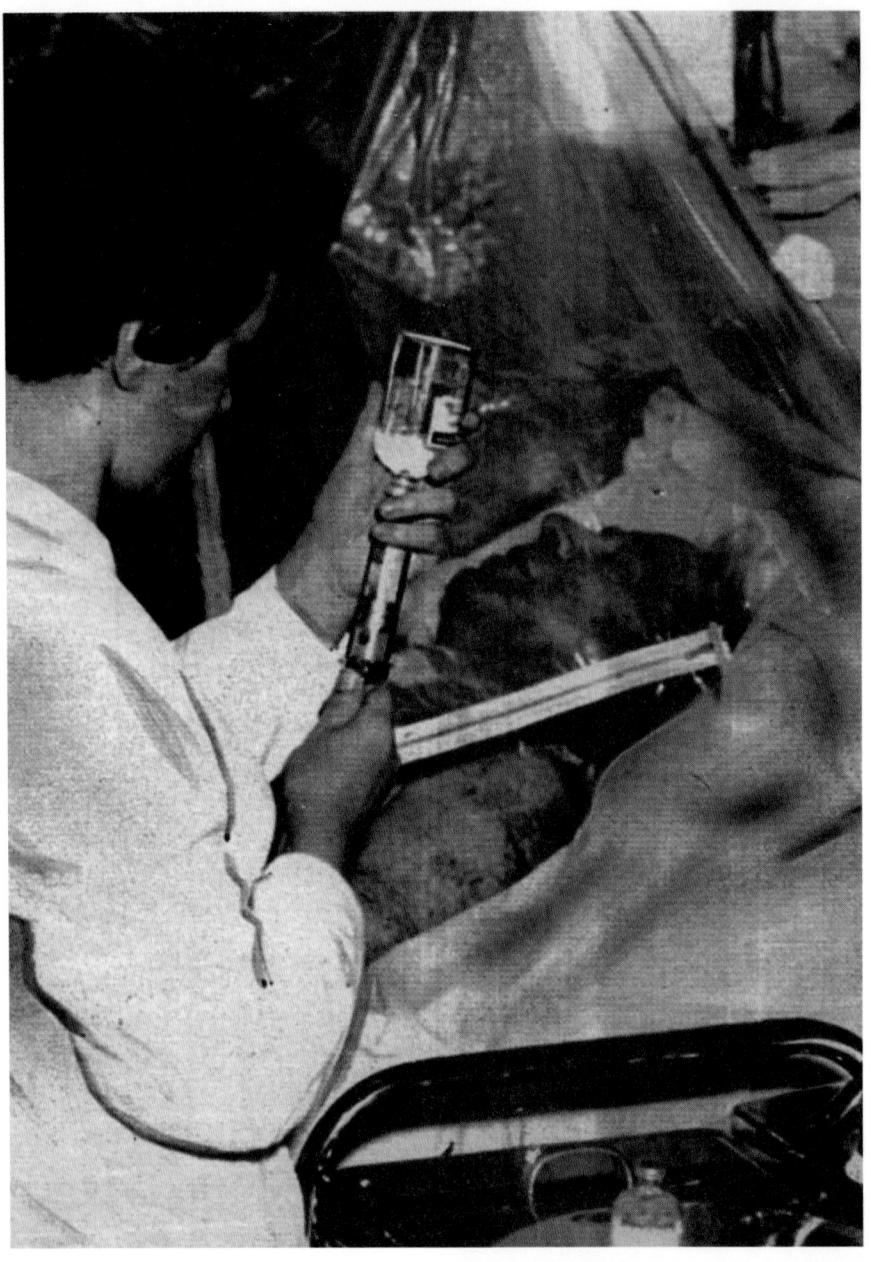

den gefürchteten Inter-Catenaccio in die Historie verwiesen. In Glasgow bildeten 250 000 ein Jubelspalier in die Stadt. Denn Celtic feierte gerade auch 80. Geburtstag. Und nun kam Manchester, geführt von Matt Busby, wieder einem Schotten ...

In den Respekt des Kontinents für die Briten aber mischte sich mehr und mehr auch Entsetzen. Die Hooligans kamen mit über den Kanal. Im Gefolge von Glasgow Rangers wüteten sie in Barcelona, von Tottenham Hotspur in Rotterdam, von Manchester United in Belgien, von Westham United in Madrid usw. usf. »Gewalttätigkeit und Vandalismus werden zum Symptom unserer kranken Gesellschaft«, warnte der englische Trainer Walter Winterbottom. »Die meisten sind zwischen 16 und 23, arbeitslos und ohne Zukunft. Mit dem Fußball betäuben sie sich und ihren Frust über die Hoffnungslosigkeit.«

Zum Europacupfinale 1975 rollten die Rowdys aus Leeds in schon zerschlagenen Waggons in Paris ein. Die übelsten Täter waren bereits vor Dover aus dem Zug gewiesen worden. Nach dem 2:0-Sieg des FC Bayern in einem ruppigen Spiel demolierten sie Stadion und Umfeld, machten aus Plastiksitzen gefährliche Wurfgeschosse. Es gab 33 Verletzte. Leeds United wurde für zwei Jahre aus dem Europacup ausgeschlossen.

Manchester United vor der Flugzeugkatastrophe von 1958: Zu den Überlebenden gehörten Bobby Charlton (oben Dritter von links) und Manager Matt Busby (unten Mitte – Seite 154/155). Die Verletzten wurden in der Münchner Klinik »Rechts der Isar« aufopferungsvoll gepflegt. Erst zehn Wochen nach dem Unglück konnte sich Matt Busby (oben unterm Sauerstoffzelt) von Chefarzt Professor Georg Maurer gesund verabschieden.

überwältigt. Matt Busby wurde von der Königin geadelt. Im Jahr darauf gab er die Trainerbürde weiter. Für Old England gab's nur einen Makel: Die Schotten, und ausgerechnet die Katholiken von Celtic Glasgow, waren früher da. Mit 18:5 Toren waren sie durch den Jahrgang 66/67 gefegt und hatten sogar

Der englische Verband sperrte nun immer öfter seine »Fans« von Auswärtsspielen des Nationalteams aus. Die Klubs weigerten sich, dergleichen auch zu tun. Und so begleiteten 1984 zehntausend den FC Liverpool nach Rom. Sie konnten einen Cupgewinn gegen AS Rom bejubeln, aber sie mischten dahinein auch üble Provokationen. Was folgte, waren brutale Jagdszenen in den nächtlichen Straßen. 40 zum Teil Schwerverletzte mußten in die Krankenhäuser. Ein 23jähriger Römer starb unter einem Bus.
»Rache für Rom« war angesagt, als ein Jahr später Brüssel im Endspiel Italien (Juventus) wieder gegen England (Liverpool) stellte. Um so unbegreiflicher waren die schlampigen Vorbeuge- und Kontrollmaßnahmen der Organisatoren. Schlägereien und Plünderungen gab es schon in der Stadt. Doch im Stadion sahen sich die Turiner plötzlich neben den Briten, weil sie Tickets gekauft hatten, die für Belgier vorgesehen waren. Und keine trennende Polizei zwischen den Fronten! Die Attacke der Hooligans führte zur Panik. Mauern stürzten, 39 Menschen wurden zertrampelt, zerquetscht, 376 schwer verletzt. Entsetzt schaute Europa zu. Das Fernsehen sendete live.
Englands Fußball mußte für seine Hooligans büßen. Bis 1990 wurde er vom EC ausgeschlossen. Und der FC Liverpool für ein Jahr länger. An den Wurzeln des Übels änderte das nichts. »In manchen unserer Stadtteile haben bis zu 90 Prozent der Jugendlichen keinen Job. Alkohol, Heroin und Gewalt sind die Ventile, und Fußball ihr einziges Identifikationsmerkmal, seit es die Beatles nicht mehr gibt«, schrieb der Sozialarbeiter Andy Pink aus Liverpool.
Und die »Nationale Front« heizte noch mit Rassenhaß ein. Ihr Organ »Bulldog« berichtete ständig: »An der Fußballfront« hieß das Elaborat. In Brüssel trugen etliche Schläger Nazi-Insignien dieser Organisation. Ein Brüsseler Gericht verurteilte 14 Engländer zu je drei Jahren Gefängnis. Und auch Englands Regierung handelte. Die Klubs mußten

Zehn Jahre nach der Münchner Tragödie können Sir Matt Busby und seine »Babes« im Wembley-Stadion den ersten englischen Cupsieg feiern. Auch Verteidiger Foulkes (links) hatte das Flugzeugunglück überlebt.

ihre Fans registrieren. Ein Computer-Kontrollsystem sortiert nun Gewaltbereite aus. Ihre Namen bekommen alle Klubs. Die Zahl der Krawalle ging zurück. Aber auch Europa verschärfte die Vorsorge. Stehtribünen dürfen im Europacup nur noch halb gefüllt werden.
Der Rauswurf von 1985 beendete eine zehnjährige englische Hegemonie. Nottingham Forest, aus der Region des Robin Hood, hatte mit Brian Clough einen dreisten Coach, der jedermann herausforderte: »Wer Forest abschreibt, ist ein Narr.« Mit Viv Anderson brachte er den ersten Dunkelhäutigen ins Nationalteam. Mit Francis und Woodcock hatte er Torjäger von Klasse und mit Peter Shilton den Weltrekordler (125 Länderspiele!) im Tor. Aston Villa komplettierte 1982, geführt vom 39jährigen schottischen Perpetuum mobile Billy Bremner, die sechsfache Erfolgsserie der englischen Meister. Aber genauso hatte man zwischen 1968 und 1973 schon einmal im UEFA-Cup domoniert.

»Ohne die englischen Klubs ist Europas Fußball ärmer. Sie gehören dazu.« Johan Cruyff, nun Trainer, sagte es im Mai 1991. Sein FC Barcelona sollte im Finale des Cupsiegercups auf Manchester United treffen. Für einen Tag war wieder Angst in Europa. 15 000 wollten ihre United-Elf nach Rotterdam begleiten. Doch alles ging gut, ohne Krawalle. Englands Fans jubelten fröhlich über ein 2:1. Der 81jährige Ehrengast Sir Matt Busby jedoch gestand: »Das hat mich alles so aufgeregt, daß ich mich wie 91 fühle.« Und weil Manchesters Comeback so glanzvoll war, wurde auch Liverpool, als Meister noch ausgeschlossen, begnadigt. ❏

Steaua Bukarest: Stark auf Befehl

»CF Barcelona – Europacup-Gewinner 1986«. Blaurote Schals und Wimpel mit dieser Aufschrift türmten sich an den Ständen vor dem Stadion von Sevilla. Was sollte schon schiefgehen, wenn CF-Präsident José Luiz Nunez in »El Mundo Deportivo« versprach: »Das wird die größte Fußballnacht für Barcelona.« Zwar hatten die Katalanen noch nie in diesem Finale des Meistercups gestanden, aber die anderen beiden Europapokale schon fünfmal erobert. Sie waren also dran. Steaua Bukarest hatte noch niemand je so weit oben gesehen. Auf dieser Europabühne zählte der Einbruch der Klubs aus Osteuropa sowieso zu den Raritäten. Zum einen hatte man nicht die Finanzkraft und die Devisen, um Elitekicker anderer Länder anzulocken, und zum anderen war man oft selbst zum Verkauf der Besten gezwungen. Mehr und mehr war der Osten zum offenen Billigmarkt geworden. Manchmal boten sich sogar ganze Mannschaften an, wie im November 1956 Honved Budapest, das von einer Gastspielreise nicht in die vom Volksaufstand geschüttelte Heimat zurückkehrte. Auch Barcelona bekam damals mit Kocsis und Czibor zwei Weltstars ab.

Deswegen gelangen eben nur gelegentliche Durchbrüche, wie die von Ferencvaros Budapest und Dinamo Zagreb im UEFA-Cup, von Dynamo Kiew (zweimal), 1. FC Magdeburg, Dynamo Tbilissi, Slovan Bratislava im Pokal der Cupsieger. Kiew half die vom Verband verordnete Konzentration.

Im Meistercup aber war Osteuropa nur durch Partizan Belgrad im Endspiel vertreten gewesen, und das lag 20 Jahre zurück. Was also sollte Barcelona gegen Steaua passieren?

Am 7. Mai 1986 schaffte Steaua Bukarest im Finale gegen den FC Barcelona – Spielszene Seite 158/159 – im spanischen Sevilla die Sensation. Nach einem 0:0 wird das Elfmeterschießen durch Torwart Ducadam (unten Mitte) mit 2:0 entschieden.

Unter den 70 000 im Stadion lärmten 45 000 Katalanen. Welch moralische Macht! Doch sie wurde stiller, als die Steaua-Riesen – keiner unter 1,85 m – ihren Strafraum immer erfolgreicher leerfegten. Die Stars von »Barca« rannten sich müde. Der Deutsche Bernd Schuster sah sich sogar ausgewechselt. Diese öffentliche Schuldzuweisung kränkte und belastete von Stund an seine Bande zu »Barca« und Präsident Nunez. Der Wechsel von 1988 zum in Katalonien verhaßten Real Madrid bahnte sich an.

Als »120 Minuten der Angst, Nervosität, Fehlpässe und Mißverständnisse« schilderte »Sport« (Zürich) die Szenerie des 0:0. »Wie schon 1984 gewann dann jene Mannschaft, die im Elfmeter-Roulette die stärksten Nerven und den besseren Torwart hatte.« So wie eben FC Liverpool in Rom gegen AS Rom. Gastgeber haben es in der Nervenmühle also nicht leichter. Im Gegenteil. Denn nun schlug die Stunde des 27jährigen Flugzeug-Ingenieurs Helmut Ducadam. Er

brachte im Tor von Steaua alle zum Zittern und Versagen, die Alesanco, Pedraza, Alonso, Marcos. Sein Barca-Kollege Urrutia schaffte anfangs gleiches gegen Majearu und Böloni. Aber dann trafen Lacatus und Balint. Steaua triumphierte 2:0.

»An jedem der letzten Trainingstage haben sie mir 50 Elfmeter draufgeschossen. Das übte sehr«, gestand später der deutschstämmige Helmut Ducadam. Barcelona hielt so was für überflüssig. Ducadams Optimismus zeigte sich schon tags zuvor. »Ich meine, wir sind besser in Form, deshalb sehe ich die Chancen 55:45 für uns.« Mit diesem Selbstvertrauen hat er die Spanier entnervt. »Wir haben alle Vorteile, vom Publikum bis zu den Elfmetern, nicht genutzt. Die Schuld liegt bei uns selbst und den cleveren Rumänen«, verabschiedete sich Trainer Terry Venables in Richtung England.

Auch das Steaua-Team war mit Nationalspielern gespickt. Vom Ceausescu-Clan war das geregelt wie fast alles in Rumänien. Sohn Radu

stand hinter dem Klub der Armee. Dinamo Bukarest, das waren die gefürchtete Securitate, Polizei und Geheimdienst, die Träger des Regimes. Also wurden die Besten zu Steaua und Dinamo befohlen. Konnten fünf andere Vereine in den ersten EC-Jahrzehnten zwölfmal als Meister starten, so dominierten die beiden Bukarester Klubs dann immer mehr, zusammen 27mal.

Im völlig verarmten und ruinierten Rumänien aber kam man ab Ende der 80er Jahre nicht mehr um den Verkauf der Stars in alle Welt herum. Das gehörte zum Überleben. Als Steaua dann 1989 von AC Mailand mit 4:0 zerrieben wurde, waren nur noch vier von den 86er Cupsiegern dabei. Und Endspielort Barcelona trauerte zum zweitenmal um die 1986 verpaßte Chance.

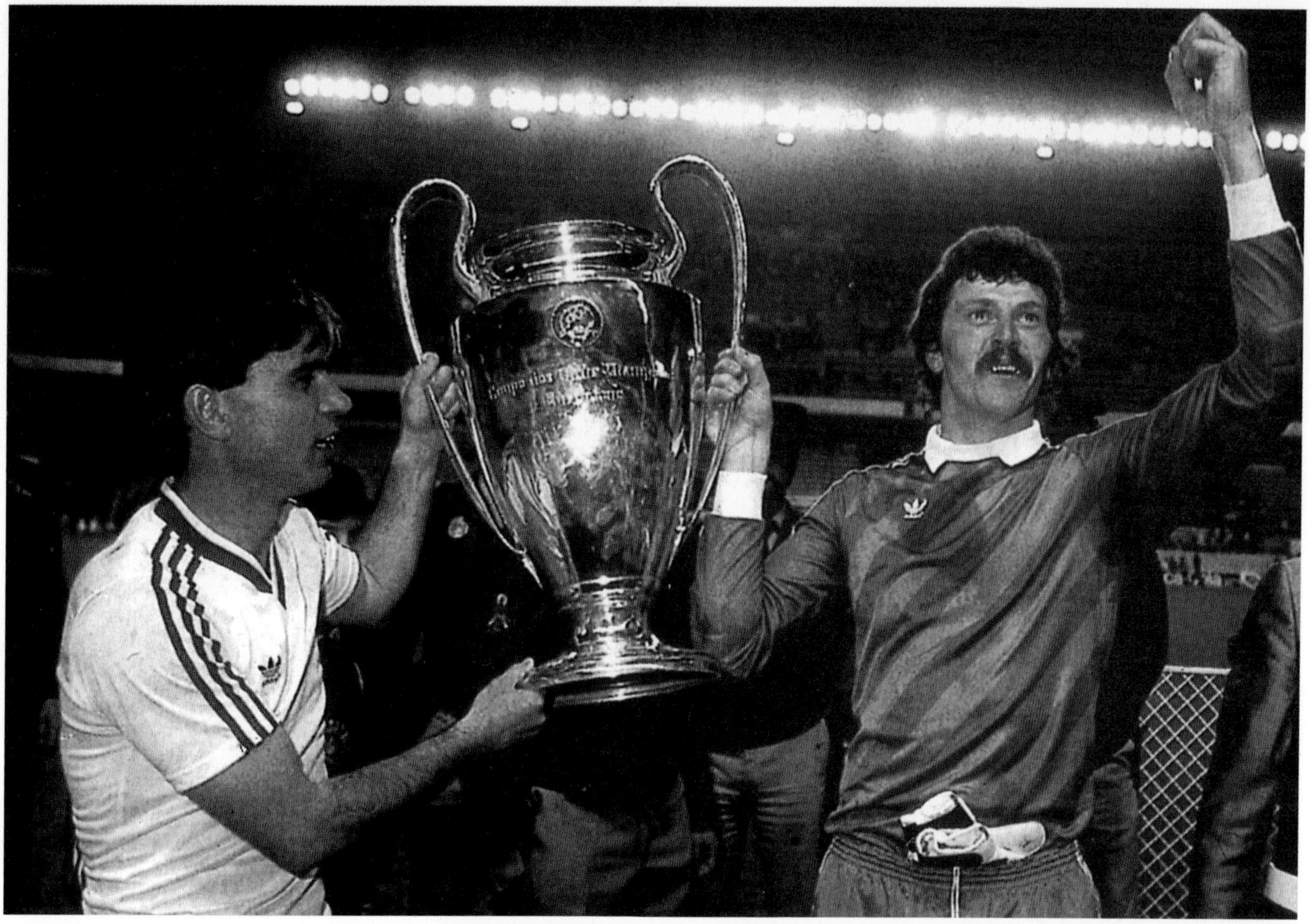

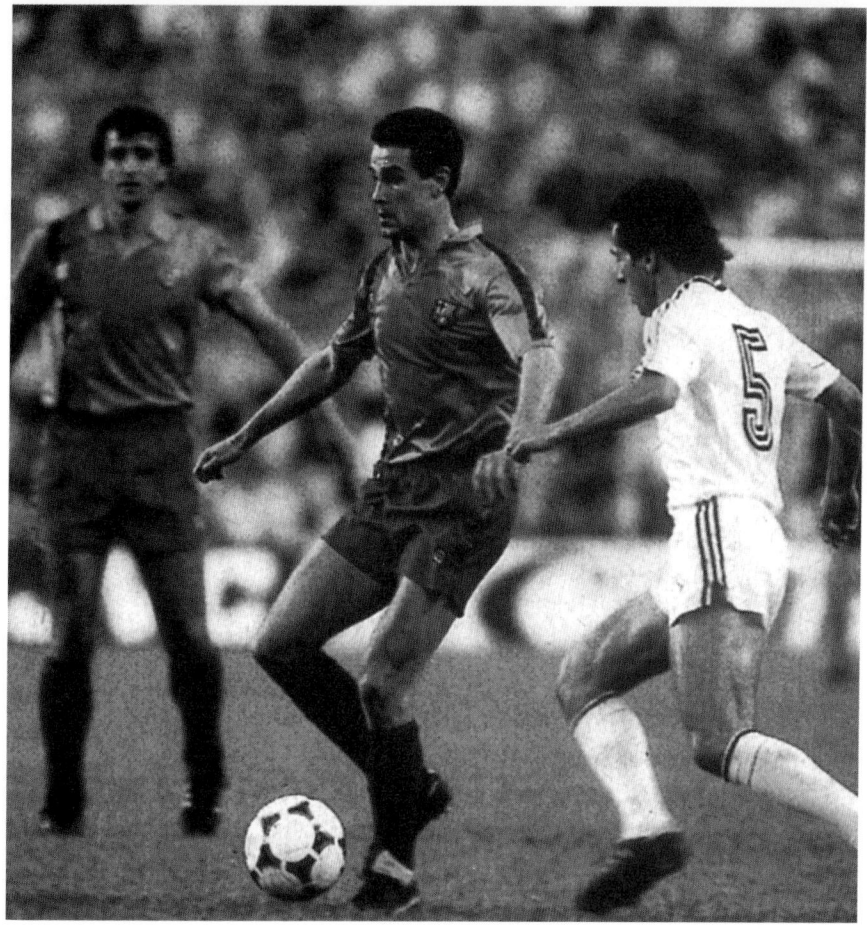

Auch Helmut Ducadam, der Torwart, fehlte. Der Rummel um den Deutschen, der auch aus dem Land wollte, hatte die Ceausescus so ergrimmt, daß sie ihn ausschließen und peinigen ließen. Erst als das Regime 1989 stürzte, konnte er aufatmen. Genauso wie Miodrag Belodedic, der Libero von Cupsieger Roter Stern Belgrad. Den Serben hatte man bei Steaua »rumänisiert« und ein »i« an den Namen geklebt. So taucht er im Siegerteam von 1986 als »Belodedici« auf, in dem von 1991 aber dann mit dem Geburtsnamen. Dieses Schicksal traf viele Ungarn, Deutsche, Jugoslawen im Reiche des dann hingerichteten Nicolae Ceausescu. ❏

Glückstrahlende Sieger nach der Elfmeterentscheidung: Die Bukarester Helmut Ducatam (rechts) und Anghel Iordanescu. ▲

Im Kampf um den Ball: der Spanier Julio Alberto (Mitte) und der Rumäne Lucian Balan (unten). ▶

Marseille: Wonnen und Wunden

»Endlich!« Im Mai 1993 erlebte Frankreich Freudenausbrüche in allen Landesteilen. Olympique Marseille hatte mit seinem 1:0 gegen AC Mailand und dem Gewinn des Europacups die »Grande Nation« wieder geeint. Denn die hatte 37 Jahre darauf warten müssen. Nur schwer konnten es die Franzosen verwinden, den Europacup zwar geboren zu haben, vom eigenen Kinde aber so lange verschmäht zu werden. Die Siege feierten immer die anderen, jenseits von Pyrenäen und Alpen oder von Kanal und Rhein. »Wir wußten doch, daß wir nicht die schlechteren Fußballer hatten. Aber unsere Organisation und Konzentration der Kräfte hielt nie Schritt«, urteilte Michel Hidalgo. Der exzellente Stürmer hatte 1956 im ersten Finale beim 3:4 gegen Real Madrid auch ein Tor für Stade Reims erzielt, das dann Raymond Kopa an Real Madrid verlor. Er stürmte gegen Reims im Endspiel von 1959.

Damit war die leidige Tradition des zweiten Platzes eröffnet. »Le Verts«, die »Grünen«, aus der Arbeiterstadt St. Etienne wollten Mitte der 70er Jahre allen Ernstes mit ihr brechen. Doch 1976 scheiterten sie im Endspiel am FC Bayern München: 0:1. Acht Jahre (!) später wanderte Präsident Roger Rocher hinter Gitter. Er hatte seine Stars aus »schwarzen Kassen« bezahlt und den Staat um Steuern betrogen.

Michel Hidalgo indessen machte als Nationaltrainer vor, was das geeinte Frankreich so alles kann: 1984 wurde es Europameister. Marseille engagierte 1986 den kleinen Hexenmeister, damit er dort ähnliches zuwege bringe. Vier Jahre zuvor war der bankrotte Verein vom Handelsgericht für aufgelöst erklärt worden. Mit dem Multi-Industriel-

len Bernard Tapie als Präsidenten und Retter hatte der Klub nach der Neugründung wieder Anschluß an die Spitze bekommen. Der Sog durch die EM 84 im eigenen Lande samt dem Ausbau des Marseiller Stadions kamen gerade recht. Und 1986 erschien der 22jährige Jean-Pierre Papin vom FC Brügge. Aber auch Hidalgo konnte mit dem Fünf-Nationen-Konglomerat keine Wunder produzieren. 1989 ging er.

In jenen Jahren schafften es weder die Korsen vom SEC Bastia im UEFA-Cup noch AS Monaco im Cupsiegercup, den gordischen Knoten in ihren Finals zu zerschlagen. Also war Olympique wieder gefragt. Bernard Tapie, immer auf Jagd

blieb es auch. Und im Europacup entnervte es mit 1:1 und dann 1:0 die Mailänder von der Associazione Calcio. Die AC-Stars fühlten sich verladen und verließen vorzeitig den Marseiller Rasen. Olympique wurde zum 3:0-Sieger erklärt und AC für ein Jahr aus dem Europacup gestrichen.

Endlich war Marseille in einem Endspiel. Doch im heißen Bari, an Italiens Stiefelabsatz, versagte das sprichwörtliche Beckenbauer-Glück den Dienst. Roter Stern Belgrad gewann nach mattem 0:0 die Elfmeter-Lotterie mit 5:3. Ausgerechnet Routinier Amoros, einem der Europameister, versagten die Nerven.

den Europacup- und den Erstligaplatz nach der folgenden Saison, die man als Zweiter beschlossen hatte. Im Weltpokal wie im europäischen Supercup wurde es von AC Mailand ersetzt. Bernard Tapie wurde das Präsidentenamt aberkannt, das er aber über das Nationale Olympische Komitee wieder einklagte. Beim Abstieg verlor Olympique auch alle Stars. Völler wechselte nach Leverkusen. In der Stunde der größten Not entsann man sich des integren Michel Hidalgo Er nahm als Sportdirektor gemeinsam mit dem zurückgekehrten Trainer Gerard Gili den Rückmarsch ins Oberhaus in Angriff. Wer am Meer lebt, weiß Stürme hinzunehmen. ❏

nach dem Allerbesten, setzte nun auf Franz Beckenbauer. Der im September 1990 engagierte Weltmeister-Trainer sollte die Personalpolitik als Technischer Direktor dirigieren. Doch die war schon geregelt. Verständigungsprobleme (Holger Osieck war als Dolmetscher mit verpflichtet), Zwist mit Trainer Gerard Gili, ein schwelender Steuerskandal, das ständige Reinreden von Tapie trugen bald Ärger in die Ehe. »Nicht im Juni 1992 gehe ich, sondern im Juni 1991«, entschied sich Beckenbauer.

Doch der Draht zum Belgier Raymond Goethals, dem einstigen Nationaltrainer, hielt ab Januar. Marseille war da schon Spitze und

Erst mit dem nächsten deutschen Glücksbringer nach Karl-Heinz Förster, Thomas Allofs, den Trainern Beckenbauer und Osieck, also mit Rudi Völler, wurde in München der Gipfel erstürmt. Und nach dem Tor des Afrikaners Boli ertrank erst München und dann Marseille in blau-weißen Jubelorgien. Doch die hemmungslose Begeisterung schlug nach nur drei Wochen in blankes Entsetzen um. Fünf Tage vor dem EC-Finale hatte Olympique gegen Valenciennes 1:0 gewonnen. Aber Funktionäre hatten 75 000 Mark gezahlt, damit sich der Gegner nicht allzusehr wehre.

Das Strafgericht war unerbittlich: Olympique verlor den Meistertitel,

Zwei Väter des Erfolges waren Trainer Raymond Goethals und Präsident Bernhard Tapie (links). In den Jubel mischte sich der Stolz, als erste französische Mannschaft einen Europapokal gewonnen zu haben. ▲

Da war für Marseille die Welt noch in Ordnung: 1:0-Europapokal-Sieger 1993 gegen AC Mailand mit Rudi Völler (stehend Zweiter von rechts Seite 162/163).

Basile Boli hatte den meisten Grund zum Jubeln über den Cup, schließlich brachte sein Tor die Entscheidung (Seite 164).

Statistik

1955
1956
1957
1958
1959
1960
1961
1962
1963
1964
1965
1966
1967
1968
1969
1970
1971
1972
1973
1974
1975
1976
1977
1978
1979
1980
1981
1982
1983
1984
1985
1986
1987
1988
1989
1990
1991
1992
1993
1994

DER EUROPAPOKAL DER MEISTER …

… ist 70 Zentimeter hoch, wiegt 7,5 Kilogramm, besteht aus 925er Silber und ist vergoldet. Er hat den Wert von 26 000 Mark. Entworfen und hergestellt wurde er vom Berner Goldschmied Hans Stadelmann. Weil ihn Real Madrid fünfmal zwischen 1956 und 1960, Ajax Amsterdam (1971–73) und FC Bayern München (1974–76/Foto) jeweils dreimal in Serie gewonnen haben, brachten diese Clubs den Wanderpokal endgültig in ihren Besitz. Er mußte dann neu angefertigt werden. Der Kelch faßt 15 Liter Flüssigkeit. Genug Sekt für die Siegesfeier.

I. Europapokal der Landesmeister 1955/56 (16 Teilnehmer)

REAL MADRID

ACHTELFINALE

Termine: 4. September bis 23. November 1955

FC Rot-Weiß Essen –
Hibernian Edinburgh   0:4 (0:2)
Essen: Herkenrath, Jänisch, Zastrau, Köchling, Wewers, Roetger, Röhrig, Vordenbäumen, Abromeit, Sauer, Steffens. *Schiedsrichter:* Bronkhorst (Niederlande); *Zuschauer:* 5 000; *Tore:* 0:1 Turnbull (35.), 0:2 Reilly (44.), 0:3 Turnbull (53.), 0:4 Ormond (81.).

Hibernian Edinburgh –
FC Rot-Weiß Essen   1:1 (1:0)
Essen: Herkenrath, Jänisch, Zastrau, Köchling, Wewers, Roetger, Röhrig, Vordenbäumen, Abromeit, Sauer, Steffens. *Schiedsrichter:* Ellis (England); *Zuschauer:* 30 000; *Tore:* 1:0 Buchanan (5.), 1:1 Abromeit (90.).

Sporting Lissabon –
Partizan Belgrad   3:3 / 2:5
Vörös Lobogo Budapest –
RSC Anderlecht   6:3 / 4:1
Servette Genf –
Real Madrid   0:2 / 0:5

Aarhus GF –
Stade Reims   0:2 / 2:2
Rapid Wien –
PSV Eindhoven   6:1 / 0:1
Djurgarden IF –
Gwardia Warschau   0:0 / 4:1
AC Mailand –
1.FC Saarbrücken   3:4 / 4:1

VIERTELFINALE

Termine: 23. November 1955 bis 12. Februar 1956

Hibernians Edinburgh –
Djurgarden IF   3:1 (1:0)
(2. Spiel in Glasgow, Djurgarden verzichtete auf das Heimrecht)
Stade Reims –   (1. Spiel in Paris)
Vörös Lobogo Budapest   4:2 / 4:4
Real Madrid –
Partizan Belgrad   4:0 / 0:3
Rapid Wien –
AC Mailand   1:1 / 2:7

HALBFINALE

Termine: 4., 18., 19. April, 1. Mai 1956

Stade Reims –   (1. Spiel in Paris)
Hibernians Edinburgh   2:0 / 1:0
Real Madrid –
AC Mailand   4:2 / 1:2

FINALE

am 13. Juni 1956 in Paris:

Real Madrid –
Stade Reims   4:3 (2:2)
Madrid: Alonso, Atienza, Lesmes, Munoz, Marquitos, Zarraga, Joseito, Marchal, di Stefano, Rial, Gento. *Reims:* Jacquet, Zimny, Giraudo, Siatka, Jonquet, Leblond, Hidalgo, Glowacki, Kopa, Bliard, Templin. *Schiedsrichter:* Ellis (England); *Zuschauer:* 45 000; *Tore:* 0:1 Leblond (6.), 0:2 Templin (9.), 1:2 di Stefano (13.), 2:2 Rial (43.), 2:3 Hidalgo (61.), 3:3 Marquitos (67.), 4:3 Rial (78.).

Paris, 13. Juni 1956: Real Madrid feiert den ersten Gewinn des Meistercups.

II. Europapokal der Landesmeister 1956/57 (22 Teilnehmer)

REAL MADRID

Finale in Madrid: Die Kapitäne Munoz (Real/rechts) und Cervato (Florenz) bei der Begrüßung mit Schiedsrichter Leo Horn. Miguel Munoz wurde später bei den »Königlichen« Cheftrainer.

STATISTIK

1955
1956
1957
1958
1959
1960
1961
1962
1963
1964
1965
1966
1967
1968
1969
1970
1971
1972
1973
1974
1975
1976
1977
1978
1979
1980
1981
1982
1983
1984
1985
1986
1987
1988
1989
1990
1991
1992
1993
1994

VORRUNDE
Termine: 1. August bis 30. September 1956

Borussia Dortmund –
Spora Luxemburg 4:3 (1:2)
Dortmund: Kwiatkowski, W. Burgsmüller, Sandmann, Schlebrowski, Michallek, Bracht, Peters, Preißler, Kelbassa, Niepielko, Kapitulski. *Schiedsrichter:* Martens (Niederlande); *Zuschauer:* 20 000; *Tore:* 0:1 Boreux (25.), 1:1 Bracht (31.), 1:2 Boreux (34.), 2:2 Niepielko (54.), 3:2, 4:2 Preißler (61., 73.), 4:3 Boreux (88.).

Spora Luxemburg –
Borussia Dortmund 2:1 (2:1)
Dortmund: Kwiatkowski, Schanko, Sandmann, Schlebrowski, Michallek, Bracht, Berning, Preißler, Kelbassa, Simmer, Kapitulski. *Schiedsrichter:* Lescart (Belgien); *Zuschauer:* 7 000; *Tore:* 1:0 Fiedler (22.), 1:1 Preißler (28.), 2:1 Letsch (39.).

Borussia Dortmund – (2. Spiel in Dortmund)
Spora Luxemburg 7:0 (4:0)
Dortmund: Kwiatkowski, W. Burgsmüller, Sandmann, Schlebrowski, Schmidt, Bracht, Peters, Preißler, Kelbassa, Simmer, Kapitulski. *Schiedsrichter:* Buchmüller (Schweiz); *Zuschauer:* 15 000; *Tore:* 1:0 Preißler (24.), 2:0 Simmer (29.), 3:0 Preißler (36.), 4:0, 5:0 Kelbassa (40., 49.), 6:0 Peters (57.), 7:0 Kelbassa (63.).

Slovan Bratislava –	
CWKS Warschau	4:0 / 0:2
Dinamo Bukarest –	
Galatasaray Istanbul	3:1 / 1:2
RSC Anderlecht –	
Manchester United	0:2 / 0:10
Aarhus GF –	(1. Spiel in Kopenhagen)
OGC Nizza	1:1 / 1:5
FC Porto –	
Athletic Bilbao	1:2 / 2:3

ACHTELFINALE
Termine: 17. Oktober bis 30. Dezember 1956

Manchester United –
Borussia Dortmund 3:2 (3:0)
Dortmund: Kwiatkowski, W. Burgsmüller, Sandmann, Schlebrowski, Michallek, Bracht, Peters, Preißler, Kelbassa, Schmidt, Kapitulski.
Schiedsrichter: Horn (Niederlande); *Zuschauer:* 75 568; *Tore:* 1:0, 2:0 Viollet (10., 25.), 3:0 Pegg (35.), 3:1 Kapitulski (68.), 3:2 Preißler (75.).

Borussia Dortmund –
Manchester United 0:0
Dortmund: Kwiatkowski, W. Burgsmüller, Sandmann, Schlebrowski, Michallek, Bracht, Peters, Preißler, Kelbassa, Niepielko, Schmidt. *Schiedsrichter:* Martens (Niederlande); *Zuschauer:* 44 570.

ZDNA Sofia –	
Dinamo Bukarest	8:1 / 2:3
Glasgow Rangers –	(2. und 3. Spiel in Paris)
OGC Nizza	2:1 / 1:2 / 1:3
Slovan Bratislava –	(2. Spiel in München)
Grasshoppers Zürich	1:0 / 0:2
Real Madrid –	(3. Spiel in Madrid)
Rapid Wien	4:2 / 1:3 / 2:0
Rapid Heerlen –	
Roter Stern Belgrad	3:4 / 0:2
Fiorentina Florenz –	
IFK Norrköping	1:1 / 1:0

(2. Spiel in Rom,
Norrköping verzichtete auf den Heimvorteil)

Athletic Bilbao –	(2. Spiel in Brüssel)
Honved Budapest	3:2 / 3:3

VIERTELFINALE
Termine: 16. Januar bis 14. März 1957

Athletic Bilbao –	
Manchester United	5:3 / 0:3
Fiorentina Florenz –	
Grasshoppers Zürich	3:1 / 2:2
Real Madrid –	
OGC Nizza	3:0 / 3:2
Roter Stern Belgrad –	
ZDNA Sofia	3:1 / 1:2

HALBFINALE
Termine: 3., 11., 18. und 25. April 1957

Roter Stern Belgrad –	
Fiorentina Florenz	0:1 / 0:0
Real Madrid –	
Manchester United	3:1 / 2:2

FINALE
am 30. Mai 1957 in Madrid:

Real Madrid –
Fiorentina Florenz 2:0 (0:0)
Madrid: Alonso, Torres, Lesmes, Munoz, Marquitos, Zarraga, Kopa, Mateos, di Stefano, Rial, Gento.
Florenz: Sarti, Magnini, Cervato, Scaramucci, Orzan, Segato, Julinho, Gratton, Virgili, Montuori, Bizzari.
Schiedsrichter: Horn (Niederlande); *Zuschauer:* 125 000; *Tore:* 1:0 di Stefano (69.), 2:0 Gento (76.).

STATISTIK

1955
1956
1957
1958
1959
1960
1961
1962
1963
1964
1965
1966
1967
1968
1969
1970
1971
1972
1973
1974
1975
1976
1977
1978
1979
1980
1981
1982
1983
1984
1985
1986
1987
1988
1989
1990
1991
1992
1993
1994

III. Europapokal der Landesmeister 1957/58 (24 Teilnehmer)

REAL MADRID

Falls ein Entscheidungsspiel Unentschieden endete, griff man zum Los. Gwardia Warschau und Wismut Karl-Marx-Stadt erlebten die Premiere dieser Lotterie.
Nach einem 3:1 in Warschau und dem 1:3 in Aue wurde ein drittes Spiel nötig. Im Ost-Berliner Jahn-Sportpark (noch ohne Flutlicht) mußte es wegen der einbrechenden Dunkelheit beim Stand von 1:1 nach 100 Minuten abgebrochen werden. Im Klubhaus warf Schiedsrichter Korelus (CSR) die Los-Münze. Die aber rollte vom Tisch und wurde nicht mehr gefunden. Irgendwer, dem Wappen oder Zahl nicht paßten, hatte den Fuß drauf. Die nächste Münze rollte auch wieder weg. Zum dritten Wurf rückte alles mit den Leibern zum Tisch. Das Wappen, der Löwe, lag oben: Wismut war weiter. Siebenmal entschied insgesamt das Los.

VORRUNDE

Termine: 4. September bis 30. Oktober 1957

Gwardia Warschau –
SC Wismut Karl-Marx-Stadt   **3:1 (0:0)**
Karl-Marx-Stadt: Thiele, B. Müller, Meyer, Bauer, K. Wolf, S. Wolf, Freitag, M. Kaiser, Tröger, Viertel, S. Kaiser. *Schiedsrichter:* Karas (CSR); *Zuschauer:* 30 000; *Tore:* 1:0 Baszkiewicz (49.), 2:0 Lewandowski (59.), 2:1 S. Kaiser (79.), 3:1 Gawronski (88.).

SC Wismut Karl-Marx-Stadt –
Gwardia Warschau   **3:1 (1:0)**
Karl-Marx-Stadt: Thiele, B. Müller, Meyer, Bauer, K. Wolf, S. Wolf, Killermann, M. Kaiser, Tröger, Viertel, S. Kaiser. *Schiedsrichter:* Calba (CSR); *Zuschauer:* 20 000; *Tore:* 1:0 M. Kaiser (10.), 2:0 S. Kaiser (35.), 2:1 Baszkiewicz (60.), 3:1 S. Kaiser (74.).

SC Wismut Karl-Marx-Stadt –
Gwardia Warschau   **1:1 (1:1, 0:1) n.V.**
(3. Spiel in Ost-Berlin; Los für Karl-Marx-Stadt)
Karl-Marx-Stadt: Thiele, B. Müller, Meyer, Bauer, K. Wolf, S. Wolf, Killermann, M. Kaiser, Tröger, Viertel, S. Kaiser. *Schiedsrichter:* Korelus (CSR); *Zuschauer:* 15 000; *Tore:* 0:1 Z. Szarynski (3.), 1:1 Tröger (90.).

Glasgow Rangers –	
AS St. Etienne	3:1 / 1:2
ZDNA Sofia –	
Vasas Budapest	2:1 / 1:6
Stade Düdelingen –	
Roter Stern Belgrad	0:5 / 1:9
Aarhus GF –	
FC Glenavon Belfast	0:0 / 3:0
FC Sevilla –	
Benfica Lissabon	3:1 / 0:0
Shamrock Rovers –	
Manchester United	0:6 / 2:3
AC Mailand –	(3. Spiel in Zürich)
Rapid Wien	4:1 / 2:5 / 4:2

ACHTELFINALE

Termine: 31. Oktober bis 29. Dezember 1957

Borussia Dortmund –
CCA Bukarest   **4:2 (1:1)**
Dortmund: Rau, W. Burgsmüller, Sandmann, Schlebrowski, Michallek, Bracht, Peters, Preißler, Berning, Schmidt, Niepielko. *Schiedsrichter:* Mowat (Schottland); *Zuschauer:* 42 000; *Tore:* 1:0 Peters (35.), 1:1 Zavoda (43.), 1:2 Bone (50.), 2:2, 3:2 Peters (62., 64.), 4:2 Niepielko (66.).

CCA Bukarest –
Borussia Dortmund   **3:1 (3:1)**
Dortmund: Kwiatkowski, W. Burgsmüller, Sandmann, Schlebrowski, Michallek, Bracht, Peters, Preißler, Kelbassa, Schmidt, Niepielko. *Schiedsrichter:* Polaretzky (Ungarn); *Zuschauer:* 60 000; *Tore:* 0:1 Niepielko (12.), 1:1 Tataru (17.), 2:1 Constantin (25.), 3:1 Alexandrescu (45.).

Borussia Dortmund –
CCA Bukarest   **3:1 (1:1)**
(3. Spiel in Bologna)
Dortmund: Kwiatkowski, W. Burgsmüller, Sandmann, Schlebrowski, Michallek, Bracht, Dulz, Preißler, Kelbassa, Schmidt, Niepielko. *Schiedsrichter:* Jonni (Italien); *Zuschauer:* 8 000; *Tore:* 1:0 Dulz (15.), 1:1 Cacoveanu (35.), 2:1 Kelbassa (62.), 3:1 Preißler (79.).

SC Wismut Karl-Marx-Stadt –
Ajax Amsterdam   **1:3 (0:2)**
Karl-Marx-Stadt: Thiele, B. Müller, Meyer, Bauer, M. Kaiser, S. Wolf, Wagner, Zink, Viertel, Mohr, S. Kaiser. *Schiedsrichter:* Grill (Österreich); *Zuschauer:* 30 000; *Tore:* 0:1 Van der Kuil (5.), 0:2 Bleijenberg (17.), 0:3 Van der Kuil (62.), 1:3 B. Müller (87.).

Ajax Amsterdam –
SC Wismut Karl-Marx-Stadt   **1:0 (0:0)**
Karl-Marx-Stadt: Thiele, Mohr, B. Müller, Bauer, K. Wolf, S. Wolf, Viertel, Tröger, M. Kaiser, Günther, S. Kaiser. *Schiedsrichter:* Grill (Österreich); *Zuschauer:* 23 000; *Tor:* 1:0 Ouderland (79.).

IFK Norrköping –	
Roter Stern Belgrad	2:2 / 1:2
Young Boys Bern –	(1. Spiel in Genf)
Vasas Budapest	1:1 / 1:2
Manchester United –	
Dukla Prag	3:0 / 0:1
FC Antwerpen –	
Real Madrid	1:2 / 0:6
Glasgow Rangers –	
AC Mailand	1:4 / 0:2
FC Sevilla –	
Aarhus GF	4:0 / 0:2

VIERTELFINALE

Termine: 14. Januar bis 26. März 1958

Borussia Dortmund –
AC Mailand   **1:1 (0:1)**
Dortmund: Kwiatkowski, W. Burgsmüller, Sandmann, Schlebrowski, Michallek, Bracht, Peters, Preißler, Kelbassa, Schmidt, Niepielko. *Schiedsrichter:* Ellis (England); *Zuschauer:* 28 000; *Tore:* 0:1 Galli (45.), 1:1 Bergamaschi (90., Eigentor).

AC Mailand –
Borussia Dortmund   **4:1 (2:1)**
Dortmund: Kwiatkowski, W. Burgsmüller, Sandmann, Schlebrowski, Michallek, Bracht, Dulz, Preißler, Kelbassa, Schmidt, Niepielko. *Schiedsrichter:* Ellis (England); *Zuschauer:* 25 000; *Tore:* 1:0 Cucchiaroni (11.), 2:0 Liedholm (21.), 2:1 Preißler (37.), 3:1 Galli (63.), 4:1 Grillo (86.).

Manchester United –	
Roter Stern Belgrad	2:1 / 3:3
Real Madrid –	
FC Sevilla	8:0 / 2:2
Ajax Amsterdam –	
Vasas Budapest	2:2 / 0:4

HALBFINALE

Termine: 2., 16. April, 8., 14. Mai 1958

Real Madrid –	
Vasas Budapest	4:0 / 0:2
Manchester United –	
AC Mailand	2:1 / 0:4

FINALE

am 29. Mai 1958 in Brüssel:

Real Madrid –
AC Mailand   **3:2 (2:2, 0:0) n.V.**
Madrid: Alonso, Atienza, Lesmes, Santisteban, Santamaria, Zarraga, Kopa, Joseito, di Stefano, Rial, Gento. *Mailand:* Soldan, Fontana, Beraldo, Bergamaschi, Maldini, Radice, Danova, Liedholm, Schiaffino, Grillo, Cucchiaroni. *Schiedsrichter:* Alsteen (Belgien); *Zuschauer:* 70 000; *Tore:* 0:1 Schiaffino (59.), 1:1 di Stefano (74.), 1:2 Grillo (79.), 2:2 Rial (80.), 3:2 Gento (108.).

IV. Europapokal der Landesmeister 1958/59 (26 Teilnehmer)

REAL MADRID

VORRUNDE
Termine: 26. August bis 15. Oktober 1958

BK Kopenhagen –
Schalke 04   **3:0 (2:0)**
Schalke: Orzessek, Sadlowski, H. Laszig, Kördel, Borutta, Jagielski, Koslowski, Nowak, Kreuz, Soya, Klodt. *Schiedsrichter:* van Leeuwen (Niederlande); *Zuschauer:* 15 000;
Tore: 1:0 Birkeland (31.), 2:0 Krog (35.), 3:0 Birkeland (46.).

Schalke 04 –
BK Kopenhagen   **5:2 (2:0)**
Schalke: Orzessek, Kleim, Brocker, Kördel, O. Laszig, Jagielski, Koslowski, Nowak, Sadlowski, Soya, Klodt. *Schiedsrichter:* Beltman (Niederlande); *Zuschauer:* 30 000; *Tore:* 1:0, 2:0 Klodt (25., 34.), 3:0 Sadlowski (46.), 3:1, 3:2 Andersen (53., 66.), 4:2 Nowak (70.), 5:2 Brocker (72.).

Schalke 04 –
BK Kopenhagen   **3:1 (0:0)**
(3. Spiel in Enschede)
Schalke: Orzessek, Kleim, Laszig, Karnhof, Kreuz, Jagielski, Koslowski, Nowak, Siebert, Kördel, Klodt. *Schiedsrichter:* Horn (Niederlande); *Zuschauer:* 27 000; *Tore:* 1:0 Klodt (57.), 2:0 Nowak (66.), 3:0 Klodt (86.), 3:1 Krahmer (90.).

SC Wismut Karl-Marx-Stadt –
Petrolul Ploiesti   **4:2 (2:1)**
Karl-Marx-Stadt: Neupert, Groß, B. Müller, Wagner, Seifert, S. Wolf, Viertel, K. Wolf, Tröger, M. Kaiser, S. Kaiser. *Schiedsrichter:* Ruzicka (CSR); *Zuschauer:* 12 000; *Tore:* 0:1 Dridea (7.), 1:1 Tröger (25.), 2:1, 3:1 Viertel (39., 68.), 4:1 S. Kaiser (79.), 4:2 Dridea (82.).

Petrolul Ploiesti –
SC Wismut Karl-Marx-Stadt   **2:0 (1:0)**
Karl-Marx-Stadt: Neupert, Groß, B. Müller, Wagner, Seifert, M. Kaiser, Mohr, K. Wolf, Tröger, Viertel, S. Kaiser. *Schiedsrichter:* Korelus (CSR); *Zuschauer:* 25 000; *Tore:* 1:0 Fronea (33.), 2:0 Marinescu (79.).

SC Wismut Karl-Marx-Stadt –
Petrolul Ploiesti   **4:0 (2:0)**
(3. Spiel in Kiew)
Karl-Marx-Stadt: Thiele, Groß, B. Müller, Wagner, Seifert, M. Kaiser, Zink, K. Wolf, Tröger, Killermann, S. Kaiser. *Zuschauer:* 40 000; *Tore:* 1:0 Zink (4.), 2:0 Tröger (7.), 3:0 K. Wolf (48.), 4:0 Tröger (75., Foulstrafstoß).

Standard Lüttich –	
Heart of Midlothian Edinburgh	**5:1 / 1:2**
Dinamo Zagreb –	
Dukla Prag	**2:2 / 1:2**
Jeunesse Esch –	(3. Spiel in Göteborg)
IFK Göteborg	**1:2 / 1:0 / 1:5**
Polonia Bytom –	
MTK Budapest	**0:3 / 0:3**
Juventus Turin –	
Wiener Sportklub	**3:1 / 0:7**
Atletico Madrid –	
Drumcondra Dublin	**8:0 / 5:1**

Newton Ards Belfast –	
Stade Reims	**1:4 / 2:6**
DOS Utrecht –	
Sporting Lissabon	**3:4 / 1:2**

ACHTELFINALE
Termine: 29. Oktober bis 18. Dezember 1958

Wolverhampton Wanderers –
Schalke 04   **2:2 (0:1)**
Schalke: Loweg, Brocker, H. Laszig, Borutta, Kreuz, Karnhof, Koslowski, Kördel, Siebert, Jagielski, Klodt. *Schiedsrichter:* Alsteen (Belgien); *Zuschauer:* 45 676; *Tore:* 0:1 Siebert (25.), 1:1, 2:1 Broadbent (52., 65.), 2:2 Koslowski (88.).

Schalke 04 –
Wolverhampton Wanderers   **2:1 (2:0)**
Schalke: Loweg, Brocker, H. Laszig, Borutta, Kreuz, Karnhof, Koslowski, Kördel, Siebert, Jagielski, Klodt. *Schiedsrichter:* Versyp (Belgien); *Zuschauer:* 43 000; *Tore:* 1:0 Kördel (12.), 2:0 Siebert (35.), 2:1 Jackson (48.).

IFK Göteborg –
SC Wismut Karl-Marx-Stadt   **2:2 (2:0)**
Karl-Marx-Stadt: Thiele, Bauer, B. Müller, Wagner, Seifert, M. Kaiser, Zink, K. Wolf, Tröger, Killermann, S. Kaiser. *Schiedsrichter:* Kowal (Polen); *Zuschauer:* 13 978; *Tore:* 1:0 Ohlsson (5.), 2:0 Andersson (31.), 2:1 Seifert (61.), 2:2 Zink (67.).

SC Wismut Karl-Marx-Stadt –
IFK Göteborg   **4:0 (1:0)**
Karl-Marx-Stadt: Thiele, Bauer, B. Müller, Wagner, Seifert, M. Kaiser, Zink, K. Wolf, Tröger, Killermann, S. Kaiser. *Schiedsrichter:* Koczner (Polen); *Zuschauer:* 25 000; *Tore:* 1:0 Zink (23.), 2:0, 3:0 S. Kaiser (50., 62.), 4:0 Zink (82.).

Standard Lüttich –	
Sporting Lissabon	**3:2 / 3:0**
Atletico Madrid –	(3. Spiel in Genf)
ZDNA Sofia	**2:1 / 0:1 / 3:1**
Wiener Sportklub –	
Dukla Prag	**3:1 / 0:1**
MTK Budapest –	
Young Boys Bern	**1:2 / 1:4**
Real Madrid –	
Besiktas Istanbul	**2:0 / 1:1**
Stade Reims –	(2. Spiel in Rouen)
Palloseura Helsinki	**4:0 / 3:0**

VIERTELFINALE
Termine: 4. Februar bis 1. April 1959

Atletico Madrid –
Schalke 04   **3:0 (0:0)**
Schalke: Orzessek, Borutta, H. Laszig, Karnhof, Brocker, Jagielski, Koslowski, Nowak, Kördel, Soya, Klodt. *Schiedsrichter:* Moriconi (Italien); *Zuschauer:* 80 000; *Tore:* 1:0 Vava (47.), 2:0 Miguel (73.), 3:0 Peiro (90.).

Schalke 04 –
Atletico Madrid   **1:1 (1:0)**
Schalke: Orzessek, Brocker, H. Laszig, Karnhof, O. Laszig, Jagielski, Koslowski, Nowak, Siebert, Kördel, Klodt. *Schiedsrichter:* Horn (Niederlande); *Zuschauer:* 40 000; *Tore:* 1:0 Nowak (1.), 1:1 Vava (90.).

Young Boys Bern –
SC Wismut Karl-Marx-Stadt   **2:2 (1:1)**
Karl-Marx-Stadt: Thiele, K. Wolf, B. Müller, Wagner, S. Wolf, M. Kaiser, Zink, Erler, Tröger, Killermann, S. Kaiser. *Schiedsrichter:* Guerra (Portugal); *Zuschauer:* 32 000; *Tore:* 1:0 Meier (22.), 1:1 Wagner (45.), 1:2 Zink (59.), 2:2 Rey (87.).

SC Wismut Karl-Marx-Stadt –
Young Boys Bern   **0:0**
Karl-Marx-Stadt: Thiele, K. Wolf, B. Müller, Wagner, S. Wolf, M. Kaiser, Zink, Erler, Tröger, Killermann, S. Kaiser. *Schiedsrichter:* Andren (Schweden); *Zuschauer:* 30 000.

Young Boys Bern –
SC Wismut Karl-Marx-Stadt   **2:1 (2:0)**
(3. Spiel in Amsterdam)
Karl-Marx-Stadt: Thiele, K. Wolf, B. Müller, Wagner, S. Wolf, M. Kaiser (46. Seifert), Killermann, Erler, Tröger, Zink, S. Kaiser. *Schiedsrichter:* Horn (Niederlande); *Zuschauer:* 20 000; *Tore:* 1:0 Meier (21.), 2:0 Wechselberger (33.), 2:1 Tröger (75., Foulstrafstoß).

Standard Lüttich –	(2. Spiel in Paris)
Stade Reims	**2:0 / 0:3**
Wiener Sportklub –	
Real Madrid	**0:0 / 1:7**

HALBFINALE
Termine: 15. April bis 13. Mai 1959

Young Boys Bern –	(2. Spiel in Paris)
Stade Reims	**1:0 / 0:3**
Real Madrid –	(3. Spiel in Saragossa)
Atletico Madrid	**2:1 / 0:1 / 2:1**

FINALE
am 3. Juni 1959 in Stuttgart:

Real Madrid –
Stade Reims   **2:0 (1:0)**
Madrid: Dominguez, Marquitos, Zarraga, Santisteban, Santamaria, Ruiz, Kopa, Mateos, di Stefano, Rial, Gento.
Reims: Colonna, Rodzik, Giraudo, Penverne, Jonquet, Leblond, Lamartine, Bliard, Fontaine, Piantoni, Vincent. *Schiedsrichter:* Dusch (BRD); *Zuschauer:* 75 000; *Tore:* 1:0 Mateos (1.), 2:0 di Stefano (47.).

1955
1956
1957
1958
1959
1960
1961
1962
1963
1964
1965
1966
1967
1968
1969
1970
1971
1972
1973
1974
1975
1976
1977
1978
1979
1980
1981
1982
1983
1984
1985
1986
1987
1988
1989
1990
1991
1992
1993
1994

V. Europapokal der Landesmeister 1959/60 (26 Teilnehmer)

REAL MADRID

1955
1956
1957
1958
1959
1960
1961
1962
1963
1964
1965
1966
1967
1968
1969
1970
1971
1972
1973
1974
1975
1976
1977
1978
1979
1980
1981
1982
1983
1984
1985
1986
1987
1988
1989
1990
1991
1992
1993
1994

Ohne Niederlage erreichte Eintracht Frankfurt als erste deutsche Mannschaft ein Finale. Young Boys Bern (4:1, 1:1), Wiener Sportklub (2:1, 1:1) und die Glasgow Rangers mit zwei aufsehenerregenden 6:1- und 6:3-Siegen säumten den Weg, bis das bislang torreichste Finale mit dem 3:7 gegen Real Madrid folgte. Die Schützen der 23 Tore der Eintracht waren: Stein, Lindner je 5, Meier, Pfaff je 4, Bäumler 2, Weilbächer, Stinka, Kress je 1.

VORRUNDE:

Termine: 26. August bis 7. Oktober 1959

ASK Vorwärts Berlin –
Wolverhampton Wanderers   2:1 (2:1)
Berlin: Spickenagel, Kalinke, Kiupel, Krampe, Unger, Reichelt, Wirth, Riese, Meyer, Nöldner, Kohle. *Schiedsrichter:* van Nuffel (Belgien); *Zuschauer:* 65 000; *Tore:* 0:1 Broadbent (15.), 1:1 Nöldner (24.), 2:1 Kohle (29.).

Wolverhampton Wanderers –
ASK Vorwärts Berlin   2:0 (0:0)
Berlin: Spickenagel, Kalinke, Kiupel, Krampe, Unger, Reichelt, Meyer, Riese, Vogt, Nöldner, Kohle. *Schiedsrichter:* Versyp (Belgien); *Zuschauer:* 55 000; *Tore:* 1:0 Mason (60.), 2:0 Broadbent (75.).

OGC Nizza –	
Shamrock Rovers Dublin	3:2 / 1:1
ZDNA Sofia –	
FC Barcelona	2:2 / 2:6
FC Linfield Belfast –	
IFK Göteborg	2:1 / 1:6
Jeunesse Esch –	
LKS Lodz	5:0 / 1:2
Wiener Sportklub –	
Petrolul Ploiesti	0:0 / 2:1
Ruda Hvezda Bratislava –	
FC Porto	2:1 / 2:0
Fenerbahce Istanbul –	
Vasas Csepel Budapest	1:1 / 3:2
Olympiakos Piräus –	(1. Spiel in Athen)
AC Mailand	2:2 /1:3
Glasgow Rangers –	
RSC Anderlecht	5:2 / 2:0

ACHTELFINALE

Termine: 21. Oktober bis 23. Dezember 1959

Young Boys Bern –
Eintracht Frankfurt/M.   1:4 (1:1)
Frankfurt: Loy, Schymik, Höfer, Weilbächer, Lutz, Stinka, Bäumler, Lindner, Stein, Pfaff, Meier. *Schiedsrichter:* Zariquiegui (Spanien); *Zuschauer:* 36 000; *Tore:* 0:1 Weilbächer (4.), 1:1 Meier (23.), 1:2 Stein (72.), 1:3 Bäumler (76., Foulstrafstoß), 1:4 Meier (82.).

Eintracht Frankfurt/M. –
Young Boys Bern   1:1 (0:0)
Frankfurt: Loy, Schymik, Höfer, Weilbächer, Lutz, Stinka, Kreß, Lindner, Stein, Pfaff, Bäumler. *Schiedsrichter:* Perez (Spanien); *Zuschauer:* 35 000; *Tore:* 1:0 Bäumler (68., Foulstrafstoß), 1:1 Schneider (90.).

Odense BK –	
Wiener Sportklub	0:3 / 2:2
Real Madrid –	
Jeunesse Esch	7:0 / 5:2
AC Mailand –	
FC Barcelona	0:2 / 1:5
Glasgow Rangers –	
Ruda Hvezda Bratislava	4:3 / 1:1
Roter Stern Belgrad –	
Wolverhampton Wanderers	1:1 / 0:3
Fenerbahce Istanbul –	(3. Spiel in Genf)
OGC Nizza	2:1 / 1:2 / 1:5
Sparta Rotterdam –	(3. Spiel in Bremen)
IFK Göteborg	3:1 / 1:3 / 3:1

VIERTELFINALE

Termine: 4. Februar bis 30. März 1960

Eintracht Frankfurt/M. –
Wiener Sportklub   2:1 (1:0)
Frankfurt: Loy, Lutz, Höfer, Schymik, Bechthold, Stinka, Kreß, Lindner, Weilbächer, Pfaff, Meier. *Schiedsrichter:* Guinnard (Schweiz); *Zuschauer:* 40 000; *Tore:* 1:0 Lindner (15.), 1:1 Skerlan (50.), 2:1 Meier (60.).

Wiener Sportklub –
Eintracht Frankfurt/M.   1:1 (1:0)
Frankfurt: Loy, Schymik, Höfer, Weilbächer, Eigenbrodt, Stinka, Kreß, Lindner, Stein, Pfaff, Meier. *Schiedsrichter:* Huber (Schweiz); *Zuschauer:* 50 000; *Tore:* 1:0 Hof (31.), 1:1 Stein (59.).

OGC Nizza –	
Real Madrid	3:2 / 0:4
FC Barcelona –	
Wolverhampton Wanderers	4:0 / 5:2
Sparta Rotterdam –	(3. Spiel in London)
Glasgow Rangers	2:3 / 1:0 / 2:3

HALBFINALE

Termine: 13., 21., 27. April und 5. Mai 1960

Eintracht Frankfurt/M. –
Glasgow Rangers   6:1 (1:1)
Frankfurt: Loy, Lutz, Höfer, Weilbächer, Eigenbrodt, Stinka, Kreß, Lindner, Stein, Pfaff, Meier. *Schiedsrichter:* Lindberg (Schweden); *Zuschauer:* 72 000; *Tore:* 1:0 Stinka (29.), 1:1 Caldow (31., Foulstrafstoß), 2:1, 3:1 Pfaff (51., 55.), 4:1, 5:1 Lindner (73., 84.), 6:1 Stein (86.).

Glasgow Rangers –
Eintracht Frankfurt/M.   3:6 (1:3)
Frankfurt: Loy, Lutz, Höfer, Weilbächer, Eigenbrodt, Stinka, Kreß, Lindner, Stein, Pfaff, Meier. *Schiedsrichter:* Lööw (Schweden); *Zuschauer:* 70 000; *Tore:* 0:1 Lindner (6.), 1:1 MacMillan (10.), 1:2 Pfaff (20.), 1:3 Kreß (28.), 2:3 MacMillan (54.), 2:4, 2:5 Meier (58., 71.), 3:5 Wilson (74.), 3:6 Pfaff (88.).

Real Madrid –
FC Barcelona   3:1 / 3:1

FINALE

am 18. Mai 1960 in Glasgow:

Real Madrid –
Eintracht Frankfurt/M.   7:3 (3:1)
Madrid: Dominguez, Marquitos, Pachin, Vidal, Santamaria, Zarraga, Canario, del Sol, di Stefano, Puskas, Gento.
Frankfurt: Loy, Lutz, Höfer, Weilbächer, Eigenbrodt, Stinka, Kreß, Lindner, Stein, Pfaff, Meier.
Schiedsrichter: Mowat (Schottland);
Zuschauer: 135 000;
Tore: 0:1 Kreß (18.), 1:1, 2:1 di Stefano (27., 29.), 3:1, 4:1, 5:1, 6:1 Puskas (45., 53., 60., 70.), 6:2 Stein (72.), 7:2 di Stefano (73.), 7:3 Stein (75.).

VI. Europapokal der Landesmeister 1960/61 (26 Teilnehmer)

BENFICA LISSABON

STATISTIK

1955
1956
1957
1958
1959
1960
1961
1962
1963
1964
1965
1966
1967
1968
1969
1970
1971
1972
1973
1974
1975
1976
1977
1978
1979
1980
1981
1982
1983
1984
1985
1986
1987
1988
1989
1990
1991
1992
1993
1994

Zwei Tore von Uwe Seeler (rechts) bringen den HSV ins Halbfinale. Verteidiger Adamson vom FC Burnley (Nummer 5) gratuliert dem Hamburger.

VORRUNDE

Termine: 31. August bis 12. Oktober 1960

Glenavon Lurgan –
SC Wismut Karl-Marx-Stadt
(kampflos für Karl-Marx-Stadt)

FK Fredrikstad –	
Ajax Amsterdam	4:3 / 0:0
Limerick SC –	
Young Boys Bern	0:5 / 2:4
IFK Helsinki –	
Malmö FF	1:3 / 1:2
Stade Reims –	
Jeunesse Esch	6:1 / 5:0
Rapid Wien –	
Besiktas Istanbul	4:0 / 0:1
Aarhus GF –	
Legia Warschau	3:0 / 0:1
Juventus Turin –	
ZDNA Sofia	2:0 / 1:4
FC Barcelona –	(2. Spiel in Brüssel)
Lierse SK	2:0 / 3:0
Roter Stern Belgrad –	
Dozsa Ujpest Budapest	2:1 / 0:3
Heart of Midlothian Edinburgh –	
Benfica Lissabon	1:2 / 0:3

Spartak Hradec Kralove –
Steaua Bukarest (kampflos für Hradec Kralove)

ACHTELFINALE

Termine: 19. Oktober bis 21. Dezember 1960

Young Boys Bern –
Hamburger SV 0:5 (0:3)
Hamburg: Schnoor, Piechowiak, Krug, Werner, Meinke, D. Seeler, Neisner, Dehn, U. Seeler, Stürmer, G. Dörfel. *Schiedsrichter:* Bronhorst (Niederlande); *Zuschauer:* 45 000; *Tore:* 0:1 Stürmer (24.), 0:2, 0:3 U. Seeler (34., 39.), 0:4 Stürmer (51.), 0:5 Neisner (77.)

Hamburger SV –
Young Boys Bern 3:3 (1:2)
Hamburg: Krämer, Krug, Kurbjuhn, Werner, Kröpelin, D. Seeler, Neisner, Dehn, U. Seeler, Stürmer, G. Dörfel. *Schiedsrichter:* Roomer (Niederlande); *Zuschauer:* 40 000; *Tore:* 1:0 Stürmer (13.), 1:1 Bigler (21., Foulstrafstoß). 1:2 Meier (25.), 1:3 Schneiter (48.), 2:3 G. Dörfel (70.), 3:3 Walker (86., Eigentor).

Rapid Wien –
SC Wismut Karl-Marx-Stadt 3:1 (1:1)

Karl-Marx-Stadt: Thiele, A. Müller, B. Müller, Wagner, S. Wolf, M. Kaiser, Zink, K. Wolf, Bamberger, Erler, Wachtel. *Schiedsrichter:* Grandain (Belgien); *Zuschauer:* 25 000; *Tore:* 1:0 Dienst (3.), 1:1 Wagner (16.), 2:1 Milanovic (52.), 3:1 Hanappi (61.).

SC Wismut Karl-Marx-Stadt –
Rapid Wien 2:0 (0:0)
Karl-Marx-Stadt: Neupert, A. Müller, B. Müller, Wagner, S. Wolf, M. Kaiser, Zink, Bamberger, Erler, Tröger, Wachtel. *Schiedsrichter:* Versyp (Belgien); *Zuschauer:* 25 000; *Tore:* 1:0 Bamberger (49.), 2:0 Zink (61.).

Rapid Wien –
SC Wismut Karl-Marx-Stadt 1:0 (1:0)
(3. Spiel in Basel)
Karl-Marx-Stadt: Neupert, A. Müller, B. Müller, Wagner, S. Wolf, M. Kaiser, Zink, Erler, Tröger, Bamberger, Wachtel. *Schiedsrichter:* Dienst (Schweiz); *Zuschauer:* 10 000; *Tor:* 1:0 Flögel (4.).

Aarhus GF –	
FK Fredrikstad	3:0 / 1:0
Malmö FF –	
ZDNA Sofia	1:0 / 1:1
Benfica Lissabon –	
Dozsa Ujpest Budapest	6:2 / 1:2
Spartak Hradec Kralove –	
Panathinaikos Athen	1:0 / 0:0
Real Madrid –	
FC Barcelona	2:2 / 1:2
FC Burnley –	(2. Spiel in Paris)
Stade Reims	2:0 / 2:3

VIERTELFINALE

Termine: 18. Januar bis 3. April 1961

FC Burnley –
Hamburger SV 3:1 (1:0)
Hamburg: Schnoor, Krug, Kurbjuhn, Werner, Meinke, D. Seeler, Neisner, Dehn, U. Seeler, Stürmer, G. Dörfel. *Schiedsrichter:* Sörensen (Dänemark); *Zuschauer:* 46 237; *Tore:* 1:0, 2:0 Pilkington (8., 60.), 3:0 Robson (70.), 3:1 G. Dörfel (75.).

Hamburger SV –
FC Burnley 4:1 (2:0)
Hamburg: Schnoor, Krug, Kurbjuhn, Werner, Meinke, D. Seeler, Neisner, Dehn, U. Seeler, Stürmer, G. Dörfel. *Schiedsrichter:* Poulsen (Dänemark); *Zuschauer:* 74 000; *Tore:* 1:0 Stürmer (7.), 2:0 U. Seeler (41.), 2:1 Harris (54.), 3:1 G. Dörfel (56.), 4:1 U. Seeler (60.).

FC Barcelona –	(2. Spiel in Prag)
Spartak Hradec Kralove	4:0 / 1:1
Benfica Lissabon –	
Aarhus GF	3:1 / 4:1
Rapid Wien –	
Malmö FF	2:0 / 2:0

HALBFINALE

Termine: 12. April bis 4. Mai 1961

FC Barcelona –
Hamburger SV 1:0 (0:0)
Hamburg: Schnoor, Krug, Kurbjuhn, Werner, Meinke, D. Seeler, Neisner, Dehn, U. Seeler, Stürmer, G. Dörfel. *Schiedsrichter:* van Nuffel (Belgien); *Zuschauer:* 90 000; *Tor:* 1:0 Evaristo (46.).

Hamburger SV –
FC Barcelona 2:1 (0:0)
Hamburg: Schnoor, Krug, Kurbjuhn, Werner, Meinke, Wulf, Neisner, Dehn, U. Seeler, Stürmer, G. Dörfel. *Schiedsrichter:* Versyp (Belgien); *Zuschauer:* 75 000; *Tore:* 1:0 Wulf (58.), 2:0 U. Seeler (68.), 2:1 Kocsis (90.).

FC Barcelona –
Hamburger SV 1:0 (1:0)
(3. Spiel in Brüssel)
Hamburg: Schnoor, Krug, Kurbjuhn, Werner, Meinke, Dehn, Neisner, U. Seeler, Wulf, Stürmer, G. Dörfel. *Schiedsrichter:* Sörensen (Dänemark); *Zuschauer:* 63 000; *Tor:* 1:0 Evaristo (42.).

Benfica Lissabon –
Rapid Wien 3:0 / 1:1
(2. Spiel in der 88. Minute abgebrochen und symbolisch 3:0 für die Portugiesen gewertet).

FINALE

am 30. Mai 1961 in Bern:

Benfica Lissabon –
FC Barcelona 3:2 (2:1)
Lissabon: Costa Pereira, Joao, Angelo, Neto, Germano, Cruz, Augusto, Santana, Aguas, Coluna, Cavem. *Barcelona:* Ramallets, Foncho, Garcia, Verges, Gensana, Garay, Kubala, Suarez, Evaristo, Kocsis, Czibor.
Schiedsrichter: Dienst (Schweiz); *Zuschauer:* 30 000; *Tore:* 0:1 Kocsis (21.), 1:1 Aguas (31.), 2:1 Santana (32.), 3:1 Coluna (55.), 3:2 Czibor (75.).

VII. Europapokal der Landesmeister 1961/62 (29 Teilnehmer)

BENFICA LISSABON

1955
1956
1957
1958
1959
1960
1961
1962
1963
1964
1965
1966
1967
1968
1969
1970
1971
1972
1973
1974
1975
1976
1977
1978
1979
1980
1981
1982
1983
1984
1985
1986
1987
1988
1989
1990
1991
1992
1993
1994

Pokalverteidiger Benfica Lissabon erreicht durch ein 2:1 bei den Tottenham Hotspurs erneut das Endspiel. Torwart Pereira klärt hier entschlossen vor Englands Stürmerstar Jimmy Greaves (Nummer 10).

VORRUNDE
Termine: 23. August bis 27. September 1961

1. FC Nürnberg –
Drumcondra Dublin   **5:0 (3:0)**
Nürnberg: Wabra, Derbfuß, Hilpert, Zenger, Wenauer, Reisch, Flachenecker, Morlock, Strehl, Gettinger, H. Müller.
Schiedsrichter: Roomer (Niederlande);
Zuschauer: 30 645; *Tore:* 1:0 H. Müller (10.), 2:0, 3:0 Strehl (15., 23.), 4:0, 5:0 Gettinger (46., 73.).
Drumcondra Dublin –
1. FC Nürnberg   **1:4 (1:1)**
Nürnberg: Wabra, Derbfuß, Hilpert, Zenger, Wenauer, Reisch, Flachenecker, Morlock, Gettinger, H. Müller.
Schiedsrichter: van Leeuwen (Niederlande);
Zuschauer: 10 997; *Tore:* 0:1 Strehl (16.), 1:1 Fullam (16.), 1:2, 1:3, 1:4 Strehl (47., 52., 65.).
ASK Vorwärts Berlin –
FC Linfield Belfast   **3:0 (2:0)**
Berlin: Spickenagel, Kalinke, Kiupel, Krampe, Körner, Unger, Hoge, Riese, Meyer, Kohle, Wirth. *Schiedsrichter:* Boström (Schweden);
Zuschauer: 15 626;
Tore: 1:0, 2:0 Kohle (9., 38.), 3:0 Wirth (50.).
Linfield verzichtete auf das Rückspiel.

AS Monaco –	
Glasgow Rangers	**2:3 / 2:3**
IFK Göteborg –	
Feyenoord Rotterdam	**0:3 / 2:8**
ZDNA Sofia –	
Dukla Prag	**4:4 / 1:2**
Servette Genf –	
Hibernian La Valetta	**5:0 / 2:1**
Standard Lüttich –	
FK Fredrikstad	**2:1 / 2:0**
Vasas Budapest –	
Real Madrid	**0:2 / 1:3**
Spora Luxemburg –	
Odense BK	**0:6 / 2:9**
Gornik Zabrze –	
Tottenham Hotspur	**4:2 / 1:8**
Sporting Lissabon –	
Partizan Belgrad	**1:1 / 0:2**
Panathinaikos Athen –	
Juventus Turin	**1:1 / 1:2**
CCA Bukarest –	
Austria Wien	**0:0 / 0:2**

ACHTELFINALE
Termine: 18. Oktober bis 3. Dezember 1961

Fenerbahce Istanbul –
1. FC Nürnberg   **1:2 (0:0)**
Nürnberg: Wabra, Derbfuß, Hilpert, Zenger, Wenauer, Gettinger, Flachenecker, Morlock, Strehl, Wild, Haseneder. *Schiedsrichter:* Posa (Ungarn);
Zuschauer: 13 743; *Tore:* 0:1 Flachenecker (52.), 0:2 Strehl (55.), 1:2 Can (65.).
1. FC Nürnberg –
Fenerbahce Istanbul   **1:0 (0:0)**
Nürnberg: Wabra, Derbfuß, Hilpert, Zenger, Wenauer, Reisch, Flachenecker, Morlock, Strehl, Wild, Gettinger.
Schiedsrichter: Dorogi (Ungarn); *Zuschauer:* 42 641;
Tor: 1:0 Wild (72.).
ASK Vorwärts Berlin –
Glasgow Rangers   **1:2 (1:2)**
Berlin: Spickenagel, Kalinke, Kiupel, Krampe, Prüfke, Körner, Hoge, Kohle, Vogt, Nöldner, Wirth.
Schiedsrichter: Martens (Niederlande);
Zuschauer: 14 268;
Tore: 1:0 Kohle (27.), 1:1 Caldow (28., Foulstrafstoß), 1:2 Brand (44.).
Glasgow Rangers –   **(in Malmö)**
ASK Vorwärts Berlin   **4:1 (0:0)**
Berlin: Spickenagel, Kalinke, Kiupel, Krampe, Unger, Körner, Hoge, Karow, Vogt, Nöldner, Wirth.
Schiedsrichter: Johansson (Schweden);
Zuschauer: 1 781;
Tore: 1:0 Kalinke (51., Eigentor), 2:0 McMillan (65.), 2:1 Caldow (67., Eigentor), 3:1 McMillan (81.), 4:1 Henderson (84.).
Dieses Spiel wurde am 23. November 1961, 10 Uhr vormittags, ausgetragen, weil das Treffen am Tag zuvor wegen starken Nebels bei Halbzeit (1:0 für Glasgow) abgebrochen werden mußte.

Odense BK –	
Real Madrid	**0:3 / 0:9**
Standard Lüttich –	
Haka Valkeakoski	**5:1 / 2:0**
Austria Wien –	
Benfica Lissabon	**1:1 / 1:5**
Feyenoord Rotterdam –	
Tottenham Hotspur	**1:3 / 1:1**
Servette Genf –	
Dukla Prag	**4:3 / 0:2**
Partizan Belgrad –	
Juventus Turin	**2:1 / 0:5**

VIERTELFINALE
Termine: 1. bis 28. Februar 1962

1. FC Nürnberg –
Benfica Lissabon   **3:1 (2:1)**
Nürnberg: Wabra, Derbfuß, Hilpert, Zenger, Wenauer, Reisch, Flachenecker, Morlock, Strehl, Wild, H. Müller.
Schiedsrichter: Wharton (Schottland);
Zuschauer: 41 010;
Tore: 0:1 Cavem (11.), 1:1 Flachenecker (32.), 2:1 Strehl (39.), 3:1 Flachenecker (85.).
Benfica Lissabon –
1. FC Nürnberg   **6:0 (3:0)**
Nürnberg: Strick, Derbfuß, Hilpert, Zenger, Wenauer, Reisch, Flachenecker, Morlock, Strehl, Wild, H. Müller.
Schiedsrichter: Rigato (Italien);
Zuschauer: 55 000;
Tore: 1:0 Aguas (2.), 2:0 Eusebio (4.), 3:0 Coluna (20.), 4:0 Eusebio (54.), 5:0, 6:0 Augusto (62., 78.).

Standard Lüttich –	
Glasgow Rangers	**4:1 / 0:2**
Juventus Turin –	**(3. Spiel in Paris)**
Real Madrid	**0:1 / 1:0 / 1:3**
Dukla Prag –	
Tottenham Hotspur	**1:0 / 1:4**

HALBFINALE
Termine: 21., 28. März, 5. und 12. April 1962

Benfica Lissabon –	
Tottenham Hotspur	**3:1 / 2:1**
Real Madrid –	
Standard Lüttich	**4:0 / 0:2**

FINALE
am 2. Mai 1962 in Amsterdam:

Benfica Lissabon –
Real Madrid   **5:3 (2:3)**
Lissabon: Costa Pereira, Joao, Angelo, Cavem, Germano, Cruz, Augusto, Eusebio, Aguas, Coluna, Simoes.
Madrid: Araquistain, Casado, Miera, Felo, Santamaria, Pachin, Tejada, del Sol, di Stefano, Puskas, Gento.
Schiedsrichter: Horn (Niederlande);
Zuschauer: 65 000;
Tore: 0:1, 0:2 Puskas (18., 23.), 1:2 Aguas (25.), 2:2 Cavem (33.), 2:3 Puskas (40.), 3:3 Coluna (50.), 4:3, 5:3 Eusebio (63., 69.).

VIII. Europapokal der Landesmeister 1962/63 (30 Teilnehmer)

AC MAILAND

VORRUNDE

Termine: 26. August bis 3. Oktober 1962

FC Dundee –
1. FC Köln   8:1 (5:0)
Köln: Ewert, Regh, H. Sturm, Hemmersbach, Wilden, Benthaus, Thielen, Schäfer, Chr. Müller, Habig, Hornig. *Schiedsrichter:* Jörgensen (Dänemark); *Zuschauer:* 23 821; *Tore:* 1:0 Hemmersbach (9., Eigentor), 2:0 Wishart (11.), 3:0 Robertson (12.), 4:0 Gilzean (26.), 5:0 Smith (45.), 6:0 Penman (50.), 7:0, 8:0 Gilzean (63., 66.), 8:1 Benthaus (72.).

1. FC Köln –
FC Dundee   4:0 (3:0)
Köln: A. Schumacher, Pott, Regh, Schnellinger, Wilden, Benthaus, Thielen, Habig, Chr. Müller, Schäfer, Hornig. *Schiedsrichter:* Poulsen (Dänemark); *Zuschauer:* 37 998; *Tore:* 1:0 Habig (8.), 2:0 Chr. Müller (37.), 3:0 Schäfer (44.), 4:0 Chr. Müller (57.).

ASK Vorwärts Berlin –
Dukla Prag   0:3 (0:1)
Berlin: Spickenagel, Begerad, Unger, Krampe, Körner, Reichelt, Nachtigall, Schmahl, Nöldner, Kiupel, Wirth. *Schiedsrichter:* Koczner (Polen); *Zuschauer:* 19 801; *Tore:* 0:1, 0:2, 0:3 Adamec (45., 59., 70.).

Dukla Prag –
ASK Vorwärts Berlin   1:0 (0:0)
Berlin: Zulkowski, Begerad, Unger, Krampe, Körner, Reichelt, Nachtigall, Kiupel, Schmahl, Nöldner, Wirth. *Schiedsrichter:* Stroniak (Polen); *Zuschauer:* 6 820; *Tor:* 1:0 Adamec (52.).

IFK Norrköping –	
Partizan Tirana	2:0 / 1:1
FC Linfield Belfast –	
Esbjerg BK	1:2 / 0:0
FK Fredrikstad –	
Vasas Budapest	1:4 / 0:7
Austria Wien –	
IFK Helsinki	5:3 / 2:0
Real Madrid –	
RSC Anderlecht	3:3 / 0:1
Dinamo Bukarest –	
Galatasaray Istanbul	1:1 / 0:3
AC Mailand –	
Union Luxemburg	8:0 / 6:0
Polonia Bytom –	(1. Spiel in Chorzow)
Panathinaikos Athen	2:1 / 4:1
Servette Genf –	(3. Spiel in Düsseldorf)
Feyenoord Rotterdam	1:3 / 3:1 / 1:3
Floriana La Valetta –	
Ipswich Town	1:4 / 0:10
Shelbourne SC Dublin –	
Sporting Lissabon	0:2 / 1:5
ZDNA Sofia –	
Partizan Belgrad	2:1 / 4:1

ACHTELFINALE

Termine: 18. Oktober bis 12. Dezember 1962

Austria Wien –	(2. Spiel in Paris)
Stade Reims	3:2 / 0:5
Sporting Lissabon –	
FC Dundee	1:0 / 1:4
ZDNA Sofia –	
RSC Anderlecht	2:2 / 0:2
IFK Norrköping –	
Benfica Lissabon	1:1 / 1:5
Esbjerg BK –	
Dukla Prag	0:0 / 0:5
Galatasaray Istanbul –	(2. Spiel in Chorzow)
Polonia Bytom	4:1 / 0:1
AC Mailand –	
Ipswich Town	3:0 / 1:2

Feyenoord Rotterdam –	(3. Spiel in Antwerpen)
Vasas Budapest	1:1 / 2:2 / 1:0

VIERTELFINALE

Termine: 23. Januar bis 14. März 1963

Galatasaray Istanbul –	
AC Mailand	1:3 / 0:5
Stade Reims –	(1. Spiel in Paris)
Feyenoord Rotterdam	0:1 / 1:1
Benfica Lissabon –	
Dukla Prag	2:1 / 0:0
RSC Anderlecht –	
FC Dundee	1:4 / 1:2

HALBFINALE

Termine: 10., 24. April, 1. und 8. Mai 1963

Feyenoord Rotterdam –	
Benfica Lissabon	0:0 / 1:3
AC Mailand –	
FC Dundee	5:1 / 0:1

FINALE

am 22. Mai 1963 in London:

AC Mailand –
Benfica Lissabon   2:1 (0:1)
Mailand: Ghezzi, David, Trebbi, Benitez, Maldini, Trapattoni, Pivatelli, Sani, Altafini, Rivera, Mora. *Lissabon:* Costa Pereira, Cavem, Cruz, Humberto, Raul, Coluna, Augusto, Santana, Torres, Eusebio, Simoes. *Schiedsrichter:* Holland (England); *Zuschauer:* 45 000; *Tore:* 0:1 Eusebio (18.), 1:1, 2:1 Altafini (58., 67.).

Der erste italienische Cupgewinner heißt AC Mailand. Zum Stammaufgebot gehören: Maldini, Barison, Rivera, Pivatelli, Altafini, Trapattoni (stehend von links), David, Mora, Pelagalli, Ghezzi und Radice (hockend von links).

STATISTIK

1955
1956
1957
1958
1959
1960
1961
1962
1963
1964
1965
1966
1967
1968
1969
1970
1971
1972
1973
1974
1975
1976
1977
1978
1979
1980
1981
1982
1983
1984
1985
1986
1987
1988
1989
1990
1991
1992
1993
1994

IX. Europapokal der Landesmeister 1963/64 (31 Teilnehmer)

INTER MAILAND

Eines der Klasse-Duelle im Halbfinale: Borussen-Stürmer Lothar Emmerich (rechts) gegen Inter-Verteidiger Burgnich (links).

VORRUNDE
Termine: 10. September bis 12. Oktober 1963

Lyn Oslo –
Borussia Dortmund 2:4 (2:1)
Dortmund: Wessel, W. Burgsmüller, Geisler, D. Kurrat, Sturm, Bracht, Wosab, Schmidt, Cyliax, Konietzka, Emmerich. *Schiedsrichter:* McCabe (England); *Zuschauer:* 18 159;
Tore: 0:1 Emmerich (18.), 1:1 Berg (32.), 2:1 Stavrum (33.), 2:2 Schmidt (60.), 2:3, 2:4 Wosab (65., 76.).

Borussia Dortmund –
Lyn Oslo 3:1 (1:0)
Dortmund: Wessel, W. Burgsmüller, Geisler, D. Kurrat, Schmidt, Sturm, Wosab, Rylewicz, H.-J. Kurrat, Konietzka, Cyliax. *Schiedsrichter:* Finney (England); *Zuschauer:* 10 700; *Tore:* 1:0 Konietzka (35.), 1:1 Stavrum (63.), 2:1 Konietzka (82.), 3:1 Cyliax (86.).

Dinamo Bukarest –
SC Motor Jena 2:0 (1:0)
Jena: Fritzsche, Otto, Stricksner, Woitzat, W. Krauß, Marx, Lange, H. Müller, P. Ducke, Seifert, R. Ducke. *Schiedsrichter:* Budaj (Polen); *Zuschauer:* 19 210; *Tore:* 1:0 I. Nunweiler (13.), 2:0 Petru (74.).

SC Motor Jena –
Dinamo Bukarest 0:1 (0:0)
Jena: Fritzsche, Otto, Stricksner, Woitzat, Rock, Marx, Lange, H. Müller, P. Ducke, Seifert, R. Ducke. *Schiedsrichter:* Stroniak (Polen); *Zuschauer:* 11 195; *Tor:* 0:1 Tircovnicu (54.).

Partizan Tirana –	
Spartak Plowdiw	1:0 / 1:3
Galatasaray Istanbul –	
Ferencvaros Budapest	4:0 / 0:2
FC Dundalk –	
FC Zürich	0:3 / 2:1
Partizan Belgrad –	
Anorthosis Nikosia	3:0 / 3:1
Dukla Prag –	
SC La Valetta	6:0 / 2:0
Gornik Zabrze –	(3. Spiel in Wien)
Austria Wien	1:0 / 0:1 / 2:1
Distillery Belfast –	
Benfica Lissabon	3:3 / 0:5
AS Monaco –	(1. Spiel in Nizza)
AEK Athen	7:2 / 1:1
Haka Valkeakoski –	
Jeunesse Esch	4:1 / 0:4
Standard Lüttich –	
IFK Norrköping	1:0 / 0:2
Glasgow Rangers –	
Real Madrid	0:1 / 0:6
FC Everton –	
Inter Mailand	0:0 / 0:1
Esbjerg BK –	
PSV Eindhoven	3:4 / 1:7

Freilos: **AC Mailand**

ACHTELFINALE
Termine: 6. November bis 11. Dezember 1963

Benfica Lissabon –
Borussia Dortmund 2:1 (0:0)
Dortmund: Tilkowski, W. Burgsmüller, Redder, D. Kurrat, Geisler, Sturm, Wosab, Schmidt, Brungs, Konietzka, Emmerich. *Schiedsrichter:* Schwinte (Frankreich); *Zuschauer:* 41 252; *Tore:* 1:0 Simoes (47.), 1:1 Wosab (53.), 2:1 Eusebio (67.).

Borussia Dortmund –
Benfica Lissabon 5:0 (3:0)
Dortmund: Tilkowski, W. Burgsmüller, Redder, D. Kurrat, Geisler, Sturm, Wosab, Schmidt, Brungs, Konietzka, Emmerich. *Schiedsrichter:* McCabe (England); *Zuschauer:* 40 675; *Tore:* 1:0 Konietzka (34.), 2:0, 3:0, 4:0 Brungs (35., 36., 47.), 5:0 Wosab (59.).

IFK Norrköping –	
AC Mailand	1:1 / 2:5
Spartak Plowdiw –	
PSV Eindhoven	0:1 / 0:0
FC Zürich –	(3. Spiel in Rom, Los für Zürich)
Galatasaray Istanbul	2:0 / 0:2 / 2:2
Gornik Zabrze –	
Dukla Prag	2:0 / 1:4
Dinamo Bukarest –	
Real Madrid	1:3 / 3:5
Jeunesse Esch –	
Partizan Belgrad	2:1 / 2:6
Inter Mailand –	
AS Monaco	1:0 / 3:1

VIERTELFINALE
Termine: 29. Januar bis 18. März 1964

Dukla Prag –
Borussia Dortmund 0:4 (0:1)
Dortmund: Tilkowski, W. Burgsmüller, Redder, D. Kurrat, Geisler, Sturm, Wosab, Schmidt, Brungs, Konietzka, Emmerich. *Schiedsrichter:* Rigato (Italien); *Zuschauer:* 21 920; *Tore:* 0:1 Brungs (30.), 0:2 Konietzka (55.), 0:3, 0:4 Wosab (70., Foulstrafstoß, 89.).

Borussia Dortmund –
Dukla Prag 1:3 (1:1)
Dortmund: Tilkowski, W. Burgsmüller, Redder, D. Kurrat, Paul, Sturm, Wosab, Rylewicz, Brungs, Konietzka, Emmerich. *Schiedsrichter:* Brittle (Schottland); *Zuschauer:* 42.415; *Tore:* 1:0 Rylewicz (20.), 1:1 Rödr (41.), 1:2, 1:3 Jelinek (66., 87.).

Real Madrid –	
AC Mailand	4:1 / 0:2
PSV Eindhoven –	
FC Zürich	1:0 / 1:3
Partizan Belgrad –	
Inter Mailand	0:2 / 1:2

HALBFINALE
Termine: 15., 22., 29. April, 7. Mai 1964

Borussia Dortmund –
Inter Mailand 2:2 (2:2)
Dortmund: Tilkowski, Sturm, Redder, D. Kurrat, Geisler, Bracht, Wosab, Schmidt, Brungs, Konietzka, Emmerich. *Schiedsrichter:* Gerö (Ungarn); *Zuschauer:* 42 356; *Tore:* 0:1 Mazzola (3.), 1:1, 2:1 Brungs (23., 28.), 2:2 Corso (41.).

Inter Mailand –
Borussia Dortmund 2:0 (0:0)
Dortmund: Tilkowski, Sturm, Redder, D. Kurrat, Geisler, Bracht, Wosab, Schmidt, Brungs, Konietzka, Emmerich. *Schiedsrichter:* Tesanic (Jugoslawien); *Zuschauer:* 76 788; *Tore:* 1:0 Mazzola (48.), 2:0 Jair (75.).

FC Zürich –	
Real Madrid	1:2 / 0:6

FINALE
am 27. Mai 1964 in Wien:

Inter Mailand –
Real Madrid 3:1 (1:0)
Mailand: Sarti, Burgnich, Facchetti, Tagnin, Guarneri, Picchi, Jair, Mazzola, Milani, Suarez, Corso.
Madrid: Vicente, Isidro, Pachin, Muller, Santamaria, Zocco, Amancio, Felo, di Stefano, Puskas, Gento. *Schiedsrichter:* Stoll (Österreich); *Zuschauer:* 75 000; *Tore:* 1:0 Mazzola (43.), 2:0 Milani (61.), 2:1 Felo (70.), 3:1 Mazzola (76.).

X. Europapokal der Landesmeister 1964/65 (31 Teilnehmer)

INTER MAILAND

Mit einem 0:0 in Liverpool erzwingt der 1. FC Köln ein Entscheidungsspiel. Kölns Spielmacher Wolfgang Overath (in der Mitte) wird hier von den Briten gestoppt.

VORRUNDE
Termine: 17. August bis 4. November 1964

Partizan Tirana –
1. FC Köln 0:0
Köln: A. Schumacher, Pott, Regh, Weber, Wilden, H. Sturm, Thielen, Schäfer, Chr. Müller, Overath, Hemmersbach. Schiedsrichter: Varazdinec (Jugoslawien); Zuschauer: 26 483.

1. FC Köln –
Partizan Tirana 2:0 (0:0)
Köln: A. Schumacher, Rumor, Regh, Benthaus, Weber, H. Sturm, Thielen, Schäfer, Chr. Müller, Overath, Löhr. Schiedsrichter: Huber (Schweiz); Zuschauer: 45 236; Tore: 1:0 H. Sturm (80.), 2:0 Overath (90.).

Chemie Leipzig –
Vasas Györ 0:2 (0:0)
Leipzig: Günther, Krause, Walter, Herrmann, Slaby, Herzog, K. Lisiewicz, Richter, Scherbarth, Bauchspieß, Behla. Schiedsrichter: Budaj (Polen); Zuschauer: 36 467; Tore: 0:1 Keglovich (64.), 0:2 Koros (66.).

Vasas Györ –
Chemie Leipzig 4:2 (2:0)
Leipzig: Günther, Krause, Walter, Herrmann, Slaby, Herzog, Walther, Sannert, Scherbarth, K. Lisiewicz, Behla. Schiedsrichter: Mihailescu (Rumänien); Zuschauer: 8 175; Tore: 1:0 Palotai (10.), 2:0, 3:0 Keglovich (30., 50.), 4:0 Orosz (60.), 4:1 Scherbarth (85.), 4:2 Behla (88.).

Glentoran Belfast –	
Panathinaikos Athen	2:2 / 2:3
FC Reykjavik –	
FC Liverpool	0:5 / 1:6
RSC Anderlecht –	
AC Bologna	1:0 / 1:2 / 0:0
(3. Spiel in Barcelona, Los für Anderlecht)	
Sliema Wanderers –	
Dinamo Bukarest	0:2 / 0:5
Rapid Wien –	
Shamrock Rovers	3:0 / 2:0
Glasgow Rangers –	(3. Spiel in London)
Roter Stern Belgrad	3:1 / 2:4 / 3:1
AS St. Etienne –	
La Chaux-de-Fonds	2:2 / 1:2
Aris Bonneweg –	
Benfica Lissabon	1:5 / 1:5
Odense BK –	
Real Madrid	2:5 / 0:4
Dukla Prag –	(3. Spiel in Duisburg, Los für Prag)
Gornik Zabrze	4:1 (0:3) (0:0)

Lok Sofia –	
Malmö FF	8:3 / 0:2
DWS Amsterdam –	
Fenerbahce Istanbul	3:1 / 1:0
Lahden Reipas Lahti –	
Lyn Oslo	2:1 / 0:3
Freilos: Inter Mailand	

ACHTELFINALE
Termine: 4. November bis 16. Dezember 1964

Panathinaikos Athen –
1. FC Köln 1:1 (0:1)
Köln: Ewerl, Rumor, Regh, Hemmersbach, Wilden, Weber, Thielen, H. Sturm, Chr. Müller, Overath, Hornig. Schiedsrichter: Roumenchev (Bulgarien); Zuschauer: 24 243; Tore: 0:1 Chr. Müller (25.), 1:1 Paputsakis (74.).

1. FC Köln –
Panathinaikos Athen 2:1 (1:1)
Köln: Ewert, Rumor, Regh, Hemmersbach, Weber, H. Sturm, Thielen, Schäfer, Chr. Müller, Overath, Hornig. Schiedsrichter: Philips (Schottland); Zuschauer: 61 245; Tore: 0:1 Komianidis (5.), 1:1 Thielen (19.), 2:1 Chr. Müller (74.).

FC Liverpool –	
RSC Anderlecht	3:0 / 1:0
Inter Mailand –	
Dinamo Bukarest	6:0 / 1:0
Glasgow Rangers –	
Rapid Wien	1:0 / 2:0
La Chaux-de-Fonds –	
Benfica Lissabon	1:1 / 0:5
Real Madrid –	
Dukla Prag	4:0 / 2:2
Vasas Györ –	
Lok Sofia	5:3 / 3:4
DWS Amsterdam –	
Lyn Oslo	5:0 / 3:1

VIERTELFINALE
Termine: 10. Februar bis 24. März 1965

1. FC Köln –
FC Liverpool 0:0
Köln: A. Schumacher, Pott, Regh, Benthaus, Wilden, Weber, Thielen, H. Sturm, Chr. Müller, Overath, Löhr. Schiedsrichter: Sbardello (Italien); Zuschauer: 39 139.

FC Liverpool –
1. FC Köln 0:0
Köln: A. Schumacher, Pott, Regh, Weber, Hemmersbach, H. Sturm, Thielen, Zeze, Löhr, Overath, Hornig. Schiedsrichter: Barberan (Frankreich); Zuschauer: 48 948.

1. FC Köln –
FC Liverpool 2:2 (2:2, 1:2) n.V.
(3. Spiel in Rotterdam, Los für Liverpool)
Köln: A. Schumacher, Pott, Regh, H. Sturm, Hemmersbach, Weber, Thielen, Chr. Müller, Löhr, Overath, Hornig. Schiedsrichter: Schaut (Belgien); Zuschauer: 47 862; Tore: 0:1 St. John (21.), 0:2 Hunt (36.), 1:2 Thielen (40.), 2:2 Löhr (48.).

Inter Mailand –	
Glasgow Rangers	3:1 / 0:1
Benfica Lissabon –	
Real Madrid	5:1 / 1:2
DWS Amsterdam –	
Vasas Györ	1:1 / 0:1

HALBFINALE
Termine: 30. April, 4., 6. und 12. Mai

FC Liverpool –	
Inter Mailand	3:1 / 0:3
Vasas Györ –	(1. Spiel in Budapest)
Benfica Lissabon	0:1 / 0:4

FINALE
am 27. Mai 1965 in Mailand:

Inter Mailand –
Benfica Lissabon 1:0 (1:0)
Mailand: Sarti, Picchi, Burgnich, Guarneri, Facchetti, Bedin, Suarez, Corso, Jair, Mazzola, Peiro. Lissabon: Costa Pereira (57. verletzt ausgeschieden, dafür Germano im Tor), Cavem, Germano, Raul, Cruz, Neto, Coluna, Augusto, Torres, Eusebio, Simoes. Schiedsrichter: Dienst (Schweiz); Zuschauer: 80 000; Tor: 1:0 Jair (42.).

STATISTIK

1955
1956
1957
1958
1959
1960
1961
1962
1963
1964
1965
1966
1967
1968
1969
1970
1971
1972
1973
1974
1975
1976
1977
1978
1979
1980
1981
1982
1983
1984
1985
1986
1987
1988
1989
1990
1991
1992
1993
1994

XI. Europapokal der Landesmeister 1965/66 (31 Teilnehmer)

REAL MADRID

Das erste Vorrundenspiel zwischen Feyenoord und Real endet in Rotterdam mit einer handfesten Prügelei der Spieler. Die 1:2 Auswärtsniederlage korrigieren die Madrider mit 5:0 eindrucksvoll.

VORRUNDE

Termine: 26. August bis 13. Oktober 1965

Apoel Nikosia – Werder Bremen 0:5 (0:4)
(in Bremen)
Bremen: Bernard, Piontek, Höttges, Schulz, Steinmann, Lorenz, Zebrowski, Danielsen, Matischak, Ferner, Podlich. *Schiedsrichter:* Zelmes (Luxemburg); *Zuschauer:* 9 000; *Tore:* 0:1 Matischak (13.), 0:2 Podlich (31.), 0:3 Matischak (32.), 0:4 Schulz (35.), 0:5 Zebrowski (78.).

Werder Bremen – Apoel Nikosia 5:0 (2:0)
Bremen: Bernard, Piontek, Höttges, Schulz, Steinmann, Lorenz, Zebrowski, Danielsen, Matischak, Ferner, Podlich. *Schiedsrichter:* Sörensen (Dänemark); *Zuschauer:* 12 000; *Tore:* 1:0 Danielsen (36.), 2:0 Ferner (41.), 3:0 Danielsen (53.), 4:0, 5:0 Höttges (64., 83., Foulstrafstoß).

Drumcondra Dublin – ASK Vorwärts Berlin 1:0 (0:0)
Berlin: Zulkowski, Fräßdorf, Unger, Krampe, Kalinke, Kiupel, Piepenburg, Nöldner, Vogt, Begerad, Großheim. *Schiedsrichter:* Horn (Niederlande); *Zuschauer:* 17.000; *Tor:* 1:0 Morrissey (64.).

ASK Vorwärts Berlin – Drumcondra Dublin 3:0 (1:0)
Berlin: Weiß, Fräßdorf, Unger, Krampe, Kalinke, Körner, Nachtigall, Nöldner, Vogt, Begerad, Piepenburg. *Schiedsrichter:* Lindberg (Schweden); *Zuschauer:* 16 000; *Tore:* 1:0 Vogt (21.), 2:0 Begerad (51.), 3:0 Piepenburg (68.).

Sliema Wanderers – Panathinaikos Athen	1:0 / 1:4
IF Keflavik – Ferencvaros Budapest	1:4 / 1:9
Fenerbahce Istanbul – RSC Anderlecht	0:0 / 1:5
Feyenoord Rotterdam – Real Madrid	2:1 / 0:5
Nenduri Tirana – FC Kilmarnock	0:0 / 0:1
Lausanne Sports – Sparta Prag	0:0 / 0:4
Lyn Oslo – Derry City	5:3 / 1:5
Djurgarden IF – Lewski Sofia	2:1 / 0:6
Linzer ASK – Gornik Zabrze	1:3 / 1:2
Stade Düdelingen – Benfica Lissabon	0:8 / 0:10
HJK Helsinki – Manchester United	2:3 / 0:6
Partizan Belgrad – FC Nantes	2:0 / 2:2
Dinamo Bukarest – Odense BK	4:0 / 3:2

Freilos: **Inter Mailand**

ACHTELFINALE

Termine: 10. November bis 15. Dezember 1965

Partizan Belgrad – Werder Bremen 3:0 (0:0)
Bremen: Bernard, Piontek, Höttges, Steinmann, Bordel, Lorenz, Schulz, Schütz, Matischak, Ferner, Hänel. *Schiedsrichter:* di Marchi (Italien); *Zuschauer:* 30 000; *Tore:* 1:0 Jusufi (69.), 2:0 Hasanagic (75.), 3:0 Pirmajer (87.).

Werder Bremen – Partizan Belgrad 1:0 (1:0)
Bremen: Bernard, Piontek, Höttges, Steinmann, Bordel, Lorenz, Zebrowski, Matischak, Hänel, Schütz, Ferner. *Schiedsrichter:* Wharton (Schottland); *Zuschauer:* 25 000; *Tor:* 1:0 Schütz (39.).

ASK Vorwärts Berlin – Manchester United 0:2 (0:0)
Berlin: Weiß, Fräßdorf, Unger, Krampe, Kiupel, Körner, Nachtigall, Nöldner, Vogt, Begerad, Piepenburg. *Schiedsrichter:* Carlsson (Schweden); *Zuschauer:* 25 000; *Tore:* 0:1 Law (72.), 0:2 Conelly (80.).

Manchester United – ASK Vorwärts Berlin 3:1 (2:0)
Berlin: Zulkowski, Fräßdorf, Unger, Krampe, Kiupel, Körner, Piepenburg, Kalinke, Vogt, Begerad, Großheim. *Schiedsrichter:* Gardeazabal (Spanien); *Zuschauer:* 30 000; *Tore:* 1:0, 2:0 Herd (8., 38.), 2:1 Piepenburg (81.), 3:1 Herd (90.).

Sparta Prag – Gornik Zabrze	3:0 / 2:1
Dinamo Bukarest – Inter Mailand	2:1 / 0:2
FC Kilmarnock – Real Madrid	2:2 / 1:5
Lewski Sofia – Benfica Lissabon	2:2 / 2:3
Ferencvaros Budapest – Panathinaikos Athen	0:0 / 3:1
RSC Anderlecht – Derry City	9:0

Derry verzichtete auf das Rückspiel.

VIERTELFINALE

Termine: 2. Februar bis 9. März 1966

Manchester United – Benfica Lissabon	3:2 / 5:1
Sparta Prag – Partizan Belgrad	4:1 / 0:5
RSC Anderlecht – Real Madrid	1:0 / 2:4
Inter Mailand – Ferencvaros Budapest	4:0 / 1:1

HALBFINALE

Termine: 13. und 20. April 1966

Partizan Belgrad – Manchester United	2:0 / 0:1
Real Madrid – Inter Mailand	1:0 / 1:1

FINALE

am 11. Mai 1966 in Brüssel:

Real Madrid – Partizan Belgrad 2:1 (0:0)
Madrid: Araquistain, Pachin, de Felipe, Zocco, Suarez, Pirri, Velasquez, Serena, Amancio, Grosso, Gento.
Belgrad: Soskic, Jusufi, Rasovic, Vasovic, Michailovic, Kovacevic, Becejak, Bajic, Hasanagic, Galic, Pirmajer.
Schiedsrichter: Kreitlein (Bundesrepublik Deutschland); *Zuschauer:* 60 000; *Tore:* 0:1 Hasanagic (55.), 1:1 Amancio (70.), 2:1 Serena (76.).

XII. Europapokal der Landesmeister 1966/67 (33 Teilnehmer)

CELTIC GLASGOW

AUSSCHEIDUNGSRUNDE
Termine: 31. August, 7. und 14. September 1966

FC Waterford – (in Dublin)
FC Vorwärts Berlin 1:6 (0:3)
Berlin: Zulkowski, Fräßdorf, Kalinke, Krampe, Müller, Körner, Nachtigall, Nöldner, Wruck, Piepenburg, Großheim. *Schiedsrichter:* Ravens (Niederlande); *Zuschauer:* 20 000; *Tore:* 0:1 Piepenburg (7.), 0:2, 0:3 Nachtigall (10., 37.), 0:4 Fräßdorf (62.), 1:4 Lynch (65.), 1:5, 1:6 Piepenburg (78., 83.).

FC Vorwärts Berlin –
FC Waterford 6:0 (2:0)
Berlin: Zulkowski, Fräßdorf, Kalinke, Krampe, Müller, Körner, Nachtigall, Nöldner, Wruck, Piepenburg, Großheim. *Schiedsrichter:* Banisiuk (Polen); *Zuschauer:* 5 400; *Tore:* 1:0 Wruck (5.), 2:0 Müller (23.), 3:0 Piepenburg (62.), 4:0 Müller (72.), 5:0 Großheim (75.), 6:0 Piepenburg (80.).

Sliema Wanderers –
ZSKA Rote Fahne Sofia 1:2 (0:4)

VORRUNDE
Termine: 7. September bis 26. Oktober 1966

TSV München 1860 –
Omonia Nikosia 8:0 (5:0)
München: Fahrian, Wagner, Patzke, Peter, Lutz, Perusic, Brunnenmeier, Küppers, Kohlars, Konietzka, Rebele. *Schiedsrichter:* Marschall (Österreich); *Zuschauer:* 9 000; *Tore:* 1:0 Konietzka (5.), 2:0 Küppers (8.), 3:0 Konietzka (19.), 4:0 Kohlars (25.), 5:0 Küppers (35.), 6:0 Konietzka (54.), 7:0 Kohlars (63.), 8:0 Konietzka (78.).

Omonia Nikosia – (in Pocking)
TSV München 1860 1:2 (0:1)
München: Fahrian, Wagner, Patzke, Lutz, Reich, Peter, Perusic, Brunnenmeier, Küppers, Kohlars, Konietzka. *Schiedsrichter:* Nitescu (Rumänien); *Zuschauer:* 3 000; *Tore:* 0:1 Kohlars (33.), 0:2 Brunnenmeier (60., Foulstrafstoß), 1:2 Karalambos (79.).

Gornik Zabrze –
FC Vorwärts Berlin 2:1 (1:0)
Berlin: Zulkowski, Fräßdorf, Unger, Krampe, Kalinke, Körner, Nachtigall, Nöldner, Müller, Piepenburg, Großheim. *Schiedsrichter:* Bedschirow (Bulgarien); *Zuschauer:* 33.000; *Tore:* 1:0 Pol (38., Handstrafstoß), 1:1 Fräßdorf (56.), 2:1 Pol (73.).

FC Vorwärts Berlin –
Gornik Zabrze 2:1 (2:1)
Berlin: Zulkowski, Fräßdorf, Unger, Kalinke, Krampe, Wruck, Körner, Nachtigall, Nöldner, Piepenburg, Großheim. *Schiedsrichter:* Hirviniemi (Finnland); *Zuschauer:* 24 000; *Tore:* 1:0 Piepenburg (24.), 2:0 Nöldner (32.), 2:1 Lubanski (38.).

FC Vorwärts Berlin –
Gornik Zabrze 1:3 (0:2)
(3. Spiel in Budapest)
Berlin: Zulkowski, Fräßdorf, Unger, Krampe, Kalinke, Körner, Nachtigall, Nöldner, Wruck, Piepenburg, Großheim. *Schiedsrichter:* Zsolt (Ungarn); *Zuschauer:* 8 000; *Tore:* 0:1 Lubanski (8.), 0:2 Pol (23.), 0:3 Lubanski (53.), 1:3 Kalinke (74.).

Vasas Budapest –
Sporting Lissabon 5:0 / 2:0

Haka Valkeakoski –
RSC Anderlecht 1:10 / 0:2

Valerengen Oslo –
Nenduri Tirana (Tirana verzichtete)

Inter Mailand –
Torpedo Moskau 1:0 / 0:0

Malmö FF –
Atletico Madrid 0:2 / 1:3

Aris Bonneweg –
FC Linfield 3:3 / 1:6

ZSKA Rote Fahne Sofia –
Olympiakos Piräus 3:1 / 1:0

Admira Energie Wien –
Vojvodina Novi Sad 0:1 / 0:0

FC Liverpool – (3. Spiel in Brüssel)
Petrolul Ploiesti 2:0 / 1:3 / 2:0

Esbjerg BK –
Dukla Prag 0:2 / 0:4

FC Reykjavik –
FC Nantes 2:3 / 2:5

Celtic Glasgow –
FC Zürich 2:0 / 3:0

Ajax Amsterdam –
Besiktas Istanbul 2:0 / 1:2

Freilos: **Real Madrid**

ACHTELFINALE
Termine: 2. November bis 14. Dezember 1966

TSV München 1860 –
Real Madrid 1:0 (1:0)
München: Radenkovic, Petzke, Reich, Perusic, Steiner, Küppers, Zeiser, Heiß, Brunnenmeier, Grosser, Rebele. *Schiedsrichter:* Howley (England); *Zuschauer:* 45 000; *Tor:* 1:0 Küppers (38.).

Real Madrid –
TSV München 1860 3:1 (2:1)
München: Radenkovic, Perusic, Patzke, Lutz, Reich, Steiner, Brunnenmeier, Küppers, Zeiser, Grosser, Rebele. *Schiedsrichter:* Babauczek (Österreich); *Zuschauer:* 52 000; *Tore:* 0:1 Brunnenmeier (12.), 1:1 Grosso (20.), 2:1 Veloso (33.), 3:1 Pirri (53.).

Vojvodina Novi Sad – (3. Spiel in Madrid)
Atletico Madrid 3:1 / 0:2 / 3:2

FC Nantes –
Celtic Glasgow 1:3 / 1:3

Ajax Amsterdam –
FC Liverpool 5:1 / 2:2

Dukla Prag –
RSC Anderlecht 4:1 / 2:1

Inter Mailand –
Vasas Budapest 2:1 / 2:0

Valerengen Oslo –
FC Linfield 1:4 / 1:1

ZSKA Rote Fahne Sofia –
Gornik Zabrze 4:0 / 0:3

VIERTELFINALE
Termine: 15. Februar, 1., 8. und 15. März 1967

Inter Mailand –
Real Madrid 1:0 / 2:0

Vojvodina Novi Sad –
Celtic Glasgow 1:0 / 0:2

FC Linfield –
ZSKA Rote Fahne Sofia 2:2 / 0:1

Ajax Amsterdam –
Dukla Prag 1:1 / 1:2

HALBFINALE
Termine: 12., 19. und 26. April 1967

Inter Mailand – (3. Spiel in Bologna)
ZSKA Rote Fahne Sofia 1:1 / 1:1 / 1:0

Celtic Glasgow –
Dukla Prag 3:1 / 0:0

FINALE
am 25. Mai 1967 in Lissabon:

Celtic Glasgow –
Inter Mailand 2:1 (0:1)
Glasgow: Simpson, Greig, Gemmel, Murdoch, McNeill, Clark, Johnstone, Wallace, Chalmers, Auld, Lennox. *Mailand:* Sarti, Burgnich, Facchetti, Bedin, Guarneri, Picchi, Demenghini, Cappellini, Mazzola, Bicicli, Corso. *Schiedsrichter:* Tschenscher (Bundesrepublik Deutschland); *Zuschauer:* 60 000; *Tore:* 0:1 Mazzola (7., Foulstrafstoß), 1:1 Gemmel (62.), 2:1 Chalmers (85.).

Der erste britische Cupsieger kommt aus Schottland. Celtic-Stopper McNeil und Trainer Jock Stein sind überglücklich.

XIII. Europapokal der Landesmeister 1967/68 (31 Teilnehmer):

MANCHESTER UNITED

Eintracht-Torwart Horst Wolter kann hier Rapid Wiens 1:0 zwar nicht verhindern, aber in Braunschweig gewinnt der Deutsche Meister mit 2:0 und qualifiziert sich damit für das Viertelfinale.

VORRUNDE

Termine: 20. September, 4., 11. und 18. Oktober 1967

FC Karl-Marx-Stadt –
RSC Anderlecht 1:3 (1:3)
Karl-Marx-Stadt: Hambeck, Rüdrich, Feister, P. Müller, A. Müller, Posselt, Kreul, Steinmann, Lienemann, Erler, Vogel. *Schiedsrichter:* Howley (England); *Zuschauer:* 45 000;
Tore: 0:1, 0:2 Mulder (2., 34.), 0:3 van Himst (38.), 1:3 Steinmann (41.).

RSC Anderlecht –
FC Karl-Marx-Stadt 2:1 (2:1)
Karl-Marx-Stadt: Gröper, A. Müller, Rüdrich, Feister, Kreul, P. Müller, Steinmann, Erler, Schuster, Lienemann, Vogel. *Schiedsrichter:* Ortiz de Mendibil (Spanien); *Zuschauer:* 35 000;
Tore: 0:1 Schuster (10.), 1:1 Bergholtz (32.), 2:1 van Himst (37.).

Glentoran Belfast –		
Benfica Lissabon	1:1 / 0:0	
Besiktas Istanbul –		
Rapid Wien	0:1 / 0:3	
Valur Reykjavik –		
Jeunesse Esch	1:1 / 3:3	
Manchester United –		
Hibernian Malta	4:0 / 0:0	
FC Basel –		
Hvidovre IF Kopenhagen	1:2 / 3:3	
FC Dundalk –		
Vasas Budapest	0:1 / 1:8	
Olympiakos Piräus –		
Juventus Turin	0:0 / 0:2	
Ajax Amsterdam –		
Real Madrid	1:1 / 1:2	
Gornik Zabrze –		
Djurgarden IF	3:0 / 1:0	
Skeid Oslo –		
Sparta Prag	0:1 / 1:1	
Olympiakos Nikosia –		
FC Sarajevo	2:2 / 1:3	
AS St. Etienne –		
Kuopin Palloseura	2:0 / 3:0	
Celtic Glasgow –		
Dynamo Kiew	1:2 / 1:1	
Trakia Plowdiw –		
Rapid Bukarest	2:0 / 0:3	

Freilos: **Eintracht Braunschweig**

ACHTELFINALE

Termine: 15., 17., 29., 30. November, 6. und 13. Dezember 1967

Rapid Wien –
Eintracht Braunschweig 1:0 (0:0)
Braunschweig: Wolter, Bäse, Schmidt, Kaack, Moll, Grzyb, Elfert, Berg, Ulsaß, Saborowski, Maas. *Schiedsrichter:* Bachramow (UdSSR); *Zuschauer:* 60 000; *Tor:* 1:0 Hasil (54.).

Eintracht Braunschweig –
Rapid Wien 2:0 (2:0)
Braunschweig: Wolter, Grzyb, Bäse, Kaack, Moll, Schmidt, Berg, Gerwien, Ulsaß, Saborowski, Maas. *Schiedsrichter:* Wharton (Schottland); *Zuschauer:* 32 000; *Tore:* 1:0 Grzyb (37.), 2:0 Saborowski (42.).

Vasas Budapest –	(2. Spiel in Varpalota)	
Valur Reykjavik	6:0 / 5:1	
Hvidovre IF Kopenhagen –		
Real Madrid	2:2 (1:4)	
FC Sarajevo –		
Manchester United	0:0 (1:2)	
Benfica Lissabon –		
AS St. Etienne	2:0 (0:1)	
Dynamo Kiew –	(2. Spiel in Chorzow)	
Gornik Zabrze	1:2 (1:1)	
Juventus Turin –		
Rapid Bukarest	1:0 (0:0)	
Sparta Prag –		
RSC Anderlecht	3:2 (3:3)	

VIERTELFINALE

Termine: 31. Januar, 28. Februar, 6., 13., 14. und 20. März 1968

Eintracht Braunschweig –
Juventus Turin 3:2 (3:1)
Braunschweig: Wolter, Grzyb, Bäse, Schmidt, Moll, Kaack, Berg, Gerwien, Ulsaß, Dulz, Maas. *Schiedsrichter:* Droz (Schweiz); *Zuschauer:* 37 000; *Tore:* 0:1 Favalli (12.), 1:1 Kaack (28.), 2:1 Dulz (37.), 3:1 Berg (38.), 3:2 Bäse (82., Eigentor).

Juventus Turin –
Eintracht Braunschweig 1:0 (0:0)
Braunschweig: Wolter, Grzyb, Moll, Schmidt, Kaack, Bäse, Gerwien, Ulsaß, Dulz, Berg, Maas. *Schiedsrichter:* Schiller (Österreich); *Zuschauer:* 55 000; *Tor:* 1:0 Bercellino (88., Foulstrafstoß).

Juventus Turin –
Eintracht Braunschweig 1:0 (0:0)
(3. Spiel in Bern)
Braunschweig: Wolter, Grzyb, Moll, Schmidt, Kaack, Bäse, Gerwien, Elfert, Dulz, Saborowski, Maas. *Schiedsrichter:* Dienst (Schweiz); *Zuschauer:* 45 000; *Tor:* 1:0 Magnusson (55.).

Manchester United –		
Gornik Zabrze	2:0 / 0:1	
Vasas Budapest –		
Benfica Lissabon	0:0 / 0:3	
Real Madrid –		
Sparta Prag	3:0 / 1:2	

HALBFINALE

Termine: 24. April, 9. und 15. Mai 1968

Manchester United –		
Real Madrid	1:0 / 3:3	
Benfica Lissabon –		
Juventus Turin	2:0 / 1:0	

FINALE

am 29. Mai 1968 in London:

Manchester United –
Benfica Lissabon 4:1 (1:1, 0:0) n.V.
Manchester: Stepney, Brennan, Dunne, Foulkes, Crerand, B. Charlton, Stiles, Best, Kidd, Sadler, Aston. *Lissabon:* Henrique, Adolfo, Humberto, Jacinto, Cruz, Graca, Coluna, Augusto, Torres, Eusebio, Simoes. *Schiedsrichter:* Lobello (Italien); *Zuschauer:* 100 000; *Tore:* 1:0 B. Charlton (53.), 1:1 Graca (79.), 2:1 Best (92.), 3:1 Kidd (94.), 4:1 B. Charlton (99.).

XIV. Europapokal der Landesmeister 1968/69 (27 Teilnehmer)

AC MAILAND

Das 1:0 von Georg Volkert (rechts) bleibt das einzige Tor der Nürnberger im Duell mit Ajax Amsterdam, das erstmals ins Endspiel kommt.

Die militärische Intervention des Ostblocks am 21. August 1968 in der ČSSR veranlaßte drei Klubs sich zu weigern, gegen Teams dieser Länder anzutreten: Celtic Glasgow (Ferencvaros Budapest), FC Zürich (Dynamo Kiew), AC Mailand (Lewski/Spartak Sofia). Die UEFA führte daraufhin eine geheime Neuauslosung durch. Diese aber wurde von den Verbänden der UdSSR, Bulgariens, Polens, Ungarns und der DDR nicht akzeptiert, die sich daraufhin aus den Cups der Meister und Pokalsieger zurückzogen. Im Messecup (später UEFA-Cup) spielten sie jedoch, dort blieb es auch bei den ausgelosten Spielen.
In allen Cups sind übrigens endlich Auswechslungen gestattet!

VORRUNDE

Termine: 18. September und 2. Oktober 1968

1. FC Nürnberg –
Ajax Amsterdam 1:1 (1:0)
Nürnberg: Rynio, Hansen, Popp, L. Müller, Wenauer, Zaczyk, Beer, Küppers, Strehl, H. Müller, Volkert. *Schiedsrichter:* Droz (Schweiz); *Zuschauer:* 53 000; *Tore:* 1:0 Volkert (6.), 1:1 Cruyff (79.).

Ajax Amsterdam –
1. FC Nürnberg 4:0 (1:0)
Nürnberg: Wabra (13. Rynio), Hansen, Popp, Leupold, Wenauer, Rigotti (80. H. Müller), Cebinac, Zaczyk, Nüssing, Küppers, Volkert. *Schiedsrichter:* Adair (Irland); *Zuschauer:* 62 000; *Tore:* 1:0, 2:0 Swart (22., 49.), 3:0 Groot (88., Foulstrafstoß), 4:0 Cruyff (90.).

Celtic Glasgow –
AS St. Etienne 0:2 / 4:0
Rosenborg Trondheim –
Rapid Wien 1:3 / 3:3
FC Zürich –
Akademisk Kopenhagen 1:3 / 2:1

Steaua Bukarest –
Spartak Trnava 3:1 / 0:4
Malmö FF –
AC Mailand 2:1 / 1:4
RSC Anderlecht –
Glentoran Belfast 3:0 / 2:2
FC Waterford Dublin –
Manchester United 1:3 / 1:7
Manchester City –
Fenerbahce Istanbul 0:0 / 1:2
Valur Reykjavik –
Benfica Lissabon 0:0 / 1:8
AEK Athen –
Jeunesse Esch 3:0 / 2:3
Floriana La Valetta –
Lahden Reipas Lahti 1:1 / 0:2
Real Madrid – (beide Spiele in Madrid)
Athletico Limassol 6:0 / 6:0
Freilos: **Roter Stern Belgrad**

ACHTELFINALE

Termine: 13., 20., 27. November und 4. Dezember 1968

AEK Athen –
Akademisk Kopenhagen 0:0 / 2:0
Ajax Amsterdam –
Fenerbahce Istanbul 2:0 / 2:0
Manchester United –
RSC Anderlecht 3:0 / 1:3
Celtic Glasgow –
Roter Stern Belgrad 5:1 / 1:1
Lahden Reipas Lahti – (1. Spiel in Wien)
Spartak Trnava 1:9 / 1:7
Rapid Wien –
Real Madrid 1:0 (1:2)
Freilose: **Benfica Lissabon, AC Mailand**

VIERTELFINALE

Termine: 12., 19., 26. Februar, 3., 5. und 12. März 1969

Ajax Amsterdam – (3. Spiel in Paris)
Benfica Lissabon 1:3 / 3:1 / 3:0
AC Mailand –
Celtic Glasgow 0:0 / 1:0
Manchester United –
Rapid Wien 3:0 / 0:0
Spartak Trnava –
AEK Athen 2:1 / 1:1

HALBFINALE

Termine: 13., 23., 24. und 30. April 1969

Ajax Amsterdam –
Spartak Trnava 3:0 / 0:2
AC Mailand –
Manchester United 2:0 / 0:1

FINALE

am 28. Mai 1969 in Madrid:

AC Mailand –
Ajax Amsterdam 4:1 (2:0)
Mailand: Cudicini, Anquiletti, Schnellinger, Rosato, Malarasi, Trapattoni, Hamrin, Lodetti, Sormani, Rivera, Prati.
Amsterdam: Bals, Suurbier (46. Muller), Vasovic, van Duivenbode, Hulshoff, Pronk, Groot (46. Nuninga), Swart, Danielsson, Crujff, Keizer.
Schiedsrichter: de Mendibil (Spanien); *Zuschauer:* 60 000;
Tore: 1:0, 2:0 Prati (8., 39.), 2:1 Vasovic (61., Foulstrafstoß), 3:1 Sormani (66.), 4:1 Prati (73.).

XV. Europapokal der Landesmeister 1969/70 (33 Teilnehmer)

FEYENOORD ROTTERDAM

Durch zwei Tore von Jürgen Piepenburg (Zweiter von links) besiegt der FC Vorwärts Berlin mit 2:0 Panathinaikos Athen und wird erst im Viertelfinale vom späteren Cup-gewinner Feyenoord Rotterdam gestoppt.

AUSSCHEIDUNGSRUNDE
Termine: 21. und 28. August 1969.

KB Kopenhagen – TPS Turku	1:0 (4:0)

VORRUNDE
Termine: 10., 17., 24. September und 1. Oktober 1969

Bayern München – AS St. Etienne 2:0 (1:0)
München: Maier, Koppenhöfer, Schwarzenbeck, Beckenbauer, Pumm, Ohlhauser, Roth, Michl, Schmidt, Müller, Brenninger. *Schiedsrichter:* Finney (England); *Zuschauer:* 40000; *Tore:* 1:0 Brenninger (23.), 2:0 Roth (52.).

AS St. Etienne – Bayern München 3:0 (1:0)
München: Maier, Koppenhöfer, Pumm, Schwarzenbeck, Beckenbauer, Ohlhauser, Roth, Michl, Müller, Schmidt, Brenninger. *Schiedsrichter:* Kavernik (ČSSR); *Zuschauer:* 38000; *Tore:* 1:0, 2:0 Revelli (2., 62.), 3:0 Keita (81.).

FC Vorwärts Berlin – Panathinaikos Athen 2:0 (0:0)
Berlin: Zulkowski, Fräßdorf, Müller, Hamann, Withulz (84. Pfefferkorn), Körner, Nöldner, Strübing, Wruck, Begerad (76. Laslop), Piepenburg. *Schiedsrichter:* Adair (Nordirland); *Zuschauer:* 15000; *Tore:* 1:0, 2:0 Piepenburg (54., 64.).

Panathinaikos Athen – FC Vorwärts Berlin 1:1 (1:0)
Berlin: Zulkowski, Fräßdorf, Müller, Hamann, Withulz, Strübing, Nöldner, Körner, Wruck, Begerad (74. Laslop), Piepenburg. *Schiedsrichter:* de Mendibil (Spanien); *Zuschauer:* 23000; *Tore:* 1:0 Antoniadis (10.), 1:1 Laslop (78.).

Hibernian La Valetta – Spartak Trnava	2:2 / 0:4
Benfica Lissabon – KB Kopenhagen	2:0 / 3:2
ZSKA Rote Fahne Sofia – Ferencvaros Budapest	2:1 / 1:4
FC Basel – Celtic Glasgow	0:0 / 0:2
Fiorentina Florenz – Östers IF Växjö	1:0 / 2:1

Standard Lüttich – 17. Nenduri Tirana	3:0 / 1:1
Feyenoord Rotterdam – KR Reykjavik (beide Spiele in Rotterdam)	12:2 / 4:0
Real Madrid – Olympiakos Nikosia	(beide Spiele in Madrid) 8:0 / 6:1
AC Mailand – Avenir Beggen	5:0 / 3:0
Austria Wien – Dynamo Kiew	1:2 / 1:3
Leeds United – Lyn Oslo	10:0 / 6:0
Roter Stern Belgrad – FC Linfield Belfast	8:0 / 4:2
UT Arad – Legia Warschau	1:2 / 0:8
Galatasaray Istanbul – FC Waterford	2:0 / 3:2

ACHTELFINALE
Termine: 12., 26. November und 3. Dezember 1969

FC Vorwärts Berlin – Roter Stern Belgrad 2:1 (1:1)
Berlin: Zulkowski, Müller, Hamann, Withulz, Fräßdorf, Wruck, Nöldner, Körner, Nachtigall (65. Pfefferkorn), Begerad, Piepenburg (75. Strübing). *Schiedsrichter:* Wharton (Schottland); *Zuschauer:* 8000; *Tore:* 0:1 Antonijevic (15.), 1:1 Fräßdorf (31.), 2:1 Begerad (68.).

Roter Stern Belgrad – FC Vorwärts Berlin 3:2 (1:1)
Berlin: Zulkowski, Müller, Fräßdorf, Hamann, Strübing, Withulz, Wruck (65. Großheim), Körner, Nöldner, Nachtigall (79. Pfefferkorn), Begerad. *Schiedsrichter:* Dorpmans (Niederlande); *Zuschauer:* 25000; *Tore:* 0:1 Begerad (12.), 1:1 Karasi (35.), 1:2 Begerad (56.), 2:2 Acimovic (60.), 3:2 Karasi (63.).

Dynamo Kiew – Fiorentina Florenz	1:2 / 0:0
Leeds United – Ferencvaros Budapest	3:0 / 3:0
AC Mailand – Feyenoord Rotterdam	1:0 / 0:2
Spartak Trnava – Galatasaray Istanbul	(Los für Galatasaray) 1:0 / 0:1 n.V.
Celtic Glasgow – Benfica Lissabon	(Los für Celtic) 3:0 / 0:3 n.V.

Legia Warschau – AS St. Etienne	2:1 / 1:0
Standard Lüttich – Real Madrid	1:0 / 3:2

VIERTELFINALE:
Termine: 4. und 18. März 1970

FC Vorwärts Berlin – Feyenoord Rotterdam 1:0 (0:0)
Berlin: Zulkowski, Fräßdorf, Müller, Hamann Witthulz, Strübing, Nöldner (65. Wruck), Körner, Nachtigall, Begerad, Piepenburg. *Schiedsrichter:* Jones (Wales); *Zuschauer:* 30000; *Tor:* 1:0 Piepenburg (67.).

Feyenoord Rotterdam – FC Vorwärts Berlin 2:0 (0:0)
Berlin: Zulkowski, Müller, Fräßdorf, Strübing, Hamann, Witthulz, Begerad, Körner, Nöldner (70. Wruck), Nachtigall, Piepenburg. *Schiedsrichter:* Krnavek (ČSSR); *Zuschauer:* 68000; *Tore:* 1:0 Kindvall (47.), 2:0 Wery (68.).

Standard Lüttich – Leeds United	0:1 / 0:1
Galatasaray Istanbul – Legia Warschau	1:1 / 0:2
Celtic Glasgow – Fiorentina Florenz	3:0 / 0:1

HALBFINALE
Termine: 1. und 15. April 1970

Leeds United – Celtic Glasgow	0:1 / 1:2
Legia Warschau – Feyenoord Rotterdam	0:0 / 0:2

FINALE
am 6. Mai 1970 in Mailand:

Feyenoord Rotterdam – Celtic Glasgow 2:1 (1:1, 1:1) n.V.
Rotterdam: Pieters-Graafland, Romeijn (107. Haak), Israel, Laseroms, van Duivenbode, Jansen, van Hanegem, Hasil, Wery, Kindvall, Moulijn. *Glasgow:* Williams, Hay, Gemmel, Murdoch, McNeill, Brogan, Johnstone, Wallace, Hughes, Auld (77. Connelly), Lennox. *Schiedsrichter:* Lobello (Italien); *Zuschauer:* 80000; *Tore:* 0:1 Gemmel (29.), 1:1 Israel (31.), 2:1 Kindvall (117.).

XVI. Europapokal der Landesmeister 1970/71 (33 Teilnehmer)

AJAX AMSTERDAM

AUSSCHEIDUNGSRUNDE

Termine: 19. August und 2. September 1970

Lewski/Spartak Sofia –
Austria Wien 3:1 / 0:3

VORRUNDE

Termine: 16., 22. und 30. September 1970

EPA Larnax – (in Augsburg)
Borussia Mönchengladbach 0:6 (0:3)
Mönchengladbach: Kleff, Vogts, L. Müller, Sieloff, Wittmann, Dietrich (67. Bonhof), Netzer, Laumen (55. Heynckes), Wimmer, Köppel, Le Fevre.
Schiedsrichter: Houcera (ČSSR);
Zuschauer: 18 000; *Tore:* 0:1 Laumen (6.), 0:2 Köppel (27.), 0:3 Laumen (34.), 0:4 Köppel (48.), 0:5 Netzer (57.), 0:6 Heynckes (83.).
Borussia Mönchengladbach –
EPA Larnax 10:0 (5:0)
Mönchengladbach: Kleff, Vogts, L. Müller, Sieloff, Wittmann, Dietrich, Netzer, Laumen, Wimmer (65. Le Fevre), Köppel (69. Bonhof), Heynckes.
Schiedsrichter: Smejkal (ČSSR);
Zuschauer: 18 000;
Tore: 1:0 Netzer (19.), 2:0 Wimmer (30.), 3:0 Köppel (35.), 4:0 Dietrich (40.), 5:0 Sieloff (45., Foulstrafstoß), 6:0, 7:0 Laumen (50., 56.), 8:0 Köppel (60.), 9:0 Heynckes (73.), 10:0 Vogts (80.).
Fenerbahce Istanbul –
FC Carl Zeiss Jena 0:4 (0:1)
Jena: Blochwitz, Rock, Kurbjuweit, Strempel, Irmscher, Werner, Schlutter (36. W. Krauß), Stein, P. Ducke, Scheitler, Vogel.
Schiedsrichter: Sarka (ČSSR);
Zuschauer: 40 000;
Tore: 0:1 W. Krauß (45.), 0:2, 0:3 P. Ducke (70., 85.), 0:4 Vogel (87.).
FC Carl Zeiss Jena –
Fenerbahce Istanbul 1:0 (1:0)
Jena: Blochwitz, W. Krauß, Kurbjuweit (84. Weise), Strempel, Werner, Irmscher, Stein, Schlutter, R. Ducke (68. Scheitler), P. Ducke, Vogel.
Schiedsrichter: Francescon (Italien);
Zuschauer: 15 000; *Tor:* 1:0 Vogel (43.).

Spartak Moskau –
FC Basel 3:2 / 1:2
Rosenborg Trondheim –
Standard Lüttich 0:2 / 0:5
Sporting Lissabon –
Floriana La Valetta 5:0 / 4:0
Slovan Bratislava –
BK 1903 Kopenhagen 2:1 / 2:2
Feyenoord Rotterdam –
UT Arad 1:1 / 0:0
FC Everton –
FC Keflavik 6:2 / 3:0
17. Nenduri Tirana –
Ajax Amsterdam 2:2 / 0:2
IFK Göteborg –
Legia Warschau 0:4 / 1:2

Atletico Madrid –
Austria Wien 2:0 / 2:1
Dozsa Ujpest Budapest –
Roter Stern Belgrad 2:0 / 0:4
US Cagliari –
AS St. Etienne 3:0 / 0:1
Celtic Glasgow –
KPV Kokkola 9:0 / 5:0
Panathinaikos Athen –
Jeunesse Esch 2:1 / 5:0
Glentoran Belfast –
FC Waterford 1:3 / 0:1

ACHTELFINALE

Termine: 21. Oktober und 4. November 1970

Borussia Mönchengladbach –
FC Everton 1:1 (1:0)
Mönchengladbach: Kleff, Vogts, L. Müller, Sieloff, Wittmann, Dietrich (68. Bleidick), Netzer, Laumen, Le Fevre, Köppel, Heynckes.
Schiedsrichter: Kruashvili (UdSSR);
Zuschauer: 32 000; *Tore:* 1:0 Vogts (35.), 1:1 Kendall (47.).
FC Everton –
Borussia Mönchengladbach 1:1 (1:1, 1:1) n.V., Elfmeterschießen: 4:3
Mönchengladbach: Kleff, Wittmann, Müller, Sieloff, Vogts, Dietrich, Netzer, Laumen, Köppel, Heynckes, Le Fevre (106. Wloka). *Schiedsrichter:* Sbardella (Italien); *Zuschauer:* 47 000; *Tore:* 1:0 Morrisey (1.), 1:1 Laumen (35.); Elfmeterschießen: Royle – gehalten, Sieloff 0:1; Ball 1:1, Laumen – vorbei; Morissey 2:1, Heynckes 2:2; Kendall 3:2, Köppel 3:3; Brown 4:3, Müller – gehalten.
FC Carl Zeiss Jena –
Sporting Lissabon 2:1 (0:0)
Jena: Blochwitz, W. Krauß, Kurbjuweit, Strempel, Werner, Rock (74. Irmscher), Schlutter, Stein, R. Ducke (81. Scheitler), P. Ducke, Vogel. *Schiedsrichter:* Oeberg (Norwegen); *Zuschauer:* 20 000; *Tore:* 1:0 Kurbjuweit (51.), 1:1 Marinho (67.), 2:1 Vogel (87.).
Sporting Lissabon –
FC Carl Zeiss Jena 1:2 (0:2)
Jena: Blochwitz, Rock, Kurbjuweit, Irmscher, Strempel, Werner, Stein, Schlutter, Scheitler (75. W. Krauß), P. Ducke (64. R. Ducke), Vogel. *Schiedsrichter:* Davidson (Schottland); *Zuschauer:* 50 000; *Tore:* 0:1 Scheitler (30.), 0:2 P. Ducke (36.), 1:2 Goncalves (78.).
FC Waterford –
Celtic Glasgow 0:7 / 2:3
Panathinaikos Athen –
Slovan Bratislava 3:0 / 1:2
Roter Stern Belgrad –
UT Arad 3:0 / 3:1
Standard Lüttich –
Legia Warschau 1:0 / 0:2
US Cagliari –
Atletico Madrid 2:1 / 0:3
Ajax Amsterdam –
FC Basel 3:0 / 2:1

VIERTELFINALE

Termine: 10. und 24. März 1971

FC Carl Zeiss Jena –
Roter Stern Belgrad 3:2 (2:1)
Jena: Grapenthin, Kurbjuweit (79. Weise), Strempel, Rock, Werner, Irmscher, Schlutter, R. Ducke, Scheitler, P. Ducke, Vogel.
Schiedsrichter: Carpenter (Irland);
Zuschauer: 20 000;
Tore: 1:0 Strempel (15.), 2:0 P. Ducke (20.), 2:1 Jankovic (41.), 2:2 Dzajic (58.), 3:2 Irmscher (85.).
Roter Stern Belgrad –
FC Carl Zeiss Jena 4:0 (2:0)
Jena: Grapenthin, Rock, Kurbjuweit, Irmscher, Weise, Werner, Schlutter, R. Ducke (75. Preuße), W. Krauß (49. B. Krauß), Scheitler, Vogel.
Schiedsrichter: Nitescu (Rumänien);
Zuschauer: 90 000;
Tore: 1:0 Djoric (15., Foulstrafstoß), 2:0 Filipovic (29.), 3:0 Ostojic (61.), 4:0 Karasi (78.).
Ajax Amsterdam –
Celtic Glasgow 3:0 / 0:1
FC Everton –
Panathinaikos Athen 1:1 / 0:0
Atletico Madrid –
Legia Warschau 1:0 / 1:2

HALBFINALE

Termine: 14. und 28. April 1971

Roter Stern Belgrad –
Panathinaikos Athen 4:1 / 0:3
Atletico Madrid –
Ajax Amsterdam 1:0 / 0:3

FINALE

am 2. Juni 1971 in London:

Ajax Amsterdam –
Panathinaikos Athen 2:0 (1:0)
Amsterdam: Stuy, Vasovic, Suurbier, Hulshoff, Rijnders (46. Blankenburg), Neeskens, Swart (46. Haan), Mühren, Cruijff, Keizer, van Dijk.
Athen: Ikonomopoulos, Tomaras, Vlachos, Elefterakis, Kamaras, Sourpis, Grammos, Filakouris, Antoniadis, Domasos, Kapsis.
Schiedsrichter: Taylor (England);
Zuschauer: 100 000;
Tore: 1:0 van Dijk (4.), 2:0 Haan (87.).

1955
1956
1957
1958
1959
1960
1961
1962
1963
1964
1965
1966
1967
1968
1969
1970
1971
1972
1973
1974
1975
1976
1977
1978
1979
1980
1981
1982
1983
1984
1985
1986
1987
1988
1989
1990
1991
1992
1993
1994

XVII. Europapokal der Landesmeister 1971/72 (33 Teilnehmer)

AJAX AMSTERDAM

Dresdens Mittelstürmer Horst Rau (rechts) wird hier von vier Amsterdamern attackiert. Ajax kommt dank eines 0:0 nach einem 2:0 Heimsieg gegen die Dynamos eine Runde weiter – und gewinnt erneut den Cup.

AUSSCHEIDUNGSRUNDE

Termine: 18. und 25. August 1971

FC Valencia – US Luxemburg	3:1 (1:0)

VORRUNDE

Termine: 15. und 29. September 1971

Cork Hibernians – Borussia Mönchengladbach 0:5 (0:5)
Mönchengladbach: Kleff, Vogts (69. Wittkamp), Müller, Sieloff, Bleidick, Bonhof, Wimmer, Netzer, Wloka, Heynckes, Le Fevre. *Schiedsrichter:* Schauth (Belgien); *Zuschauer:* 15 000; *Tore:* 0:1 Wloka (5.), 0:2 Heynckes (19.), 0:3 Wloka (30.), 0:4, 0:5 Le Fevre (32., 39.).

Borussia Mönchengladbach – Cork Hibernians 2:1 (0:1)
Mönchengladbach: Kleff, Bonhof, Müller, Sieloff, Bleidick, Wimmer, Danner (46. Wittkamp), Netzer, Wloka, Heynckes, Le Fevre. *Schiedsrichter:* Krnavek (CSSR); *Zuschauer:* 10 000; *Tore:* 0:1 Dennehy (31.), 1:1 Sieloff (60.), 2:1 Wimmer (80.).

Ajax Amsterdam – Dynamo Dresden 2:0 (2:0)
Dresden: Kallenbach (46. Meyer), Dörner, Ganzera, Haustein, K. Sammer, Geyer, Ziegler, Kreische, Riedel (66. Sachse), Richter, Rau. *Schiedsrichter:* Gugulovic (Jugoslawien); *Zuschauer:* 60 000; *Tore:* 1:0 Swart (2.), 2:0 Keizer (18.).

Dynamo Dresden – Ajax Amsterdam 0:0
Dresden: Meyer, Dörner, Ganzera, K. Sammer, Geyer, Ziegler (76. Sachse), Häfner, Kreische, Riedel, Rau (49. Richter), Heidler. *Schiedsrichter:* Burns (England); *Zuschauer:* 35 000.

Galatasaray Istanbul – ZSKA Moskau	1:1 / 0:3
Standard Lüttich – FC Linfield Belfast	2:0 / 3:2
BK 1903 Kopenhagen – Celtic Glasgow	2:1 / 0:3
Feyenoord Rotterdam – Olympiakos Nikosia	8:0 / 9:0
Dinamo Bukarest – Spartak Trnava	0:0 / 2:2
Inter Mailand – AEK Athen	4:1 / 2:3
Dozsa Ujpest Budapest – Malmö FF	4:0 / 0:1
Olympique Marseille – Gornik Zabrze	2:1 / 1:1
Wacker Innsbruck – Benfica Lissabon	0:4 / 1:3
ZSKA Rote Fahne Sofia – Partizan Tirana	3:0 / 1:0
FC Valencia – Hajduk Split	0:0 / 1:1
Strömsgodset Drammen – Arsenal London	1:3 / 0:4
Lahden Reipas Lahti – Grasshoppers Zürich	1:1 / 0:8
IA Akranes – Sliema Wanderers	0:4 / 0:4

ACHTELFINALE

Termine: 20. Oktober, 3. November und 1. Dezember 1971

Borussia Mönchengladbach – Inter Mailand 7:1 (5:1)
(nach Protest Inters annulliert)
Mönchengladbach: Kleff, Vogts, Müller, Sieloff, Bleidick, Bonhof, Netzer (83. Wittkamp), Kulik, Wimmer, Heynckes, Le Fevre.
Schiedsrichter: Doorpmans (Niederlande); *Zuschauer:* 27 500; *Tore:* 1:0 Heynckes (7.), 1:1 Boninsegna (19.), 2:1, 3:1 Le Fevre (21., 34.), 4:1 Netzer (42.), 5:1 Heynckes (44.), 6:1 Netzer (52.), 7:1 Sieloff (83.).

Inter Mailand – Borussia Mönchengladbach 4:2 (2:1)
Mönchengladbach: Kleff, Bonhof, Sieloff, Müller, Bleidick (22. Wittkamp), Wimmer, Vogts, Netzer, Kulik, Heynckes, Le Fevre.
Schiedsrichter: Scheurer (Schweiz); *Zuschauer:* 90 000; *Tore:* 1:0 Bellugi (10.), 2:0 Boninsegna (13.), 2:1 Le Fevre (38.), 3:1 Jair (57.), 3:2 Wittkamp (89.), 4:2 Ghio (90.).

Borussia Mönchengladbach – Inter Mailand 0:0
(3. Spiel in West-Berlin)
Mönchengladbach: Kleff, Vogts, L. Müller (88. Wloka), Sieloff, Bonhof, Wimmer, Danner (46. Wittkamp), Netzer, Kulik, Heynckes, Le Fevre.
Schiedsrichter: Taylor (England); *Zuschauer:* 84 000.

Olympique Marseille – Ajax Amsterdam	1:2 / 1:4
Grasshoppers Zürich – Arsenal London	0:2 / 0:3
Celtic Glasgow – Sliema Wanderers	5:0 / 2:1
ZSKA Moskau – Standard Lüttich	1:0 / 0:2
FC Valencia – Dozsa Ujpest Budapest	0:1 / 1:2
Dinamo Bukarest – Feyenoord Rotterdam	0:3 / 0:2
Benfica Lissabon – ZSKA Rote Fahne Sofia	2:1 / 0:0

VIERTELFINALE

Termine: 8. und 22. März 1972

Dozsa Ujpest Budapest – Celtic Glasgow	1:2 / 1:1
Feyenoord Rotterdam – Benfica Lissabon	1:0 / 1:5
Ajax Amsterdam – Arsenal London	2:1 / 1:0
Inter Mailand – Standard Lüttich	1:0 / 1:2

HALBFINALE

Termine: 5. und 19. April 1972

Inter Mailand – Celtic Glasgow	0:0 / 0:0 n.V., Elfmeterschießen: 5:4
Ajax Amsterdam – Benfica Lissabon	1:0 / 0:0

FINALE

am 31. Mai 1972 in Rotterdam

Ajax Amsterdam – Inter Mailand 2:0 (0:0)
Amsterdam: Stuy, Suurbier, Hulshoff, Blankenburg, Krol, Haan, Neeskens, G. Mühren, Swart, Cruijff, Keizer. *Mailand:* Bordon, Bellugi, Burgnich, Oriali, Giubertoni (13. Bertini), Facchetti, Bedin, Mazzola, Frustalupi, Jair (56. Pellizzaro), Boninsegna.
Schiedsrichter: Helies (Frankreich); *Zuschauer:* 67 000; *Tore:* 1:0, 2:0 Cruijff (47., 76.).

XVIII. Europapokal der Landesmeister 1972/73 (30 Teilnehmer)

AJAX AMSTERDAM

VORRUNDE
Termine: 13. und 27. September 1972

Galatasaray Istanbul –
Bayern München   **1:1 (0:0)**
München: Maier, Hansen, Schwarzenbeck, Beckenbauer, Breitner, Zobel, U. Hoeneß, Roth, Schneider, Müller, Hoffmann. *Schiedsrichter:* Angonese (Italien); *Zuschauer:* 40 000; *Tore:* 1:0 Bulent (55.), 1:1 Müller (66.).

Bayern München –
Galatasaray Istanbul   **6:0 (3:0)**
München: Maier, Hansen, Schwarzenbeck, Beckenbauer, Rybarczyk, Roth, Zobel (54. Krauthausen), U. Hoeneß, Schneider, Müller, Hoffmann. *Schiedsrichter:* Leite (Portugal); *Zuschauer:* 70 000; *Tore:* 1:0 Müller (14.), 2:0 U. Hoeneß (29.), 3:0 Schneider (35.), 4:0 Beckenbauer (76., Foulstrafstoß), 5:0 Müller (78.), 6:0 Roth (88.).

1. FC Magdeburg –
TPS Turku   **6:0 (4:0)**
Magdeburg: Schulze, Zapf, Enge, Abraham, Achtel, Seguin, Pommerenke, Tyll, Hermann (58. Pysall), Sparwasser, Mewes. *Schiedsrichter:* Müncz (Ungarn); *Zuschauer:* 25 000; *Tore:* 1:0 Mewes (5.), 2:0 Pommerenke (23.), 3:0 Seguin (30.), 4:0, 5:0 Sparwasser (45., 58.), 6:0 Jalonen (72., Eigentor).

TPS Turku –
1. FC Magdeburg   **1:3 (0:0)**
Magdeburg: Schulze, Zapf, Enge, Abraham, Achtel, Pommerenke, Seguin, Tyll, Hermann, Sparwasser, Mewes. *Schiedsrichter:* Sörensen (Dänemark); *Zuschauer:* 1 250; *Tore:* 0:1 Sparwasser (52.), 1:1 Toivola (73.), 1:2 Pommerenke (79.), 1:3 Sparwasser (87.).

Real Madrid –	
FC Keflavik	3:0 / 1:0
RSC Anderlecht –	
Vejle BK	4:2 / 3:0
Dozsa Ujpest Budapest –	
FC Basel	2:0 / 2:3
Celtic Glasgow –	
Rosenborg Trondheim	2:1 / 3:1
Olympique Marseille –	(1. Spiel in Lyon)
Juventus Turin	1:0 / 0:3
Malmö FF –	
Benfica Lissabon	1:0 / 1:4
Swarowski/Wacker Innsbruck –	
Dynamo Kiew	0:1 / 0:2
ZSKA Rote Fahne Sofia –	
Panathinaikos Athen	2:1 / 1:2

(2. Spiel nach Regelverstoß im Elfmeterschießen annulliert. Neuansetzung in Athen: 2:0)

Sliema Wanderers –	
Gornik Zabrze	0:5 / 0:5
Aris Bonneweg –	
FC Arges Pitesti	0:2 / 0:4
Derby County –	
Zeljeznicar Sarajevo	2:0 / 2:1
FC Waterford –	
Omonia Nikosia	2:1 / 0:2

Freilose: **Ajax Amsterdam, Spartak Trnava**

ACHTELFINALE
Termine: 25., 27. Oktober, 8. und 29. November 1972

Bayern München –
Omonia Nikosia   **9:0 (4:0)**
München: Maier, Hansen, Schwarzenbeck, Beckenbauer, Breitner, Zobel, U. Hoeneß, Roth (74. Schneider), Krauthausen, Müller, Dürnberger. *Schiedsrichter:* Petriceanu (ČSSR); *Zuschauer:* 24 000; *Tore:* 1:0 Müller (14.), 2:0 U. Hoeneß (25.), 3:0 Müller (37.), 4:0 Roth (43.), 5:0 Müller (54.), 6:0 Schneider (69.), 7:0, 8:0 Müller (73., 74.), 9:0 Schneider (82.).

Omonia Nikosia –
Bayern München   **0:4 (0:2)**
(in Augsburg)
München: Skoric, Hansen, Schwarzenbeck, Beckenbauer, Breitner, Roth, Zobel, U. Hoeneß, Krauthausen (46. Hoffmann), Müller, Dürnberger. *Schiedsrichter:* Placek (ČSSR); *Zuschauer:* 20.000; *Tore:* 0:1 Roth (29.), 0:2 Müller (42.), 0:3 Hoffmann (50.), 0:4 Müller (66.).

Juventus Turin –
1. FC Magdeburg   **1:0 (0:0)**
Magdeburg: Schulze, Zapf, Enge, Abraham, Achtel, Seguin, Pommerenke, Decker, Tyll, Sparwasser, Hermann. *Schiedsrichter:* Scheurer (Schweiz); *Zuschauer:* 37 678; *Tor:* 1:0 Anastasi (66.).

1. FC Magdeburg –
Juventus Turin   **0:1 (0:0)**
Magdeburg: Schulze, Zapf, Enge, Abraham, Achtel, Pommerenke, Seguin, Decker, Tyll (57. Raugust), Sparwasser, Hermann (57. Pysall). *Schiedsrichter:* Machin (Frankreich); *Zuschauer:* 45 000; *Tor:* 0:1 Cuccureddu (51.).

FC Arges Pitesti –	
Real Madrid	2:1 / 1:3
Spartak Trnava –	
RSC Anderlecht	1:0 / 1:0
Derby County –	
Benfica Lissabon	3:0 / 0:0
Celtic Glasgow –	
Dozsa Ujpest Budapest	2:1 / 0:3
Dynamo Kiew –	
Gornik Zabrze	2:0 / 1:2
ZSKA Rote Fahne Sofia –	
Ajax Amsterdam	1:3 / 0:3

VIERTELFINALE
Termine: 7. und 21. März 1973

Ajax Amsterdam –
Bayern München   **4:0 (0:0)**
München: Maier, Schwarzenbeck, Roth, Beckenbauer, Hansen, Zobel, Breitner (U. Hoeneß), Hoffmann, Müller, Dürnberger. *Schiedsrichter:* Scheurer (Schweiz); *Zuschauer:* 65 000; *Tore:* 1:0 Haan (53.), 2:0 G. Mühren (66.), 3:0 Haan (69.), 4:0 Crujff (88.).

Piet Keizer (Ajax), der in dieser Spielszene Paul Breitner (am Boden) überläuft, erzielt nicht nur das 1:0 in München, sondern bringt nach dem 4:0 zu Hause sein Team uneinholbar gegen die Bayern in Führung.

Bayern München –
Ajax Amsterdam   **2:1 (2:1)**
München: Maier, Hansen, Schwarzenbeck, Beckenbauer, Zobel (70. Schneider), Krauthausen, Roth, U. Hoeneß, Müller, Dürnberger. *Schiedsrichter:* Burns (England); *Zuschauer:* 74 000; *Tore:* 0:1 Keizer (8.), 1:1 Krol (30., Eigentor), 2:1 Müller (40.).

Spartak Trnava –	
Derby County	1:0 / 0:2
Dynamo Kiew –	
Real Madrid	0:0 / 0:3
Juventus Turin –	
Dozsa Ujpest Budapest	0:0 / 2:2

HALBFINALE
Termine: 11. und 25. April 1973

Ajax Amsterdam –	
Real Madrid	2:1 / 1:0
Juventus Turin –	
Derby County	3:1 / 0:0

FINALE
am 30. Mai 1973 in Belgrad:

Ajax Amsterdam –
Juventus Turin   **1:0 (1:0)**
Amsterdam: Stuy, Blankenburg, Suurbier, Hulshoff, Krol, Neeskens, G. Mühren, Haan, Rep, Crujff, Keizer. *Turin:* Zoff, Salvadore, Marchetti, Morini, Longobucco, Causio (73. Cuccureddu), Furino, Capello, Altafini, Anastasi, Bettega (54. Haller). *Schiedsrichter:* Gugulovic (Jugoslawien); *Zuschauer:* 93 500; *Tor:* 1:0 Rep (5.).

1955
1956
1957
1958
1959
1960
1961
1962
1963
1964
1965
1966
1967
1968
1969
1970
1971
1972
1973
1974
1975
1976
1977
1978
1979
1980
1981
1982
1983
1984
1985
1986
1987
1988
1989
1990
1991
1992
1993
1994

XIX. Europapokal
der Landesmeister
1973/74 (31 Teilnehmer)

BAYERN MÜNCHEN

VORRUNDE

Termine: 19. September und 3. Oktober 1973

Bayern München –
Atvidaberg FF 3:1 (1:0)
München: Maier, Hansen, Beckenbauer, Schwarzenbeck, Dürnberger, Roth, Zobel (78. Rohr), U. Hoeneß, Schneider, Müller, Gersdorff. *Schiedsrichter:* Placek (ČSSR); *Zuschauer:* 23 000; *Tore:* 1:0 Müller (3.), 1:1 Dürnberger (66., Eigentor), 2:1 Olsson (67., Eigentor), 3:1 Müller (72.).

Atvidaberg FF –
Bayern München 3:1 (3:1, 2:0) n.V.,
Elfmeterschießen: 3:4
München: Maier, Hansen, Schwarzenbeck, Beckenbauer, Breitner (16. Schneider), Kapellmann, U. Hoeneß, Gersdorff, Zobel, Müller, Dürnberger. *Schiedsrichter:* Taylor (England); *Zuschauer:* 12 000; *Tore:* 1:0 Torstensson (8.), 2:0 Wallinger (15.), 3:0 Torstensson (72.), 3:1 U. Hoeneß (73.); Elfmeterschießen: Kapellmann 0:1, Torstensson 1:1, Gersdorff vorbei, Almqvist 2:1, Müller 2:2, Magnusson 3:2, U. Hoeneß 3:3, Karlsson – Maier hält, Beckenbauer 3:4, Franzen vorbei.

Dynamo Dresden –
Juventus Turin 2:0 (2:0)
Dresden: Boden, Ganzera, Wätzlich, Geyer, Häfner, Schade, Kreische, Helm, Heidler, Rau, Sachse (79. K. Sammer). *Schiedsrichter:* Bucheli (Schweiz); *Zuschauer:* 30 000; *Tore:* 1:0 Kreische (29.), 2:0 Schade (40.).

Juventus Turin –
Dynamo Dresden 3:2 (3:1)
Dresden: Boden, K. Sammer, Helm, Geyer, Wätzlich (74. Schmuck), Häfner, Schade, Ganzera, Rau, Sachse. *Schiedsrichter:* Loraux (Belgien); *Zuschauer:* 70 000; *Tore:* 1:0 Furino (9.), 1:1 Rau (24.), 2:1 Altafini (25.), 3:1 Cuccureddu (30.), 3:2 Sachse (75.).

FC Waterford –
Dozsa Ujpest Budapest 2:3 / 0:3
Benfica Lissabon –
Olympiakos Piräus 1:0 / 1:0
TPS Turku –
Celtic Glasgow 1:6 / 0:3
Sarja Woroschilowgrad –
Hapoel Nikosia 2:0 / 1:0
Roter Stern Belgrad –
Stal Mielec 2:1 / 1:0
FC Brügge –
Floriana La Valetta 8:0 / 2:0
Jeunesse Esch –
FC Liverpool 1:1 / 0:2
Atletico Madrid –
Galatasaray Istanbul 0:0 / 1:0
Vejle BK –
FC Nantes 2:2 / 1:0
Viking Stavanger –
Spartak Trnava 1:2 / 0:1
ZSKA Sofia –
Wacker Innsbruck 3:0 / 1:0

Fram Reykjavik – (beide Spiele in der Schweiz)
FC Basel 0:5 / 2:6
Crusaders Newtonards –
Dinamo Bukarest 0:1 / 0:11
Freilos: **Ajax Amsterdam**

ACHTELFINALE

Termine: 24. Oktober und 7. November 1973:

Bayern München –
Dynamo Dresden 4:3 (2:3)
München: Maier, Hansen, Schwarzenbeck, Beckenbauer, Dürnberger, Zobel, Gersdorff (46. Hadewicz), Roth, U. Hoeneß, Müller, Hoffmann. *Dresden:* Boden, Dörner, Helm, Wätzlich, Geyer, Häfner, Schade, Ganzera, Heidler, Rau (84. Schmuck), Sachse (75. Riedel). *Schiedsrichter:* Davidson (Schottland); *Zuschauer:* 55.000; *Tore:* 0:1 Sachse (13.), 1:1 Hoffmann (17.), 2:1 Dürnberger (26.), 2:2 Sachse (34.), 2:3 Heidler (42.), 3:3 Roth (71.), 4:3 Müller (83.).

Dynamo Dresden –
Bayern München 3:3 (1:2)
Dresden: Boden, Dörner, Helm, Wätzlich, Geyer, Häfner, Schade (78. Riedel), Ganzera, Heidler, Rau, Sachse. *München:* Maier, Hansen, Schwarzenbeck, Beckenbauer, Dürnberger, Schneider, Zobel, Roth, U. Hoeneß, Müller, Hoffmann. *Schiedsrichter:* Wurtz (Frankreich); *Zuschauer:* 36.000; *Tore:* 0:1, 0:2 U. Hoeneß (11., 13.), 1:2 Wätzlich (42.), 2:2 Schade (52.), 3:2 Häfner (56.), 3:3 Müller (58.).

Benfica Lissabon –
Dozsa Ujpest Budapest 1:1 / 0:2
Celtic Glasgow –
Vejle BK 0:0 / 1:0
Spartak Trnava –
Sarja Woroschilowgrad 0:0 / 1:0
Roter Stern Belgrad –
FC Liverpool 2:1 / 2:1
FC Brügge –
FC Basel 2:1 / 4:6
Dinamo Bukarest –
Atletico Madrid 0:2 / 2:2
Ajax Amsterdam –
ZSKA Sofia 1:0 / 0:2

VIERTELFINALE

Termine: 5. und 20. März 1974

Bayern München –
ZSKA Sofia 4:1 (2:1)
München: Maier, Hansen, Schwarzenbeck, Beckenbauer, Breitner, Roth, Zobel, U. Hoeneß, Torstensson, Müller, Kapellmann. *Schiedsrichter:* Sanchez-Ibanez (Spanien); *Zuschauer:* 70 000; *Tore:* 1:0 Torstensson (7.), 1:1 Michailow (23.), 2:1 Beckenbauer (33.), 3:1 Müller (65.), 4:1 Torstensson (88.).

ZSKA Sofia –
Bayern München 2:1 (1:1)
München: Maier, Hansen, Schwarzenbeck, Beckenbauer, Breitner, Jensen (54. Kapellmann), Roth,

Müller, Torstensson, U. Hoeneß, Hoffmann. *Schiedsrichter:* Carpenter (Irland); *Zuschauer:* 70.000; *Tore:* 0:1 Breitner (30., Foulstrafstoß), 1:1 Kolew (41., Foulstrafstoß), 2:1 Denew (48.).

Roter Stern Belgrad –
Atletico Madrid 0:2 / 0:0
Spartak Trnava –
Dozsa Ujpest 1:1 / 1:1 n.V.
Elfmeterschießen: 3:4
FC Basel –
Celtic Glasgow 3:2 / 2:4 n.V.

HALBFINALE

Termine: 10. und 24. April 1974

Dozsa Ujpest Budapest –
Bayern München 1:1 (0:0)
München: Maier, Hansen, Schwarzenbeck, Beckenbauer, Breitner, Roth (52. Dürnberger), Zobel, U. Hoeneß, Torstensson, Müller, Kapellmann. *Schiedsrichter:* Gonella (Italien); *Zuschauer:* 82 000; *Tore:* 0:1 Torstensson (64.), 1:1 Fazekas (81.).

Bayern München –
Dozsa Ujpest Budapest 3:0 (1:0)
München: Maier, Hansen, Schwarzenbeck, Beckenbauer, Breitner, Roth (62. Dürnberger), Zobel, U. Hoeneß, Torstensson, Müller, Kapellmann. *Schiedsrichter:* Kasakow (UdSSR); *Zuschauer:* 72 000; *Tore:* 1:0 Torstensson (35.), 2:0 Horvath (70., Eigentor), 3:0 Müller (81.).

Celtic Glasgow –
Atletico Madrid 0:0 / 0:2

FINALE

am 15. Mai 1974 in Brüssel:

Bayern München –
Atletico Madrid 1:1 (0:0, 0:0) n.V.
München: Maier, Hansen, Schwarzenbeck, Beckenbauer, Breitner, Roth, Zobel, U. Hoeneß, Torstensson (75. Dürnberger), Müller, Kapellmann. *Madrid:* Reina, Melo, Eusebio, Heredia, Capon, Adelardo, Luis, Irureta, Ufarte (68. Beccera), Garate, Salcedo (91. Alberto). *Schiedsrichter:* Loraux (Belgien); *Zuschauer:* 57 000; *Tore:* 0:1 Luis (114.), 1:1 Schwarzenbeck (119.).

Wiederholungsspiel am 17. Mai 1974 in Brüssel:

Bayern München –
Atletico Madrid 4:0 (1:0)
München: Maier, Hansen, Schwarzenbeck, Beckenbauer, Breitner, Roth, Zobel, U. Hoeneß, Torstensson, Müller, Kapellmann. *Madrid:* Reina, Melo, Eusebio, Heredia, Capon, Adelardo (61. Benegas), Luis, Beccera, Alberto (65. Ufarte), Garate, Salcedo. *Schiedsrichter:* Delcourt (Belgien); *Zuschauer:* 25 000; *Tore:* 1:0 U. Hoeneß (29.), 2:0, 3:0 Müller (56., 69.), 4:0 U. Hoeneß (83.).

XX. Europapokal der Landesmeister 1974/75 (30 Teilnehmer)

BAYERN MÜNCHEN

Die Bayern in Paris auf der verdienten Jubel-Runde mit dem erfolgreich verteidigten Europapokal.

STATISTIK

1955
1956
1957
1958
1959
1960
1961
1962
1963
1964
1965
1966
1967
1968
1969
1970
1971
1972
1973
1974
1975
1976
1977
1978
1979
1980
1981
1982
1983
1984
1985
1986
1987
1988
1989
1990
1991
1992
1993
1994

VORRUNDE

Termine: 18. September und 2. Oktober 1974

Lewski/Spartak Sofia –	
Dozsa Ujpest Budapest	0:3 / 1:4
Hajduk Split –	(beide Spiele in Split)
IF Keflavik	7:1 / 2:0
Feyenoord Rotterdam –	
FC Coleraine	7:0 / 4:1
Viking Stavanger –	
Ararat Jerewan	0:2 / 2:4
Hvidovre Kopenhagen –	
Ruch Chorzow	0:0 / 1:2
Celtic Glasgow –	
Olympiakos Piräus	1:1 / 0:2
AS St. Etienne –	
Sporting Lissabon	2:0 / 1:1
Leeds United –	
FC Zürich	4:1 / 1:2
Slovan Bratislava –	
RSC Anderlecht	4:2 / 1:3
FC La Valetta –	
HJK Helsinki	1:0 / 1:4
Omonia Nikosia –	
Celtic Cork	(kampflos für Cork)
Universitatea Craiova –	
Atvidaberg FF	2:1 / 1:3
Jeunesse Esch –	
Fenerbahce Istanbul	2:3 / 0:2
FC Barcelona –	
VÖEST Linz	0:0 / 3:0

Freilose: **Bayern München, 1.FC Magdeburg**

ACHTELFINALE

Termine: 23. Oktober und 6. November 1974

Bayern München –	
1. FC Magdeburg	3:2 (0:2)

München: Maier, Hansen, Schwarzenbeck, Beckenbauer, Dürnberger, U. Hoeneß, Roth, Zobel (76. K.-H. Rummenigge), Torstensson (46. Hadewicz), Müller, Wunder.
Magdeburg: Schulze, Zapf, Enge, Abraham, Decker, Seguin, Raugust, Pommerenke (58. Hermann), Mewes, Sparwasser, Hoffmann.
Schiedsrichter: Michelotti (Italien); *Zuschauer:* 70 000; *Tore:* 0:1 Hoffmann (1.), 0:2 Sparwasser (44.), 1:2, 2:2 Müller (51., Foulstrafstoß, 63.), 3:2 Enge (69., Eigentor).

1. FC Magdeburg –	
Bayern München	1:2 (0:1)

Magdeburg: Schulze, Zapf, Enge, Abraham, Decker, Seguin, Kohde, Raugust, Mewes, Sparwasser, Hoffmann.
München: Maier, Hansen, Schwarzenbeck, Beckenbauer, Kapellmann, Roth, Zobel, U. Hoeneß, Dürnberger, Müller, Wunder. *Schiedsrichter:* Linemayr (Österreich); *Zuschauer:* 35 000; *Tore:* 0:1, 0:2 Müller (22., 55.), 1:2 Sparwasser (56.).

RSC Anderlecht –	
Olympiakos Piräus	5:1 / 0:3
Ruch Chorzow –	
Fenerbahce Istanbul	2:1 / 2:0
Dozsa Ujpest Budapest –	
Leeds United	1:2 / 0:3
HJK Helsinki –	
Atvidaberg FF	0:3 / 0:1
Feyenoord Rotterdam –	
FC Barcelona	0:0 / 0:3
Hajduk Split –	
AS St. Etienne	4:1 / 1:5
Ararat Jerewan –	
Celtic Cork	2:1 / 5:0

VIERTELFINALE

Termine: 5. und 19. März 1975

Bayern München –	
Ararat Jerewan	2:0 (0:0)

München: Maier, Hansen, Beckenbauer, Schwarzenbeck, Andersson, Kapellmann, Roth (69. Zobel), Torstensson, K.-H. Rummenigge, Müller, Dürnberger (46. U. Hoeneß). *Schiedsrichter:* Gugulovic (Jugoslawien); *Zuschauer:* 60 000; *Tore:* 1:0 U. Hoeneß (78.), 2:0 Torstensson (84.).

Ararat Jerewan –	
Bayern München	1:0 (1:0)

München: Maier, Dürnberger, Beckenbauer, Schwarzenbeck, Hansen, Torstensson, Kapellmann, Andersson, U. Hoeneß, Müller, Wunder (84. K.-H. Rummenigge). *Schiedsrichter:* Bootsen (Niederlande); *Zuschauer:* 70 000; *Tor:* 1:0 Andreasjan (34.).

Leeds United –	
RSC Anderlecht	3:0 / 1:0
Ruch Chorzow –	
AS St. Etienne	3:2 / 0:2
FC Barcelona –	
Atvidaberg FF	2:0 / 3:0

HALBFINALE

Termine: 9. und 23. April 1975

AS St. Etienne –	
Bayern München	0:0

München: Maier, Dürnberger, Schwarzenbeck, Beckenbauer, Andersson, U. Hoeneß, Roth, Kapellmann, Torstensson, Müller, Wunder.
Schiedsrichter: Hungerbühler (Schweiz); *Zuschauer:* 38 000.

Bayern München –	
AS St. Etienne	2:0 (1:0)

München: Maier, Dürnberger, Beckenbauer, Schwarzenbeck, Andersson, Weiß, Zobel, Torstensson (71. K.-H. Rummenigge), U. Hoeneß, Müller, Kapellmann.
Schiedsrichter: Corver (Niederlande); *Zuschauer:* 74 000; *Tore:* 1:0 Beckenbauer (2.), 2:0 Dürnberger (69.).

Leeds United –	
FC Barcelona	2:1 / 1:1

FINALE

am 28. Mai 1975 in Paris:

Bayern München –	
Leeds United	2:0 (0:0)

München: Maier, Beckenbauer, Dürnberger, Schwarzenbeck, Andersson (3. Weiß), Roth, Zobel, Torstensson, U. Hoeneß (40. Wunder), Müller, Kapellmann.
Leeds: Stewart, Hunter, Reaney, Madeley, Gray, Bremner, Giles, Yorath (75. McKenzie), Lorimer, Clarke, Jordan.
Schiedsrichter: Kitabdjan (Frankreich); *Zuschauer:* 50 000; *Tore:* 1:0 Roth (70.), 2:0 Müller (76.).

XXI. Europapokal der Landesmeister 1975/76 (32 Teilnehmer)

BAYERN MÜNCHEN

VORRUNDE

Termine: 17. September und 1. Oktober 1975

Jeunesse Esch –
Bayern München   0:5 (0:2)
München: Maier, Horsmann, Zobel, Beckenbauer, Dürnberger, Weiß (81. Förster), Schuster, Kapellmann, K.-H. Rummenigge, Müller (36. Torstensson), Wunder. *Schiedsrichter:* Ponnet (Belgien); *Zuschauer:* 18 000; *Tore:* 0:1, 0:2 Zobel (29., 35.), 0:3 Schuster (63.), 0:4, 0:5 K.H. Rummenigge (68., 81.).

Bayern München –
Jeunesse Esch   3:1 (1:0)
München: Maier, Horsmann, Schwarzenbeck, Beckenbauer, Dürnberger, Roth, Schuster, Kapellmann, K.-H. Rummenigge, Marek, Kaczor. *Schiedsrichter:* Jelinek (ČSSR); *Zuschauer:* 8 000; *Tore:* 1:0, 2:0 Schuster (30., 83.), 2:1 Zwally (86.), 3:1 Schuster (88.).

Borussia Mönchengladbach –
Wacker Innsbruck   1:1 (0:1)
Mönchengladbach: Kleff, Vogts, Schäffer, Wittkamp, Klinkhammer, Danner, Bonhof, Stielike, Simonsen, Jensen, Heynckes. *Schiedsrichter:* Burns (England); *Zuschauer:* 20 000; *Tore:* 0:1 Welzl (42.), 1:1 Simonsen (83., Foulstrafstoß).

Wacker Innsbruck –
Borussia Mönchengladbach   1:6 (1:1)
Mönchengladbach: Kleff, Vogts, Klinkhammer, Wohlers, Schäffer, Danner, Wimmer (75. Köppel), Stielike (81. Wittkamp), Simonsen, Jensen, Heynckes. *Schiedsrichter:* Mathieu (Schweiz); *Zuschauer:* 19 500; *Tore:* 1:0 Flindt (23.), 1:1 Stielike (44.), 1:2 Simonsen (63.), 1:3, 1:4, 1:5, 1:6 Heynckes (64., 68., 75., 88.).

Malmö FF –
1. FC Magdeburg   2:1 (1:0)
Magdeburg: Heine, Zapf, Seguin, Decker, Raugust, Mewes, Pommerenke, Tyll, Streich (76. Oelze), Sparwasser, Hoffmann. *Schiedsrichter:* Srodecki (Polen); *Zuschauer:* 11.537; *Tore:* 1:0 Cervin (15.), 1:1 Hoffmann (50.), 2:1 Bo Larsson (57., Foulstrafstoß).

1. FC Magdeburg –
Malmö FF   2:1 (2:1, 1:0) n.V.,
                                       Elfmeterschießen: 1:2
Magdeburg: Heine, Zapf, Decker, Sommer, Seguin, Pommerenke, Raugust, Tyll, Streich, Sparwasser (68. Mewes, 77. Steinbach), Hoffmann. *Schiedsrichter:* Corver (Niederlande); *Zuschauer:* 35 000; *Tore:* 1:0 Hoffmann (30.), 1:1 C. Andersson (65.), 2:1 Streich (81., Foulstrafstoß); Elfmeterschießen: Streich – gehalten, Bo Larsson – gehalten; Hoffmann – gehalten, Tapper – vorbei; Steinbach 1:0; Ljungberg 1:1; Decker – gehalten, R. Andersson 1:2; Zapf – gehalten.

Dozsa Ujpest Budapest –
FC Zürich   4:0 / 1:5
Real Madrid –
Dinamo Bukarest   4:1 / 0:1
KB Kopenhagen –
AS St. Etienne   0:2 / 1:3
Glasgow Rangers –
Bohemians Dublin   4:1 / 1:1

Olympiakos Piräus –
Dynamo Kiew   2:2 / 0:1
Slovan Bratislava –
Derby County   1:0 / 0:3
Ruch Chorzow –
Kuopio Palloseura   5:0 / 2:2
Benfica Lissabon –
Fenerbahce Istanbul   7:0 / 0:1
FC Linfield Belfast –
PSV Eindhoven   1:2 / 0:8
RWD Molenbeek –
Viking Stavanger   3:2 / 1:0
ZSKA Sofia –
Juventus Turin   2:1 / 0:2
Floriana La Valetta –
Hajduk Split   0:5 / 0:3
Omonia Nikosia –
IA Akranes Reykjavik   2:1 / 0:4

ACHTELFINALE

Termine: 22. Oktober und 5. November 1975

Malmö FF –
Bayern München   1:0 (1:0)
München: Maier, Horsmann, Schwarzenbeck, Beckenbauer, Dürnberger, Roth, Zobel (81. Torstensson), Kapellmann, Schuster (79. Marek), K.-H. Rummenigge, Wunder. *Schiedsrichter:* Rudnejew (UdSSR); *Zuschauer:* 23 000; *Tor:* 1:0 T. Andersson (25.).

Bayern München –
Malmö FF   2:0 (0:0)
München: Maier, Horsmann, Schwarzenbeck, Beckenbauer, Dürnberger, Roth, Zobel (84. Förster), Kapellmann, K.-H. Rummenigge, Torstensson, Wunder. *Schiedsrichter:* Stanejew (Bulgarien); *Zuschauer:* 47 000; *Tore:* 1:0 Dürnberger (59., Foulstrafstoß), 2:0 Torstensson (77.).

Borussia Mönchengladbach –
Juventus Turin   2:0 (2:0)
(in Düsseldorf)
Mönchengladbach: Kleff, Vogts, Schäffer, Wittkamp, Bonhof, Danner, Wimmer, Stielike, Simonsen, Jensen, Heynckes. *Schiedsrichter:* Wurtz (Frankreich); *Zuschauer:* 65 000; *Tore:* 1:0 Heynckes (26.), 2:0 Simonsen (36.).

Juventus Turin –
Borussia Mönchengladbach   2:2 (1:0)
Mönchengladbach: Kleff, Vogts, Schäffer, Wittkamp, Bonhof, Danner, Wimmer, Stielike, Simonsen, Jensen, Heynckes. *Schiedsrichter:* Linemayr (Österreich); *Zuschauer:* 70 000; *Tore:* 1:0 Gori (35.), 2:0 Bettega (62.), 2:1 Danner (70.), 2:2 Simonsen (88.).

AS St. Etienne –
Glasgow Rangers   2:0 / 2:1
Dynamo Kiew –
IA Akranes Reykjavik   3:0 / 2:0
Ruch Chorzow –
PSV Eindhoven   1:3 / 0:4
Benfica Lissabon –
Dozsa Ujpest Budapest   5:2 / 1:3
Hajduk Split –
RWD Molenbeek   4:0 / 3:2
Derby County –
Real Madrid   4:1 / 1:5 n.V.

VIERTELFINALE

Termine: 3. und 17. März 1976

Benfica Lissabon –
Bayern München   0:0
München: Maier, Hansen, Schwarzenbeck, Beckenbauer, Horsmann, Roth, K.-H. Rummenigge, Müller, Dürnberger, Kapellmann, U. Hoeneß. *Schiedsrichter:* Gordon (Schottland); *Zuschauer:* 70 000.

Bayern München –
Benfica Lissabon   5:1 (0:0)
München: Maier, Beckenbauer, Hansen, Schwarzenbeck, Horsmann, Roth, Kapellmann, Dürnberger, U. Hoeneß, K.-H. Rummenigge, Müller. *Schiedsrichter:* Ok (Türkei); *Zuschauer:* 74 000; *Tore:* 1:0, 2:0 Dürnberger (50., 56.), 3:0 K.-H. Rummenigge (68.), 3:1 Barros (69.), 4:1, 5:1 Müller (73., 82.).

Borussia Mönchengladbach –
Real Madrid   2:2 (2:1)
(in Düsseldorf)
Mönchengladbach: Kleff, Klinkhammer, Vogts, Wittkamp, Stielike, Bonhof, Danner, Wimmer, Simonsen, Jensen, Heynckes. *Schiedsrichter:* Rion (Belgien); *Zuschauer:* 69 000; *Tore:* 1:0 Jensen (3.), 2:0 Wittkamp (27.), 2:1 Martinez (45.), 2:2 Pirri (61.).

Real Madrid –
Borussia Mönchengladbach   1:1 (0:1)
Mönchengladbach: Kleff, Vogts, Klinkhammer, Wittkamp, Bonhof, Danner (80. Hannes), Wimmer, Stielike, Simonsen, Jensen, Heynckes. *Schiedsrichter:* van der Kroft (Niederlande); *Zuschauer:* 120 000; *Tore:* 0:1 Heynckes (26.), 1:1 Santillana (52.).

Dynamo Kiew –
AS St. Etienne   2:0 / 0:3 n.V.
Hajduk Split –
PSV Eindhoven   2:0 / 0:3 n.V.

HALBFINALE

Termine: 31. März und 14. April 1976

Real Madrid –
Bayern München   1:1 (1:1)
München: Maier, Beckenbauer, Hansen, Schwarzenbeck, Horsmann, Roth, Dürnberger, Kapellmann, U. Hoeneß, Müller, K.-H. Rummenigge. *Schiedsrichter:* Linemayr (Österreich); *Zuschauer:* 120 000; *Tore:* 1:0 Martinez (7.), 1:1 Müller (42.).

Bayern München –
Real Madrid   2:0 (2:0)
München: Maier, Hansen, Schwarzenbeck, Beckenbauer, Horsmann, Roth, Dürnberger, Kapellmann, K.-H. Rummenigge, Müller, U. Hoeneß. *Schiedsrichter:* Thomas (Wales); *Zuschauer:* 78 000; *Tore:* 1:0, 2:0 Müller (9., 31.).

AS St. Etienne –
PSV Eindhoven   1:0 / 0:0

FINALE

am 12. Mai 1976 in Glasgow:

Bayern München –
AS St. Etienne   1:0 (0:0)
München: Maier, Beckenbauer, Hansen, Schwarzenbeck, Horsmann, Dürnberger, Roth, Kapellmann, U. Hoeneß, Müller, K.-H. Rummenigge. *St. Etienne:* Curkovic, Lopez, Repellini, Janvion, Piazza, Santini, Larque, Bathenay, P. Revelli, H. Revelli, Sarramagna (83. Rocheteau). *Schiedsrichter:* Palotai (Ungarn); *Zuschauer:* 86 000; *Tor:* 1:0 Roth (58.).

XXII. Europapokal der Landesmeister 1976/77 (32 Teilnehmer)

FC LIVERPOOL

VORRUNDE
Termine: 15. und 29. September 1976

Köge BK –
Bayern München 0:5 (0:4)
München: Maier, Andersson, Beckenbauer, Schwarzenbeck, Weiß, Dürnberger, Torstensson, Kapellmann, U. Hoeneß (74. Seneca), Müller, K.-H. Rummenigge. *Schiedsrichter:* Victor (Luxemburg); *Zuschauer:* 24 800; *Tore:* 0:1 Torstensson (3.), 0:2 Müller (19.), 0:3 Torstensson (24.), 0:4 Müller (33.), 0:5 Dürnberger (64.).

Bayern München –
Köge BK 2:1 (1:1)
München: Maier, Andersson, Beckenbauer, Schwarzenbeck, Horsmann, Dürnberger (60. Torstensson), Roth, Kapellmann, U. Hoeneß (66. Künkel), Müller, K.-H. Rummenigge. *Schiedsrichter:* Jarguz (Polen); *Zuschauer:* 25 000; *Tore:* 1:0 Beckenbauer (7.), 1:1 S. Poulsen (34.), 2:1 Torstensson (74.).

Austria/WAC Wien –
Borussia Mönchengladbach 1:0 (1:0)
Mönchengladbach: Kneib, Vogts, Wittkamp, Schäffer, Ringels, Wohlers, Bonhof, Wimmer, Del'Haye, Simonsen, Heynckes. *Schiedsrichter:* Lattanzi (Italien); *Zuschauer:* 60 000; *Tor:* 1:0 Daxbacher (23.).

Borussia Mönchengladbach –
Austria/WAC Wien 3:0 (1:0)
Mönchengladbach: Kneib, Schäffer, Wittkamp, Wohlers (39. Ringels), Vogts, Bonhof, Wimmer, Stielike, Simonsen, Heidenreich, Heynckes. *Schiedsrichter:* Palotai (Ungarn); *Zuschauer:* 32 000; *Tor:* 1:0 Stielike (39.), 2:0 Bonhof (54., Foulstrafstoß), 3:0 Heynckes (57.).

Dynamo Dresden –
Benfica Lissabon 2:0 (0:0)
Dresden: Boden, Schmuck, Helm, Weber, K. Müller, Häfner, Schade, Kreische, Riedel, Kotte, Heidler. *Schiedsrichter:* Wöhrer (Österreich); *Zuschauer:* 33 000; *Tore:* 1:0 Kotte (76., Foulstrafstoß), 2:0 Riedel (78.).

Benfica Lissabon –
Dynamo Dresden 0:0
Dresden: Boden, Schmuck, Helm, Weber, K. Müller, Häfner, Schade, Kreische, Riedel (75. Sachse), Kotte, Heidler. *Schiedsrichter:* Schaut (Belgien); *Zuschauer:* 40 000.

FC Liverpool –	
Crusaders Belfast	2:0 / 5:0
Ferencvaros Budapest –	
Jeunesse Esch	5:1 / 6:2
AS St. Etienne –	
ZSKA Rote Fahne Sofia	1:0 / 0:0
PSV Eindhoven –	
FC Dundalk	6:0 / 1:1
Real Madrid –	
Stal Mielec	1:0 / 2:1
Dynamo Kiew –	
Partizan Belgrad	3:0 / 2:0
FC Zürich –	
Glasgow Rangers	1:0 / 1:1
FC Brügge –	
Steaua Bukarest	2:1 / 1:1
PAOK Saloniki –	
Omonia Nikosia	1:1 / 2:0
AC Turin –	
Malmö FF	2:1 / 1:1
Trabzonspor –	
IA Akranes	3:2 / 3:1
Banik Ostrava –	
Viking Stavanger	2:0 / 1:2
Palloseura Turku –	
Sliema Wanderers	1:0 / 1:2

ACHTELFINALE
Termine: 20. Oktober und 3. November 1976

Banik Ostrava –
Bayern München 2:1 (2:0)
München: Maier, Andersson, Beckenbauer, Schwarzenbeck, Horsmann, Dürnberger, Torstensson, Kapellmann, U. Hoeneß, Müller, K.-H. Rummenigge. *Schiedsrichter:* Helies (Frankreich); *Zuschauer:* 31 000; *Tore:* 1:0 Lorenc (11.), 2:0 Litka (28.), 2:1 Müller (53.).

Bayern München –
Banik Ostrava 5:0 (2:0)
München: Maier, Andersson, Beckenbauer, Schwarzenbeck, Horsmann, Dürnberger, Torstensson, Kapellmann, U. Hoeneß, Müller, K.-H. Rummenigge. *Schiedsrichter:* Maksimovic (Jugoslawien); *Zuschauer:* 60 000; *Tore:* 1:0 Müller (15.), 2:0 K.-H. Rummenigge (37.), 3:0 Müller (48.), 4:0 Kapellmann (71.), 5:0 Torstensson (74.).

AC Turin –
Borussia Mönchengladbach 1:2 (0:1)
Mönchengladbach: Kneib, Vogts, Wittkamp, Schäffer, Bonhof, Wohlers, Stielike, Wimmer (57. Klinkhammer), Simonsen, Heidenreich, Heynckes. *Schiedsrichter:* Hungerbühler (Schweiz); *Zuschauer:* 71 160; *Tore:* 0:1 Vogts (28.), 1:1 P. Sala (64.), 1:2 Klinkhammer (78.).

Borussia Mönchengladbach –
AC Turin 0:0
(in Düsseldorf)
Mönchengladbach: Kneib, Vogts, Wittkamp, Schäffer, Bonhof, Wohlers, Wimmer, Stielike, Simonsen, Heidenreich (67. Del'Haye), Heynckes. *Schiedsrichter:* Delcourt (Belgien); *Zuschauer:* 65 000.

Ferencvaros Budapest –
Dynamo Dresden 1:0 (1:0)
Dresden: Boden, Schmuck, Helm, Weber (46. M. Müller), K. Müller, Häfner (73. Sachse), Schade, Kreische, Riedel, Kotte, Heidler. *Schiedsrichter:* Dudine (Bulgarien); *Zuschauer:* 32 000; *Tor:* 1:0 Onhausz (35.).

Dynamo Dresden –
Ferencvaros Budapest 4:0 (1:0)
Dresden: Boden, Schmuck, Helm, M. Müller, K. Müller, Häfner (76. Dörner), Schade, Kreische, Riedel, Kotte, Heidler (69. Sachse). *Schiedsrichter:* Ok (Türkei); *Zuschauer:* 33 000; *Tore:* 1:0 Heidler (41.), 2:0 Schmuck (52.), 3:0 Riedel (60.), 4:0 Kotte (73.).

FC Brügge –	
Real Madrid	2:0 / 0:0
FC Liverpool –	
Trabzonspor	3:0 / 0:1
AS St. Etienne –	
PSV Eindhoven	1:0 / 0:0
Dynamo Kiew –	
PAOK Saloniki	4:0 / 2:0
FC Zürich –	
Palloseura Turku	2:0 / 1:0

VIERTELFINALE
Termine: 2. und 16. März 1977

Bayern München –
Dynamo Kiew 1:0 (1:0)
München: Maier, Gruber, Beckenbauer, Schwarzenbeck, Andersson, Roth (83. Weiß), Torstensson, Kapellmann, U. Hoeneß (83. Önal), Künkel, K.-H. Rummenigge. *Schiedsrichter:* Garrido (Portugal); *Zuschauer:* 75 000; *Tor:* 1:0 Künkel (43.).

Dynamo Kiew –
Bayern München 2:0 (0:0)
München: Maier, Gruber, Beckenbauer, Schwarzenbeck, Andersson, Roth, Kapellmann, Torstensson, K.-H. Rummenigge (90. Kirschner), U. Hoeneß, Künkel (79. Önal). *Schiedsrichter:* Linemayr (Österreich); *Zuschauer:* 100 000; *Tore:* 1:0 Burjak (83., Foulstrafstoß), 2:0 Slobodjan (87.).

Borussia Mönchengladbach –
FC Brügge 2:2 (1:2)
(in Düsseldorf) *Mönchengladbach:* Kneib, Bonhof, Wittkamp, Vogts, Klinkhammer, Wohlers, Wimmer, Stielike, Kulik, Del'Haye, Simonsen. *Schiedsrichter:* Konrath (Frankreich); *Zuschauer:* 65 000; *Tore:* 0:1 Cools (23.), 0:2 Courant (38.), 1:2 Kulik (43.), 2:2 Simonsen (62.).

FC Brügge –
Borussia Mönchengladbach 0:1 (0:0)
Mönchengladbach: Kneib, Klinkhammer, Vogts, Wittkamp, Bonhof, Wohlers, Wimmer, Stielike (89. Köppel), Kulik (78. Hannes), Simonsen, Heynckes. *Schiedsrichter:* Kasakow (UdSSR); *Zuschauer:* 32 000; *Tor:* 0:1 Hannes (84.).

FC Zürich –
Dynamo Dresden 2:1 (1:0)
Dresden: Jakubowski, Dörner, Helm, Schmuck (13. M. Müller), K. Müller, Häfner, Schade, Weber, Riedel (75. Kreische), Sachse, Heidler. *Schiedsrichter:* Rainea (Rumänien); *Zuschauer:* 19 000; *Tore:* 1:0 Cucinotta (41.), 1:1 Kreische (75.), 2:1 Risi (89.).

Dynamo Dresden –
FC Zürich 3:2 (1:1)
Dresden: Jakubowski, Dörner, Helm, K. Müller, Häfner (23. Weber), M. Müller, Schade, Kreische, Riedel, Sachse, Heidler. *Schiedsrichter:* Franco-Martinez (Spanien); *Zuschauer:* 35 000; *Tore:* 1:0 Schade (18., Foulstrafstoß), 1:1 Cucinotta (37.), 2:1, 3:1 Kreische (54., 63.), 3:2 Risi (64.).

FC Liverpool –	
AS St. Etienne	3:1 / 0:1

HALBFINALE
Termine: 6. und 20. April 1977

Dynamo Kiew –
Borussia Mönchengladbach 1:0 (0:0)
Mönchengladbach: Kneib, Vogts, Klinkhammer, Wittkamp, Bonhof, Wohlers, Wimmer, Stielike, Kulik, Simonsen, Heynckes. *Schiedsrichter:* Sanchez-Ibanez (Spanien); *Zuschauer:* 100 000; *Tor:* 1:0 Onistschenko (70.).

Borussia Mönchengladbach –
Dynamo Kiew 2:0 (1:0) (in Düsseldorf)
Mönchengladbach: Kneib, Wittkamp, Vogts, Bonhof, Klinkhammer, Wohlers, Wimmer, Kulik, Stielike (76. Hannes), Simonsen, Heidenreich. *Schiedsrichter:* Rion (Belgien); *Zuschauer:* 70 000; *Tore:* 1:0 Bonhof (21., Handstrafstoß), 2:0 Wittkamp (83.).

FC Liverpool –	
FC Zürich	3:0 / 3:1

FINALE
am 25. Mai 1977 in Rom:

FC Liverpool –
Borussia Mönchengladbach 3:1 (1:0)
Liverpool: Clemence, Neal, Smith, Hughes, Jones, Case, Callaghan, McDermott, Kennedy, Keegan, Heighway. *Mönchengladbach:* Kneib, Vogts, Klinkhammer, Wittkamp, Bonhof, Wohlers (79. Hannes), Simonsen, Wimmer (24. Kulik), Stielike, Schäfer, Heynckes. *Schiedsrichter:* Wurtz (Frankreich); *Zuschauer:* 60 000; *Tore:* 1:0 McDermott (28.), 1:1 Simonsen (51.), 2:1 Smith (65.), 3:1 Neal (84., Foulstrafstoß).

XXIII. Europapokal der Landesmeister 1977/78 (31 Teilnehmer)

FC LIVERPOOL

VORRUNDE

Termine: 14. und 28. September 1977

Vasas Budapest –
Borussia Mönchengladbach   0:3 (0:3)
Mönchengladbach: Kneib, Vogts, Wittkamp, Schäffer, Klinkhammer, Wohlers, Schäfer, Bonhof, Wimmer, Simonsen, Lienen.
Schiedsrichter: Dubach (Schweiz);
Zuschauer: 40 000;
Tore: 0:1 Schäfer (17.), 0:2 Simonsen (34.), 0:3 Wohlers (45.).

Borussia Mönchengladbach –
Vasas Budapest   1:1 (0:0)
Mönchengladbach: Kneib, Vogts, Hannes, Wittkamp, Wohlers, Bonhof, Schäfer, Wimmer, Kulik (72. Nielsen), Simonsen, Del'Haye.
Schiedsrichter: Delcourt (Belgien);
Zuschauer: 15 000;
Tore: 1:0 Simonsen (64.), 1:1 Iszo (77.).

Dynamo Dresden –
Halmstad BK   2:0 (0:0)
Dresden: Boden, Dörner, K. Müller, Schmuck, Häfner, M. Müller, Kreische, Weber, Sachse (57. Schade), Kotte, Heidler. *Schiedsrichter:* Kolliropoulos (Griechenland); *Zuschauer:* 30 000; *Tore:* 1:0 Heidler (70.), 2:0 Schade (84.).

Halmstad BK –
Dynamo Dresden   2:1 (1:0)
Dresden: Boden, Dörner, M. Müller, Schmuck, Weber, Häfner, Schade, Kreische, Riedel, Weber, Heidler.
Schiedsrichter: Grey (England); *Zuschauer:* 8 000;
Tore: 1:0 Johansson (18.), 1:1 Heidler (63.), 2:1 Lars E. Larsson (90.).

Omonia Nikosia –	
Juventus Turin	0:3 / 0:2
Palloseura Kuopio –	
FC Brügge	0:4 / 2:5
Celtic Glasgow –	
Jeunesse Esch	5:0 / 6:1
Roter Stern Belgrad –	
Sligo Rovers	3:0 / 3:0
Dinamo Bukarest –	
Atletico Madrid	2:1 / 0:2
Lilleström SK –	
Ajax Amsterdam	2:0 / 0:4
FC Basel –	
Swarowski/Wacker Innsbruck	1:3 / 1:0
Trabzonspor –	
B 1903 Kopenhagen	1:0 / 0:2
Dukla Prag –	
FC Nantes	1:1 / 0:0
Lewski/Spartak Sofia –	
Slask Wroclaw	3:0 / 2:2
Floriana La Valetta –	
Panathinaikos Athen	1:1 / 0:4
Benfica Lissabon –	
Torpedo Moskau	0:0 / 0:0 n.V.,
	Elfmeterschießen: 4:1
Valur Reykjavik –	
Glentoran Belfast	1:0 / 0:2

Freilos: **FC Liverpool**

ACHTELFINALE

Termine: 19. Oktober und 2. November 1977

Roter Stern Belgrad –
Borussia Mönchengladbach   0:3 (0:2)
Mönchengladbach: Kleff, Vogts, Bonhof, Wittkamp, Klinkhammer, Schäfer, Wimmer, Kulik, Del'Haye, Simonsen, Heynckes (68. Wohlers).
Schiedsrichter: Cebe (Türkei);
Zuschauer: 102 000;
Tore: 0:1 Schäfer (16.), 0:2 Heynckes (45.), 0:3 Simonsen (76.).

Borussia Mönchengladbach –
Roter Stern Belgrad   5:1 (2:1)
Mönchengladbach: Kleff, Vogts, Wittkamp, Bonhof, Klinkhammer, Schäfer, Wimmer (71. Wohlers), Kulik, Del'Haye, Simonsen, Heynckes (71. Lienen).
Schiedsrichter: Homewood (England);
Zuschauer: 15 000;
Tore: 1:0, 2:0 Simonsen (17., 32.), 2:1 Susic (44.), 3:1 Heynckes (60.), 4:1 Nikolic (62., Eigentor), 5:1 Wittkamp (87.).

FC Liverpool –
Dynamo Dresden   5:1 (3:0)
Dresden: Boden, Dörner, K. Müller (72. Helm), Schmuck, Weber, Kreische, Schade, Häfner, M. Müller, Kotte (72. Riedel), Heidler.
Schiedsrichter: Garrido (Portugal);
Zuschauer: 39 835;
Tore: 1:0 Hansen (15.), 2:0 Case (22.), 3:0 Neal (44., Foulstrafstoß), 4:0 Case (58.), 5:0 Kennedy (66.), 5:1 Häfner (76.).

Dynamo Dresden –
FC Liverpool   2:1 (0:0)
Dresden: Boden (71. Jakubowski), Dörner, Helm, Schmuck, Weber, Häfner, Schade, Riedel, M. Müller, Kotte, Sachse (69. Richter).
Schiedsrichter: Corver (Niederlande);
Zuschauer: 33 000;
Tore: 1:0 Kotte (47.), 2:0 Sachse (52.), 2:1 Heighway (67.).

FC Brügge –	
Panathinaikos Athen	2:0 / 0:1
Lewski/Spartak Sofia –	
Ajax Amsterdam	1:2 / 1:2
Benfica Lissabon –	
B 1903 Kopenhagen	1:0 / 1:0
Glentoran Belfast –	
Juventus Turin	0:1 / 0:5
Celtic Glasgow –	
Swarowski/Wacker Innsbruck	2:1 / 0:3
FC Nantes –	
Atletico Madrid	1:1 / 1:2

VIERTELFINALE

Termine: 1. und 15. März 1978

Swarowski/Wacker Innsbruck –
Borussia Mönchengladbach   3:1 (3:0)
Mönchengladbach: Kleff, Vogts, Wittkamp (46. Heynckes), Hannes, Bonhof, Wohlers, Wimmer, Kulik, Simonsen, Nielsen, Lienen.
Schiedsrichter: Rainea (Rumänien);
Zuschauer: 16 000;
Tore: 1:0 P. Koncilia (8.), 2:0 Kriess (22.), 3:0 Schwarz (26.), 3:1 Heynckes (64.).

Borussia Mönchengladbach –
Swarowski/Wacker Innsbruck   2:0 (2:0)
Mönchengladbach: Kleff, Vogts, Wohlers, Hannes, Bonhof, Nielsen (63. Schäfer), Wimmer, Kulik, Simonsen, Heynckes, Lienen (78. Del'Haye).
Schiedsrichter: Eriksson (Schweden);
Zuschauer: 32 000;
Tore: 1:0 Bonhof (18., Foulstrafstoß), 2:0 Heynckes (31.).

FC Brügge –	
Atletico Madrid	2:0 / 2:3
Ajax Amsterdam –	
Juventus Turin	1:1 / 1:1 n.V.,
	Elfmeterschießen: 0:3
Benfica Lissabon –	
FC Liverpool	1:2 / 1:4

HALBFINALE

Termine: 29. März und 12. April 1978

Borussia Mönchengladbach –
FC Liverpool   2:1 (1:0)
(in Düsseldorf)
Mönchengladbach: Kleff, Vogts, Wohlers, Hannes, Bonhof, Nielsen, Wimmer, Kulik, Del'Haye, Lienen (71. Danner), Heynckes.
Schiedsrichter: Muro (Spanien);
Zuschauer: 67 000;
Tore: 1:0 Hannes (28.), 1:1 Johnson (88.), 2:1 Bonhof (89.).

FC Liverpool –
Borussia Mönchengladbach   3:0 (2:0)
Mönchengladbach: Kleff, Vogts, Hannes, Wittkamp, Wohlers (71. Schäfer), Bonhof, Wimmer (71. Lienen), Nielsen, Kulik, Del'Haye, Heynckes.
Schiedsrichter: Palotai (Ungarn);
Zuschauer: 56 000;
Tore: 1:0 Kennedy (7.), 2:0 Dalglish (32.), 3:0 Case (55.).

Juventus Turin –	
FC Brügge	1:0 / 0:2 n.V.

FINALE

am 10. Mai 1978 in London:

FC Liverpool –
FC Brügge   1:0 (0:0)
Liverpool: Clemence, Thompson, Neal, Hansen, Hughes, Kennedy, McDermott, Souness, Case (63. Heighway), Dalglish, Fairclough.
Brügge: Jensen, Krieger, Bastijns, Leekens, Maes (72. Volders), Cools, Vandereycken, de Cubber, Simoens, Kü (60. Sanders), Sörensen.
Schiedsrichter: Corver (Niederlande);
Zuschauer: 92 000;
Tor: 1:0 Dalglish (64.).

XXIV. Europapokal der Landesmeister 1978/79 (32 Teilnehmer)

NOTTINGHAM FOREST

VORRUNDE
Termine: 13. und 27. September 1978

1. FC Köln –
IA Akranes   **4:1 (3:1)**
Köln: H. Schumacher, Konopka (78. Glowacz), Gerber, Strack, Hein, Cullmann, Neumann, Zimmermann, van Gool, Littbarski, Willmer.
Schiedsrichter: Sörensen (Dänemark); *Zuschauer:* 9 000; *Tore:* 1:0 Littbarski (13.), 2:0 Neumann (26.), 2:1 Halgrimsson (29.), 3:1 Neumann (38.), 4:1 Konopka (73.).

IA Akranes –
1. FC Köln   **1:1 (1:0)**
Köln: H. Schumacher, Konopka, Gerber, Strack, Hein, Cullmann, Zimmermann, Neumann (80. Glowacz), van Gool, Littbarski, Engels.
Schiedsrichter: Smith (Schottland); *Zuschauer:* 6 000; *Tore:* 1:0 Hein (8., Eigentor), 1:1 van Gool (73.).

Partizan Belgrad –
Dynamo Dresden   **2:0 (1:0)**
Dresden: Jakubowski, Dörner, Schmuck, Helm, K. Müller, Häfner, Schade, Weber, Riedel, Kotte, Richter.
Schiedsrichter: Ok (Türkei); *Zuschauer:* 50 000; *Tore:* 1:0 Prekazi (6.), 2:0 Durovic (47.).

Dynamo Dresden –
Partizan Belgrad   **2:0 (2:0, 1:0) n.V.,**
                 Elfmeterschießen: 5:4
Dresden: Boden, Dörner, Helm, Schmuck, K. Müller, Riedel, Schade, Weber, Heidler (116. Petersohn), Richter (63. Sachse), Kotte. *Schiedsrichter:* Lipatow (UdSSR); *Zuschauer:* 29.000; *Tore:* 1:0 Dörner (8.), 2:0 Weber (70.). *Elfmeterschießen:* Dordevic verschossen, Dörner Pfosten; Klincarski 0:1, Weber 1:1; Pavkovic 1:2, Schade verschossen; Trifunovic gehalten, Kotte 2:2; Prekazi 2:3, Riedel 3:3; Stojkovic 3:4, Sachse 4:4; Zavisic gehalten, Schmuck 5:4.

AEK Athen –		
FC Porto	**6:1 / 1:4**	
Real Madrid –		
Progres Niederkorn	**5:0 / 7:0**	
Fenerbahce Istanbul –		
PSV Eindhoven	**2:1 / 1:6**	
FC Brügge –		
Wisla Krakow	**2:1 / 1:3**	
Vlaznia Shkoder –		
Austria Wien	**2:0 / 1:4**	
Zbrojovka Brno –		
Dozsa Ujpest Budapest	**2:2 / 2:0**	
Juventus Turin –		
Glasgow Rangers	**1:0 / 0:2**	
Nottingham Forest –		
FC Liverpool	**2:0 / 0:0**	
Grasshoppers Zürich –		
FC La Valetta	**8:0 / 5:3**	
Haka Valkeakoski –		
Dynamo Kiew	**1:1 / 1:3**	
Malmö FF –		
AS Monaco	**0:0 / 1:0**	
Omonia Nikosia –		
Bohemians Dublin	**2:1 / 0:1**	

Odense BK –	
Lok Sofia	**2:2 / 1:2**
FC Linfield –	
Lilleström SK	**0:0 / 0:1**

ACHTELFINALE
Termine: 18. Oktober und 1. November 1978

Lok Sofia –
1. FC Köln   **0:1 (0:0)**
Köln: H. Schumacher, Konopka, Gerber, Strack, Zimmermann, Cullmann, Glowacz, Flohe (46. Willmer), van Gool, D. Müller, Prestin. *Schiedsrichter:* Beck (Niederlande); *Zuschauer:* 20 000; *Tor:* 0:1 Zimmermann (58.).

1. FC Köln –
Lok Sofia   **4:0 (1:0)**
Köln: H. Schumacher, Konopka (81. Prestin), Gerber, Schuster, Zimmermann, Cullmann, Neumann, Glowacz, van Gool (69. Engels), D. Müller, Willmer.
Schiedsrichter: Partridge (England); *Zuschauer:* 17 000; *Tore:* 1:0 D. Müller (20.), 2:0 van Gool (52.), 3:0 Glowacz (75.), 4:0 D. Müller (79.).

Bohemians Dublin –
Dynamo Dresden   **0:0**
Dresden: Boden, Dörner, Helm, Schmuck, A. Schmidt, Häfner, Schade, Weber, Riedel, Kotte, Richter.
Schiedsrichter: van Langenhove (Belgien); *Zuschauer:* 2 000.

Dynamo Dresden –
Bohemians Dublin   **6:0 (2:0)**
Dresden: Boden, Dörner, Helm, Schmuck, Häfner, Schade, Trautmann, Weber, Riedel (68. Sachse), Kotte, Heidler (74. Richter). *Schiedsrichter:* Amundsen (Dänemark); *Zuschauer:* 33 000; *Tore:* 1:0 Trautmann (39.), 2:0 Dörner (41.), 3:0 Schmuck (49.), 4:0 Trautmann (59.), 5:0 Riedel (62., Handstrafstoß), 6:0 Kotte (73., Foulstrafstoß).

Dynamo Kiew –	
Malmö FF	**0:0 / 0:2**
AEK Athen –	
Nottingham Forest	**1:2 / 1:5**
Glasgow Rangers –	
PSV Eindhoven	**0:0 / 3:2**
Real Madrid –	
Grasshoppers Zürich	**3:1 / 0:2**
Zbrojovka Brno –	
Wisla Krakow	**2:2 / 1:1**
Austria Wien –	
Lilleström SK	**4:1 / 0:0**

VIERTELFINALE
Termine: 7. und 21. März 1979

1. FC Köln –
Glasgow Rangers   **1:0 (0:0)**
Köln: H. Schumacher, Konopka, Gerber, Schuster, Zimmermann, Glowacz (73. Prestin), Flohe, Cullmann, Neumann, D. Müller, Littbarski. *Schiedsrichter:* Fredriksson (Schweden); *Zuschauer:* 36 000; *Tor:* 1:0 D. Müller (59.).

Glasgow Rangers –
1. FC Köln   **1:1 (0:0)**
Köln: H. Schumacher, Konopka, Gerber, Strack (20. Prestin), Schuster, Zimmermann, Cullmann, Neumann, Flohe, van Gool (73. Glowacz), D. Müller.
Schiedsrichter: Martinez (Spanien); *Zuschauer:* 43 000; *Tore:* 0:1 D. Müller (48.), 1:1 McLean (86.).

Austria Wien –
Dynamo Dresden   **3:1 (1:1)**
Dresden: Boden, Dörner, Helm, Schmuck, Weber, Häfner, M. Müller, Schade, Riedel, Kotte, Heidler.
Schiedsrichter: Partridge (England); *Zuschauer:* 35 000; *Tore:* 0:1 Weber (10.), 1:1 Schachner (20.), 2:1 Zach (86.), 3:1 Schachner (90.).

Dynamo Dresden –
Austria Wien   **1:0 (1:0)**
Dresden: Boden, Dörner, Helm, Schmuck, Weber, Häfner, Schade, Trautmann (76. M. Müller), Riedel, Kotte, Heidler (83. Jakubowski). *Schiedsrichter:* Keizer (Niederlande); *Zuschauer:* 37 000; *Tor:* 1:0 Riedel (42., Foulstrafstoß).

Wisla Krakow –	
Malmö FF	**2:1 / 1:4**
Nottingham Forest –	
Grasshoppers Zürich	**4:1 / 1:1**

HALBFINALE
Termine: 11. und 25. April 1979

Nottingham Forest –
1. FC Köln   **3:3 (1:2)**
Köln: H. Schumacher, Konopka, Schuster, Gerber, Prestin, Cullmann, Glowacz (81. Okudera), Zimmermann, Neumann, van Gool, D. Müller. *Schiedsrichter:* Garrido (Portugal); *Zuschauer:* 42 000; *Tore:* 0:1 van Gool (7.), 0:2 D. Müller (19.), 1:2 Birtles (28.), 2:2 Bowyer (53.), 3:2 Robertson (63.), 3:3 Okudera (81.).

1. FC Köln –
Nottingham Forest   **0:1 (0:0)**
Köln: H. Schumacher, Cullmann, Konopka, Strack, Zimmermann, Schuster, Glowacz (70. Okudera), Neumann, Prestin, van Gool, D. Müller (40. Flohe).
Schiedsrichter: Rainea (Rumänien); *Zuschauer:* 62 000; *Tor:* 0:1 Bowyer (65.).

Austria Wien –	
Malmö FF	**0:0 / 0:1**

FINALE
am 30. Mai 1979 in München:

Nottingham Forest –
Malmö FF   **1:0 (1:0)**
Nottingham: Shilton, Burns, Anderson, Lloyd, Clark, Francis, McGovern, Bowyer, Birtles, Woodcock, Robertson.
Malmö: Möller, M. Andersson, R. Andersson, Jönsson, Erlandsson, Prytz, Tapper (34. Malmberg), Ljungberg, Hansson (82. T. Andersson), Cervin, Kindvall.
Schiedsrichter: Linemayr (Österreich); *Zuschauer:* 77 000; *Tor:* 1:0 Francis (45.).

1955
1956
1957
1958
1959
1960
1961
1962
1963
1964
1965
1966
1967
1968
1969
1970
1971
1972
1973
1974
1975
1976
1977
1978
1979
1980
1981
1982
1983
1984
1985
1986
1987
1988
1989
1990
1991
1992
1993
1994

XXV. Europapokal der Landesmeister 1979/80 (33 Teilnehmer)

NOTTINGHAM FOREST

AUSSCHEIDUNGSRUNDE
Termine: 29. August und 5. September 1979

FC Dundalk – (in Haarlem/Niederlande)
FC Linfield 1:1 / 2:0

VORRUNDE
Termine: 19. September und 3. Oktober 1979

Valur Reykjavik –
Hamburger SV 0:3 (0:2)
Hamburg: Kargus, Kaltz, Nogly, Jakobs, Hidien, Buljan, Memering, Hartwig, Keegan, Hrubesch, Reimann. *Schiedsrichter:* Wilson (Nordirland); *Zuschauer:* 10 000; *Tore:* 0:1, 0:2 Hrubesch (18., 26.), 0:3 Buljan (77.).

Hamburger SV –
Valur Reykjavik 2:1 (0:0)
Hamburg: Kargus, Kaltz, Nogly, Jakobs, Hidien, Buljan, Hartwig, Keegan, Wehmeyer, Hrubesch, Plücken. *Schiedsrichter:* Rolles (Luxemburg); *Zuschauer:* 5 000; *Tore:* 1:0 Hrubesch (49.), 2:0 Wehmeyer (74.), 2:1 Edvaldsson (89.).

BFC Dynamo –
Ruch Chorzow 4:1 (3:0)
BFC Dynamo: Rudwaleit, Trieloff, Noack, Troppa, Artur Ullrich, Sträßer (62. B. Schulz), Terletzki, Brillat, Riediger, Pelka (80. Lauck), Netz. *Schiedsrichter:* Matejew (Bulgarien); *Zuschauer:* 30 000; *Tore:* 1:0 Netz (3.), 2:0 Pelka (18.), 3:0 Riediger (27.), 4:0 Pelka (79.), 4:1 Wycislik (87.).

Ruch Chorzow –
BFC Dynamo 0:0
BFC Dynamo: Rudwaleit, Trieloff, Artur Ullrich, Troppa, Noack, Sträßer, Terletzki, Brillat, Riediger, Pelka, Netz. *Schiedsrichter:* Sergejenko (UdSSR); *Zuschauer:* 10 000.

FC Arges Pitesti –
AEK Athen 3:0 / 0:2

Lewski/Spartak Sofia –
Real Madrid 0:1 / 0:2

FC Porto –
AC Mailand 0:0 / 1:0

Red Boys Differdingen –
Omonia Nikosia 2:1 / 1:6

Hajduk Split –
Trabzonspor 1:0 / 1:0

FC Dundalk –
Hibernians La Valetta 2:0 / 0:1

Servette Genf –
SK Beveren-Waas 3:1 / 1:1

Vejle BK –
Austria Wien 3:2 / 1:1

Nottingham Forest –
Östers Växjö 2:0 / 1:1

Racing Strasbourg –
Start Kristiansand 2:1 / 4:0

HJK Helsinki –
Ajax Amsterdam 1:8 / 1:8

Partizan Tirana –
Celtic Glasgow 1:0 / 1:4

Dozsa Ujpest –
Dukla Prag 3:2 / 0:2

FC Liverpool –
Dynamo Tbilissi 2:1 / 0:3

ACHTELFINALE
Termine: 24. Oktober und 7. November 1979

Hamburger SV –
Dynamo Tbilissi 3:1 (1:1)
Hamburg: Kargus, Kaltz, Nogly, Jakobs, Hidien, Buljan, Hartwig, Magath, Reimann, Hrubesch, Keegan. *Schiedsrichter:* Konrath (Frankreich); *Zuschauer:* 50 000; *Tore:* 0:1 Kipiani (30.), 1:1 Mudjiri (37., Eigentor), 2:1 Keegan (52.), 3:1 Hartwig (74.).

Dynamo Tbilissi –
Hamburger SV 2:3 (2:2)
Hamburg: Kargus, Kaltz, Nogly, Jakobs, Hidien, Hartwig, Buljan, Magath, Reimann, Hrubesch, Keegan. *Schiedsrichter:* Ponnet (Belgien); *Zuschauer:* 85 000; *Tore:* 1:0 Gussajew (5.), 1:1 Keegan (34.), 1:2 Hrubesch (41.), 2:2 Kipiani (45.), 2:3 Buljan (56.).

BFC Dynamo –
Servette Genf 2:1 (2:0)
BFC Dynamo: Rudwaleit, Trieloff, Troppa, Artur Ullrich, Noack, Sträßer, Terletzki, Jüngling, Riediger, Pelka, Netz. *Schiedsrichter:* Valentine (Schottland); *Zuschauer:* 25 000; *Tore:* 1:0 Pelka (8.), 2:0 Netz (10.), 2:1 Cucinotta (65.).

Servette Genf –
BFC Dynamo 2:2 (0:1)
BFC Dynamo: Rudwaleit, Trieloff, Jüngling, Troppa, Artur Ullrich, Brillat, Sträßer (86. Ernst), Noack, Terletzki, Pelka, Netz. *Schiedsrichter:* Jargusz (Polen); *Zuschauer:* 20 000; *Tore:* 0:1 Brillat (33.), 0:2 Terletzki (81.), 1:2 Hamberg (84.), 2:2 Barberis (90.).

Celtic Glasgow –
FC Dundalk 3:2 / 0:0

FC Porto –
Real Madrid 2:1 / 0:1

Vejle BK –
Hajduk Split 0:3 / 2:1

Ajax Amsterdam –
Omonia Nikosia 10:0 / 0:4

Dukla Prag –
Racing Strasbourg 1:0 / 0:2 n.V.

Nottingham Forest –
FC Arges Pitesti 2:0 / 2:1

VIERTELFINALE
Termine: 5. und 19. März 1980

Hamburger SV –
Hajduk Split 1:0 (1:0)
Hamburg: Kargus, Kaltz, Nogly, Jakobs, Hieronymus, Hartwig, Memering, Magath, Keegan, Reimann, Hrubesch. *Schiedsrichter:* Foote (Schottland); *Zuschauer:* 52 000; *Tor:* 1:0 Reimann (45.).

Hajduk Split –
Hamburger SV 3:2 (1:2)
Hamburg: Kargus, Kaltz, Buljan, Hartwig, Hidien, Memering, Hieronymus (62. Nogly), Magath, Keegan, Hrubesch, Milewski. *Schiedsrichter:* Dörflinger (Schweiz); *Zuschauer:* 52 000; *Tore:* 0:1 Hrubesch (2.), 1:1 Zlatko Vujovic (21.), 1:2 Hieronymus (23.), 2:2 Zlatko Vujovic (50.), 3:2 Primorac (86.).

Nottingham Forest –
BFC Dynamo 0:1 (0:0)
BFC Dynamo: Rudwaleit, Trieloff, Noack, Troppa, Artur Ullrich, Terletzki, Lauck, Sträßer, Riediger, Pelka (74. B. Schulz), Netz (86. Brillat). *Schiedsrichter:* Ponnet (Belgien); *Zuschauer:* 27 946; *Tor:* 0:1 Riediger (63.).

BFC Dynamo –
Nottingham Forest 1:3 (0:3)
BFC Dynamo: Rudwaleit, Trieloff, Noack, Troppa, Brillat, Artur Ullrich, Sträßer, Terletzki, Riediger, Pelka, Netz. *Schiedsrichter:* Delmer (Frankreich); *Zuschauer:* 30 000; *Tore:* 0:1, 0:2 Francis (16., 35.), 0:3 Robertson (39., Foulstrafstoß), 1:3 Terletzki (49., Foulstrafstoß).

Racing Strasbourg –
Ajax Amsterdam 0:0 / 0:4

Celtic Glasgow –
Real Madrid 2:0 / 0:3

HALBFINALE
Termine: 9. und 23. April 1980

Real Madrid –
Hamburger SV 2:0 (0:0)
Hamburg: Kargus, Kaltz, Nogly, Jakobs, Hidien, Hartwig, Keegan, Magath, Reimann, Hrubesch, Milewski. *Schiedsrichter:* Christov (ČSSR); *Zuschauer:* 110 000; *Tore:* 1:0, 2:0 Santillana (67., 80.).

Hamburger SV –
Real Madrid 5:1 (4:1)
Hamburg: Kargus, Kaltz, Buljan, Nogly, Hidien, Jakobs, Magath, Memering, Reimann, Hrubesch, Keegan. *Schiedsrichter:* Michelotti (Italien); *Zuschauer:* 61 000; *Tore:* 1:0 Kaltz (10., Foulstrafstoß), 2:0 Hrubesch (17.), 2:1 Cunningham (31.), 3:1 Kaltz (40.), 4:1 Hrubesch (45.), 5:1 Memering (90.).

Nottingham Forest –
Ajax Amsterdam 2:0 / 0:1

FINALE
am 28. Mai 1980 in Madrid:

Nottingham Forest –
Hamburger SV 1:0 (1:0)
Nottingham: Shilton, Anderson, Lloyd, Burns, Gray (66. Gunne), McGovern, O'Neill, Bowyer, Mills (83. O'Hare), Birtles, Robertson. *Hamburg:* Kargus, Kaltz, Nogly, Jakobs, Buljan, Hieronymus (46. Hrubesch), Keegan, Memering, Milewski, Magath, Reimann. *Schiedsrichter:* Garrido (Portugal); *Zuschauer:* 110 000; *Tor:* 1:0 Robertson (20.).

XXVI. Europapokal der Landesmeister 1980/81 (33 Teilnehmer)

FC LIVERPOOL

AUSSCHEIDUNGSRUNDE
Termine: 16. August und 3. September 1980

Honved Budapest –
FC Valetta 8:0 / 3:0

VORRUNDE
Termine: 17. September und 1. Oktober 1980

Olympiakos Piräus –
Bayern München 2:4 (1:1)
München: Müller, Weiner, Niedermayer, Augenthaler, Horsmann, Kraus, Breitner, Dürnberger (70. Röber), Dremmler, K.-H. Rummenigge (70. Del'Haye), D. Hoeneß.
Schiedsrichter: Palotai (Ungarn);
Zuschauer: 40 000;
Tore: 0:1 Dremmler (22.), 1:1 Galakos (26.), 1:2 K.-H. Rummenigge (57.), 1:3 Dremmler (64.), 1:4 Kraus (67.), 2:4 Alström (82.).
Bayern München –
Olympiakos Piräus 3:0 (2:0)
München: Müller, Weiner, Niedermayer, Augenthaler, Horsmann, Dremmler, Kraus, Dürnberger (46. Janzon), Breitner, K.-H. Rummenigge (46. Del'Haye), D. Hoeneß.
Schiedsrichter: Valentine (Schottland);
Zuschauer: 9 400;
Tore: 1:0 D. Hoeneß (2.), 2:0 K.-H. Rummenigge (6.), 3:0 Janzon (68., Foulstrafstoß).
BFC Dynamo –
Apoel Nikosia 3:0 (0:0)
BFC Dynamo: Rudwaleit, Trieloff, Jüngling, Troppa, Artur Ullrich, Noack (65. Sträßer), Terletzki, Seier, B. Schulz, Götz (65. Helms), Netz. *Schiedsrichter:* Nielsen (Dänemark); *Zuschauer:* 18 000;
Tore: 1:0 Terletzki (51.), 2:0 Trieloff (73.), 3:0 B. Schulz (87.).
Apoel Nikosia –
BFC Dynamo 2:1 (1:0)
BFC Dynamo: Rudwaleit, Trieloff, Noack, Troppa, Artur Ullrich, Jüngling, Terletzki, Sträßer, Seier, B. Schulz, Netz. *Schiedsrichter:* Vlajic (Jugoslawien); *Zuschauer:* 12 000; *Tore:* 1:0 Hailis (39.), 2:0 Petrou (48.), 2:1 Seier (87.).

FC Aberdeen – **Austria Wien**	1:0 / 0:0
IB Vestmannaeyar – **Banik Ostrava**	1:1 / 0:1
FC Brügge – **FC Basel**	0:1 / 1:4
PS Oulo – **FC Liverpool**	1:1 / 1:10
Viking Stavanger – **Roter Stern Belgrad**	2:3 / 1:4
Sporting Lissabon – **Honved Budapest**	0:2 / 0:1
Jeunesse Esch – **Spartak Moskau**	0:5 / 0:4
Inter Mailand – **Universitatea Craiova**	2:0 / 1:1
FC Linfield Belfast – **FC Nantes**	0:1 / 0:2
Dinamo Tirana – **Ajax Amsterdam**	0:1 / 0:1
ZSKA Septemberfahne Sofia – **Nottingham Forest**	1:0 / 1:0
FC Limerick – **Real Madrid**	1:2 / 1:5
Halmstad BK – **Esbjerg BK**	0:0 / 2:3
Trabzonspor – **Szombierki Bytom**	2:1 / 0:3

ACHTELFINALE
Termine: 22. Oktober und 5. November 1980

Bayern München –
Ajax Amsterdam 5:1 (1:1)
München: Junghans, Weiner, Niedermayer, Augenthaler, Horsmann, Dremmler, Kraus (46. Del'Haye), Breitner, Dürnberger, D. Hoeneß, K.-H. Rummenigge.
Schiedsrichter: Agnolin (Italien);
Zuschauer: 50 000; *Tore:* 0:1 Arnesen (37.), 1:1 Dürnberger (45.), 2:1 K.-H. Rummenigge (51.), 3:1 D. Hoeneß (80.), 4:1 K.-H. Rummenigge (82.), 5:1 D. Hoeneß (90.).
Ajax Amsterdam –
Bayern München 2:1 (2:0)
München: Junghans, Dremmler, Aas, Niedermayer, Horsmann, Röber, Kraus, Breitner, Dürnberger, K.-H. Rummenigge, D. Hoeneß.
Schiedsrichter: Linemayr (Österreich); *Zuschauer:* 11 000; *Tore:* 1:0 Wiggemansen (16.), 2:0 Rijkaard (18.), 2:1 K.-H. Rummenigge (81.).
Banik Ostrava –
BFC Dynamo 0:0
BFC Dynamo: Rudwaleit, Trieloff, Noack, Troppa, Artur Ullrich, Terletzki, Sträßer, Seier (89. F. Rohde), Jüngling, B. Schulz, Netz.
Schiedsrichter: Jushka (UdSSR);
Zuschauer: 20 000.
BFC Dynamo –
Banik Ostrava 1:1 (0:1)
BFC Dynamo: Rudwaleit, Trieloff, Noack, Troppa, Artur Ullrich, Terletzki, Seier, Sträßer, Jüngling, B. Schulz, Netz.
Schiedsrichter: Padar (Ungarn);
Zuschauer: 18 000; *Tore:* 0:1 Knapp (32., Handstrafstoß), 1:1 Troppa (57., Foulstrafstoß).

Real Madrid – **Honved Budapest**	1:0 / 2:0
FC Aberdeen – **FC Liverpool**	0:1 / 0:4
FC Nantes – **Inter Mailand**	1:2 / 1:1
ZSKA Septemberfahne Sofia – **Szombierki Bytom**	4:0 / 1:0
Spartak Moskau – **Esbjerg BK**	3:0 / 0:2
FC Basel – **Roter Stern Belgrad**	1:0 / 0:2

VIERTELFINALE
Termine: 4. und 18. März 1981

Bayern München –
Banik Ostrava 2:0 (0:0)
München: Müller, Weiner, Aas (81. Dremmler), Augenthaler, Horsmann, Kraus (46. Dürnberger), Breitner, Niedermayer, Del'Haye, K.-H. Rummenigge, Janzon.
Schiedsrichter: Mattsson (Finnland);
Zuschauer: 18 000;
Tore: 1:0 Janzon (48.), 2:0 Breitner (89., Foulstrafstoß).
Banik Ostrava –
Bayern München 2:4 (1:4)
München: Müller, Dremmler, Niedermayer, Augenthaler, Horsmann, Röber, Kraus, Breitner, Dürnberger, K.-H. Rummenigge, D. Hoeneß (46. Janzon).
Schiedsrichter: Hunting (England);
Zuschauer: 32 000; *Tore:* 0:1 D. Hoeneß (8.), 1:1 Nemec (12.), 1:2 Kraus (26.), 1:3 Röber (32.), 1:4 Dürnberger (38.), 2:4 Licka (71.).

Spartak Moskau – **Real Madrid**	0:0 / 0:2
FC Liverpool – **ZSKA Septemberfahne Sofia**	5:1 / 1:0
Inter Mailand – **Roter Stern Belgrad**	1:1 / 1:0

HALBFINALE
Termine: 8. und 22. April 1981

FC Liverpool –
Bayern München 0:0
München: Junghans, Dremmler, Weiner, Augenthaler, Horsmann, Niedermayer, Breitner, Kraus, Dürnberger, D. Hoeneß, K.-H. Rummenigge.
Schiedsrichter: Christov (ČSSR);
Zuschauer: 46 000.
Bayern München –
FC Liverpool 1:1 (0:0)
München: Junghans, Dremmler, Weiner, Augenthaler, Horsmann, Kraus, Dürnberger (57. Janzon), Breitner, Del'Haye, D. Hoeneß, K.-H. Rummenigge.
Schiedsrichter: Garrido (Portugal);
Zuschauer: 78 000; *Tore:* 0:1 R. Kennedy (83.), 1:1 K.-H. Rummenigge (87.).

Real Madrid – **Inter Mailand**	2:0 / 0:1

FINALE
am 27. Mai 1981 in Paris:

FC Liverpool –
Real Madrid 1:0 (0:0)
Liverpool: Clemence, Neal, Thompson, Hansen, A. Kennedy, Lee, McDermott, Souness, R. Kennedy, Dalglish (87. Case), Johnson. *Madrid:* Augustin, Navajas, Cortes, Sabido, del Bosque, Stielike, Angel, Camacho, Juanito (87. Pineda), Santillana, Cunningham.
Schiedsrichter: Palotai (Ungarn);
Zuschauer: 48 360; *Tor:* 1:0 A. Kennedy (82.).

XXVII. Europapokal der Landesmeister 1981/82 (33 Teilnehmer)

ASTON VILLA

AUSSCHEIDUNGSRUNDE

Termine: 26. August und 1. September 1981

AS St. Etienne –
BFC Dynamo   1:1 (0:1)
BFC Dynamo: Rudwaleit, Trieloff, Noack, Troppa, Artur Ullrich, Terletzki, Brillat (88. Götz), Jüngling (64. Sträßer), Riediger, B. Schulz, Netz. *Schiedsrichter:* White (England); *Zuschauer:* 20 000; *Tore:* 0:1 Lopez (25., Eigentor), 1:1 Lopez (75.).

BFC Dynamo –
AS St. Etienne   2:0 (1:0)
BFC Dynamo: Rudwaleit, Trieloff, Noack, Troppa, Artur Ullrich, Terletzki, Brillat (88. Ernst), Sträßer, Riediger, B. Schulz (85. Götz), Netz. *Schiedsrichter:* Fredriksson (Schweden); *Zuschauer:* 25 000; *Tore:* 1:0 Netz (39.), 2:0 Riediger (83.).

VORRUNDE

Termine: 16. und 30. September 1981

Östers Växjö –
Bayern München   0:1 (0:0)
München: Junghans, Dremmler, Weiner, Augenthaler, Horsmann, Güttler, Kraus, Sigurvinsson, Dürnberger, D. Hoeneß, K.-H. Rummenigge. *Schiedsrichter:* Thomas (Wales); *Zuschauer:* 22 000; *Tor:* 0:1 K.-H. Rummenigge (75., Foulstrafstoß).

Bayern München –
Östers Växjö   5:0 (3:0)
München: Müller, Dremmler, Weiner, Augenthaler, Horsmann, Niedermayer, Kraus (73. Pflügler), Sigurvinsson, Dürnberger (73. Güttler), K.-H. Rummenigge, D. Hoeneß. *Schiedsrichter:* Farrell (Irland); *Zuschauer:* 8 000; *Tore:* 1:0 D. Hoeneß (25.), 2:0 K.-H. Rummenigge (27.), 3:0 Niedermayer (31.), 4:0 D. Hoeneß (59.), 5:0 K.-H. Rummenigge (68.).

BFC Dynamo –
FC Zürich   2:0 (0:0)
BFC Dynamo: Rudwaleit, Trieloff, Artur Ullrich, Troppa, Noack, Terletzki, Brillat, Sträßer, Riediger, B. Schulz, Netz. *Schiedsrichter:* Barbaresco (Italien); *Zuschauer:* 28 000; *Tore:* 1:0 B. Schulz (53.), 2:0 Riediger (60.).

FC Zürich –
BFC Dynamo   3:1 (2:0)
BFC Dynamo: Rudwaleit, Trieloff, Artur Ullrich, Troppa, Noack, Terletzki, Brillat (89. Ernst), Sträßer, Riediger, B. Schulz, Netz. *Schiedsrichter:* Correira (Portugal); *Zuschauer:* 7 800; *Tore:* 1:0, 2:0 Jerkovic (2., 22.), 2:1 Artur Ullrich (47.), 3:1 Jerkovic (87.).

Widzew Lodz –
RSC Anderlecht   1:4 / 1:2
Ferencvaros Budapest –
Banik Ostrava   3:2 / 0:3
Celtic Glasgow –
Juventus Turin   1:0 / 0:2
Hibernians Valetta –
Roter Stern Belgrad   1:2 / 1:8
Palloseura Oulu –
FC Liverpool   0:1 / 0:7
Benfica Lissabon –
Omonia Nikosia   3:0 / 1:0

Austria Wien –
Partizan Tirana   3:1 / 0:1
Dynamo Kiew –
Trabzonspor   1:0 / 1:1
Start Kristiansand –
AZ 67 Alkmaar   1:3 / 0:1
Aston Villa –
Valur Reykjavik   5:0 / 2:0
Progres Niederkorn –
Glentoran Belfast   1:1 / 0:4
BK Kopenhagen –
Athlone Town   1:1 / 2:2
ZSKA Septemberfahne Sofia –
Real San Sebastian   1:0 / 0:0
Universitatea Craiova –
Olympiakos Piräus   3:0 / 0:2

ACHTELFINALE

Termine: 21. Oktober und 4. November 1981

Benfica Lissabon –
Bayern München   0:0
München: Junghans, Dremmler, Weiner, Augenthaler, Horsmann, Kraus, Breitner, Niedermayer, Dürnberger, K.-H. Rummenigge, D. Hoeneß. *Schiedsrichter:* Vautrot (Frankreich); *Zuschauer:* 45 000.

Bayern München –
Benfica Lissabon   4:1 (2:0)
München: Junghans, Dremmler, Beierlorzer, Augenthaler, Horsmann, Kraus (55. Winklhofer), Breitner, Niedermayer, Dürnberger (85. Sigurvinsson), K.-H. Rummenigge, D. Hoeneß. *Schiedsrichter:* Casarin (Italien); *Zuschauer:* 40 000; *Tore:* 1:0, 2:0, 3:0 D. Hoeneß (28., 36., 55.), 3:1 Nene (63., Foulstrafstoß), 4:1 Breitner (82.).

BFC Dynamo –
Aston Villa   1:2 (0:1)
BFC Dynamo: Rudwaleit, Trieloff, Artur Ullrich, Troppa, Noack, Ernst, Terletzki, Sträßer (78. Jüngling), Riediger, B. Schulz, Netz. *Schiedsrichter:* Wöhrer (Österreich); *Zuschauer:* 28 000; *Tore:* 0:1 Morley (5.), 1:1 Riediger (50.), 1:2 Morley (85.).

Aston Villa –
BFC Dynamo   0:1 (0:1)
BFC Dynamo: Rudwaleit, Trieloff, Schlegel, Troppa, Artur Ullrich, Terletzki, Ernst, Backs, Riediger, B. Schulz (63. Sträßer), Netz. *Schiedsrichter:* Keizer (Niederlande); *Zuschauer:* 30 000; *Tor:* 0:1 Terletzki (15.).

Banik Ostrava –
Roter Stern Belgrad   3:1 / 3:0
RSC Anderlecht –
Juventus Turin   3:1 / 1:1
AZ 67 Alkmaar –
FC Liverpool   2:2 / 2:3
ZSKA Septemberfahne Sofia –
Glentoran Belfast   2:0 / 1:2 n.V.
BK Kopenhagen –
Universitatea Craiova   1:0 / 1:4
Austria Wien –
Dynamo Kiew   0:1 / 1:1

VIERTELFINALE

Termine: 3. und 17. März 1982

Universitatea Craiova –
Bayern München   0:2 (0:2)
München: Müller, Weiner (40. Güttler), Beierlorzer, Augenthaler, Horsmann, Dremmler, Breitner, Kraus, Dürnberger, K.-H. Rummenigge, D. Hoeneß. *Schiedsrichter:* Corver (Niederlande); *Zuschauer:* 40 000; *Tore:* 0:1 Breitner (7.), 0:2 K.-H. Rummenigge (20.).

Bayern München –
Universitatea Craiova   1:1 (1:1)
München: Müller, Beierlorzer, Niedermayer, Horsmann, Augenthaler, Kraus, Dürnberger, Breitner, Dremmler, D. Hoeneß, K.-H. Rummenigge (18. Mathy). *Schiedsrichter:* Tokuta (Türkei); *Zuschauer:* 15 000; *Tore:* 1:0 D. Hoeneß (21.), 1:1 Geolgau (30.).

Dynamo Kiew –
Aston Villa   0:0 / 0:2
FC Liverpool –
ZSKA Septemberfahne Sofia   1:0 / 0:2 n.V.
RSC Anderlecht –
Roter Stern Belgrad   2:1 / 2:1

HALBFINALE

Termine: 7. und 21. April 1982

ZSKA Septemberfahne Sofia –
Bayern München   4:3 (3:2)
München: Müller, Beierlorzer, Niedermayer, Horsmann, Augenthaler, Kraus (57. Pflügler), Dürnberger, Breitner, Dremmler, Sigurvinsson (18. D. Hoeneß), K.-H. Rummenigge. *Schiedsrichter:* Lambert (Frankreich); *Zuschauer:* 70 000; *Tore:* 1:0 G. Dimitrow (7.), 2:0 Jontschew (13.), 3:0 Zdrawkow (18., Foulstrafstoß), 3:1 Dürnberger (27.), 3:2 D. Hoeneß (32.), 4:2 Jontschew (49.), 4:3 Breitner (83.).

Bayern München –
ZSKA Septemberfahne Sofia   4:0 (1:0)
München: Junghans, Weiner, Beierlorzer, Horsmann, Augenthaler, Kraus (77. Niedermayer), Dürnberger (77. Sigurvinsson), Breitner, Dremmler, D. Hoeneß, K.-H. Rummenigge. *Schiedsrichter:* Syme (Schottland); *Zuschauer:* 50 000; *Tore:* 1:0, 2:0 Breitner (41., 46. Foulstrafstoß), 3:0, 4:0 K.-H. Rummenigge (64., 76.).

Aston Villa –
RSC Anderlecht   1:0 / 0:0

FINALE

am 26. Mai 1982 in Rotterdam:

Aston Villa –
Bayern München   1:0 (0:0)
Aston Villa: Rimmer (10. Spink), Swain, McNaught, Evans, Williams, Mortimer, Bremner, Cowans, Shaw, Withe, Morley. *München:* Müller, Dremmler, Weiner, Horsmann, Augenthaler, Kraus (78. Niedermayer), Dürnberger, Breitner, Mathy (52. Güttler), D. Hoeneß, K.-H. Rummenigge. *Schiedsrichter:* Konrath (Frankreich); *Zuschauer:* 50 000; *Tor:* 1:0 Withe (66.).

XXVIII. Europapokal der Landesmeister 1982/83 (33 Teilnehmer)

HAMBURGER SV

Hatte endlich mal keinen Grund zum Granteln: Trainer Ernst Happel, der den HSV zum größten Erfolg in der Vereinsgeschichte führte.

AUSSCHEIDUNGSRUNDE

Termine: 25. August und 1. September 1982

Dinamo Bukarest – Valerengen Oslo	3:1 / 1:2

VORRUNDE

Termine: 15. und 29. September 1982

**BFC Dynamo –
Hamburger SV** 1:1 (1:1)
BFC Dynamo: Rudwaleit, Trieloff, Troppa, Artur Ullrich, Noack, Terletzki, F. Rohde, Backs, Riediger, B. Schulz, Netz (83. Ernst). *Hamburg:* Stein, Hieronymus, Kaltz, Jakobs, Wehmeyer, Groh, Hartwig, Rolff (67. von Heesen), Magath, Bastrup, Milewski. *Schiedsrichter:* Keizer (Niederlande); *Zuschauer:* 22 000; *Tore:* 1:0 Riediger (17.), 1:1 Milewski (37.).

**Hamburger SV –
BFC Dynamo** 2:0 (1:0)
Hamburg: Stein, Hieronymus, Jakobs, Wehmeyer, Kaltz, von Heesen (65. Groh), Hartwig, Magath, Milewski, Bastrup, Hrubesch. *BFC Dynamo:* Rudwaleit, Trieloff, Noack, Troppa, Artur Ullrich, Terletzki, F. Rohde, Backs, Ernst (65. Netz), B. Schulz (78. Schlegel), Riediger. *Schiedsrichter:* Hackett (England); *Zuschauer:* 35 000; *Tore:* 1:0 Hartwig (33.), 2:0 Hrubesch (87.).

Standard Lüttich – Raba ETO Györ	5:0 / 0:3
Hvidovre Kopenhagen – Juventus Turin	1:4 / 3:3
Grasshoppers Zürich – Dynamo Kiew	0:1 / 0:3
FC Dundalk – FC Liverpool	1:4 / 0:1
Celtic Glasgow – Ajax Amsterdam	2:2 / 2:1
AS Monaco – ZSKA Septemberfahne Sofia	0:0 / 0:2 n.V.
Aston Villa – Besiktas Istanbul	3:1 / 0:0
Vikingur Reykjavik – Real San Sebastian	0:1 / 2:3
Avenir Beggen – Rapid Wien	0:5 / 0:8
Hibernians Valetta – Widzew Lodz	1:4 / 1:3
Omonia Nikosia – HJK Helsinki	2:0 / 0:3
Dinamo Bukarest – Dukla Prag	2:0 / 1:2 n. V.
17. Nenduri Tirana – FC Linfield	1:0 / 1:2
Olympiakos Piräus – Östers Växjö	2:0 / 0:1
Dinamo Zagreb – Sporting Lissabon	1:0 / 0:3

ACHTELFINALE

Termine: 20. Oktober und 3. November 1982

**Hamburger SV –
Olympiakos Piräus** 1:0 (0:0)
Hamburg: Stein, Kaltz, Hieronymus (56. von Heesen), Jakobs, Wehmeyer, Hartwig, Groh, Magath, Bastrup, Hrubesch, Milewski.
Schiedsrichter: Schoeters (Belgien); *Zuschauer:* 17 000; *Tor:* 1:0 von Heesen (59.).

**Olympiakos Piräus –
Hamburger SV** 0:4 (0:1)
Hamburg: Stein, Kaltz, Hieronymus, Jakobs, Wehmeyer, Groh, Magath (70. Djordjevic), Rolff, Milewski, Bastrup, Hrubesch. *Schiedsrichter:* McGinlay (Schottland); *Zuschauer:* 77 000; *Tore:* 0:1 Magath (26.), 0:2 Hrubesch (50.), 0:3 Rolff (52.), 0:4 Bastrup (85.).

Standard Lüttich – Juventus Turin	1:1 / 0:2
HJK Helsinki – FC Liverpool	1:0 / 0:5
Dinamo Bukarest – Aston Villa	0:2 / 2:4
Real San Sebastian – Celtic Glasgow	2:0 / 1:2
Rapid Wien – Widzew Lodz	2:1 / 3:5
ZSKA Septemberfahne Sofia – Sporting Lissabon	2:2 / 0:0
17. Nenduri Tirana – Dynamo Kiew (Tirana nicht angetreten.)	

VIERTELFINALE

Termine: 2. und 16. März 1983

Dynamo Kiew – (in Tbilissi)
Hamburger SV 0:3 (0:1)
Hamburg: Stein, Kaltz, Hieronymus, Jakobs, Wehmeyer, Hartwig, Rolff, Groh, Magath, Hrubesch, Bastrup.

Schiedsrichter: Barbarescu (Italien); *Zuschauer:* 40 000; *Tore:* 0:1, 0:2, 0:3 Bastrup (5., 52., 72.).

**Hamburger SV –
Dynamo Kiew** 1:2 (0:0)
Hamburg: Stein, Kaltz, Hieronymus, Jakobs, Wehmeyer, Groh, Hartwig, Magath, Rolff, Hrubesch, Milewski. *Schiedsrichter:* Eriksson (Schweden); *Zuschauer:* 35 000; *Tore:* 0:1 Bessonow (51.), 1:1 Hartwig (61.), 1:2 Jewtuschenko (82.).

Aston Villa – Juventus Turin	1:2 / 1:3
Widzew Lodz – FC Liverpool	2:0 / 2:3
Sporting Lissabon – Real San Sebastian	1:0 / 0:2

HALBFINALE

Termine: 6. und 20. April 1983

**Real San Sebastian –
Hamburger SV** 1:1 (0:0)
Hamburg: Stein, Hieronymus, Kaltz, Jakobs, Wehmeyer, Hartwig, Groh, Rolff, Magath, Hrubesch, Bastrup (46. Milewski). *Schiedsrichter:* Vautrot (Frankreich); *Zuschauer:* 27 000;
Tore: 0:1 Rolff (59.), 1:1 Gajate (75.).

**Hamburger SV –
Real San Sebastian** 2:1 (0:0)
Hamburg: Stein, Kaltz, Groh, Jakobs, Wehmeyer, Hartwig, Rolff, Magath, Bastrup, Hrubesch, von Heesen. *Schiedsrichter:* Galler (Schweiz); *Zuschauer:* 51 000; *Tore:* 1:0 Jakobs (75.), 1:1 Diego-Alvarez (80.), 2:1 von Heesen (83.).

Juventus Turin – Widzew Lodz	2:0 / 2:2.

FINALE

am 25. Mai 1983 in Athen:

**Hamburger SV –
Juventus Turin** 1:0 (1:0)
Hamburg: Stein, Hieronymus, Kaltz, Jakobs, Wehmeyer, Rolff, Groh, Magath, Milewski, Hrubesch, Bastrup (56. von Heesen).
Turin: Zoff, Scirea, Gentile, Brio, Cabrini, Bonini, Tardelli, Platini, Boniek, Rossi (57. Marocchino), Bettega. *Schiedsrichter:* Rainea (Rumänien); *Zuschauer:* 73 500; *Tor:* 1:0 Magath (8.).

XXIX. Europapokal der Landesmeister 1983/84 (31 Teilnehmer)

FC LIVERPOOL

Die Stunde der Sieger: Der FC Liverpool holt den Cup, weil er im Elfmeterschießen gegen den AS Rom in Italiens Hauptstadt die besseren Nerven hat.

VORRUNDE

Termine: 14. und 28. September 1983

BFC Dynamo – Jeunesse Esch 4:1 (2:1)
BFC Dynamo: Rudwaleit, Trieloff, Noack, Troppa, Artur Ullrich, Terletzki, F. Rohde, Backs, B. Schulz, Ernst, Götz (65. Netz).
Schiedsrichter: Tuominen (Finnland);
Zuschauer: 16 500; *Tore:* 0:1 Scuto (17.), 1:1 Götz (35.), 2:1 B. Schulz (39.), 3:1 Ernst (77.), 4:1 Netz (86.).

Jeunesse Esch – BFC Dynamo 0:2 (0:1)
BFC Dynamo: Rudwaleit, F. Rohde, Noack, Troppa, Artur Ullrich, Terletzki, B. Schulz, Backs (46. Schlegel), Götz (39. Rath), Ernst, Netz.
Schiedsrichter: Crucke (Belgien);
Zuschauer: 3 200; *Tore:* 0:1 Artur Ullrich (34., Foulstrafstoß), 0:2 Noack (50.).

Fenerbahce Istanbul – Bohemians Prag	0:1 / 0:4
Athlone Town – Standard Lüttich	2:3 / 2:8
Lech Poznan – Athletic Bilbao	2:0 / 0:4
Dynamo Minsk – Grasshoppers Zürich	1:0 / 2:2
Hamrun Spartans – Dundee United	0:3 / 0:3
Kuusysi Lahti – Dinamo Bukarest	0:1 / 0:3
Partizan Belgrad – Viking Stavanger	5:1 / 0:0
Raba ETO Györ – Vikingur Reykjavik	2:1 / 2:0
Rapid Wien – FC Nantes	3:0 / 1:3
Odense BK – FC Liverpool	0:1 / 0:5
ZSKA Septemberfahne Sofia – Omonia Nikosia	3:0 / 4:1
AS Rom – IFK Göteborg	3:0 / 1:2
Ajax Amsterdam – Olympiakos Piräus	0:0 / 0:2 n.V.
Benfica Lissabon – FC Linfield	3:0 / 3:2

Freilos: **Hamburger SV**

ACHTELFINALE

Termine: 19. Oktober und 2. November 1983

Dinamo Bukarest – Hamburger SV 3:0 (1:0)
Hamburg: Stein, Kaltz, Hieronymus, Jakobs, Schröder (26. Hansen), Hartwig, Groh, Rolff, Magath, Schatzschneider, Milewski.
Schiedsrichter: Keizer (Niederlande);
Zuschauer: 65 000;
Tore: 1:0 Augustin (28.), 2:0 Multescu (62.), 3:0 Oraz (73.).

Hamburger SV – Dinamo Bukarest 3:2 (1:0)
Hamburg: Stein, Kaltz (55. von Heesen), Hieronymus, Jakobs, Wehmeyer, Hartwig, Rolff, Magath, Groh, Wuttke, Schatzschneider.
Schiedsrichter: Johansson (Schweden);
Zuschauer: 40 000;
Tore: 1:0, 2:0 Jakobs (45., 54.), 3:0 von Heesen (63.), 3:1 Talna (82.), 3:2 Multescu (88.).

BFC Dynamo – Partizan Belgrad 2:0 (2:0)
BFC Dynamo: Rudwaleit, F. Rohde, Schlegel, Troppa, Artur Ullrich, B. Schulz, Terletzki, Backs, Götz (84. Sträßer), Ernst, Netz.
Schiedsrichter: Jushka (UdSSR);
Zuschauer: 19 500;
Tore: 1:0 Götz (1.), 2:0 Ernst (38.).

Partizan Belgrad – BFC Dynamo 1:0 (1:0)
BFC Dynamo: Rudwaleit, F. Rohde, Rath, Troppa, Artur Ullrich, B. Schulz, Terletzki, Backs, Thom (78. Kubowitz), Ernst, Netz.
Schiedsrichter: Dotschew (Bulgarien);
Zuschauer: 55 000;
Tor: 1:0 Prekazi (27.).

Olympiakos Piräus – Benfica Lissabon	1:0 / 0:3
FC Liverpool – Athletic Bilbao	0:0 / 1:0
Bohemians Prag – Rapid Wien	2:1 / 0:1
Raba ETO Györ – Dynamo Minsk	3:6 / 1:3
Standard Lüttich – Dundee United	0:0 / 0:4
ZSKA Septemberfahne Sofia – AS Rom	0:1 / 0:1

VIERTELFINALE

Termine: 7. und 21. März 1984

AS Rom – BFC Dynamo 3:0 (0:0)
BFC Dynamo: Rudwaleit, Trieloff, Grether, Troppa, Rath, Terletzki, B. Schulz, F. Rohde, Backs, Ernst, Thom (79. Netz). *Schiedsrichter:* Keizer (Niederlande); *Zuschauer:* 62 000; *Tore:* 1:0 Graziani (67.), 2:0 Pruzzo (75.), 3:0 Cerezo (90.).

BFC Dynamo – AS Rom 2:1 (0:0)
BFC Dynamo: Rudwaleit, Trieloff, Maek (76. Netz), Troppa, Rath, B. Schulz, Terletzki, Backs (82. Prange), Grether, Ernst, Thom. *Schiedsrichter:* Johannsson (Schweden); *Zuschauer:* 23 000; *Tore:* 0:1 Oddi (56.), 1:1 Thom (76.), 2:1 Ernst (87.).

FC Liverpool – Benfica Lissabon	1:0 / 4:1
Dynamo Minsk – Dinamo Bukarest	1:1 / 0:1
Rapid Wien – Dundee United	2:1 / 0:1

HALBFINALE

Termine: 11. und 25. April 1984

FC Liverpool – Dinamo Bukarest	1:0 / 2:1
Dundee United – AS Rom	2:0 / 0:3

FINALE

am 30. Mai 1984 in Rom:

FC Liverpool – AS Rom 1:1 (1:1, 1:1) n.V. Elfmeterschießen: 4:2

Liverpool: Grobbelaar, Hansen, Neal, Lawrenson, Kennedy, Whelan, Johnston (71. Nicol), Lee, Souness, Dalglish (95. Roberts), Rush. *Rom:* Tancredi, Righetti, Nappi, Bonetti, Nela, Falcao, Cerezo (116. Strukely), di Bartholomei, Conti, Pruzzo (63. Chierico), Graziani.
Schiedsrichter: Fredriksson (Schweden);
Zuschauer: 70 000; *Tore:* 1:0 Neal (14.), 1:1 Pruzzo (43.); *Elfmeterschießen:* Nicol – verschossen, di Bartholomei 0:1; Neal 1:1, Conti – verschossen; Souness 2:1, Righetti 2:2; Rush 3:2, Graziani – verschossen; Kennedy 4:2.

XXX. Europapokal der Landesmeister 1984/85 (32 Teilnehmer)

JUVENTUS TURIN

Ein Dokument des Schreckens: Tatort Heysel-Stadion in Brüssel. Britische Hooligans provozieren Ausschreitungen. Die dadurch ausbrechende Panik fordert 39 Todesopfer. Danach wurden Englands Klubs von der UEFA zunächst auf unbestimmte Zeit von allen Wettbewerben ausgeschlossen.

VORRUNDE

Termine: 19. September und 3. Oktober 1984

Lewski/Spartak Sofia –
VfB Stuttgart   1:1 (0:0)
Stuttgart: Roleder, Makan, Schäfer, Feyl, Müller, Kempe, Briem, Allgöwer, Klinsmann (80. Lorch), Claesen, Reichert.
Schiedsrichter: Hackett (England);
Zuschauer: 26 000;
Tore: 0:1 Reichert (63.), 1:1 Kurdow (65.).

VfB Stuttgart –
Lewski/Spartak Sofia   2:2 (2:1)
Stuttgart: Roleder, Makan, Schäfer, K.-H. Förster, Kempe (79. B. Förster), Ohlicher, Sigurvinsson, Allgöwer, Müller, Reichert (46. Klinsmann), Claesen.
Schiedsrichter: Brummeier (Österreich);
Zuschauer: 22 000;
Tore: 1:0 Allgöwer (14.), 1:1 Iliew (29.), 2:1 Allgöwer (38.), 2:2 Zwetkow (59.).

FC Aberdeen –
BFC Dynamo   2:1 (1:0)
BFC Dynamo: Rudwaleit, Trieloff, Ksienzyk, Troppa, Maek, Backs, F. Rohde, B. Schulz, Pastor (78. Grether), Ernst (73. Terletzki), Thom.
Schiedsrichter: van Langenhove (Belgien);
Zuschauer: 24 000;
Tore: 1:0, 2:0 Black (34., 68.), 2:1 B. Schulz (83.).

BFC Dynamo –
FC Aberdeen   2:1 (2:1, 0:0) n.V.,
                         Elfmeterschießen: 5:4
BFC Dynamo: Rudwaleit, Trieloff, Ksienzyk, Maek, Backs (113. Grether), F. Rohde, Troppa, B. Schulz, Pastor (86. Terletzki), Ernst, Thom.
Schiedsrichter: Agnolin (Italien);
Zuschauer: 25 000;
Tore: 1:0 Thom (49.), 1:1 Angus (68.), 2:1 Ernst (84.);
Elfmeterschießen: Porteus 0:1, Ernst 1:1; McQueen 1:2, F. Rohde 2:2; Hewitt 2:3, B. Schulz – Latte; Stark 2:4, Troppa 3:4; Miller – gehalten, Terletzki 4:4; Black – gehalten, Trieloff 5:4.

Lech Poznan –
FC Liverpool   0:1 / 0:4
Dinamo Bukarest –
Omonia Nikosia   4:1 / 1:2
Ilves Tampere –
Juventus Turin   0:4 / 1:2
Feyenoord Rotterdam –
Panathinaikos Athen   0:0 / 1:2

Austria Wien –
FC la Valetta   4:0 / 4:0
Roter Stern Belgrad –
Benfica Lissabon   3:2 / 0:2
Avenir Beggen –
IFK Göteborg   0:8 / 0:9
Girondins Bordeaux –
Athletic Bilbao   3:2 / 0:0
Grasshoppers Zürich –
Honved Budapest   3:1 / 1:2
Valerengen Oslo –
Sparta Prag   3:3 / 0:2
Trabzonspor –
Dnepr Dnepropetrowsk   1:0 / 0:3
IA Akranes –
SK Beveren-Waas   2:2 / 0:5
FC Linfield –
Shamrock Rovers   0:0 / 1:1
Labinoti Elbasan –
Lyngby Kopenhagen   0:3 / 0:3

ACHTELFINALE

Termine: 24. Oktober und 7. November 1984

BFC Dynamo –
Austria Wien   3:3 (1:2)
BFC Dynamo: Rudwaleit, Trieloff, Ksienzyk, Maek (69. Artur Ullrich), Terletzki, F. Rohde, Troppa, Backs (46. Hirsch), Pastor, Ernst, Thom.
Schiedsrichter: Soriano Aladren (Spanien);
Zuschauer: 21 000; *Tore:* 1:0 Thom (7.), 1:1 Steinkogler (36.), 1:2 Polster (42.), 2:2 Thom (52.), 2:3 Nyilasi (60.), 3:3 Pastor (88.).

Austria Wien –
BFC Dynamo   2:1 (1:0)
BFC Dynamo: Rudwaleit, F. Rohde, Rath, Troppa, Artur Ullrich, Terletzki (70. Ksienzyk), Trieloff, Thom, Backs, Pastor, Ernst.
Schiedsrichter: Keizer (Niederlande);
Zuschauer: 8 000; *Tore:* 1:0 Prohaska (5., Foulstrafstoß), 1:1 Trieloff (46.), 2:1 Nyilasi (65.).

Lewski/Spartak Sofia –
Dnepr Dnepropetrowsk   3:1 / 0:2
Panathinaikos Athen –
FC Linfield   2:1 / 3:3
Sparta Prag –
Lyngby Kopenhagen   0:0 / 2:1
FC Liverpool –
Benfica Lissabon   3:1 / 0:1

Girondins Bordeaux –
Dinamo Bukarest   1:0 / 1:1 n.V.
IFK Göteborg –
SK Beveren-Waas   1:0 / 1:2 n.V.
Juventus Turin –
Grasshoppers Zürich   2:0 / 4:2

VIERTELFINALE

Termine: 6. und 20. März 1985

Austria Wien –
FC Liverpool   1:1 / 1:4
Juventus Turin –
Sparta Prag   3:0 / 0:1
Girondins Bordeaux –
Dnepr Dnepropetrowsk   1:1 / 1:1 n.V.,
                         Elfmeterschießen: 5:3
IFK Göteborg –
Panathinaikos Athen   0:1 / 2:2

HALBFINALE

Termine: 10. und 24. April 1985

FC Liverpool –
Panathinaikos Athen   4:0 / 1:0
Juventus Turin –
Girondins Bordeaux   3:0 / 0:2

FINALE

am 29. Mai 1985 in Brüssel:

Juventus Turin –
FC Liverpool   1:0 (0:0)
Turin: Tacconi, Favera, Scirea, Brio, Cabrini, Bonini, Platini, Tardelli, Boniek, Rossi (89. Vignola), Briaschi (85. Prandelli).
Liverpool: Grobbelaar, Neal, Lawrenson (4. Gillespie), Hansen, Beglin, Nicol, Whelan, Wark, Dalglish, Walsh (46. Johnston), Rush.
Schiedsrichter: Daina (Schweiz);
Zuschauer: 60 000;
Tor: 1:0 Platini (58., Foulstrafstoß).

1955
1956
1957
1958
1959
1960
1961
1962
1963
1964
1965
1966
1967
1968
1969
1970
1971
1972
1973
1974
1975
1976
1977
1978
1979
1980
1981
1982
1983
1984
1985
1986
1987
1988
1989
1990
1991
1992
1993
1994

XXXI. Europapokal der Landesmeister 1985/86 <small>(31 Teilnehmer)</small>

STEAUA BUKAREST

VORRUNDE

Termine: 18. September und 2. Oktober 1985

Gornik Zabrze – (in Chorzow)
Bayern München 1:2 (1:1)
München: Pfaff, Augenthaler, Winklhofer, Eder, Pflügler, Dremmler, Matthäus (56. Beierlorzer), Lerby, M. Rummenigge, Wohlfarth, D. Hoeneß.
Schiedsrichter: Biguet (Frankreich);
Zuschauer: 55 000; *Tore:* 0:1 Wohlfarth (20.), 1:1 Palacz (32.), 1:2 D. Hoeneß (81.).

Bayern München –
Gornik Zabrze 4:1 (1:1)
München: Pfaff, Augenthaler, Beierlorzer, Pflügler, Winklhofer, Nachtweih, Lerby, Willmer (60. Schwabl), Hartmann, D. Hoeneß, M. Rummenigge (73. Kögl).
Schiedsrichter: King (Wales);
Zuschauer: 13 500; *Tore:* 0:1 Majka (17.), 1:1 Winklhofer (26.), 2:1 Hartmann (55.), 3:1 Pflügler (73.), 4:1 D. Hoeneß (85.).

BFC Dynamo –
Austria Wien 0:2 (0:2)
BFC Dynamo: Rudwaleit, F. Rohde, Ksienzyk, Maek, Artur Ullrich (17. Grether), Trieloff, B. Schulz, Thom, Backs (72. Voß), Pastor, Ernst.
Schiedsrichter: van Langenhove (Belgien);
Zuschauer: 21 000; *Tore:* 0:1 Artur Ullrich (4., Eigentor), 0:2 Polster (12.).

Austria Wien –
BFC Dynamo 2:1 (0:0)
BFC Dynamo: Rudwaleit, Trieloff, Ksienzyk, B. Schulz, Maek (71. Küttner), Grether, Ernst, Thom, Backs, Pastor (53. Hirsch), Voß. *Schiedsrichter:* Wurtz (Frankreich); *Zuschauer:* 9 500; *Tore:* 1:0 Nyilasi (60.), 2:0 Steinkogler (82.), 2:1 B. Schulz (90.).

Zenit Leningrad –	
Valerengen Oslo	2:0 / 2:0
IFK Göteborg –	
Trakia Plowdiw	3:2 / 2:1
Girondins Bordeaux –	
Fenerbahce Istanbul	2:3 / 0:0
FC Porto –	
Ajax Amsterdam	2:0 / 0:0
Sparta Prag –	
FC Barcelona	1:2 / 1:0
Jeunesse Esch –	
Juventus Turin	0:5 / 1:4
IA Akranes –	
FC Aberdeen	1:3 / 1:4
FC Linfield –	
Servette Genf	2:2 / 1:2
Vejle BK –	
Steaua Bukarest	1:1 / 1:4
Ajax Rabat –	
Omonia Nikosia	0:5 / 0:5
Kuusysi Lahti –	
FC Sarajevo	2:1 / 2:1
Honved Budapest –	
Shamrock Rovers	2:0 / 3:1
Hellas Verona –	
PAOK Saloniki	3:1 / 2:1
Freilos: **RSC Anderlecht**

ACHTELFINALE

Termine: 23. Oktober und 6. November 1985

Bayern München –
Austria Wien 4:2 (3:1)
München: Pfaff, Augenthaler, Beierlorzer, Eder, Pflügler, Winklhofer, Lerby, Nachtweih, Hartmann (57. Kögl), Mathy, M. Rummenigge.
Schiedsrichter: Daina (Schweiz);
Zuschauer: 64 000;
Tore: 0:1 Steinkogler (9.), 1:1 Mathy (11.), 2:1 M. Rummenigge (13.), 3:1, 4:1 Mathy (22., 56.), 4:2 Polster (73., Foulstrafstoß).

Austria Wien –
Bayern München 3:3 (1:1)
München: Pfaff, Augenthaler, Beierlorzer, Eder, Pflügler, Winklhofer (44. Willmer), Lerby, Nachtweih, M. Rummenigge, Hartmann (70. D. Hoeneß), Wohlfarth.
Schiedsrichter: Casarin (Italien); *Zuschauer:* 18 000; *Tore:* 1:0 Drabits (3.), 1:1 Wohlfarth (37.), 2:1 Polster (71.), 2:2 Nachtweih (80.), 2:3 M. Rummenigge (82.), 3:3 Polster (87., Foulstrafstoß).

RSC Anderlecht –	
Omonia Nikosia	1:0 / 3:1
FC Barcelona –	
FC Porto	2:0 / 1:3
Honved Budapest –	
Steaua Bukarest	1:0 / 1:4
IFK Göteborg –	
Fenerbahce Istanbul	4:0 / 1:2
Hellas Verona –	
Juventus Turin	0:0 / 0:2
Zenit Leningrad –	
Kuusysi Lahti	2:1 / 1:3 n.V.
Servette Genf –	
FC Aberdeen	0:0 / 0:1

VIERTELFINALE

Termine: 5. und 19. März 1986

Bayern München –
RSC Anderlecht 2:1 (2:0)
München: Aumann, Augenthaler, Eder, Pflügler, Nachtweih, Matthäus, Lerby, M. Rummenigge, Willmer, Wohlfarth, D. Hoeneß (71. Hartmann).
Schiedsrichter: Hackett (England);
Zuschauer: 22 000; *Tore:* 1:0 D. Hoeneß (14.), 2:0 Wohlfarth (32.), 2:1 Andersen (72.).

RSC Anderlecht –
Bayern München 2:0 (2:0)
München: Pfaff, Augenthaler, Eder, Pflügler, Nachtweih, Matthäus, Lerby, M. Rummenigge (59. Hartmann), Willmer (74. Kögl), Wohlfarth, D. Hoeneß.
Schiedsrichter: Martinez (Spanien); *Zuschauer:* 42 000; *Tore:* 1:0 Scifo (39.), 2:0 Friman (45.).

FC Aberdeen –	
IFK Göteborg	2:2 / 0:0
FC Barcelona –	
Juventus Turin	1:0 / 1:1
Steaua Bukarest –	
Kuusysi Lahti	0:0 / 1:0

Der hohe Favorit FC Barcelona trifft im Finale das Tor nicht. Nach 0:0 triumphiert Steaua Bukarest im Elfmeterschießen mit 2:0. Der Spanier Marcos (Mitte) wird in dieser Szene von den Rumänen Balan (links) und Barbulescu ausgebremst.

HALBFINALE

Termine: 2. und 16. April 1986

IFK Göteborg –	
FC Barcelona	3:0 / 0:3 n.V.
	Elfmeterschießen: 4:5
RSC Anderlecht –	
Steaua Bukarest	1:0 / 0:3

FINALE

am 7. Mai 1986 in Sevilla:

Steaua Bukarest –
FC Barcelona 0:0 n.V. Elfmeterschießen: 2:0
Bukarest: Ducadam, Iovan, Belodedici, Bumbescu, Barbulesco, Balan (72. Iordanescu), Majearu, Bölöni, Balint, Lacatus, Piturca (112. Radu).
Barcelona: Urruti, Gerardo, Alesanco, Migueli, Julio Alberto, Victor, Schuster (84. Moratalla), Pedraza, Carrasco, Archibald (111. Alonso), Marcos.
Schiedsrichter: Vautrot (Frankreich);
Zuschauer: 62 000;
Elfmeterschießen: Majearu – gehalten, Alesanco – gehalten; Bölöni – gehalten, Pedraza – gehalten; Lacatus 1:0, Alonso – gehalten; Balint 2:0, Marcos – gehalten.

XXXII. Europapokal der Landesmeister 1986/87 (31 Teilnehmer)

FC PORTO

VORRUNDE

Termine: 17. September und 1. Oktober 1986

PSV Eindhoven –
Bayern München   **0:2 (0:0)**
München: Pfaff, Nachtweih, Flick, Eder, Pflügler, Mathy, Matthäus, Brehme, Willmer, M. Rummenigge, Wohlfarth.
Schiedsrichter: Valentine (Schottland);
Zuschauer: 26 000;
Tore: 0:1, 0:2 Mathy (79., 89.).

Bayern München –
PSV Eindhoven   **0:0**
München: Pfaff, Augenthaler, Flick, Eder, Pflügler, Dorfner (74. Kögl), Matthäus, Nachtweih, Willmer (81. Bayerschmidt), Wohlfarth, M. Rummenigge.
Schiedsrichter: Vautrot (Frankreich);
Zuschauer: 32 000.

Örgryte Göteborg –
BFC Dynamo   **2:3 (0:1)**
BFC Dynamo: Rudwaleit, F. Rohde, Ksienzyk, B. Schulz, Reich, Fügner, Ernst (88. M. Schulz), Backs (76. Trieloff), Doll, Pastor, Thom.
Schiedsrichter: Blankenstein (Niederlande);
Zuschauer: 6 000;
Tore: 0:1 Pastor (19.), 1:1 Hellström (62.), 2:1 Samuelsson (70.), 2:2 Thom (76.), 2:3 Doll (89.).

BFC Dynamo –
Örgryte Göteborg   **4:1 (2:1)**
BFC Dynamo: Rudwaleit, F. Rohde, Ksienzyk, B. Schulz (46. Trieloff), Reich, Fügner, Ernst (84. M. Schulz), Backs, Doll, Pastor, Thom.
Schiedsrichter: Röthlisberger (Schweiz); *Zuschauer:* 15 000; *Tore:* 1:0 Pastor (10.), 2:0 Backs (26.), 2:1 Hellström (35.), 3:1 Thom (65.), 4:1 Ernst (83.).

FC Porto –	
Ajax Rabat	**9:0 / 1:0**
Avenir Beggen –	
Austria Wien	**0:3 / 0:3**
Juventus Turin –	
Valur Reykjavik	**7:0 / 4:0**
Roter Stern Belgrad –	
Panathinaikos Athen	**3:0 / 1:2**
Beroe Stara Zagora –	
Dynamo Kiew	**1:1 / 0:2**
Young Boys Bern –	
Real Madrid	**1:0 / 0:5**
RSC Anderlecht –	
Gornik Zabrze	**2:0 / 1:1**
Bröndby Kopenhagen –	
Honved Budapest	**4:1 / 2:2**
Besiktas Istanbul –	
Dinamo Tirana	**2:0 / 1:0**
Apoel Nikosia –	
HJK Helsinki	**1:0 / 2:3**
Rosenborg Trondheim –	
FC Linfield	**1:0 / 1:1**
Shamrock Rovers –	
Celtic Glasgow	**0:1 / 0:2**
Paris St. Germain –	
TJ Vitkovice	**2:2 / 0:1**

Freilos: Steaua Bukarest

ACHTELFINALE

Termine: 22. Oktober und 5. November 1986

Bayern München –
Austria Wien   **2:0 (1:0)**
München: Pfaff, Augenthaler (78. Winklhofer), Nachtweih, Eder, Pflügler, Flick, Matthäus, Brehme, M. Rummenigge (89. Kögl), Wohlfarth, Mathy.
Schiedsrichter: Christov (ČSSR);
Zuschauer: 48 000;
Tore: 1:0 Flick (44.), 2:0 Matthäus (74., Foulstrafstoß).

Austria Wien –
Bayern München   **1:1 (0:1)**
München: Pfaff, Augenthaler, Nachtweih, Eder, Pflügler, Matthäus, Flick, Brehme, M. Rummenigge, Mathy (7. D. Hoeneß), Wohlfarth.
Schiedsrichter: Ponnet (Belgien);
Zuschauer: 47 000;
Tore: 0:1 Wohlfarth (34.), 1:1 Polster (58.).

Bröndby Kopenhagen –
BFC Dynamo   **2:1 (2:0)**
BFC Dynamo: Rudwaleit, F. Rohde, Ksienzyk, B. Schulz, Fügner (71. Reich), M. Schulz (70. Trieloff), Ernst, Backs, Doll, Pastor, Thom.
Schiedsrichter: Syme (Schottland);
Zuschauer: 5401; *Tore:* 1:0 M. Schulz (1., Eigentor), 2:0 Vilfort (15.), 2:1 F. Rohde (88.).

BFC Dynamo –
Bröndby Kopenhagen   **1:1 (1:1)**
BFC Dynamo: Rudwaleit, F. Rohde, Ksienzyk, B. Schulz, Fügner, M. Schulz, Trieloff (77. Köller), Ernst, Backs, Pastor, Doll.
Schiedsrichter: Germanakos (Griechenland);
Zuschauer: 11 000;
Tore: 0:1 Vilfort (7.), 1:1 Ernst (12.).

Real Madrid –		
Juventus Turin	**1:0 / 0:1 n.V.,**	
	Elfmeterschießen: 3:1	
TJ Vitkovice –		
FC Porto	**1:0 / 0:3**	
Rosenborg Trondheim –		
Roter Stern Belgrad	**0:3 / 1:4**	
RSC Anderlecht –		
Steaua Bukarest	**3:0 / 0:1**	
Celtic Glasgow –		
Dynamo Kiew	**1:1 / 1:3**	
Besiktas Istanbul –		
Apoel Nikosia		

(kampflos für Istanbul, Nikosia trat nicht an.)

VIERTELFINALE

Termine: 4. und 18. März 1987

Bayern München –
RSC Anderlecht   **5:0 (2:0)**
München: Pfaff, Nachtweih, Eder, Pflügler, Winklhofer, Brehme, Dorfner, M. Rummenigge, Wohlfarth, D. Hoeneß, Lunde (86. Kögl). *Schiedsrichter:* Sanchez-Arminio (Spanien); *Zuschauer:* 16 000;
Tore: 1:0 M. Rummenigge (15.), 2:0 Pflügler (28.), 3:0, 4:0 D. Hoeneß (69., 86.), 5:0 Wohlfarth (89.).

RSC Anderlecht –
Bayern München   **2:2 (1:0)**
München: Pfaff, Augenthaler (63. Winklhofer), Nachtweih, Eder, Pflügler, Dorfner, Matthäus, Brehme (66. Lunde), M. Rummenigge, Wohlfarth, D. Hoeneß.
Schiedsrichter: Bridges (Wales);
Zuschauer: 35 000;
Tore: 1:0 Lozano (32.), 1:1 Wohlfarth (56.), 2:1 Nilis (73.), 2:2 Matthäus (88.).

FC Porto –	
Bröndby Kopenhagen	**1:0 / 1:1**
Roter Stern Belgrad –	
Real Madrid	**4:2 / 0:2**
Besiktas Istanbul –	
Dynamo Kiew	**0:5 / 0:2**

HALBFINALE

Termine: 8. und 22. April 1987

Bayern München –
Real Madrid   **4:1 (3:1)**
München: Pfaff, Augenthaler, Nachtweih, Eder, Pflügler, Brehme, Matthäus, Dorfner, M. Rummenigge (69. Lunde), D. Hoeneß, Wohlfarth.
Schiedsrichter: Valentine (Schottland);
Zuschauer: 77 573;
Tore: 1:0 Augenthaler (11.), 2:0 Matthäus (30., Foulstrafstoß), 3:0 Wohlfarth (30.), 3:1 Butragueno (45.), 4:1 Matthäus (52., Handstrafstoß).

Real Madrid –
Bayern München   **1:0 (1:0)**
München: Pfaff, Augenthaler, Nachtweih, Eder, Pflügler, Winklhofer, Brehme, Kögl, Wohlfarth, D. Hoeneß, Lunde.
Schiedsrichter: Vautrot (Frankreich);
Zuschauer: 103 000;
Tor: 1:0 Wohlfarth (28., Eigentor).

FC Porto –	
Dynamo Kiew	**2:1 / 2:1**

FINALE

am 27. Mai 1987 in Wien:

FC Porto –
Bayern München   **2:1 (0:1)**
Porto: Mlynarczyk, Joao Pinto, Eduardo Luis, Inacio (65. Frasco), Celso, Madjer, Magelhaes, Sousa, Andre, Quim (46. Juary), Futre.
München: Pfaff, Nachtweih, Winklhofer, Eder, Pflügler, Brehme, Flick (82. Lunde), Matthäus, M. Rummenigge, D. Hoeneß, Kögl. *Schiedsrichter:* Ponnet (Belgien); *Zuschauer:* 60 000; *Tore:* 0:1 Kögl (25.), 1:1 Madjer (77.), 2:1 Juary (80.).

XXXIII. Europapokal der Landesmeister 1987/88 (32 Teilnehmer)

PSV EINDHOVEN

Hans van Breukelen kann ohne Mühe vor Mozer (Benfica Lissabon) den Ball unter Kontrolle bringen. Der PSV-Schlußmann wird dann im Elfmeterschießen der Matchwinner, denn er hält den Schuß von Veloso.

VORRUNDE
Termine: 16. und 30. September 1987

Bayern München –
Sredez Sofia   **4:0 (2:0)**
München: Pfaff, Nachtweih, Flick, Eder, Pflügler, Brehme, Dorfner, M. Rummenigge, Kögl, Wohlfarth (56. Lunde), Wegmann (89. Winklhofer).
Schiedsrichter: Aladren (Spanien);
Zuschauer: 17 000;
Tore: 1:0 Wegmann (30.), 2:0 Dorfner (36.), 3:0 Brehme (55.), 4:0 Wegmann (84.).

Sredez Sofia –
Bayern München   **0:1 (0:0)**
München: Aumann, Nachtweih, Winklhofer (68. Eck), Eder, Pflügler, Flick, Dorfner, M. Rummenigge, Brehme, Tschiskale, Kögl (76. Lunde).
Schiedsrichter: Hackett (England);
Zuschauer: 10 000; *Tor:* 0:1 Kögl (68.).

Girondins Bordeaux –
BFC Dynamo   **2:0 (0:0)**
BFC Dynamo: Rudwaleit, F. Rohde, Ksienzyk, Köller, M. Schulz (65. Pastor), Ernst, Küttner, B. Schulz, Backs, Doll, Thom.
Schiedsrichter: da Silva Valente (Portugal);
Zuschauer: 30 000;
Tore: 1:0 Bijotat (47.), 2:0 Ferreri (58.).

BFC Dynamo –
Girondins Bordeaux   **0:2 (0:0)**
BFC Dynamo: Rudwaleit, F. Rohde, Ksienzyk, Köller, Fügner, B. Schulz, Ernst (67. Backs), Küttner, Doll, Pastor (67. Kaehlitz), Thom.
Schiedsrichter: Valentine (Schottland);
Zuschauer: 20 000;
Tore: 0:1 Zl. Vujovic (58.), 0:2 Ferreri (87.).

Rapid Wien –	
Hamrun Spartans	**6:0 / 1:0**
FC Porto –	
Vardar Skopje	**3:0 / 3:0**
Dynamo Kiew –	
Glasgow Rangers	**1:0 / 0:2**
Malmö FF –	
RSC Anderlecht	**0:1 / 1:1**
Steaua Bukarest –	
MTK-VM Budapest	**4:0 / 0:2**
Fram Reykjavik –	
Sparta Prag	**0:2 / 0:8**
PSV Eindhoven –	
Galatasaray Istanbul	**3:0 / 0:2**

Xamax Neuchatel –	
Kuusysi Lahti	**5:0 / 1:2**
Real Madrid –	
SSC Neapel	**2:0 / 1:1**
Olympiakos Piräus –	
Gornik Zabrze	**1:1 / 1:2**
Aarhus GF –	
Jeunesse Esch	**4:1 / 0:1**
Lilleström SK –	
FC Linfield	**1:1 / 4:1**
Shamrock Rovers –	
Omonia Nikosia	**0:1 / 0:0**
Benfica Lissabon –	
Partizan Tirana	**4:0**
(Tirana disqualifiziert)	

ACHTELFINALE
Termine: 21. Oktober und 4. November 1987

Xamax Neuchatel –
Bayern München   **2:1 (1:0)**
München: Pfaff, Nachtweih, Flick, Eder, Pflügler, Brehme, Dorfner, Matthäus, M. Rummenigge (68. Lunde), Wohlfarth, Kögl.
Schiedsrichter: Mulder (Niederlande);
Zuschauer: 22 000; *Tore:* 1:0 Lüthi (28.), 1:1 Matthäus (46.), 2:1 Sutter (51.).

Bayern München –
Xamax Neuchatel   **2:0 (0:0)**
München: Pfaff, Nachtweih, Flick, Eder, Pflügler, Brehme (65. Augenthaler), Matthäus, Dorfner, M. Rummenigge (46. Kögl), Wohlfarth, Wegmann.
Schiedsrichter: Butenko (UdSSR); *Zuschauer:* 28 000; *Tore:* 1:0 Pflügler (87.), 2:0 Wegmann (90.).

Real Madrid –	
FC Porto	**2:1 / 2:1**
Lilleström SK –	
Girondins Bordeaux	**0:0 / 0:1**
Aarhus GF –	
Benfica Lissabon	**0:0 / 0:1**
Glasgow Rangers –	
Gornik Zabrze	**3:1 / 1:1**
Sparta Prag –	
RSC Anderlecht	**1:2 / 0:1**
Rapid Wien –	
PSV Eindhoven	**1:2 / 0:2**
Steaua Bukarest –	
Omonia Nikosia	**3:1 / 2:0**

VIERTELFINALE
Termine: 2. und 16. März 1988

Bayern München –
Real Madrid   **3:2 (2:0)**
München: Pfaff, Nachtweih, Flick, Eder, Pflügler, Matthäus, Augenthaler, Brehme, Wohlfarth, Hughes, Kögl. *Schiedsrichter:* Casarin (Italien); *Zuschauer:* 70 000; *Tore:* 1:0 Pflügler (39.), 2:0 Eder (45.), 3:0 Wohlfarth (47.), 3:1 Butragueno (88.), 3:2 Sanchez (90.).

Real Madrid –
Bayern München   **2:0 (2:0)**
München: Pfaff, Augenthaler, Flick, Eder, Pflügler, Winklhofer (56. M. Rummenigge), Brehme, Matthäus, Kögl (69. Eck), Wohlfarth, Hughes. *Schiedsrichter:* Ponnet (Belgien); *Zuschauer:* 100 000; *Tore:* 1:0 Jankovic (27.), 2:0 Michel (41.).

Steaua Bukarest –	
Glasgow Rangers	**2:0 / 1:2**
Girondins Bordeaux –	
PSV Eindhoven	**1:1 / 0:0**
Benfica Lissabon –	
RSC Anderlecht	**2:0 / 0:1**

HALBFINALE
Termine: 6. und 20. April 1988

Real Madrid –	
PSV Eindhoven	**1:1 / 0:0**
Steaua Bukarest –	
Benfica Lissabon	**0:0 / 0:2**

FINALE
am 25. Mai 1988 in Stuttgart:

PSV Eindhoven –
Benfica Lissabon   **0:0 n.V.,**
Elfmeterschießen: 6:5
Eindhoven: van Breukelen, R. Koeman, Gerets, Nielsen, Heintze, van Aerle, Vanenburg, Lerby, Linskens, Gillhaus (107. Jansson), Kieft. *Lissabon:* Silvino, Veloso, Dito, Mozer, Alvaro, Chiquinho, Elzo, Sheu, Pacheco, Magnusson (112. Hajry), Rui Aguas (57. Wando). *Schiedsrichter:* Agnolin (Italien); *Zuschauer:* 70.000; *Elfmeterschießen:* R. Koeman 1:0, Elzo 1:1; Kieft 2:1, Dito 2:2; Nielsen 3:2, Hajry 3:3; Vanenburg 4:3, Pacheco 4:4; Lerby 5:4, Mozer 5:5; Jansson 6:5, Veloso – gehalten.

XXXIV. Europapokal der Landesmeister 1988/89 (31 Teilnehmer)

AC MAILAND

Ein eingespieltes Duo nicht nur im niederländischen Europameister-Team von 1988 (siehe Foto), sondern auch beim 4:0-Finalsieg des AC Mailand gegen Steaua Bukarest: Ruud Gullit (links) mit Marco van Basten.

VORRUNDE

Termine: 6., 7. September, 5., 6. und 11. Oktober 1988

BFC Dynamo –
Werder Bremen   **3:0 (1:0)**
BFC Dynamo: Rudwaleit, F. Rohde, Herzog, Reich, M. Schulz (89. Anders), Ernst, Küttner, Köller, Doll, Pastor (90. B. Schulz), Thom.
Bremen: Reck, Sauer, Kutzop, Bratseth, Borowka (46. Hermann), Wolter, Votava, Meier, Otten, Riedle, Skogheim (57. Burgsmüller).
Schiedsrichter: van Langenhove (Belgien); *Zuschauer:* 24 000; *Tore:* 1:0 Doll (16.), 2:0 Thom (62.), 3:0 Pastor (77.).

Werder Bremen –
BFC Dynamo   **5:0 (1:0)**
Bremen: Reck, Kutzop, Schaaf, Bratseth, Borowka, Otten, Votava, Meier (74. Wolter), Hermann, Burgsmüller, Riedle.
BFC Dynamo: Rudwaleit, F. Rohde, Herzog, Reich, M. Schulz (81. Ksienzyk), Ernst, Küttner, Köller, Thom, Doll, Pastor (82. Anders). *Schiedsrichter:* Quiniou (Frankreich); *Zuschauer:* 23 542; *Tore:* 1:0 Kutzop (23., Foulstrafstoß), 2:0 Hermann (55.), 3:0 Riedle (63.), 4:0 Burgsmüller (71.), 5:0 Schaaf (90.).

Sparta Prag – Steaua Bukarest	1:5 / 2:2
Pezoporikos Larnaka – IFK Göteborg	1:2 / 1:5
FC Brügge – Bröndby Kopenhagen	1:0 / 1:2
Rapid Wien – Galatasaray Istanbul	2:1 / 0:2
Spartak Moskau – Glentoran Belfast	2:0 / 1:1
Witoscha Sofia – AC Mailand	0:2 / 2:5
Hamrun Spartans – 17. Nentori Tirana	2:1 / 0:2
Gornik Zabrze – Jeunesse Esch	3:0 / 4:1
FC Larissa – Xamax Neuchatel	2:1 / 1:2 n.V., Elfmeterschießen: 0:3
Honved Budapest – Celtic Glasgow	1:0 / 0:4
Valur Reykjavik – AS Monaco	1:0 / 0:2

FC Dundalk – Roter Stern Belgrad	0:5 / 0:3
FC Porto – HJK Helsinki	3:0 / 0:2
Real Madrid – FK Moss	3:0 / 1:0

Freilos: **PSV Eindhoven**

ACHTELFINALE

Termine: 26. Oktober und 9. November 1988

Celtic Glasgow –
Werder Bremen   **0:1 (0:0)**
Bremen: Reck, Kutzop, Schaaf, Bratseth, Borowka, Wolter, Votava, Neubarth (81. Otten), Hermann, Riedle, Ordenewitz. *Schiedsrichter:* Aladren (Spanien); *Zuschauer:* 50 624; *Tor:* 0:1 Wolter (58.).

Werder Bremen –
Celtic Glasgow   **0:0**
Bremen: Reck, Bratseth, Schaaf, Borowka, Otten, Wolter, Votava, Neubarth (66. Burgsmüller), Hermann, Riedle, Ordenewitz. *Schiedsrichter:* Longhi (Italien); *Zuschauer:* 38 980.

Steaua Bukarest – Spartak Moskau	3:0 / 2:1
17. Nentori Tirana – IFK Göteborg	0:3 / 0:1
Gornik Zabrze – Real Madrid	0:1 / 2:3
PSV Eindhoven – FC Porto	5:0 / 0:2
Xamax Neuchatel – Galatasaray Istanbul	3:0 / 0:5
FC Brügge – AS Monaco	1:0 / 1:6
AC Mailand – Roter Stern Belgrad	1:1 / 1:1 n.V., Elfmeterschießen: 2:4

VIERTELFINALE

Termine: 1. und 15. März 1989

Werder Bremen –
AC Mailand   **0:0**
Bremen: Reck, Kutzop, Bratseth, Otten, Schaaf, Votava, Meier, Hermann, Riedle, Neubarth, Ordenewitz. *Schiedsrichter:* Rosa Santos (Portugal); *Zuschauer:* 39 500.

AC Mailand –
Werder Bremen   **1:0 (1:0)**
Bremen: Reck, Sauer, Borowka (72. Hanses), Bratseth, Otten, Wolter, Votava, Hermann, Meier, Neubarth, Ordenewitz (65. Burgsmüller).
Schiedsrichter: Smith (Schottland); *Zuschauer:* 71 207; *Tor:* 1:0 van Basten (33., Foulstrafstoß).

IFK Göteborg – Steaua Bukarest	1:0 / 1:5
PSV Eindhoven – Real Madrid	1:1 / 1:2 n.V.
AS Monaco – Galatasaray Istanbul	0:1 / 1:1

HALBFINALE

Termine: 5. und 19. April 1989

Steaua Bukarest – Galatasaray Istanbul	4:0 / 1:1
Real Madrid – AC Mailand	1:1 / 0:5

FINALE

am 24. Mai 1989 in Barcelona:

AC Mailand –
Steaua Bukarest   **4:0 (3:0)**
Mailand: G. Galli, F. Baresi, Tassotti, Costacurta (71. F. Galli), Maldini, Colombo, Rijkaard, Donadoni, Ancelotti, van Basten, Gullit (60. Virdis).
Bukarest: Lung, Petrescu, Bumbescu, Iovan, Ungureanu, Rotariu (46. Balint), Stoica, Hagi, Minea, Lacatus, Piturca. *Schiedsrichter:* Tritschler (BRD); *Zuschauer:* 97 000; *Tore:* 1:0 Gullit (18.), 2:0 van Basten (28.), 3:0 Gullit (39.), 4:0 van Basten (47.).

1955
1956
1957
1958
1959
1960
1961
1962
1963
1964
1965
1966
1967
1968
1969
1970
1971
1972
1973
1974
1975
1976
1977
1978
1979
1980
1981
1982
1983
1984
1985
1986
1987
1988
1989
1990
1991
1992
1993
1994

XXXV. Europapokal der Landesmeister 1989/90 (32 Teilnehmer)

AC MAILAND

1955
1956
1957
1958
1959
1960
1961
1962
1963
1964
1965
1966
1967
1968
1969
1970
1971
1972
1973
1974
1975
1976
1977
1978
1979
1980
1981
1982
1983
1984
1985
1986
1987
1988
1989
1990
1991
1992
1993
1994

VORRUNDE
Termine: 13. und 27. September 1989

Glasgow Rangers –
Bayern München　　　　　　1:3 (1:1)
München: Scheuer, Augenthaler, Grahammer, Johnson, Reuter, Thon, Schwabl, Pflügler, Kögl, Wohlfarth (73. Mihajlovic), McInally (83. Kastenmaier).
Schiedsrichter: D'Elia (Italien); *Zuschauer:* 42 000; *Tore:* 1:0 Walters (26., Foulstrafstoß), 1:1 Kögl (29.), 1:2 Thon (47., Foulstrafstoß), 1:3 Augenthaler (65.).

Bayern München –
Glasgow Rangers　　　　　　0:0
München: Aumann, Augenthaler, Grahammer, Johnson (46. Schwabl), Pflügler, Reuter, Strunz, Thon, Kögl, Mihajlovic (70. Wohlfarth), McInally. *Schiedsrichter:* Fredriksson (Schweden); *Zuschauer:* 45 000.

Dynamo Dresden –
AEK Athen　　　　　　　　1:0 (0:0)
Dresden: Teuber, Lieberam, Wagenhaus, Döschner, Diebitz, Schößler, Maucksch, M. Sammer, Stübner, Minge, Jähnig (61. Milde).
Schiedsrichter: da Silva Valente (Portugal); *Zuschauer:* 33 000; *Tor:* 1:0 Lieberam (75.).

AEK Athen –
Dynamo Dresden　　　　　　5:3 (3:1)
Dresden: Teuber, Lieberam, Schößler, Wagenhaus, Maucksch, Döschner (80. Minge), Stübner, M. Sammer, Pilz, Kirsten, Gütschow (75. Milde). *Schiedsrichter:* Soriano Aladren (Spanien); *Zuschauer:* 35 000; *Tore:* 0:1 Gütschow (9.), 1:1 Manolas (27.), 2:1 Okonski (33., Foulstrafstoß), 3:1, 4:1 Savvidis (37., 61.), 4:2 Lieberam (64.), 5:2 Savevski (82.), 5:3 Minge (85.).

Derry City –	
Benfica Lissabon	1:2 / 0:4
Malmö FF –	
Inter Mailand	1:0 / 1:1
Spora Luxemburg –	
Real Madrid	0:3 / 0:6
Steaua Bukarest –	
Fram Reykjavik	4:0 / 1:0
Ruch Chorzow –	
Sredez Sofia	1:1 / 1:5
PSV Eindhoven –	
FC Luzern	3:0 / 2:0
Rosenborg Trondheim –	
KV Mechelen	0:0 / 0:5
AC Mailand –	
HJK Helsinki	4:0 / 1:0
FC Tirol Innsbruck –	
Omonia Nikosia	6:0 / 3:2
Olympique Marseille –	
Bröndby Kopenhagen	3:0 / 1:1
Sparta Prag –	
Fenerbahce Istanbul	3:1 / 2:1
FC Linfield –	
Dnepr Dnepropetrowsk	1:2 / 0:1
Sliema Wanderers –	
17. Nentori Tirana	1:0 / 0:5
Honved Budapest –	
Vojvodina Novi Sad	1:0 / 1:2

ACHTELFINALE
Termine: 18. Oktober und 1. November 1989

Bayern München –
17. Nentori Tirana　　　　　3:1 (2:1)
München: Aumann, Augenthaler, Grahammer, Kohler, Pflügler, Reuter, Dorfner, Schwabl (46. McInally), Kögl, Wohlfarth (79. Kastenmaier), Mihajlovic.
Schiedsrichter: Philippi (Luxemburg); *Zuschauer:* 11 500; *Tore:* 1:0 Kögl (16., Foulstrafstoß), 2:0 Mihajlovic (26.), 2:1 Minga (30.), 3:1 Mihajlovic (64.).

17. Nentori Tirana –
Bayern München　　　　　　0:3 (0:1)
München: Aumann, Augenthaler, Kastenmaier, Kohler, Pflügler, Reuter (46. Grahammer), Dorfner, Strunz, Schwabl, McInally (64. Bender), Mihajlovic.
Schiedsrichter: Krchnak (ČSSR); *Zuschauer:* 33 000; *Tore:* 0:1 Strunz (45.), 0:2 Grahammer (47.), 0:3 Dorfner (89.).

Honved Budapest –	
Benfica Lissabon	0:2 / 0:7
Steaua Bukarest –	
PSV Eindhoven	1:0 / 1:5
Sparta Prag –	
Sredez Sofia	2:2 / 0:3
AC Mailand –	
Real Madrid	2:0 / 0:1
Olympique Marseille –	
AEK Athen	2:0 / 1:1
Malmö FF –	
KV Mechelen	0:0 / 1:4
Dnepr Dnepropetrowsk –	
FC Tirol Innsbruck	2:2 / 2:0

VIERTELFINALE
Termine: 7. und 21. März 1990

Bayern München –
PSV Eindhoven　　　　　　2:1 (0:0)
München: Aumann, Augenthaler, Grahammer, Kohler, Reuter, Dorfner, Strunz, Kögl (69. Bender), Pflügler, McInally, Wohlfarth.
Schiedsrichter: van Langenhove (Belgien); *Zuschauer:* 35 000; *Tore:* 1:0 Wohlfarth (76.), 1:1 Povlsen (78.), 2:1 Grahammer (80.).

PSV Eindhoven –
Bayern München　　　　　　0:1 (0:0)
München: Aumann, Augenthaler, Grahammer, Kohler, Reuter, Strunz, Dorfner (66. Flick), Kögl, Pflügler, McInally (66. Bender), Wohlfarth.
Schiedsrichter: Kohl (Österreich); *Zuschauer:* 28 000; *Tor:* 0:1 Augenthaler (90.).

Benfica Lissabon –	
Dnepr Dnepropetrowsk	1:0 / 3:0
ZSKA Sofia –	
Olympique Marseille	0:1 / 1:3
KV Mechelen –	
AC Mailand	0:0 / 0:2 n.V.

Erneut sorgt ein Holländer für den Triumph des AC Mailand: Frank Rijkaard. Sein »goldenes« Tor bezwingt Benfica Lissabon.

HALBFINALE
Termine: 4. und 18. April 1990

AC Mailand –
Bayern München　　　　　　1:0 (0:0)
München: Aumann, Augenthaler, Reuter, Kohler, Pflügler, Flick, Dorfner, Strunz, Kögl, McInally, Bender (81. Thon).
Schiedsrichter: Karlsson (Schweden); *Zuschauer:* 62 717; *Tor:* 1:0 van Basten (76., Foulstrafstoß).

Bayern München –
AC Mailand　　　　　2:1 (1:0, 0:0) n.V.
München: Aumann, Augenthaler, Grahammer, Kohler, Pflügler, Reuter, Strunz, Dorfner, Kögl (97. Bender), Wohlfarth, Thon (82. McInally).
Schiedsrichter: Soriano-Aladren (Spanien); *Zuschauer:* 72 000; *Tore:* 1:0 Strunz (58.), 1:1 Borgonovo (101.), 2:1 McInally (108.).

Olympique Marseille –	
Benfica Lissabon	2:1 / 0:1

FINALE
am 23. Mai 1990 in Wien:

AC Mailand –
Benfica Lissabon　　　　　　1:0 (0:0)
Mailand: G. Galli, Tassotti, Costacurta, F. Baresi, Maldini, Colombo (89. F. Galli), Rijkaard, Ancelotti (72. Massaro), Evani, Gullit, van Basten.
Lissabon: Silvino, Jose Carlos, Aldair, Ricardo, Samuel, Vitor Paneira (76. Vato), Valdo, Thern, Hernani, Magnusson, Pacheco (66. Brito).
Schiedsrichter: Kohl (Österreich); *Zuschauer:* 57 500; *Tor:* 1:0 Rijkaard (68.).

XXXVI. Europapokal der Landesmeister 1990/91 (31 Teilnehmer)

ROTER STERN BELGRAD

VORRUNDE

Termine: 19. September und
2. und 3. Oktober 1990

Apoel Nikosia –
Bayern München 2:3 (1:0)
München: Scheuer, Augenthaler, Reuter, Kohler, Bender, Sternkopf (73. Mihajlovic), Effenberg, Strunz, Dorfner, Wohlfarth (64. McInally), Laudrup. *Schiedsrichter:* Petrescu (Rumänien); *Zuschauer:* 12 000; *Tore:* 1:0 Gogic (5.), 1:1 Reuter (71.), 2:1 Pantziaras (78.), 2:2 McInally (87.), 2:3 Strunz (89.).

Bayern München –
Apoel Nikosia 4:0 (0:0)
München: Aumann, Augenthaler, Reuter, Kohler, Pflügler, Bender, Effenberg (62. Schwabl), Strunz, Dorfner, McInally (62. Laudrup), Mihajlovic. *Schiedsrichter:* Azzopardi (Malta); *Zuschauer:* 11 000; *Tore:* 1:0 Augenthaler (48.), 2:0, 3:0, 4:0 Mihajlovic (63., 89., 90.).

Union Luxemburg –
Dynamo Dresden 1:3 (1:0)
Dresden: Teuber, Kern, Wagenhaus, Büttner, Schößler, Scholz, Lieberam, Stübner, Allievi (62. Ratke), Gütschow (80. Minge), Jähnig.
Schiedsrichter: Bakker (Niederlande); *Zuschauer:* 1 476; *Tore:* 1:0 Morocutti (45.), 1:1 Gütschow (47.), 1:2 Birsens (79., Eigentor), 1:3 Ratke (90.).

Dynamo Dresden –
Union Luxemburg 3:0 (3:0)
Dresden: Teuber, Lieberam, Wagenhaus, Kern, Scholz, Stübner, Minge, Lux, Büttner (59. Schößler), Jähnig (53. Allievi). *Schiedsrichter:* Ignatowicz (Polen); *Zuschauer:* 8 500; *Tore:* 1:0 Jähnig (18.), 2:0 Gütschow (34.), 3:0 Jähnig (45.).

Odense BK –
Real Madrid 1:4 / 0:6

Roter Stern Belgrad –
Grasshoppers Zürich 1:1 / 4:1

Olympique Marseille –
Dinamo Tirana 5:1 / 0:0

FC Tirol –
Kuusysi Lahti 5:0 / 2:1

Lilleström SK –
FC Brügge 1:1 / 0:2

Sparta Prag –
Spartak Moskau 0:2 / 0:2

SSC Neapel –
Dozsa Ujpest Budapest 3:0 / 2:0

Malmö FF –
Besiktas Istanbul 3:2 / 2:2

Dinamo Bukarest –
St. Patricks Athletic 4:0 / 1:1

FC Porto –
FC Portadown 5:0 / 8:1

Lech Poznan –
Panathinaikos Athen 3:0 / 2:1

FC la Valetta –
Glasgow Rangers 0:4 / 0:6

KA Akureyri –
ZSKA Sofia 1:0 / 0:3

Freilos: **AC Mailand**

ACHTELFINALE

Termine: 23. Oktober und 6. November 1990

Bayern München –
ZSKA Sofia 4:0 (2:0)
München: Aumann, Augenthaler, Reuter, Kohler, Pflügler, Effenberg, Thon (46. Bender), Strunz, Dorfner, Laudrup, Wohlfarth (73. McInally).
Schiedsrichter: Halle (Norwegen); *Zuschauer:* 11 500; *Tore:* 1:0 Reuter (3.), 2:0 Wohlfarth (28.), 3:0 Augenthaler (54.), 4:0 Reuter (62., Handstrafstoß).

ZSKA Sofia –
Bayern München 0:3 (0:1)
München: Aumann, Augenthaler, Reuter, Kohler, Pflügler, Strunz (65. Bender), Effenberg, Thon, Dorfner, Wohlfarth (69. McInally), Laudrup.
Schiedsrichter: Lund-Sörensen (Dänemark); *Zuschauer:* 9 000; *Tore:* 0:1 Wohlfarth (17.), 0:2 Effenberg (78.), 0:3 McInally (84.).

Dynamo Dresden –
Malmö FF 1:1 (1:1)
Dresden: Teuber, Lieberam, Kern (64. Ratke), Wagenhaus, Schößler, Stübner, Scholz, Büttner, Jähnig, Minge (64. Allievi), Gütschow.
Schiedsrichter: McKnight (Nordirland); *Zuschauer:* 6 861; *Tore:* 0:1 Engqvist (18.), 1:1 Gütschow (45.).

Malmö FF –
Dynamo Dresden 1:1 (1:1, 0:1) n.V., Elfmeterschießen: 4:5
Dresden: Teuber, Lieberam, Büttner, Wagenhaus, Scholz (119. Kern), Schößler, Minge, Hauptmann, Ratke, Allievi (73. Jähnig), Gütschow. *Schiedsrichter:* Waddle (Schottland); *Zuschauer:* 8 112; *Tore:* 0:1 Gütschow (17., Foulstrafstoß), 1:1 Persson (72., Foulstrafstoß); Elfmeterschießen: Persson – gehalten, Lieberam 0:1; Skammelsrud 1:1, Schößler 1:2; Agren 2:2, Wagenhaus 2:3; Nyhlen 3:3, Kern 3:4; Engqvist 4:4, Gütschow 4:5.

Roter Stern Belgrad –
Glasgow Rangers 3:0 / 1:1

Dinamo Bukarest –
FC Porto 0:0 / 0:4

Real Madrid –
FC Tirol 9:1 / 2:2

SSC Neapel –
Spartak Moskau 0:0 / 0:0 n.V., Elfmeterschießen: 3:5

AC Mailand –
FC Brügge 0:0 / 1:0

Lech Poznan –
Olympique Marseille 3:2 / 1:6

VIERTELFINALE

Termine: 6. und 20. März 1991

Bayern München –
FC Porto 1:1 (1:0)
München: Aumann, Augenthaler, Grahammer, Kohler, Reuter, Effenberg, Thon, Bender (71. Ziege), Pflügler, Wohlfarth, Laudrup.
Schiedsrichter: Goethals (Belgien); *Zuschauer:* 40 000; *Tore:* 1:0 Bender (30.), 1:1 Domingos (65.).

FC Porto –
Bayern München 0:2 (0:1)
München: Aumann, Reuter, Grahammer, Kohler, Pflügler, Effenberg, Schwabl, Ziege (82. Münch), Bender, Wohlfarth, Thon. *Schiedsrichter:* Hackett (England); *Zuschauer:* 90 000; *Tore:* 0:1 Ziege (19.), 0:2 Bender (69.).

Roter Stern Belgrad –
Dynamo Dresden 3:0 (2:0)
Dresden: Köhler, Lieberam, Schößler, Trautmann, Kern (49. Wagenhaus), Büttner, Stübner (75. Allievi), Hauptmann, Ratke, Rösler, Gütschow. *Schiedsrichter:* Spirin (UdSSR); *Zuschauer:* 90 000; *Tore:* 1:0 Prosinecki (21.), 2:0 Binic (43.), 3:0 Savicevic (57.).

Dynamo Dresden –
Roter Stern Belgrad 1:2 (1:0)
Spielabbruch 78. Minute wegen Ausschreitungen
Dresden: Köhler, Lieberam, Schößler, Trautmann, Scholz, Hauptmann, Stübner, Pilz, Büttner, Rösler (58. Minge), Gütschow (58. Allievi). *Schiedsrichter:* Aladren (Spanien); *Zuschauer:* 10 761; *Tore:* 1:0 Gütschow (3., Handstrafstoß), 1:1 Savicevic (52.), 1:2 Pancev (70.).

AC Mailand –
Olympique Marseille 1:1 / 0:1
89. Minute abgebrochen

Spartak Moskau –
Real Madrid 0:0 / 3:1

HALBFINALE

Termine: 10. und 24. April 1991

Bayern München –
Roter Stern Belgrad 1:2 (1:1)
München: Aumann, Augenthaler, Reuter, Kohler, Pflügler, Schwabl, Thon (76. Strunz), Effenberg, Bender (76. Ziege), Wohlfarth, Laudrup. *Schiedsrichter:* Forstinger (Österreich); *Zuschauer:* 67 000; *Tore:* 1:0 Wohlfarth (23.), 1:1 Pancev (45.), 1:2 Savicevic (72.).

Roter Stern Belgrad –
Bayern München 2:2 (1:0)
München: Aumann, Reuter, Grahammer, Bender, Schwabl, Thon, Augenthaler, Effenberg, Strunz, Wohlfarth, Laudrup. *Schiedsrichter:* Galler (Schweiz); *Zuschauer:* 80 000; *Tore:* 1:0 Mihajlovic (25.), 1:1 Augenthaler (62.), 1:2 Bender (67.), 2:2 Augenthaler (90., Eigentor).

Spartak Moskau –
Olympique Marseille 1:3 / 1:2

FINALE

am 29. Mai 1991 in Bari:

Roter Stern Belgrad –
Olympique Marseille 0:0 n.V. Elfmeterschießen: 5:3
Belgrad: Stojanovic, Belodedici, Marovic, Najdovski, Sabanadzovic, Savicevic (84. Stosic), Jugovic, Prosinecki, Mihajlovic, Binic, Pancev. *Marseille:* Olmeta, Mozer, Amoros, Boli, Di Meco (112. Stojkovic), Fournier (76. Vercruysse), Waddle, Casoni, Germain, Papin, Pele. *Schiedsrichter:* Lanese (Italien); *Zuschauer:* 51 000; Elfmeterschießen: Prosinecki 1:0, Amoros – gehalten; Binic 2:0, Casoni 2:1; Belodedici 3:1, Papin 3:2; Mihajlovic 4:2, Mozer 4:3; Pancev 5:3.

1955
1956
1957
1958
1959
1960
1961
1962
1963
1964
1965
1966
1967
1968
1969
1970
1971
1972
1973
1974
1975
1976
1977
1978
1979
1980
1981
1982
1983
1984
1985
1986
1987
1988
1989
1990
1991
1992
1993
1994

XXXVII. Europapokal der Landesmeister 1991/92 (32 Teilnehmer)

FC BARCELONA

1955
1956
1957
1958
1959
1960
1961
1962
1963
1964
1965
1966
1967
1968
1969
1970
1971
1972
1973
1974
1975
1976
1977
1978
1979
1980
1981
1982
1983
1984
1985
1986
1987
1988
1989
1990
1991
1992
1993
1994

VORRUNDE
Termine: 17./18. September,
1./2. Oktober 1991

1. FC Kaiserslautern –	
Etar Tarnovo	**2:0 (1:0)**

Kaiserslautern: Ehrmann, Dooley, W. Funkel,
Schäfer, Krohler, Haber, Hotic, Witeczek, Kranz,
Degen, Winkler (62. Lutz).
Schiedsrichter: Azevedo (Portugal);
Zuschauer: 24 714; *Tore:* 1:0, 2:0 W. Funkel (38.,
Handstrafstoß, 74.).

Etar Tarnovo –	
1. FC Kaiserslautern	**1:1 (1:0)**

Kaiserslautern: Ehrmann, W. Funkel, Schäfer,
Stumpf, Lutz (88. Scherr), Goldbaek, Dooley, Hotic,
Witeczek, Winkler (75. Degen), Vogel.
Schiedsrichter: Shuk (UdSSR); *Zuschauer:* 8 000;
Tore: 1:0 Tscherwenkow (45.), 1:1 Degen (90.).

FC Barcelona –	
FC Hansa Rostock	**3:0 (1:0)**

Rostock: Hoffmann, Straka, März, Alms, Machala,
Böger, Spies (62. Dowe), Schlünz, Persigehl,
Sedlacek (81. Krämer), Weichert.
Schiedsrichter: Constantin (Belgien);
Zuschauer: 65 000; *Tore:* 1:0, 2:0 Laudrup (26., 46.),
3:0 Dowe (76., Eigentor).

FC Hansa Rostock –	
FC Barcelona	**1:0 (0:0)**

Rostock: Hoffmann, Straka, Böger, Alms, Wahl
(65. Krämer), Machala, Schlünz (46. Persigehl),
Spies, Weichert, Bodden, Sedlacek.
Schiedsrichter: Pairetto (Italien);
Zuschauer: 8 500; *Tor:* 1:0 Spies (64.).

Roter Stern Belgrad –	
FC Portadown	**5:0 / 4:0**
Hamrun Spartans –	
Benfica Lissabon	**0:6 / 0:4**
Universitatea Craiova –	
Apollon Limassol	**2:0 / 0:3**
Fram Reykjavik –	
Panathinaikos Athen	**2:2 / 0:0**
Besiktas Istanbul –	
PSV Eindhoven	**1:1 / 1:2**
Bröndby Kopenhagen –	
Zaglebie Lubin	**3:0 / 1:2**
Kispest-Honved Budapest –	
FC Dundalk	**1:1 / 2:0**
IFK Göteborg –	
Flamurtari Vlora	**0:0 / 1:1**
Sparta Prag –	
Glasgow Rangers	**1:0 / 1:2 n.V.**
HJK Helsinki –	
Dynamo Kiew	**0:1 / 0:3**
RSC Anderlecht –	
Grasshoppers Zürich	**1:1 / 3:0**
Arsenal London –	
Austria Wien	**6:1 / 0:1**
Union Luxemburg –	
Olympique Marseille	**0:5 / 0:5**
Sampdoria Genua –	
Rosenborg Trondheim	**5:0 / 2:1**

ACHTELFINALE
Termine: 23. Oktober und 6. November 1991

FC Barcelona –	
1. FC Kaiserslautern	**2:0 (1:0)**

Kaiserslautern: Ehrmann, W. Funkel, Dooley, Stumpf,
Haber (77. Degen), Scherr, Hoffmann, Kranz, Kuntz
(60. Goldbaek), Witeczek, Hotic.
Schiedsrichter: Biguet (Frankreich); *Zuschauer:*
65 000; *Tore:* 1:0, 2:0 Beguiristain (43., 52.).

1. FC Kaiserslautern –	
FC Barcelona	**3:1 (1:0)**

Kaiserslautern: Ehrmann, W. Funkel, Schäfer, Haber,
Scherr, Goldbaek, Hotic, Hoffmann, Lelle (88. Kranz),
Witeczek, Kuntz. *Schiedsrichter:* Frederiksson
(Schweden); *Zuschauer:* 30 200; *Tore:* 1:0, 2:0 Hotic
(35., 49.), 3:0 Goldbaek (76.), 3:1 Bakero (90.).

Roter Stern Belgrad –	
Apollon Limassol	**3:1 / 2:0**
Panathinaikos Athen –	
IFK Göteborg	**2:0 / 2:2**
PSV Eindhoven –	
RSC Anderlecht	**0:0 / 0:2**
Kispest-Honved Budapest –	
Sampdoria Genua	**2:1 / 1:3**
Dynamo Kiew –	
Bröndby Kopenhagen	**1:1 / 1:0**
Olympique Marseille –	
Sparta Prag	**3:2 / 1:2**
Benfica Lissabon –	
Arsenal London	**1:1 / 3:1 n.V.**

FINALRUNDE

Gruppe 1:
27. November 1991

RSC Anderlecht –	
Panathinaikos Athen	**0:0**
Sampdoria Genua –	
Roter Stern Belgrad	**2:0**

11. Dezember 1991

Roter Stern Belgrad –	
RSC Anderlecht	**3:2**
Panathinaikos Athen –	
Sampdoria Genua	**0:0**

4. März 1992

Panathinaikos Athen –	
Roter Stern Belgrad	**0:2**
RSC Anderlecht –	
Sampdoria Genua	**3:2**

18. März 1992

Roter Stern Belgrad –	
Panathinaikos Athen	**1:0**
Sampdoria Genua –	
RSC Anderlecht	**2:0**

1. April 1992

Panathinaikos Athen –	
RSC Anderlecht	**0:0**
Roter Stern Belgrad –	
Sampdoria Genua	**1:3**

15. April 1992

RSC Anderlecht –	
Roter Stern Belgrad	**3:2**
Sampdoria Genua –	
Panathinaikos Athen	**1:1**

Endstand Gruppe 1:

Sampdoria Genua	6	3	2	1	10:5	8:4
Roter Stern Belgrad	6	3	–	3	9:10	6:6
RSC Anderlecht	6	2	2	2	8:9	6:6
Panathinaikos Athen	6	–	4	2	1:4	4:8

Gruppe 2:
27. November 1991

Dynamo Kiew –	
Benfica Lissabon	**1:0**
FC Barcelona –	
Sparta Prag	**3:2**

11. Dezember 1991

Sparta Prag –	
Dynamo Kiew	**2:1**
Benfica Lissabon –	
FC Barcelona	**0:0**

4. März 1992

Benfica Lissabon –	
Sparta Prag	**1:1**
Dynamo Kiew –	
FC Barcelona	**0:2**

18. März 1992

Sparta Prag –	
Benfica Lissabon	**1:1**
FC Barcelona –	
Dynamo Kiew	**3:0**

1. April 1992

Benfica Lissabon –	
Dynamo Kiew	**5:0**
Sparta Prag –	
FC Barcelona	**1:0**

15. April 1992

Dynamo Kiew –	
Sparta Prag	**1:0**
FC Barcelona –	
Benfica Lissabon	**2:1**

Endstand Gruppe 2:

FC Barcelona	6	4	1	1	10:4	9:3
Sparta Prag	6	2	2	2	7:7	6:6
Benfica Lissabon	6	1	3	2	8:5	5:7
Dynamo Kiew	6	2	–	4	3:12	4:8

FINALE
am 20. Mai 1992 in London

FC Barcelona –	
Sampdoria Genua	**1:0 (0:0) n.V.**

Barcelona: Zubizarreta, Koeman, Ferrer, Nando,
Eusebio, Guardiola, Juan Carlos, Ludrup, Bakero,
Salinas (66. Goicoechea), Stoitschkow.
Genua: Pagliuca, Lanna, Mannini, Vierchowod,
Lombardo, Pari, Katanec, Cerezo, I. Bonetti (74. Inver-
nizzi), Mancini, Vialli (102. Buso).
Schiedsrichter: Schmidhuber (Deutschland);
Zuschauer: 75 000; *Tor:* 1:0 Koeman (110.).

XXXVIII. Europapokal der Landesmeister 1992/93 (36 Teilnehmer)

OLYMPIQUE MARSEILLE

AUSSCHEIDUNGSRUNDE

Termine: 19. August und 2. September 1992

KI Klaksvikar –	
Skonto Riga	1:3 (0:3)
Olimpija Ljubljana –	
Norma Tallinn	3:0 (2:0)
Shelbourne –	
Tawrija Simferopol	0:0 (2:1)
FC la Valetta –	
Maccabi Tel Aviv	1:2 (0:1)

VORRUNDE

Termine: 19., 30. September und 9. Oktober 1992

VfB Stuttgart –
Leeds United   **3:0 (0:0)**
Stuttgart: Immel, Dubajic, Buchwald, U. Schneider, Buck, Strunz (90. Schäfer), Sverrisson, Kögl, Frontzeck, Walter (84. Knup), Gaudino. *Schiedsrichter:* Larson (Schweden); *Zuschauer:* 36 000; *Tore:* 1:0, 2:0 Walter (63., 68.), 3:0 Buck (83.).

Leeds United –
VfB Stuttgart   **4:1 (2:1)**
Stuttgart: Immel, Dubajic, Schäfer, Buchwald, Buck, Strunz, Gaudino (83. Simanic), Sverrisson, Frontzeck, Kögl, Walter. *Schiedsrichter:* Nielsen (Dänemark); *Zuschauer:* 26 000; *Tore:* 1:0 Speed (18.), 1:1 Buck (34.), 2:1 McAllister (39., Foulstrafstoß), 3:1 Cantona (67.), 4:1 Chapman (80.).
Anmerkung: Da die Stuttgarter vier statt der drei erlaubten Ausländer einsetzten, wurde das Spiel mit 3:0 für Leeds gewertet und bei Punkt- und Torgleichheit ein drittes Spiel auf neutralem Boden angesetzt.

Leeds United –
VfB Stuttgart   **2:1 (1:1)**
(3. Spiel in Barcelona)
Stuttgart: Immel, Dubajic, Schäfer, Buchwald, Buck, Sverrisson (80. Knup), Strunz (23. Strehmel), Kögl, Frontzeck, Walter, Golke. *Schiedsrichter:* Baldas (Italien); *Zuschauer:* 8 000; *Tore:* 1:0 Strachan (33.), 1:1 Golke (39.), 2:1 Shutt (77.).

AEK Athen –	
Apoel Nikosia	1:1 / 2:2
Austria Wien –	
ZSKA Sofia	3:1 / 2:3
FC Barcelona –	
Viking Stavanger	1:0 / 0:0
Glentoran Belfast –	
Olympique Marseille	0:5 / 0:3
IFK Göteborg –	
Besiktas Istanbul	2:0 / 1:2
Kuusysi Lahti –	
Dinamo Bukarest	1:0 / 0:2
Lech Poznan –	
Skonto Riga	2:0 / 0:0
Maccabi Tel Aviv –	(2. Spiel in Lüttich)
FC Brügge	0:1 / 0:3
AC Mailand –	
Olimpija Ljubljana	4:0 / 3:0
PSV Eindhoven –	
Shalgiris Vilnius	6:0 / 2:0

Glasgow Rangers –	
Lyngby BK	2:0 / 1:0
FC Sion –	
Tawrija Simferopol	4:1 / 3:1
Slovan Bratislava –	
Ferencvaros Budapest	4:1 / 0:0
Union Luxemburg –	
FC Porto	1:4 / 0:5
Vikingur Reykjavik –	
ZSKA Moskau	0:1 / 0:4

ACHTELFINALE

Termine: 21. Oktober und 4. November 1992

AEK Athen –	
PSV Eindhoven	1:0 / 0:3
FC Brügge –	
Austria Wien	2:0 / 1:3
ZSKA Moskau –	
FC Barcelona	1:1 / 2:3
Dinamo Bukarest –	
Olympique Marseille	0:0 / 0:2
IFK Göteborg –	
Lech Poznan	1:0 / 3:0
Glasgow Rangers –	
Leeds United	2:1 / 2:1
FC Sion –	
FC Porto	2:2 / 0:4
Slovan Bratislava –	
AC Mailand	0:1 / 0:4

FINALRUNDE

Gruppe 1:

25. November 1992

FC Brügge –	
ZSKA Moskau	1:0
Glasgow Rangers –	
Olympique Marseille	2:2

9. Dezember 1992

ZSKA Moskau –	
Glasgow Rangers	0:1
Olympique Marseille –	
FC Brügge	3:0

3. März 1993

FC Brügge –	
Glasgow Rangers	1:1
ZSKA Moskau –	
Olympique Marseille	1:1 (in Berlin)

17. März 1993

Olympique Marseille –	
ZSKA Moskau	6:0
Glasgow Rangers –	
FC Brügge	2:1

7. April 1993

ZSKA Moskau –	
FC Brügge	1:2 (in Berlin)
Olympique Marseille –	
Glasgow Rangers	1:1

21. April 1993

FC Brügge –	
Olympique Marseille	0:1
Glasgow Rangers –	
ZSKA Moskau	0:0

Endstand Gruppe 1:

Olympique Marseille	6	3	3	–	14:4	9:3
Glasgow Rangers	6	2	4	–	7:5	8:4
FC Brügge	6	2	1	3	5:8	5:7
ZSKA Moskau	6	–	2	4	2:11	2:10

Gruppe 2:

25. November 1992

AC Mailand –	
IFK Göteborg	4:0
FC Porto –	
PSV Eindhoven	2:2

9. Dezember 1992

IFK Göteborg –	
FC Porto	1:0
PSV Eindhoven –	
AC Mailand	1:2

3. März 1993

PSV Eindhoven –	
IFK Göteborg	1:3
FC Porto –	
AC Mailand	0:1

17. März 1993

IFK Göteborg –	
PSV Eindhoven	3:0
AC Mailand –	
FC Porto	1:0

7. April 1993

IFK Göteborg –	
AC Mailand	0:1
PSV Eindhoven –	
FC Porto	0:1

21. April 1993

AC Mailand –	
PSV Eindhoven	2:0
FC Porto –	
IFK Göteborg	2:0

Endstand Gruppe 2:

AC Mailand	6	6	–	–	11:1	12:0
IFK Göteborg	6	3	–	3	7:8	6:6
FC Porto	6	2	1	3	5:5	5:7
PSV Eindhoven	6	–	1	5	4:13	1:11

FINALE

am 26. Mai 1993 in München:

Olympique Marseille –
AC Mailand   **1:0 (1:0)**
Marseille: Barthez, Angloma (64. Durand), Boli, Desailly, Pele, Eydelie, Sauzee, Deschamps, Di Meco, Boksic, Völler (78. Thomas). *Mailand:* Rossi, Tassotti, Costacurta, F. Baresi, Maldini, Donadoni (56. Papin), Albertini, Rijkaard, Lentini, van Basten (Eranio), Massaro. *Schiedsrichter:* Röthlisberger (Schweiz); *Zuschauer:* 64 400; *Tor:* 1:0 Boli (43.).

1955
1956
1957
1958
1959
1960
1961
1962
1963
1964
1965
1966
1967
1968
1969
1970
1971
1972
1973
1974
1975
1976
1977
1978
1979
1980
1981
1982
1983
1984
1985
1986
1987
1988
1989
1990
1991
1992
1993
1994

XXXIX. Europapokal der Landesmeister 1993/94 (42 Teilnehmer)

AC MAILAND

1955
1956
1957
1958
1959
1960
1961
1962
1963
1964
1965
1966
1967
1968
1969
1970
1971
1972
1973
1974
1975
1976
1977
1978
1979
1980
1981
1982
1983
1984
1985
1986
1987
1988
1989
1990
1991
1992
1993
1994

QUALIFIKATION

Termine: 18. August und 1. September 1993

HJK Helsinki – Norma Tallinn	1:1 (1:0)
Ekranas Panevezys – Floriana La Valletta	0:1 (0:1)
B 68 Toftir – Croatia Zagreb	0:5 (0:6)
Skonto Riga – Olympia Ljubljana	0:1 1:0 n.V.
Elfmeterschießen:	10:11
Cwmbran Town – Cork City	3:2 (1:2)
Avenir Beggen – Rosenborg Trondheim	0:2 (0:1)
Partizan Tirana – IA Akranes	0:0 (0:1)
Omonia Nikosia – FC Aarau	2:1 (0:2)
Zimbru Kischinjow – Beitar Jerusalem	1:1 (0:2)
Dynamo Tbilissi – FC Linfield	2:1

Tbilissi wegen versuchter Schiedsrichterbestechung beim Hinspiel disqualifiziert.

VORRUNDE

Termine: 15., 16. und 29. September 1993

Werder Bremen – Dynamo Minsk	5:2 (2:0)

Bremen: Gundelach, Bratseth, Beiersdorfer, Borowka, Basler (82. Wolter), Votava, Herzog, Eilts, Bode (61. Legat), Hobsch, Rufer. *Schiedsrichter:* Muhmenthaler (Schweiz); *Zuschauer:* 10 274; *Tore:* 1:0, 2:0 Hobsch (26., 32.), 2:1 Gerassimez (51.), 3:1 Rufer (55.), 4:1 Hobsch (60.), 4:2 Welitschko (76.), 5:2 Rufer (90.).

Dynamo Minsk – Werder Bremen	1:1 (1:0)

Bremen: Reck, Bratseth, Beiersdorfer, Legat, Basler (65. Wiedener), Votava, Herzog (83. Schaaf), Eilts, Bode, Hobsch, Rufer. *Schiedsrichter:* Puhl (Ungarn); *Zuschauer:* 7 000; *Tore:* 1:0 Bjelkewitsch (41.), 1:1 Rufer (81., Foulstrafstoß).

Galatasaray Istanbul – Cork City	2:1 / 1:0
Dynamo Kiew – FC Barcelona	3:1 / 1:4
Kispest-Honved Budapest – Manchester United	2:3 / 1:2
AIK Stockholm – Sparta Prag	1:0 / 0:2
HJK Helsinki – RSC Anderlecht	0:3 / 0:3
Steaua Bukarest – Croatia Zagreb	(2. Spiel in Ljubljana) 1:2 / 3:2
Rosenborg Trondheim – Austria Wien	3:1 / 1:4
Skonto Riga – Spartak Moskau	0:5 / 0:4

Lech Poznan – Beitar Jerusalem	3:0 / 4:2
FC Aarau – AC Mailand	0:1 / 0:0
AS Monaco – AEK Athen	1:0 / 1:1
IA Akranes – Feyenoord Rotterdam	1:0 / 0:3
Glasgow Rangers – Lewski Sofia	3:2 / 1:2
FC Porto – Floriana la Valletta	2:0 / 0:0
FC Linfield – FC Kopenhagen	3:0 / 0:4 n.V.

ACHTELFINALE

Termine: 20. Oktober und 3. November 1993

Lewski Sofia – Werder Bremen	2:2 (0:0)

Bremen: Reck, Bratseth, Beiersdorfer, Borowka, Schaaf, Votava, Rufer, Eilts, Bode, Hobsch, Herzog. *Schiedsrichter:* van der Ende (Niederlande); *Zuschauer:* 45 000; *Tore:* 0:1 Bode (50.), 0:2 Rufer (52.), 1:2 Jankow (75.), 2:2 Gintschew (90.).

Werder Bremen – Lewski Sofia	1:0 (0:0)

Bremen: Gundelach, Votava, Beiersdorfer, Borowka, Basler, Wolter, Rufer, Eilts, Bode, Hobsch, Herzog. *Schiedsrichter:* Pairetto (Italien); *Zuschauer:* 26 953; *Tor:* 1:0 Basler (73.).

Sparta Prag – RSC Anderlecht	0:1 / 2:4
Lech Poznan – Spartak Moskau	1:5 / 1:2
Manchester United – Galatasaray Istanbul	3:3 / 0:0
FC Kopenhagen – AC Mailand	0:6 / 0:1
AS Monaco – Steaua Bukarest	4:1 / 0:1
FC Barcelona – Austria Wien	3:0 / 2:1
FC Porto – Feyenoord Rotterdam	1:0 / 0:0

CHAMPIONS LEAGUE

Gruppe A:

24. November 1993

AS Monaco – Spartak Moskau	4:1
Galatasaray Istanbul – FC Barcelona	0:0

8. Dezember 1993

FC Barcelona – AC Monaco	2:0
Spartak Moskau – Galatasaray Istanbul	0:0

2. März 1994

Spartak Moskau – FC Barcelona	2:2
AS Monaco – Galatasaray Istanbul	3:0

16. März 1994

FC Barcelona – Spartak Moskau	5:1
Galatasaray Istanbul – AS Monaco	0:2

30. März 1994

Spartak Moskau – AS Monaco	0:0
FC Barcelona – Galatasaray Istanbul	3:0

13. April 1994

AS Monaco – FC Barcelona	0:1
Galatasaray Istanbul – Spartak Moskau	1:2

Endstand Gruppe A:

FC Barcelona	6	4	2	–	13:3	10:2
AS Monaco	6	3	1	2	9:4	7:5
Spartak Moskau	6	1	3	2	6:12	5:7
Galatasaray Istanbul	6	–	2	4	1:10	2:10

Gruppe B:

24. November 1993

FC Porto – Werder Bremen	3:2 (2:0)

Bremen: Reck, Bratseth, Beiersdorfer (46. Wolter), Legat, Basler, Votava, Rufer, Eilts, Bode (67. Neubarth), Hobsch, Herzog. *Schiedsrichter:* Elleray (England); *Zuschauer:* 35 000; *Tore:* 1:0 Domingos (7.), 2:0 Jorge (34.), 3:0 Carlos (83.), 3:1 Hobsch (85.), 3:2 Rufer (86.).

RSC Anderlecht – AC Mailand	0:0

1. Dezember 1993

AC Mailand – FC Porto	3:0

8. Dezember 1993

Werder Bremen – RSC Anderlecht	5:3 (0:3)

Bremen: Reck, Bratseth, Beiersdorfer, Borowka, Basler (87. Wiedener), Votava, Herzog (46. Wolter), Eilts, Bode, Hobsch, Rufer. *Schiedsrichter:* Craciunescu (Rumänien); *Zuschauer:* 29 000; *Tore:* 0:1 Albert (16.), 0:2, 0:3 Boffin (18., 33.), 1:3 Rufer (66.), 2:3 Bratseth (72.), 3:3 Hobsch (80.), 4:3 Bode (83.), 5:3 Rufer (89.).

2. März 1994

AC Mailand – Werder Bremen	2:1 (0:0)

Bremen: Reck, Neubarth, Beiersdorfer, Votava, Wolter, Basler, Eilts, Bode (77. Hobsch), Legat, Rufer, Herzog. *Schiedsrichter:* Mottram (Schottland); *Zuschauer:* 41 239; *Tore:* 1:0 Maldini (48.), 1:1 Basler (54.), 2:1 Savicevic (68.).

Die Cup-Rekorde

RSC Anderlecht –
FC Porto   1:0

16. März 1994
**Werder Bremen –
AC Mailand   1:1 (0:0)**
Bremen: Reck, Bratseth, Beiersdorfer, Wiedener, Votava, Basler, Neubarth, Bode (88. Unger), Legat, Rufer, Hobsch. *Schiedsrichter:* Nielsen (Dänemark); *Zuschauer:* 31.000; *Tore:* 1:0 Rufer (52., Foulstrafstoß); 1:1 Savicevic (75.).
FC Porto –
RSC Anderlecht   2:0

30. März 1994
**Werder Bremen –
FC Porto   0:5 (0:2)**
Bremen: Reck, Bratseth, Votava, Wiedener, Wolter, Harttgen (46. Neubarth), Legat, Basler, Herzog, Bode, Rufer (78. Bockenfeld). *Schiedsrichter:* Diaz Vega (Spanien); *Zuschauer:* 32.000; *Tore:* 0:1 Rui Filipe (11.), 0:2 Kostadinow (35.), 0:3 Secretario (70.), 0:4 Domingos (74.), 0:5 Timofte (89., Handstrafstoß).
AC Mailand –
RSC Anderlecht   0:0

13. April 1994
**RSC Anderlecht –
Werder Bremen   1:2 (1:1)**
Bremen: Reck, Neubarth, Bratseth, Beiersdorfer, Schaaf, Votava, Borowka, Bode, Legat, Basler, Rufer. *Schiedsrichter:* Röthlisberger (Schweiz); *Zuschauer:* 15.000; *Tore:* 0:1 Bode (33.), 1:1 Bosman (45.), 1:2 Bode (65.).
FC Porto –
AC Mailand 0:0

Endstand Gruppe B:

AC Mailand	6	2	4	–	6:2	8:4
FC Porto	6	3	1	2	10:6	7:5
Werder Bremen	6	2	1	3	11:15	5:7
RSC Anderlecht	6	1	2	3	5:9	4:8

HALBFINALE
Termin: 27. April 1994

**AC Mailand –
AS Monaco   3:0 (1:0)**
**FC Barcelona –
FC Porto   3:0 (2:0)**

FINALE
am 18. Mai 1994 in Athen:

**AC Mailand –
FC Barcelona   4:0 (2:0)**
Mailand: Rossi, Tassotti, Maldini (84. Nava), Galli, Panucci, Boban, Desailly, Albertini, Donadoni, Massaro, Savicevic. *Barcelona:* Zubizarreta, Koeman, Ferrer, Nadal, Sergi (73. Estebaranz), Amor, Guardiola, Bakero, Stoitschkow, Romario, Beguiristain (51. Eusebio). *Schiedsrichter:* Don (England); *Zuschauer:* 65.000; *Tore:* 1:0, 2:0 Massaro (22., 45.), 3:0 Savicevic (48.), 4:0 Desailly (59.).

Die meisten Spiele (170) weist Real Madrid auf. Die »Königlichen« verbuchten bei 26 Teilnahmen außerdem die **meisten Siege** (101) und schossen auch die **meisten Tore** (401).

Das beste deutsche Team ist der FC Bayern München. Die Bilanz: 14 Teilnahmen, 104 Spiele, 60 Siege, 222 Tore.

Erfolgreichster Torschütze ist Alfredo de Stefano. Der Real-Mittelstürmer schoß zwischen 1955 und 1964 in 58 Spielen 50 Tore.

Bester deutscher Torjäger ist Gerd Müller. Der »Bomber der Nation« erzielte für die Bayern in 37 Spielen 34 Treffer.

Mit den meisten Einsätzen steht ebenfalls ein Madrider Real-Spieler in den Annalen: Lopez Francisco »Paco« Gento brachte es auf 93 Meistercup-Spiele. Er stand außerdem am häufigsten im Finale: acht Endspiele (sechs Cupsiege).

Der Deutsche mit den meisten Spielen ist Bernd Dürnberger, der 48mal für den FC Bayern München auflief.

Das Rekordergebnis nach Hin- und Rückspiel hält Benfica Lissabon mit 18:0 gegen Stade Düdelingen (Luxemburg). Bester deutscher Klub in dieser Hitliste ist Borussia Mönchengladbach mit 16:0 (6:0/10:0) gegen EPA Larnax (Zypern).

Die höchste Niederlage eines DFB-Vertreters mußte 1962/63 der 1. FC Köln mit 1:8 beim FC Dundee hinnehmen.

Das häufigste Endspielergebnis ist das 1:0 (insgesamt 13mal).

Inter Mailand ist die einzige Mannschaft, die ein Endspiel erreichte, ohne im Halbfinale ein Tor geschossen zu haben. 1972 gewannen die Italiener gegen Celtic Glasgow nach zwei 0:0-Spielen das Elfmeterschießen mit 5:4.

Der Cup-Gewinner mit den wenigsten Siegen (3) ist PSV Eindhoven (1987/88).

Die meisten Zuschauer (136 505) in einem Europapokalspiel kamen am 15. April 1970 zum Halbfinale zwischen

Celtic Glasgow und Leeds United in den Hampden Park.

Die wenigsten Zuschauer zu einem Spiel mit deutscher Beteiligung wurden mit 1 250 Zuschauern beim 3:1-Auswärtserfolg des 1. FC Magdeburg am 27. September 1972 gegen TPS Turku gezählt.

Die meisten Tore in einem Endspiel kommen auf das Konto von Real-Stürmer Ferenc Puskas, der 1960 im zugleich torreichsten Finale beim 7:3 gegen Eintracht Frankfurt innerhalb von 26 Minuten vier Treffer verbuchte.

Nur 25 Minuten benötigte der Mönchengladbacher Jupp Heynckes für sein Tor-Quartett in der Vorrunde 1975/76 gegen Wacker Innsbruck (6:1).

Rekordhalter mit jeweils fünf Toren in einem Spiel sind Ove Ohlsson (IFK Göteborg, 59/60 beim 6:1 gegen den FC Linfield), Bent Lofqvist (Odense BK, 61/62 beim 9:2 gegen Spora Luxemburg), Jose Joao Altafini (AC Mailand, 62/63 beim 8:0 gleichfalls gegen Spora Luxemburg), Nikola Kotkow (Lok Sofia, 64/65 beim 8:0 gegen Malmö FF) sowie Gerd Müller (Bayern München, 72/73 beim 9:0 gegen Omonia Nikosia).

Bester Torschütze innerhalb einer Saison ist Jose Joao Altafini mit 14 Treffern beim Cup-Sieg des AC Mailand 1962/63.

Die meisten Gegentore, die ein Champion hinnehmen mußte, verbuchte 1973/74 der FC Bayern München mit 15, die wenigsten – jeweils 2 – 1981/82 Aston Villa und 1993/94 der AC Mailand.

Rekord sind die 33 Tore, die der AC Mailand in der Saison 1962/63 erzielte. Der Cup-Gewinner mit den wenigsten Toren ist der PSV Eindhoven mit 9 Treffern 1987/88.

Die meisten Endspieltore schafften mit jeweils 7 Alfredo de Stefano und Ferenc Puskas.

Das schnellste Endspieltor kommt gleichfalls auf das Konto eines Real-Spielers. Am 3. Juni 1959 traf Mateos gegen Stade Reims bereits in der 1. Minute.

© 1995 by RTL Television Merchandising/Licensing
& Verlag Sport und Gesundheit GmbH, Berlin
Die Verwertung der Texte und Bilder, auch auszugsweise, ist
ohne Zustimmung von RTL und des Verlages urheberrechts-
widrig und strafbar. Dies gilt auch für Vervielfältigungen,
Übersetzungen, Mikroverfilmungen und für die Verarbeitung
mit elektronischen Systemen.

Projektleitung: Raymund Stolze
Umschlagfotos: Frank Leonhardt/ Zentralbild/dpa (v), RTL
Television (h).
Umschlaggestaltung: Helmut Krüger

Fotos: Archiv [31]: ALLSPORT (10), ANP (11), APA (2),
Baingo (2), Hartwig (10), SPORT-BILD (16), Vaughan (19);
Bongarts (21), Camera 4 (1), Deutsche Presse-Agentur (36),
EFE (1), Gebel (1), HORIZONT (2), Horstmüller (24), LUSA
(5), Olm (2), Popperfoto (4), Rauchensteiner (3), Reuters
(1), RTL (6), SPORTIMAGE (8), Sven Simon (16), Ullstein
Bilderdienst [62]: ADN (1), AFP (1), AP (4), Baader (1),
BELGA (3), Bongarts (1), Camera Press Ltd. (1), de Pablos
(2), dpa (5), Fricke (1), Horstmüller (5), Keystone (1), Krohn
(1), Metelmann (1), Minkoff (1), Schirner (8), Scholz (1).
Sven Simon (13), UPI (3), von der Becke (2), Werek (5),
Widler (1), Witters (16).

Schlußredaktion: Michael Dingel

Das Interview mit Uli Hoeneß führte Markus Siegler von
»SPORT«-Zürich.
Besonderer Dank gilt Herrn Bob Vaughan (London), der für
das Top-Special »40 Jahre Europapokal der Landesmeister«
zahlreiche historisch wertvolle Dokumente zur Verfügung
stellte.
Das Logo Champions League des Haupttitels ist ein eingetra-
genes Warenzeichen © UEFA 1992
Redaktionsschluß: 25. Mai 1995

Satz: LVD GmbH, Berlin
Lithos, Druck, Bindung:
Mohndruck Graphische Betriebe GmbH, Gütersloh
Printed in Germany 1995
ISBN 3-328-00648-6

Gedruckt auf altersbeständigem Papier
mit chlorfrei gebleichtem Zellstoff